"十二五"普通高等教育本科国家级规划教材

物流成本管理

(第3版)

傅桂林　主　编
袁水林　副主编

中国财富出版社

图书在版编目（CIP）数据

物流成本管理/傅桂林主编．—3版．—北京：中国财富出版社，2014.12（2021.12重印）

（“十二五”普通高等教育本科国家级规划教材）

ISBN 978-7-5047-5298-7

Ⅰ．①物…　Ⅱ．①傅…　Ⅲ．①物流—成本管理—高等学校—教材　Ⅳ．①F253.7

中国版本图书馆CIP数据核字（2014）第158040号

策划编辑 郑欣怡　**责任编辑** 郑欣怡
责任印制 梁　凡　**责任校对** 杨小静　**责任发行** 敬　东

出版发行 中国财富出版社
社　　址 北京市丰台区南四环西路188号5区20楼　**邮政编码** 100070
电　　话 010-52227588转2098（发行部）　010-52227588转321（总编室）
010-52227566（24小时读者服务）　010-52227588转305（质检部）
网　　址 http://www.cfpress.com.cn
经　　销 新华书店
印　　刷 北京九州迅驰传媒文化有限公司
书　　号 ISBN 978-7-5047-5298-7/F·2193
开　　本 787mm×1092mm　1/16　**版　　次** 2014年12月第3版
印　　张 22.75　**印　　次** 2021年12月第3次印刷
字　　数 554千字　**定　　价** 46.00元

第3版修订说明

本书是继2004年版和2007年版之后的第3版。2014年是中国全面深化改革的开局之年。适应全面深化改革的需要，经济治理体系和治理能力的现代化被提上议事日程。经济治理体系和治理能力的现代化涉及成本管理问题，物流成本管理又是成本管理中的一个新课题。降低物流成本已经成为关系到宏观经济和微观经济的一项重要任务。从宏观上看，物流成本占国内生产总值的比重成为衡量一个国家综合国力、经济运行质量和企业竞争力的重要标志之一；从微观上看，物流成本占企业总成本的比例很大，物流成本的高低直接关系到企业利润水平以及竞争力的高低。物流成本管理在国家经济结构的整合、经济效益的提升和产业竞争力的改善方面正在发挥着越来越重要的作用。

为了适应我国全面深化改革的需要和现代物流不断发展变化的趋势，体现物流成本管理领域的新观念、新方法和实践中的新创造，我们对《物流成本管理》再次进行修订。

第2版《物流成本管理》入选首批“十二五”普通高等教育本科国家级规划教材。因此，第3版《物流成本管理》按照“十二五”国家级规划教材的要求进行修订。修订工作主要体现在以下几个方面。

1. 进一步完善物流成本核算体系与方法。将原书中企业物流成本核算方法进一步规范化，按照国家标准《企业物流成本构成与计算》的要求，重新调理生产流通企业物流成本计算的程序与方法。增加了物流企业的物流成本核算内容，以标准的第三方物流企业为蓝本，以企业物流服务合同为成本计算对象，设计其物流成本计算体系，计算物流企业提供增值服务的成本。

2. 物流成本预算内容和方法的调整。第一，构建了物流成本预算体系，将物流成本预算功能从预算编制扩展到预算管理；第二，协调物流成本预算指标与物流成本核算指标的一致性，提高预算信息的有用性；第三，以物流运输成本预算和物流仓储成本预算为例，细化预算编制的程序与方法，导入变动预算，强化物流成本金额预算与物流量预算的有机结合，增强其可操作性；第四，增加物流成本零基预算和日落预算等先进的理念和方法。

3. 重新设计物流成本分析内容。按照现代企业成本管理模式和思路，重新设计物流成本分析的内容方法。以物流成本预算和物流成本核算为依托，确定物流成本预算完成情况分析为企业物流成本分析的主要内容，将“物流成本预算—物流成本核算—物流成本分析”连成一条主线贯穿于全书之中。

4. 从理论和实践的视角突出作业成本法在物流成本管理中应用的深化。区分企业物流和物流企业两条主线，以有关案例为依托阐述作业成本法在物流成本计算与管理中的运用，将时间驱动作业成本法的理念引入物流成本计算与管理之中，解决了以往大范围运用作业成本法过程中的一些难题，显示了时间驱动作业成本法在物流成本管理中的适用性，推广了本领域的最新理论与实践动态。

5. 将物流供应链成本管理纳入其中，反映了物流成本管理的发展趋势，增加了物流供应链成本管理的内容和方法。主要从供应链各节点企业相互协调的角度，研究供应链环境下的物流成本管理问题，突破了从单个企业的角度研究物流成本管理的局限。我们分别分析了供应链物流功能成本和供应链物流交易成本的核算方法，以及供应链中隐性物流成本的核算，并探讨了不同供应链管理方案对物流成本的影响，提出了降低供应链物流总成本的理论与方法。

另外，第3版对各章案例也进行了较大幅度的调整与更新，引进了我国近年来企业物流活动的研究成果和成功的实践经验，以适应高校实施研究型教学、创新型教学和实践型教学的趋势，同时也可帮助读者加强对相关内容和问题的理解与认识。

本书适合作为普通高等院校物流管理、物流工程、会计学等专业的本科生和研究生的教材或教学参考书，并可作为物流管理和运作人员的培训教材，也可供生产流通企业物流管理人员、物流企业经营管理人员及物流管理咨询人士使用。

本书由傅桂林担任主编，袁水林担任副主编。参加本书第3版修订的还有张利云和许晓泽。本书共有十章，其中由傅桂林编写了第一、第二、第三、第五、第九章，袁水林编写了第四、第六、第八章，袁水林、傅桂林、张利云编写了第七章，许晓泽编写了第十章。

在本书修订过程中，王文利老师提出了相关问题研究上的独到见地，牛晓烨、刘青青等同学参加了文字编辑工作，在此表示感谢！

本书在写作过程中，直接或间接地参考和借鉴了国内外大量的有关现代物流和物流成本管理方面的文献资料，在此向这些作者们表示衷心的感谢！

本书的出版得到中国财富出版社的大力支持和帮助，在此致以诚挚的谢意！

现代物流发展速度很快，而现代物流和物流成本管理都是不断发展中的交叉科学，涉及的知识面非常广；物流成本管理的理论与方法及其实践的总结，还在不断地研究与探索中。本书内容虽然在多年的教学实践和研究中努力加以更新、充实和提高，但鉴于时间仓促和作者水平有限，书中不妥和错漏之处仍在所难免，恳请广大读者批评指正。

编　者

再版修订说明

《物流成本管理》自2004年由中国物资出版社出版发行以来，得到广大读者的厚爱和支持，借此机会表示衷心的感谢！2006年7月经中国物流与采购联合会研究决定，将《物流成本管理》列入中国物流与采购联合会“十一五”规划现代物流系列精品教材，并重新进行规划和修订。再版修订过程中，我们根据读者的反馈信息并查阅了大量的资料文献作为参考，同时深入到相关企业进行调研，在此基础上完成了再版修订稿。

这次修订的基本思路是在继承原有教材编写风格的基础上，尽可能吸收近年来国内外物流研究的新成果和实践中的新创造，对原有的内容重新进行了梳理、调整、增删，力争处理好会计学与物流学的关系，努力编写出一套既体现现代物流特色又符合成本管理原理的理论性、操作性并重的教材。本次修订工作主要包括以下几个方面的内容：

1. 进一步完善了企业物流成本核算的体系和构架。在第1版提出的思路与方法的基础上，进一步完善了我国企业物流成本的构成内容，调理了我国企业物流成本计算的基本思路，较好地解决了与现行财务会计体系的衔接问题。

2. 调整了物流成本预测与决策的内容和方法。在这次修订中，运用了现代企业成本管理和运筹学的理论与方法进行物流成本预测与决策，如运用线性规划的方法制订企业的最优运输计划、运用存储论确定经济合理的库存量、运用价值工程分析法和成本计划评审法安排企业的物流活动方式和物流作业环节等，以期真正实现“通过成本管理物流”这一物流成本管理目标。

3. 转换了物流成本控制的思路。在物流成本控制中运用现代企业成本控制的先进方法，如标准成本控制、目标成本控制、责任成本控制、预算成本控制等，使物流成本管理方法与物流管理技术有机结合，以充分发挥物流成本控制的作用。

4. 规范了企业物流作业成本管理的内容与方法。这次修订中，我们将作业成本法在物流成本管理中的应用进行了梳理、删减，使之更具有简洁、实用和可操作性等特点。有利于更加准确地计算各成本核算对象的物流成本，加强物流作业管理，改善和优化物流作业流程。

在案例选材上，本书力争采用第一线的调查材料，追踪实践中出现的新问题，使案例真正成为联系理论与实践的纽带。

在结构安排上，本书各章均采取了学习目的、案例展示和思考题的方式，以便于教、学双方的使用。

本书适合作为高等院校、自学考试等物流管理专业与物流工程专业及相关专业的本科生、研究生的教材或教学参考书，亦可作为各层次物流学历教育和物流岗位培训的教材，也可供物流教学科研人员和物流专业人士及物流管理咨询人士使用。同时，对于参加物流师职业资格认证考试人员具有较高的参考价值。

本书由傅桂林、袁水林编著。参加第 2 版修订的还有张利云。全书共有八章，其中第一章、第二章、第四章、第八章由傅桂林执笔，第三章、第五章、第七章由袁水林执笔，第六章由张利云执笔。

本书在编写过程中，我们参阅了国内外大量文献资料及同行、专家的学术研究成果，在此表示衷心的感谢！

在本书付梓之际，感谢中国物流与采购联合会和有关专家的关心和支持，感谢中国物资出版社领导及编辑同志的精心策划、辛勤工作，使本书能在短时间内奉献给读者。我们诚恳地希望读者继续对本书提出宝贵意见。

编　者

前　言

现代物流从宏观经济角度出发已被学术界和业界公认为经济的新增长点，从管理学的角度来看，已经成为企业应对市场竞争和维护客户关系的重要战略决策资源。现代物流管理理念引入我国已20余年，但我国物流成本管理理论还很薄弱，尚缺乏物流成本管理的科学体系。目前我国企业的会计人员不了解物流知识，而物流管理人员又不熟悉成本管理方法，不能真正做到从成本的角度对企业的物流活动进行管理。因此，本书试图通过物流成本的横向和纵向管理研究，提出建立我国物流成本管理的理论与方法框架，以期实现企业物流成本管理的目标，本书着重对以下几个方面进行研究探索：

1. 建立了一套符合我国国情的适用于生产流通企业的物流成本核算体系，使我国企业切实掌握自身用于物流环节的费用，以达到降低物流成本，提升企业核心竞争力的目标，这是本书的特色之一。同时，企业物流成本数据也为行业及社会物流成本分析提供了基础，对促进我国现代物流的发展具有重要的意义。

2. 将作业成本系统引入物流成本管理领域，有利于准确地计算各成本核算对象的物流成本，运用其基本原理开展物流作业成本管理，这也是本书的特色之一。

3. 运用价值工程分析方法解决物流目标成本控制问题，使之更具有科学性、合理性。

4. 在企业物流绩效评价中引入平衡记分法，克服了单纯使用财务指标进行物流业绩评价的片面性。

5. 强化物流效率分析，使物流成本分析的内容和体系得到进一步完善和发展。

本书在写作过程中力求体现基础性、系统性、实用性和前瞻性等特点，将基础理论、基本方法与现代企业物流管理的要求有机地结合起来，在内容和方法上有一定的突破。

本书由傅桂林编著。参加本书编著的还有袁水林、张利云。本书共有八章，其中傅桂林编著第一、第二、第三、第六、第八章，袁水林编著第七章，张利云编著第四、第五章。

本书在编著过程中参阅了国内外同行、专家的许多学术研究成果，并得到了中国物流与采购联合会和中国物资出版社的大力支持，在此一并表示衷心的感谢！

本书适合作为高等学校、自学考试物流管理、会计学等专业的本科生、高职高专生的教材或教学参考用书，也适合于各类物流管理人员和从事物流科研工作人员阅读使用。

现代物流在我国正处于发展阶段，专门研究物流成本的论著很少，物流成本管理的理论与方法还在不断地探索中。鉴于时间仓促和编者能力所限，书中难免存在一些疏漏和不足之处，恳请读者批评指正，以日臻完善。

编　者

目　录

第一章 物流成本

学习目的

物流成本作为企业物流成本管理的对象，是企业成本的一项重要组成内容。通过本章的学习，了解物流及现代物流活动，理解物流成本的内涵、特点，重视物流成本在物流活动中的作用；了解社会物流成本的构成，掌握企业物流成本的含义与构成；了解物流成本几种重要学说与物流成本相关理论；理解物流活动与物流成本的关系；了解影响企业物流成本的各种因素。

第一节 物流活动与物流成本

一、物流及现代物流活动

物流是连接供给和消费，克服时空差异实现物的价值的经济活动。

中华人民共和国国家标准《物流术语》（GB/T 18354—2006）中，将物流定义为：物品从供应地向接收地的实体流动过程。根据实际需要，将运输、储存、装卸、搬运、包装、流通加工、配送、信息处理等基本功能实施有机结合。

物流活动是指物流功能的实施与管理过程。物流活动由物资包装、装卸、运输、储存、流通加工、配送、物流情报等项工作构成。上述构成也常被称之为“物流活动的基本职能”。物流活动涵盖了物品从原材料形态经过生产环节的半成品、产品形态，最后通过流通环节到达消费者手上的全过程。同时，还包括物品的回收和废弃物的处理过程，涉及运输、储存、装卸、搬运、包装、流通加工、配送、信息处理等诸多环节。

物流活动和人类历史一样久远，当社会出现了商品交换，便有了物流活动。但是，将物流作为一种经济活动，从理论的高度加以分析和研究，尤其是将物流作为企业经营管理的基本职能之一，并对物流活动实施系统化的科学管理，则是20世纪50年代前后的事情。

1962年美国著名的管理学权威彼得·德鲁克在《财富》杂志上发表了题为“经济的黑大陆”一文，指出流通是经济领域的黑大陆，强调应该高度重视流通以及流通过程中的物流管理。

在这一背景下，1963年美国成立了世界上第一个物流专业人员组织“国家实物配送管理协会（National Council of Physical Distribution Management，NCPDM）”，该组织对物流管理（Physical Distribution Management）做出的定义是：为计划、执行和控制原材料、在制品库存及制成品从起源地到消费地的有效率的流动而进行的两种或多种活动的集成。这些活动可能包括但不仅限于：顾客服务、需求预测、交通、库存控制、物流搬运、订货处理、零件及服务支持、工厂及仓库选址、采购、包装、退货处理、废弃物回收、运输、仓储管理。在这个定义中明确了具体的物流活动。

20世纪80年代中期以来，随着社会经济的高速发展，科学技术水平的不断提高以及专业化分工的进一步深化，在欧美一些发达国家开始了一场针对各种物流功能、要素进行整合的物流革命。企业内部物流资源整合一体化，形成了以企业为核心的物流系统，物流管理也随之成为企业的一个独立部门和职能领域，现代物流概念随之而产生。1985年，国家实物配送管理协会更名为“美国物流管理协会（Council of Logistics Management，CLM）”，将实物配送（Physical Distribution）改为物流（Logistics），对物流的定义为：以满足客户需求为目的，以高效和经济的手段来组织原料、在制品、制成品以及相关信息从供应到消费的运动和存储的计划、执行和控制的过程。该过程包括进向、去向、内部和外部的移动以及以环境保护为目的的物料回收。这个定义的特征强调了顾客满意度、物流活动的效率性，以及将原来的销售物流扩展到了采购物流、企业内物流和销售物流。反映了企业物流活动的集成化和一体化的时代特征。

1991年，美国物流管理协会（CLM）将1985年定义中的“原料、在制品、制成品”修改为“产品、服务”。物流管理从生产制造企业扩大到所有的输出产品和服务的企事业单位。

进入20世纪90年代以来，随着信息技术的高速发展与社会分工的进一步细化产生了供应链、虚拟企业等一系列强调外部协调与合作的新型管理理念，供应链管理理论逐步形成。1998年，美国物流管理协会（CLM）将物流定义为：“物流是供应链过程的一部分，是以满足客户需求为目的，以高效和经济的手段来组织产品、服务以及相关信息从供应到消费的运动和存储的计划、实施与控制的过程。”以上定义强调了与物流密切相关的概念是供应链，供应链是满足客户需求的一系列相关活动，不仅包括货物的采购、制造、分销和废物处理，还包括相关的运输、储存和信息技术，是针对商品或服务的设计、开发以及传递而进行的一系列有序的活动。从管理学的角度看，物流管理已经逐渐演变为供应链管理的一部分。2005年，美国物流管理协会更名为“美国供应链管理专业协会”（CSCMP），这标志着物流管理已进入供应链管理时代。供应链管理增加了物流活动的复杂性，又对物流活动提出了零库存、准时制、快速反应、有效的顾客反应等更高的要求。物流资源整合和一体化不再仅仅局限在企业层面，还转移到相互联系、分工协作的整个产业链条上，形成了以供应链为核心的社会化的物流系统。物流活动逐步从生产、交易和消费过程中分化出来，成为一种专业化的、由独立的经济组织承担的新型经济活动。由此产生了为工商企业和消费者提供专业化物流服务的第三方物流企业。各种专业化物流企业的涌现，一方面迎合了现代企业间专业合作（资源配置）不断变化的要求；另一方面实现了进出物流的整合，提高了物流服务质量，加强了对供应链的全面控制和协调，促进了供应链达到整体最佳性。

二、物流成本的内涵及特点

（一）成本的内涵

成本作为一个客观的经济范畴，普遍存在于商品经济社会，是较产品成本含义更为广泛的一个概念。成本概念有经济学成本概念和会计学成本概念之分。

经济学成本概念，通常包括传统的生产成本、边际成本和机会成本以及现代的交易成本、代理成本和信息成本。

会计学的成本概念是一个不断发展和深化的过程。以美国为例，早在1925年，美国会计学名著《劳氏成本会计》就对产品成本进行定义："所谓产品之成本，即为工厂制造与推销其产品时所发生的一切费用总数。"1951年美国会计学会的《成本概念与标准》报告中定义："成本是为了实现一定的目的而付出（或可能要付出），用货币测定的价值牺牲。"1978年，美国财务会计准则委员会在《财务会计概念公告》之《企业编制财务报告的目标》的注释中提出，"成本是经济活动中发生的牺牲，即为了消费、储备、交换、生产等作的放弃。"可见成本是一个广泛的概念，这可作为会计学成本概念的第一个层次。

会计学成本概念的第二个层次是财务成本概念，它是指按照国家规定的成本核算办法进行核算，并在企业账面上反映的成本，也称账面成本。财务成本的概念体系主要围绕产品成本建立，它以产品为对象，形成了各种不同的成本概念，反映了产品成本的各种不同内容，由国家用统一会计制度的形式对核算方法和内容加以规定。财务成本实际上是一种制度成本，由于国家不同时期对产品成本有着不同的要求，因此，各个时期的制度对产品成本规定的核算方法和内容也不相同，目的主要是为了正确计算产品成本和利润、税金、编制对外会计报表并进行成本考核和分析。

会计学成本概念的第三个层次则是管理成本。它是为了企业内部管理和经营决策的需要，在财务成本的基础上根据不同的要求，采用不同的方法，通过加工换算后的成本，也称决策成本或分析成本。企业着眼于加强内部经营管理的需要，自行决定成本核算方法和内容，不一定按照产品为对象进行核算。管理成本范围广，按照管理目的要求的不同，有着不同的分类标准。管理成本的概念体系是以成本决策为中心形成的，它从决策的角度反映了各种成本的特点，从而为成本控制提供依据。有了这三个层次的成本概念，也就形成了成本的整个概念体系。各成本概念代表了各自的特定内容，按照它们的内在联系汇合在一起，全面反映了现代成本管理这门科学的研究对象。

（二）物流成本的内涵

一般来说，成本是人们为进行生产经营活动或达到一定目的所耗费的人力、物力和财力等资源的货币表现。

那么物流成本的内涵是什么？

1956年，美国的霍华德·T. 莱维斯（Howard T. Lewis）等在研究航空运输在物资配送中的作用时指出：①物流成本可以分解为固定物流成本和变动物流成本；②对包括运输及存货相关成本的体系进行评估，企业在航空货运更高的现款支付成本与相应的存货成本节约之间进行权衡是必要的。他们提出了物流总成本的概念，把总成本定位于实现物流需求所必需的全部开支。随后刘易斯·克林顿和斯蒂尔把物流成本定位于实现物流需求所必需的全部开支，包括从供应商到消费者这一过程中发生的全部费用。美国管理会计师协会1992年发布的“物流成本管理公告”中指出：“物流成本是指企业在计划、实施、控制内部和外部物流活动过程中所发生的费用。具体来说，物流成本包括企业在采购、运输、物料和存货管理、订单处理、客户服务、预测和生产计划、相关信息系统以及其他物流支持活动等典型的物流活动所发生的费用。但是这些费用不包括原材料的采购成本、产品的生产成本、营销活动等销售费用以及与物流活动无直接关系的其他费用。”日本通商产业省1992年编制的《物流成本核算活用手册》中指出：“物流成本是指从有形或无形的物质源的供应者到以需要者为主的实物流动所需要的成本，具体包括包装、装卸、运输、保管以及信息处理等各种物流活动所发生的费用。”1999年，卡洛斯·F.达加佐（Corlos F. Dagazo）在其《物流系统分析》一书中，把物流成本归结为克服商品空间障碍的移动成本和克服商品时间障碍的持有成本；前者又可以进一步分为运输成本及装卸成本，后者则对应的分为租金成本及等候成本。

我国2006年发布实施的国家标准《企业物流成本构成与计算》（GB/T 20523—2006）中，将物流成本定义为“企业物流活动中所消耗的物化劳动和活劳动的货币表现，包括货物在运输、储存、包装、装卸搬运、流通加工、物流信息、物流管理等过程中所耗费的人力、物力和财力的总和以及与存货有关的流动资金占用成本、存货风险成本和存货保险成本”。其中，与存货有关的流动资金占用成本，包括负债融资所发生的利息支出即显性成本和占用自有资金所产生的机会成本即隐性成本两部分。这里，物流成本包括两部分内容：一是物流功能成本，体现的是物流运作过程中所发生的包含运输、储存等各项功能活动的物流成本支出；二是与存货相关成本，包含货物被锁闭在物流环节产生的企业资金占用成本，以及货物在物流活动过程中所发生的风险损失和为防止损失所支付的保险费用。这一物流成本的定义实际上指出了减少存货在物流环节的耽搁及时滞，可以促使企业降低资金占用物流成本和风险损失。

（三）物流成本的特点

从现代成本概念体系分析中可得，物流成本属于管理成本的一种，是管理成本的深化和发展，是用于企业管理所涉及各种成本的总称。这些成本是按照企业物流管理的各种要求，根据财务成本等有关资料进行分析、归类和调整算出的，是根据财务成本核算的目的进行专题成本分析和某一方面的管理，又称分析成本。其特点如下：

第一，核算目的是为了加强企业经营管理，为进行成本、利润预测和生产经营决策提供数据。

第二，核算对象不是单一的产品成本，而是适应企业经营管理各方面所需要的各种不同成本。

第三，核算所需要的资料不仅是会计核算提供的实际生产费用，还包括有关的统计资料、计划或定额资料、技术测定资料和市场信息等。

第四，核算原则、方法和日期没有统一规定，企业不必按照统一的财务会计制度和成本管理条例进行核算，核算时不必都以会计凭证为依据，核算后不必都进行账务处理和编制统一的成本报表，核算内容和方法可以由企业根据实际需要和具体条件自行确定。

第五，核算的成本结果可以是近似值，不一定是全额实际成本，或者是部分地按计划价格计算的成本等。

（四）重视物流成本在物流活动中的作用

随着物流科学在我国的兴起和发展，人们对物流成本的关心程度不断提高，降低物流成本已经成为物流管理的一项重要任务。从宏观上看，物流成本占国内生产总值的比重成为衡量一个国家物流现代化水平的标志；从微观上看，物流成本的高低直接关系到企业利润水平以及竞争力的高低。具体来讲，物流成本在企业物流活动开展中的作用主要表现在以下几个方面：

第一，物流成本信息是企业制定物流服务价格的重要基础。

第二，企业利用物流成本信息可以做出重要的物流管理决策和制定物流活动策略。

第三，企业也可以利用物流成本信息指导其改善物流活动的经营行为。

第四，物流成本信息还是企业评价其物流活动业绩的重要依据。

三、物流活动与物流成本的关系

物流活动必然会带来相应的物流成本，物流问题研究之初就提出了物流成本问题。1901 年，约翰 · F. 格鲁威尔（John F. Crowell）在美国政府报告《农产品流通产业委员会报告》中第一次论述了对农产品流通产生影响的各种费用，从而揭开了人们对物流活动及成本认识的序幕。

随着生产的日益社会化，物流作为一种广泛存在的经济活动，普遍存在于企业内部。从原材料采购开始，到顺利加工成零部件，把零部件组装成产成品，最后产成品出厂投入消费领域，自始至终都离不开物流活动。企业物流过程是创造时间价值、使用价值的过程。保证企业物流活动有秩序、高效率、低消耗地进行，需要耗费一定的人力和物力，投入一定的劳动。在商品经济中，一方面，物流劳动同其他生产劳动一样，也创造价值，物流成本在一定程度上，即在社会需要的限度内会增加商品价值，扩大生产耗费数量，成为生产一定种类及数量产品的社会必要劳动时间的一项内容，其总额必须在产品销售收入中得到补偿；另一方面，它又不完全等同于其他生产劳动，它并不增加产品使用价值总量，相反，产品总量往往在物流过程中因损坏、丢失而减少。同时，为进行物流活动，还要投入大量的人力、物力和财力。因此，企业物流成本是“使商品变贵而不追加商品使用价值的费用”。科学地管理物流成本，成为现代企业提高经济效益的重要途径。

物流经济活动及其衍生的物流成本几乎无处不在，并且随着产业分工的细化和产业链条的拉长，物流时间、物流成本在产品总时间和总成本中所占的比重不断提高，使得物流成本核算不仅越来越重要，而且越来越复杂。物流成本必然存在于各项物流活动中，物流成本与物流活动的关系不能一概而论。就单项物流活动而言，物流成本的高低通常与物流活动的业务量或工作量成正比，即较高的物流活动业务量或工作量必然带来单项物流活动较高的物流成本，但就总体物流活动而言，不同的物流活动之间的物流成本存在此消彼长的效益背反关系。在物流大系统中，一种物流活动成本的降低往往会使另一种物流活动的成本提高。例如，减少物流系统中的仓储量，会大大降低仓储成本，但为满足生产或消费需求，对库存的补充会更加频繁，由此产生更多的运输和装卸搬运次数，使得运输成本和装卸搬运成本提高。因此，要实现物流成本的削减，不能仅仅关注个别物流活动成本的核算与控制，而是要从物流系统的角度出发，掌握各项物流活动之间的成本关系，以达到降低整个物流系统的物流成本并取得较大经营效益的目标。

随着经济的快速发展、科技水平的提高以及工业化进程的加快，传统、分散进行的物流活动已远不能适应现代经济发展的要求，物流活动的功能范围不断扩大，企业物流的概念也在不断地发展与完善，现代物流是系统整合的协作物流。从企业内部来讲，现代物流是对信息、运输、存货管理、仓储、物料供应、搬运、包装、实物配送等分散的物流作业领域的综合协调管理；从供应链战略管理的角度来讲，现代物流管理指跨企业组织的物流作业，实现供应链的协调不仅要致力于降低某项物流作业的成本，更要致力于降低整个供应链的总成本。

第二节　物流成本的相关理论学说

一、物流成本观念和学说

（一）“黑大陆”学说

财务会计中，由于物流成本在核算过程中被分别计入生产成本、销售费用、管理费用、财务费用和营业外支出等科目，这样，在损益表中无法反映物流成本在总成本以及销售额中所占的比重，因此，物流成本的重要性当然不会被认识到，这就是物流成本被称为“黑大陆”的一个原因。

由于物流成本管理存在的问题以及有效管理对企业盈利、发展的重要作用，1962年世界著名管理学家彼得·德鲁克在《财富》杂志上发表了题为“经济的黑大陆”一文，他将物流比作“一块未开垦的处女地”，强调应高度重视流通以及流通过程中的物流管理。彼得·德鲁克曾经指出：“流通是经济领域里的黑暗大陆。”这里彼得·德鲁克虽然泛指的是流通，但是由于流通领域中的物流活动的模糊性特别突出，是流通领域中人们认识不清的领域，所以“黑大陆”学说主要是针对物流而言的。

“黑大陆”说法主要是指尚未认识、尚未了解。在“黑大陆”中，如果理论研究和实践探索照亮了这块黑大陆，那么摆在人们面前的可能是一片不毛之地，也可能是一片宝藏之地。“黑大陆”学说是对20世纪经济学界存在的愚昧认识的一种批驳和反对，指出在市场经济繁荣和发达的情况下，科学技术也好，经济发展也好，都没有止境。“黑大陆”学说也是对物流本身的正确评价：这个领域未知的东西还很多，理论与实践都不成熟。

从某种意义上看，“黑大陆”学说是一种未来学的研究结论，是战略分析的结论，带有较强的哲学抽象性，这一学说对于研究物流成本领域起到了启迪和动员作用。

（二）“物流成本冰山”学说

“物流成本冰山”学说是日本早稻田大学西泽修教授提出来的。他在研究物流成本时发现，现行的财务会计制度和会计核算方法都不能掌握物流费用的实际情况，因而人们对物流费用的了解是一片空白，甚至有很大的虚伪性。他把这种情况比作“物流冰山”。冰山的特点是大部分沉在水面之下，而露出水面的仅仅是冰山的一角。物流便是一座冰山，其中沉在水面以下的是我们看不到的黑色区域，而我们看到的不过是物流成本的一部分，如图 1－1 所示。

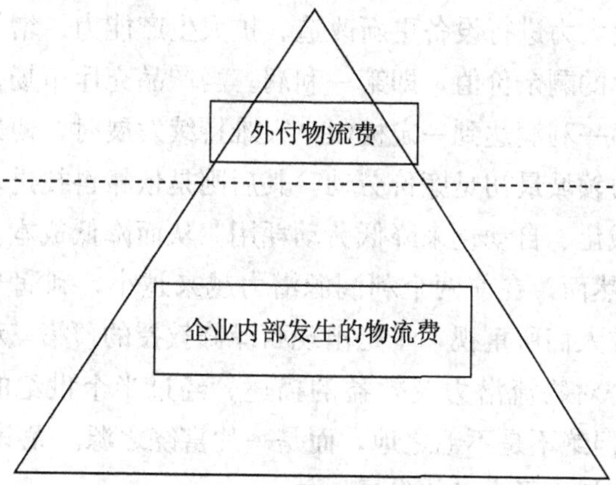

图 1－1　物流成本冰山学说

西泽修教授用物流成本具体分析了彼得·德鲁克的“黑大陆”学说。事实证明，物流领域的方方面面对于我们而言还是不清楚的，在“黑大陆”中和“冰山”的水下部分正是物流尚待开发的领域，也正是物流的潜力所在。

如果把决算表中记载的物流费用只认为是公司外部支付的部分，把它误解为“冰山全貌”，忽略物流成本管理，企业就会面临困境。只有对物流成本进行全面计算，才能够解释清楚混在有关费用中的物流部分成本。具体来讲，工厂生产的产品从工厂运到商业部门的物流成本，是计算在成本中的；购买原材料所支付的物流费用是计算在原材料成本中的；自营运输费和自营保管费是计入销售费用中的；另外与物流有关的利息和其他利息一起是计入财务费用中的。如果把这些来自生产成本、原材料、销售费用和财务费用之中的有关物流部分费用剥离出来，并单独加以汇总计算，就会对物流费用的全部有进一步的了解，并会为其巨大的金额而感到惊讶。

根据物流成本冰山学说，要把隐藏在水面下的物流成本全部核算出来是不可能的。传统的会计体系不仅不能提供足够的物流成本分摊数据，而且也没有这个必要。

理论研究与实际管理毕竟是有所区别的。在企业物流管理中，不可能为了建立物流独立核算体系而破坏其他若干成熟的财务会计核算体系，实际上真正需要纳入管理的是有影响的数据。在现实工作中，仍然只应把“冰山浮出水面的一角”作为物流成本核算的对象。主要的核算范围是：运输成本、仓储成本、保管成本、搬运装卸成本、包装成本、流通加工成本、配送成本、信息管理成本等。在许多企业中，包装成本仍然单独核算，没有进入物流成本核算体系中。

（三）“第三利润源”说

第三利润源的说法是日本早稻田大学教授、日本物流成本学说的权威学者西泽修先生在 1970 年提出的。

从历史发展来看，人类历史上曾经有过两个大量提供利润的领域。在生产力相对落后、社会产品处于供不应求的历史阶段，由于市场商品匮乏，制造企业无论生产多少产品都能销售出去，于是就大力进行设备更新改造、扩大生产能力、增加产品数量、降低生产成本，以此来创造企业的剩余价值，即第一利润。当产品充斥市场，转为供大于求，销售产生困难时，也就是第一利润达到一定极限，很难持续发展时，便采取扩大销售的办法寻求新的利润源泉。人力领域最初是廉价劳动，其后则是依靠科技进步提高劳动生产率，降低人力消耗或采用机械化、自动化来降低劳动耗用，从而降低成本，增加利润，我们称之为“第二个利润源”。然而，在前两个利润源潜力越来越小，利润开拓越来越困难的情况下，物流领域的潜力被人们所重视，于是出现西泽修教授的“第三利润源”说。

第三个利润源，是对物流潜力及效益的描述。经过半个世纪的探索，人们已肯定这“黑大陆”虽不清楚，但绝不是不毛之地，而是一片富饶之源。尤其是经历了 1973 年石油危机考验，物流已牢牢树立了自己的发展地位。

这三个利润源着重开发生产力的三个不同要素：第一个利润源挖掘对象是生产力中的劳动对象；第二个利润源挖掘对象是生产力中的劳动者；第三个利润源挖掘对象则是生产力中劳动工具的潜力，同时注重劳动对象与劳动者的潜力，因而更具全面性。

第三个利润源的理论最初认识是基于以下几个方面：

（1）物流可以完全从流通中分化出来，自成体系，有目标，有管理，因而能进行独立的总体判断。

（2）物流和其他独立的经济活动一样，它不是总体的成本构成因素，而是单独赢利因素，物流可以成为“利润中心”。

（3）从物流服务角度来说，通过有效的物流服务，可以给接受物流服务的生产企业创造更好的盈利机会，成为生产企业的“第三个利润源”。

（4）通过有效的物流服务，可以优化社会经济系统和整个国民经济的运行，降低整个社会的运行成本，提高国民经济总效益。

经济界的一般理解，是从物流可以创造微观经济效益来看待“第三个利润源”的。

（四）“效益背反”理论

“效益背反”指的是物流的若干功能要素之间存在着损益矛盾，即某一功能要素的优化和利益发生的同时，必然会存在另一个或几个功能要素的利益损失，反之也如此。这是一个此消彼长，此盈彼亏的现象，虽然在许多领域中这种现象都是存在的，但在物流领域中，这个问题似乎尤为严重。

物流系统的效益背反包括物流成本与服务水平的效益背反和物流各功能活动的效益背反。

1. 物流成本与服务水平的效益背反

高水平的物流服务是由高水平的物流成本作保证的。在没有较大的技术进步的情况下，企业物流很难做到既提高了物流服务水平，同时也降低了物流成本。一般来讲，提高物流服务，物流成本即上升，两者之间存在着效益背反，而且，物流服务水平与物流成本之间并非呈现线性关系，即投入相同的物流成本并非可以得到相同的物流服务增长，如图1－2所示。

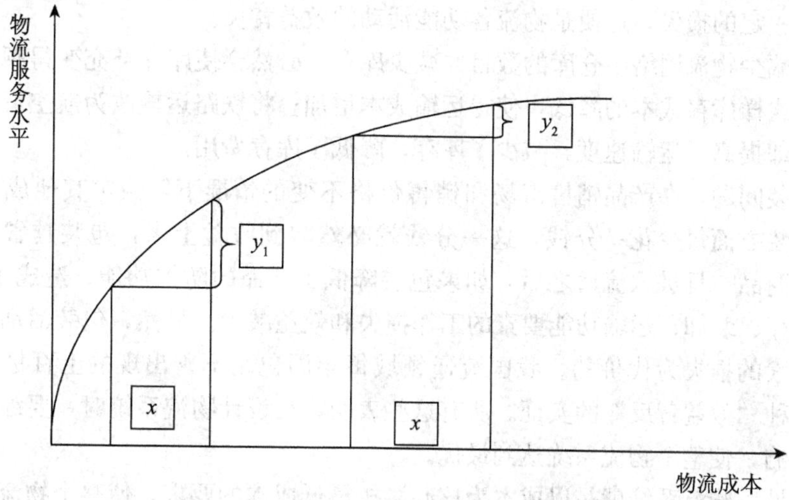

图1－2　物流服务水平与物流成本的效益背反关系

从图1－2中可以看出，在物流服务水平处于较低水平时，追加物流成本 x，就可以把物流服务水平提高 y_1；如果处于较高物流服务水平，同样追加物流成本 x，物流服务水平却只能提高远小于 y_1 的 y_2。

与处于竞争状态的其他企业相比，在处于相当高的服务水平的情况下，要想超过竞争对手，维持更高的服务水平就需要有更多的投入。美国营销专家P. 科特勒指出：“物流的目的必须引进系统效率概念，才能得出较好的定义。”即把物流看成是由多个效益背反的要素所构成的系统，避免为了片面达到某一单一目的，而损害企业整体利益。

一般在对物流服务和物流成本做决策时，以价值工程理论为指导，可以考虑以下四种方法：

（1）保持物流服务水平不变，尽量降低物流成本。在不改变物流服务水平的情况下，通过改进物流系统来降低物流成本，提高物流价值，这种通过优化系统结构降低物流成本来维持一定物流服务水平的方法称为追求效益法。

（2）提高物流服务水平，增加物流成本。这是许多企业提高物流服务水平的做法，是企业物流面对特定客户或其面临竞争对手时所采取的具有战略意义的做法。

（3）保持物流成本不变，提高服务水平。这是一种积极的物流成本对策，是一种追求效益的方法，也是一种有效的利用物流成本性能的方法。

（4）用较低的物流成本，实现较高的物流服务。这是一种增加效益、具有战略意义的方法。企业物流只有合理运用自身的资源，才能获得这样的成果。

企业无论采取哪种物流成本策略，都要考虑各个方面的综合因素，这些因素包括商品战略、流通战略和物流系统所处的环境及竞争对手的情况等。

2. 物流各功能活动的效益背反

现代物流是由运输、包装、仓储、装卸及配送等物流活动组成的集合。物流的各项活动处于这样一个相互矛盾的系统中，要想较好地达到某个方面的目的，必然会使另一方面的目的受到一定的损失，这便是物流各功能活动的效益背反。

例如，减少物流网络中仓库的数目并减少库存，必然会使库存补充变得频繁而增加运输的次数，这样库存成本的降低，使得运输成本增加；将铁路运输改为航空运输，虽然增加了运费，却提高了运输速度，减少了库存，降低了库存费用。

再如包装问题，在产品销售市场和销售价格不变的情况下，假定其他成本要素也不变，那么包装方面每少花一分钱，这一分钱就必然转到收益上来，包装越省，利润则越高。但是，商品一旦进入流通之后，如果包装降低了产品的防护功能，造成了大量损失，就会造成储存、装卸、运输功能要素的工作损失和效益减少。显然，包装活动的效益是以其他功能要素的损失为代价的。我国流通领域每年因包装不善出现的上百亿元的商品损失，就是这种“效益背反”的实证。所有这些表明，在设计物流系统时，要综合考虑各方面因素的影响，使整个物流系统达到最优。

由此可见，物流系统就是以成本为核心，按最低成本的要求，使整个物流系统化，它强调的是调整各要素之间的矛盾，把它们有机地结合起来，使物流总成本最小。

企业物流成本的效益背反关系实质上是研究企业物流的经营管理问题，即将管理目标定位于降低物流成本的投入并取得较大的经营效益。在物流成本管理中，作为管理对象的是物流活动本身，物流成本作为一种管理手段而存在。一方面，成本能真实地反映物流活动实态；另一方面，物流成本可以成为评价所有活动的共同尺度。

企业物流管理肩负着“降低企业物流成本”和“提高企业物流服务水平”两大任务，这是一对相互矛盾的对立关系。整个物流合理化，需要用总成本评价，这反映出企业物流成本管理的效益背反特征及企业物流对整体概念的重要性。

（五）其他物流成本学说

除了上述较有影响的物流成本理论学说之外，还有一些物流成本学说在物流学界广为流传。

1. 成本中心说

成本中心说是指物流在整个企业战略中，只对企业营销活动的成本发生影响。物流是企业成本的重要产生点，因而解决物流的问题，并不只是搞合理化、现代化，不只是为了支持保障其他活动，重要的是通过物流管理和物流的一系列活动降低成本。所以，成本中心既是指主要成本的产生点，又是指降低成本的关注点，物流是“降低成本的宝库”等说法正是这种认识的形象表述。

2. 利润中心说

利润中心说是指物流可以为企业提供大量直接和间接的利润，是形成企业经营利润的主要活动。不仅如此，对于国民经济而言，物流也是国民经济中创利的主要活动。物流的这一作用，被表述为“第三利润源”。

3. 服务中心说

服务中心说代表了美国和欧洲等一些国家学者对物流的认识。这种认识认为，物流活动最大的作用，并不在于为企业节约了消耗，降低了成本或增加了利润，而是在于提高企业对客户的服务水平进而提高企业的竞争能力。因此，他们在使用描述物流的词汇上选择了后勤一词，特别强调其服务保障的职能。通过物流的服务保障，企业以其整体能力来压缩成本，增加利润。

4. 系统说

过去一说物流是第三个利润源泉，就有些企业经营者急于求成，动辄向物流要效益，这是对“物流是利润源泉”提法的误解。物流产生利润实际上是物流成本、物流利润的一种重新划分，它至少包括以下几个部分：①物流时间的节省，物料、半成品、产成品在物流各环节停留时间的减少，意味着物资和资金流转速度加快；②物流费用降低；③客户满意度增加。物流费用的降低当然可以直接体现出物流利润的增加，但物流速度的提高所产生的效益主要表现为生产周期的缩短，企业物资及资金流转速度的加快；客户满意度的提高有利于产品形象和企业形象的优化。这就是说，物流利润的大部分会间接转移到企业整体效益的提高上，不能仅以物流费用的节省来简单地衡量物流利润。

5. 战略说

物流战略说是当前非常盛行的说法。实际上学术界和产业界越来越多的人已逐渐认识到，物流更具有战略性，是企业发展的战略而不是一项具体操作性任务。当前既能提供成本优势又能提供价值优势的管理领域是极少的，而物流管理则是这些为数不多的管理领域之一。高效、合理的物流管理，既能够降低企业经营成本，又能为客户提供优质的服务。因此，物流管理日益受到企业的重视，被纳入企业战略管理的范围，甚至成为企业发展的基石。

二、物流成本相关理论

（一）物流成本延迟理论

物流成本延迟理论是指在物流业务的操作中，将进一步的产品步骤延迟到收到客户的订单，并把能适应顾客需求或市场变化而作出改变的物流功能辅助环节推迟到物流配送的最后阶段来完成，以更好地满足顾客需求的一种做法。

根据物流成本延迟理论，企业在物流系统设计中，要注意到这种物流服务提供的增值效用，计算、衡量可能发生的物流环节成本，尽可能地将相关的能够适应顾客需求或市场需求变化而作出相应功能改变的物流辅助功能环节组建到企业物流系统末端。物流环节发生的成本，亦成为成本的发生区域。依靠物流服务的延迟提供，推迟该环节物流成本的发生区域，应对顾客需求，使企业产品更适销对路，创造更大的物流附加值，避免产品生产的物流辅助功能环节无法适应顾客需求或市场变化改变，从而导致产品滞销或过时。

如今消费者需求多样化、个性化和动态化的趋势越来越明显，企业物流系统必须具有一定的物流延迟功能，在一个或多个战略地点预估全部货品，而将进一步的库存步骤延迟到收到客户的订单，尽可能将满足顾客需求变化的物流业务的流通加工等物流功能辅助环节推迟到物流配送的最后阶段来完成，推迟物流成本的发生时间，加快物流反应时间，尽快将产品直接向顾客方向移动，提供最佳的顾客服务，创造物流系统的最大附加值。

（二）物流成本的溢出理论

在企业物流系统中，有时分拨渠道内一个企业的决策会影响其他企业的物流成本，即物流成本溢出现象。例如，买方的库存政策不仅会影响发货人的库存成本，还会影响承运人的经营成本。在这种情况下，就有必要将系统的范围扩大到物流部门或企业之外，甚至可以包括几个企业。这样，管理决策的范围也延伸到了企业的法定范围之外。

在企业物流管理实践中，“零库存”即属于一种物流成本的溢出。“零库存”是一个特殊的库存概念，是指某种或某些物品的储存数量为“零”，即不保持库存。如下表所示，零库存的主要形式都是减少自身的库存，转移库存成本到供应链中的其他企业，实现库存成本的溢出效应。不以库存形式存在就可以免去仓库存货的一系列问题，如仓库建设、管理费用，以及存货维护、保管、装卸、搬运等费用。此外，还有存货占用流动资金及库存货物的老化、损失、变质等问题。从供应链角度看，一个企业可能实现了零库存，那一定是以其他相关企业（如提供原材料、备件等的配套企业或卫星企业）的库存成本提高为代价的，供应链中总库存并不是“零”。

零库存主要形式

主要形式	方式	库存变化
委托保管方式	受托方代存代管所有权属于用户的物品	通过库存转移实现，并不能使库存总量降低
协作分包方式	制造企业的一种产业结构形式	主企业的供应库存为零，同时主企业的集中销售库存使若干分包劳务及销售企业的销售库存为零
准时供应系统	生产与材料供应同步进行，也称同步方式	零库存、零储备
轮动方式	生产工位之间或供应与生产之间完全做到轮动	依靠有效的衔接和计划达到工位之间、供应与生产之间的协调
看板方式	逆生产流程方向，向上一环节指定供应，从而协调关系，做到准时同步	有可能使供应库存实现零库存
即时供应制度	用户可以随时提出购入要求，供货者以自己的库存和有效供应系统承担即时供应的责任	用户实现零库存
配送方式	多种方式配送	用户零库存

第三节　物流成本的构成及分类

按照人们对物流成本认识和管理的角度不同，物流成本可以分为宏观物流成本、中观物流成本和微观物流成本三个层次，而中观物流成本即通常意义上的行业物流成本，其计算依赖于微观物流成本构成与核算体系的健全。所以，探讨物流成本构成，应按照宏观与微观，即社会物流成本与企业物流成本两个体系进行。

一、社会物流成本的构成

宏观物流成本也称社会物流成本，是核算一个国家在一定时期内发生的物流总成本。目前，各国普遍认同的社会物流成本包括运输成本、存货持有成本和物流行政管理成本。一个国家物流成本总额占国内生产总值（GDP）的比例，已经成为衡量各个国家物流服务水平和物流发展水平高低的标志。该比例越小，说明物流业越发达，物流成本控制措施越到位。目前，各国对社会物流成本的测算方法各不相同，美国、日本等国家和地区已经形成一套较完整的社会物流成本核算体系，我国的社会物流成本核算体系也已建立。

（一）美国社会物流成本的构成

美国社会物流成本主要由存货持有成本、运输成本和物流行政管理成本三部分构成。

1. 存货持有成本

存货持有成本除了包括仓储成本、残损、人力费用及保险和税收费用，还包括库存占用资金的利息。其中利息是当年美国商业利率乘以全国商业库存总金额得到的。把库存占用资金的利息计入物流成本，是现代物流成本与传统物流成本的最大区别，只有这样，降低物流成本与加速资金周转才能从根本利益上统一起来。有关资料显示，美国库存占用资金利息在美国企业平均流动资金周转次数达到10次的条件下，约为库存成本的1/4，物流总成本的1/10。仓储成本测算时包括公共仓库和企业自有仓库两部分内容。

2. 运输成本

运输成本包括公路运输、其他运输方式和货主费用三个类别。公路运输费用包括本地卡车运输费用与城际卡车运输费用；其他运输方式包括铁路运输费用、水路运输费用、油料管道运输费用、航空运输费用、货运代理费用；货主费用包括运输管理部门的运营费用和货物装卸费用。近十年来，美国的运输费用占GDP的比重约为6%，并且一直保持这一比重，说明运输费用与经济增长基本上是同步的。

3. 物流行政管理成本

物流行政管理成本包括订单处理、信息技术（IT）成本以及市场预测、计划制订和相关人员发生的管理费用。由于这项费用的实际发生额很难准确统计，因此，在计算物流行政管理成本时，是按照美国的历史情况由专家确定一个固定比例，乘以存货持有成本和运输成本的总和得出的。美国物流行政管理成本在物流总成本中的比例一般为4%。

根据有关资料显示，美国社会物流成本占国内生产总值（GDP）的比重自20世纪90年代以来一直保持在11%以下，并呈现逐年缓慢下降趋势。

（二）日本社会物流成本的构成

日本是物流业发展较快的国家，其社会物流成本核算主要借鉴了赫斯凯特最早提出的方法，即由每年公布的就业统计和库存统计等各种数据来推算总体物流费用。此外，也参考了德兰尼的推估法，站在货主的立场来推算部分国内物流成本。日本的社会物流成本计算方法与美国略有不同，但整体上看，也包括运输费、保管费和管理费三部分内容。

1. 运输费

运输费分为营业运输费和企业内运输费。营业运输费又包括卡车货运费、铁路货运费、内海航运货运费、国内航空货运费以及货运站收入等内容。

2. 保管费

保管费是根据日本经济企划厅编制的《国民经济计算年报》中的国民资产、负债余额中原材料库存余额、产品库存余额及流通库存余额合计数乘以日本资财管理协会（JMMA）调查所得的库存费用比例和原价率得出的。这项保管费不是狭义的保管费，它不仅包括仓储业者的保管费或企业自有仓库的保管费，还包括仓库、物流中心的库内作业费用和库存所发生的利息、损耗费用等。用公式表示为：

保管费＝（原材料库存余额＋产品库存余额＋流通库存余额）×原价率×库存费用比例

式中，库存费用比例＝利率外的库存费用比例＋利率

3. 管理费

由于物流管理费用无法用总体估计的方法求得，所以根据日本《国民经济计算年报》中的《国内各项经济活动生产要素所得分类统计》，将制造业、批发业和零售业的产出总额乘以日本物流系统协会（JILS）根据行业分类调查出来的各行业物流管理费用比例的0.5%计算得出，即

管理费＝（制造业产出额＋批发零售业产出额）×物流管理费用比例

（三）欧盟社会物流成本的构成

物流产业在欧洲已经步入成熟发展阶段，但社会物流成本的测算尚没有规定的范式，相关的研究主要是根据调查和预测。

欧洲的社会物流成本包括运输、仓储、包装以及基础设施投资等费用在内的全社会的物流成本。其中，运输成本包括公路运输、铁路运输、轮船运输、航空运输、货主运输等形式，将这些不同形式的运输方式所形成的费用累加，就得出了运输成本。

仓储成本包括人工费用、占用资金成本和利息、货物毁损、保险费用等。

从现有的资料看，欧洲的社会物流成本核算没有把管理费用单独列出而是将其分散在仓储、包装和搬运等方面，但是测算方法与美国基本相同。

（四）我国社会物流成本的构成

根据我国国家标准《社会物流统计指标体系》（GB/T 24361—2009），我国社会物流总成本是指我国全部常住单位因社会物流经济活动而发生的总费用，具体包括运输费用、保管费用和管理费用。

1. 运输费用

运输费用是指在社会物流经济活动中，国民经济各部门由于物品运输而支付的全部费用，包括支付给物品承运方的运费（即承运方的货运收入），支付给装卸搬运、保管、代理等辅助服务提供方的费用（即辅助服务提供方的货运业务收入），以及支付给运输管理与投资部门的、由货主承担的各种交通建设基金、过路费、过桥费、过闸费等运输附加费用。

2. 保管费用

保管费用是指在社会物流经济活动中，物品从最初的资源供应地（生产环节、海关环节）向最终消费地流动过程中所产生的运输费用和管理费用除外的全部费用，包括物流过程中因流动资金的占用而需承担的利息费用，仓储保管方面的费用，流通中配送、加工、包装、信息及相关服务方面的费用，以及物流过程中发生的保险费用和物品损耗费用等。

3. 管理费用

管理费用是指在社会物流经济活动中，物品供需双方的管理部门因组织和管理各项物

流活动所发生的费用，主要包括管理人员薪酬、办公费用、教育培训、劳动保险、车船使用等各种属于管理费用科目的费用。计算公式是：

管理费用＝社会物流总额×社会物流平均管理费用率

式中，社会物流平均管理费用率，是指报告期内各物品最初供给部门完成全部物品从供给地流向最终需求地的社会物流活动中管理费用额占各部门物流总额比例的综合平均数。

二、企业物流成本的构成

微观物流成本又称企业物流成本，企业物流成本是指企业进行采购、销售、生产等物流相关活动的成本总和。企业物流按其所处的领域及其经营的物流业务范围而言，有货主企业（生产企业和流通企业）和物流企业物流两大类。因此企业物流成本包括货主企业物流成本和物流企业物流成本，其中，货主企业物流成本又分为生产企业物流成本和流通企业物流成本。由于企业处于社会再生产的领域不同，其物流成本的构成也不同。

（一）生产企业物流成本

生产企业的主要目的是生产能够满足市场和消费者需求的商品，以此获取利润。为了进行生产经营活动，企业必须同时进行有关生产要素的购进、储存、生产、搬运以及产品的销售等活动，还要负责商品的返修和废品的回收等。因此，生产企业的物流成本是指企业在进行供应、生产、销售、回收等过程中所发生的运输、包装、仓储、配送、回收等方面的成本。

（二）流通企业物流成本

流通企业的经营活动主要是通过组织商品的购销活动来获取利润，其业务活动相对简单，以购、存、销活动为主，不涉及复杂的生产过程，物品实体也较为单一，多为产成品。因而商品流通业企业物流成本主要表现为在组织物品的购进、运输、仓储、销售等一系列活动中所消耗的人力、物力、财力的货币表现。从物流范围上看，商品流通企业包括了供应、销售、回收和废弃物物流，不包括生产物流。

（三）物流企业物流成本

物流企业按照服务类型可分为两类：一类是提供功能性物流服务的物流企业，这类企业一般只提供一项或者某几项主要物流服务功能，如仓储服务、运输服务、装卸搬运服务等；另一类是提供一体化物流服务的第三方物流企业，这类企业能够提供综合性的物流服务。无论哪种类型的物流企业，运营过程中发生的各项费用支出，都应按物流成本的定义及内涵进行分离和计算。实际上，当生产流通企业把物流业务外包给物流企业运营时，物流企业发生的各项支出就构成了它的成本，其中物流成本在总成本中占有相当大的比重，而物流企业向生产流通企业收取的费用包括物流企业的成本费用、税金以及利润，就构成了生产流通企业的物流成本。

三、企业物流成本的分类

根据国家标准《企业物流成本构成与计算》(GB/T 20523—2006)的要求，企业物流成本构成包括企业物流成本项目构成、企业物流成本范围构成和企业物流成本支付形态构成三种类型，如图 1－3 所示。

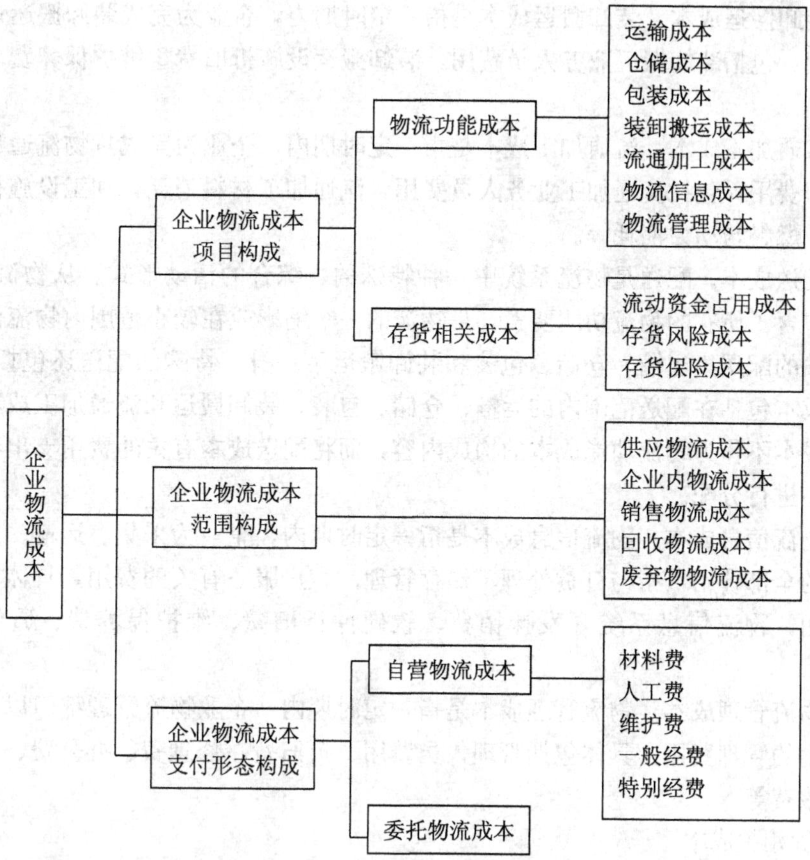

图 1－3 企业物流成本构成

由图 1－3 可得，企业物流成本的内容存在如下分类方式。

(一) 按物流活动的成本项目划分

物流成本按物流活动的成本项目可分为物流功能成本和存货相关成本。

1. 物流功能成本

(1) 运输成本。运输成本是指一定时期内，企业为完成货物运输业务而发生的全部费用，包括从事货运运输业务的人员费用，车辆(包括其他运输工具)的燃油费、折旧费、维修保养费、租赁费、养路费、过路费、年检费、事故损失费、相关税金等。

(2) 仓储成本。仓储成本是指一定时期内，企业为完成货物储存业务而发生的全部费用，包括仓储业务人员费用，仓储设施的折旧费、维修保养费、水电费、燃料与动力消耗等。

(3) 包装成本。包装成本是指一定时期内，企业为完成货物包装业务而发生的全部费用，包括运输包装费和集装、分装包装费。具体包括包装业务人员费用，包装材料消耗，包装设施折旧费、维修保养费，包装技术设计、实施费用以及包装标记的设计、印刷等辅助费用。

(4) 装卸搬运成本。装卸搬运成本是指一定时期内，企业为完成装卸搬运业务而发生的全部费用，包括装卸搬运业务人员费用，装卸搬运设施折旧费、维护保养费、燃料与动力消耗等。

(5) 流通加工成本。流通加工成本是指一定时期内，企业为完成货物流通加工业务而发生的全部费用，包括流通加工业务人员费用，流通加工材料消耗，加工设施折旧费、维修保养费，燃料与动力消耗等。

(6) 配送成本。配送是物流系统中一种特殊的、综合的活动形式。从物流角度来说，配送几乎包含了所有的物流功能要素，是物流的一个缩影或在较小范围内物流活动的全部体现。一般的配送集运输、仓储、包装和装卸搬运于一身，特殊的配送还包括流通加工，所以配送成本包括在配送范围内的运输、仓储、包装、装卸搬运和流通加工成本中。本书中，配送成本不作为物流功能成本的构成内容，而将配送成本有关的费用支出在其他物流功能成本中进行分配。

(7) 物流信息成本。物流信息成本是指一定时期内，企业为采集、运输、处理物流信息而发生的全部费用，指与订货处理、储存管理、客户服务有关的费用，具体包括物流信息人员费用，物流信息系统开发摊销费、软硬件折旧费、维护保养费、通信费、咨询费等。

(8) 物流管理成本。物流管理成本是指一定时期内，企业物流管理部门以及物流作业现场所发生的管理费用，具体包括管理人员费用、折旧费、修理费、办公费、水电费、会议费、差旅费等。

2. 存货相关成本

(1) 流动资金占用成本。流动资金占用成本是指一定时期内，企业在物流活动过程中负债融资所发生的利息支出（显性成本）和占用内部资金所发生的机会成本（隐形成本）。

(2) 存货风险成本。存货风险成本是指一定时期内，企业在物流活动过程中所发生的物品的损耗、毁损、盘亏以及跌价损失等。

(3) 存货保险成本。存货保险成本是指一定时期内，企业在物流活动过程中，为预防和减少因物品丢失、损毁造成的损失，而向社会保险部门支付的物品财产的保险费用。

这种分类方式实际上是对传统的物流成本按物流功能分类的细化。传统物流成本可分为运输、仓储、包装、装卸搬运、流通加工、物流信息、物流管理等成本，其中仓储成本是一个“大成本”概念，既包括真正意义上的仓储运作成本，也包括与存货有关的成本支出。现实中，随着业务分工的细化及管理精细化的要求越来越深，将与存货流动即物的流动有关的成本支出从仓储成本中分离出来，使仓储成本和其他物流功能成本意义相同，仅反映在仓储环节所发生的物流运作支出。同时，将与存货有关的物流成本支出单独进行分析和管理，积极探询加速存货资金周转，减少存货风险损失，从而降低物流总成本已成为现代物流成本管理的方向和工作着力点。另外，与存货有关的利息支出、风险损失和保险费用支出贯穿于物流活动的全过程，而不仅仅发生在仓储环节。基于以上两点，将传统意义上的物流成本作了细分，将仓储成本还原为物流运作意义上的仓储成本。

物流成本按物流活动的成本项目分类，首先可以了解在物流总成本中，物流功能成本和存货相关成本各自所占比重，明确物流成本改善的取向；同时还可以了解物流功能成本内部不同功能成本的结构，了解各功能所承担的物流费用，在进行纵向和横向的比较分析后，明确降低物流成本的功能环节；另外还可以了解存货相关成本中流动资金占用成本及存货其他成本所占比重，促进企业加快存货资金周转速度，减少存货风险损失，探索物流功能活动之外的物流成本降低的渠道。

（二）按物流活动范围划分

物流成本按物流活动范围可分为供应物流成本、企业内物流成本、销售物流成本、回收物流成本和废弃物物流成本。

(1) 供应物流成本。供应物流成本是指从商品（包括容器、包装材料等）采购直到批发、零售业者进货为止的物流过程中所产生的费用。

(2) 企业内物流成本。企业内物流成本是指从购进的商品到货或由本企业提货时开始，直到最终确定销售对象的时刻为止的物流过程中所需要花费的费用，包括运输、包装、保管、配货等费用。

(3) 销售物流成本。销售物流成本是指从确定销售对象开始，直到商品送交客户为止的物流过程中所需要的费用，包括包装、商品出库、配送等方面的费用。

(4) 回收物流成本。回收物流成本是指材料、容器等由销售对象回收到本企业的物流过程中所需要的费用。

(5) 废弃物物流成本。废弃物物流成本是指在商品、包装材料、运输容器的废弃过程中而产生的物流费用。

物流成本按物流活动范围分类，即按物流的流动过程进行分类，强调物流的先后次序。该方法便于分析各个物流阶段中物流费用的情况，并通过趋势分析与其他企业进行横向比较，把握成本改善的阶段取向；同时，进一步明确企业内供、产、销链条上不同部门的职责和要求，为确定成本控制和降低成本的责任部门提供依据。

（三）按物流的支付形态划分

物流成本按物流的支付形态可分为本企业支付的物流成本（自营物流成本）和支付给外企业的物流成本（委托物流成本）。其中本企业支付的物流成本又分为材料费、人工费、维护费、一般经费和特别经费。

(1) 材料费。材料费是指因物料的消耗而发生的费用。由物料材料费、燃料费、消耗性工具、周转材料及其他物料消耗等费用组成。

（2）人工费。人工费是指因人力劳务的消耗而发生的费用。包括工资、奖金、津贴和补贴；职工福利费；医疗保险费、工伤保险费和生育保险费等社会保险费；住房公积金；工会经费和职工教育经费等薪酬以及劳动保护费和其他一切用于物流人员的费用。

（3）维护费。维护费是指土地、建筑物、机械设备、车辆、船舶、搬运工具、工器具备件等固定资产的使用、运转和维修保养所产生的费用。包括维修保养费、折旧费、房产税、土地车船使用税、租赁费、保险费、燃料和动力耗费等。

（4）一般经费。一般经费是指物流成本支付形态中的公益费和一般经费的合并，涵盖了各种物流功能成本在材料费、人工费和维护费三种支付形态之外反映的费用项目。例如，办公费、差旅费、交通费、会议费、水电费、煤气费、书报资料费、文具费、邮电费、零星购进费，还包括物资及商品损耗费、物流事故处理及其他杂费等一般支出。

（5）特别经费。特别经费是指采用不同于财务会计的计算方法所计算出来的，与存货有关的物流成本费用支付形态，包括存货占用资金所产生的利息支出、存货保险费和存货风险损失等，主要用于反映物流功能成本之外的物流费用支出。

（6）委托物流费。委托物流费是指将物流业务委托给第三方物流企业时向其支付的费用。包括支付的包装费、运费、保管费、出入库手续费、装卸费、特殊服务费等。

物流成本计算虽然属于管理会计的领域，但是要准确地计算物流成本，就必须以企业财务会计为基础，从财务会计核算的全部相关项目中抽出其中所包含的物流费用。这虽然是物流成本核算中最困难的工作，却是最为重要的基础工作。如果没有从财务会计中抽出来的物流成本的费用资料，物流成本计算就只是一句空话。将从财务会计核算的项目中抽出来的物流成本分类为材料费、人工费、维护费、一般经费、特别经费和委托物流费以及其他企业支付的物流费，就是按支付形态不同对物流成本进行的分类。

（四）按物流成本计入成本对象的方式分类

按其计入成本对象的方式，分为直接物流成本和间接物流成本，这种分类是为了经济、合理地将物流成本归属于不同的物流成本对象。

（1）直接物流成本。直接物流成本是直接计入物流范围、物流功能和支付形态等成本对象的成本。

（2）间接物流成本。间接物流成本是指与物流成本对象相关联的成本中不能用一种经济、合理的方式追溯到物流成本对象的那部分成本。例如，若以物流范围作为物流成本计算对象不能直接计入特定物流范围的物流管理成本、物流信息成本都属于间接成本。

直接物流成本和间接物流成本最主要的区别在于，能否直接计入成本计算对象。对于直接物流成本，只要掌握一定的成本计算方法，即可计算得出结果；对于间接物流成本，则需要对归集的成本采取一定的分配原则和方法进行分配。

间接物流成本通常使用某种参数作为分配基础。成本分配基础是指能联系成本对象和成本的参数。为了合理地选择分配基础，正确地分配间接物流成本，在分配过程中一般应遵循因果、收益和公平等原则。企业可以根据实际情况，在考虑成本收益原则下，选择适合本企业特点和有利于成本管理决策的分配方法。一般来说，可供选择的间接物流成本分配基础包括：从事物流作用的人员比例、物流工作量比例、物流设施面积或设备比例以及物流作业所占资金比例等。

（五）基于成本管理的分类

1. 按物流成本的性态分类

按物流成本的性态分类，可将物流成本分为变动成本和固定成本。

在企业的物流活动中，企业发生的资源耗费与物流业务量之间的关系可以分为两类：一是随物流业务量的变化而近似成比例变化的成本，如包装材料的消耗、工人的工资、能源消耗等；二是在一定业务量范围内，与业务量的增减变化无关的成本，例如物流设备折旧费、管理部门的办公费等。对于这两类不同性质的成本，我们将前者称为变动成本，后者称为固定成本。

在企业的物流活动中，还存在一些既不与物流业务量的变化成正比变化也非保持不变，而是随着物流业务量的增减变动而适当变动的成本，这种成本被称为混合成本，例如物流设备的日常维修费、辅助费用等。对于混合成本，可按一定方法将其分解成变动和固定两部分，并分别划归到变动成本与固定成本。

2. 按物流成本是否具有可控性分类

按物流成本是否能被其责任主体所控制分类，可将物流成本分为可控成本与不可控成本。

可控成本是指考核对象对成本的发生能够控制的成本。例如，包装部门的经营管理水平与包装材料的耗用量相关，而与包装设备的折旧费无关，所以，包装材料费是包装部门的可控成本，而包装设备折旧费则是不可控成本。由于可控成本对各责任主体来说是可以控制的，因而必须对其负责。

不可控成本是指考核对象对成本的发生不能予以控制，因而也不予负责的成本。例如上述的包装设备的折旧费。

可控成本与不可控成本都是相对的，而不是绝对的。对于一个部门来说是可控的，对另一个部门来说是不可控的。但从整个企业来考察，一切费用都是可控的，只是这种可控性需分解落实到相应的责任部门。

3. 按物流成本是否在会计核算中反映分类

按物流成本是否在会计核算中反映，可将物流成本分为显性物流成本和隐性物流成本。

显性物流成本是指企业实际发生的、在企业现行成本核算体系中已经反映但分散于各个会计科目之中的物流成本。在企业物流活动过程中发生的人工费、材料费、水电费、折旧费、保险费等都属于显性物流成本。这部分物流成本的计算是以会计核算资料为依据，对会计核算资料分析和信息提取的过程。所有显性物流成本数据均来源于财务会计资料。

隐性物流成本是指在企业现行成本核算体系中没有反映，但在企业物流成本管理中需要考虑的成本，它是管理会计领域的成本。隐性物流成本的内容比较宽泛，例如，存货占用自有资金所产生的机会成本、存货贬值损失、回程空载损失等，这些成本支出和损失客观存在，但由于不符合会计核算的确认原则、难以准确量化和缺少科学的计量规则等原因，没有在现行成本核算体系中反映。但在管理会计领域，为了保证管理决策的科学合理，又要求将这部分成本支出纳入物流总成本的范围予以考虑。实践中，从物流成本计算的适度准确和可操作性的要求出发，一般将存货占用自有资金所发生的机会成本作为隐性成本纳入物流总成本的计算范围，其他的隐性物流成本仅在物流管理决策中考虑，不纳入物流成本的计算范畴。

物流成本还有其他分类。按物流成本管理对象分类，可以分为事业部物流成本、营业网点物流成本、部门物流成本和作业物流成本；按物流成本的核算目标划分，可以分为业务成本、物流责任成本和物流质量成本；按其相关性划分，可以分为相关成本和无关成本；按计算方法划分，可以分为实际成本和标准成本等。

第四节 影响企业物流成本的因素

要加强物流成本管理，持续降低物流成本，首先要了解有哪些因素影响企业物流成本。目前，探讨比较多的因素有五个方面，一是产品特性，包括产品的种类、密度、价值、可替代性和风险性等；二是物流环节；三是物流服务；四是物流运作方式；五是物流成本核算方式。事实上，影响企业物流成本的因素远不止上述五个方面，例如，近几年随着物流业的迅速发展，物流管理的信息化程度已经成为影响物流成本高低的重要因素之一。按照重要性原则，影响企业物流成本的主要因素有四个方面，包括企业物流合理化程度、物流管理信息化程度、物流运作方式以及物流成本计算方式。

一、企业物流合理化程度

物流合理化就是使一切物流活动包括运输、仓储、装卸搬运、流通加工、物流信息和物流管理等活动趋于合理，以尽可能低的成本获得或提供尽可能好的物流服务。在一定意义上，物流合理化就是通过流程再造以及对物流活动的巧妙安排，达到物流成本最低和物流效益最大的目标。物流服务与物流成本之间存在效益背反现象，各物流活动所产生的物流成本之间往往也此消彼长，所以，物流的合理化程度直接影响企业物流成本的高低。对企业而言，物流合理化是降低物流成本的关键因素，也是物流管理追求的根本目标。

二、物流管理信息化程度

近年来，很多企业的物流信息化管理实践证明，信息化水平高低是企业在激烈的市场竞争中能否立于不败之地的关键因素。物流管理信息化建设，前期投入相对比较大，但建成后的效果往往超乎我们的意料。很多知名企业通过信息化建设，不仅实现了企业内运输、仓储、包装、装卸搬运、流通加工、物流信息和物流管理等物流活动的整合与信息共享，建立了物流活动的快速响应机制，实现了传统物流管理方式的突破，而且通过信息化建设的延伸，实现了供应链上各方的信息共享，促进了供应链物流流程的再造，实现了多方共赢。所以，物流管理信息化与物流成本高低密切相关。事实上，全面推行物流管理信息化是一项复杂而艰巨的系统工程，时间跨度长，效果短期内难以显现，建设初期甚至会大幅提升物流成本，但从长远看，要持续提升物流管理水平，探寻降低物流成本的“第三利润源”，信息化建设将历史性地承担这一使命。

三、物流运作方式

随着现代经营理念的引入，很多企业更加专注于提高核心竞争力，把不具备竞争优势的物流业务全部或部分外包出去。据中国仓储协会连续 6 次中国物流市场供需状况调查显示，约 50%的生产企业和商业企业有意愿将所有的自营物流业务外包给第三方物流企业。就现行物流业务运作实践来看，企业物流业务运作方式大致有四种：全部自营、部分自营、部分外包和全部外包，而企业物流业务运作方式的选择主要基于经营管理的需要和降低成本的追求，不同的物流业务运作方式所产生的物流成本截然不同。基于这一点，企业在物流业务运作方式上往往能够做出理性选择，在认真计算投入产出比和物流总成本，同时充分考虑企业战略目标的基础上，选择并适时调整合适的物流业务运作方式。

四、物流成本的计算方式

物流合理化程度、物流管理信息化程度以及物流业务运作方式三个影响物流成本的因素，其程度和实施方式的不同会真实地影响企业物流成本的高低。不同于上述三个影响因素，无论采取何种方式计算物流成本，物流成本都真实、客观地存在，计算方式的不同影响只是最终呈现给决策者的物流成本结果的差异。一般情况下，企业采取粗放的成本计算方式，计算出的物流成本值会偏低。随着物流成本计算精细化程度的提高，物流成本的计算范围会扩大，最终计算出的物流成本值会增加。事实上，不同国家计算物流成本的方式各不相同，即使在同一国家，不同企业对物流成本的计算也会采取不同的方法。2006 年，我国出台了国家标准《企业物流成本构成与计算》（GB/T 20523—2006），对企业物流成本构成内容与计算方式进行了明确和统一，企业计算物流成本有了统一的标准。

本章小结

物流成本作为企业物流成本管理的对象，是企业成本的一项重要组成内容。从本质上来看，物流成本应属管理成本的范畴，因此，物流成本构成内容的各种分类方法，不论是按物流功能划分、按物流活动范围划分、按物流支付形态划分，还是其他的各种基于成本管理的分类，都有别于财务会计中的成本分类，而服务于企业物流成本管理的需要。

不论从微观企业的角度还是从宏观社会的角度来看，物流成本管理都具有重要的经济意义。在物流成本的发展过程中，产生了“物流成本冰山”说、“黑大陆”学说、“第三利润源”学说等重要的理论基础。另外，在物流成本管理中，要考虑各种物流成本效益背反规律，从整体上追求物流服务水平以及总体物流成本的最佳配合。

讨论题

从本质上看，物流成本属于管理成本的范畴，那么管理成本与财务成本的区别是什么？为什么物流成本属于管理成本的范畴？正确认识物流成本的属性对学习物流成本管理有何意义？

思考题

1. 什么是物流成本？应该从哪些不同的角度理解物流成本的含义？
2. 物流成本与物流活动的关系？
3. 社会物流成本一般由哪几部分内容构成？
4. 企业物流成本存在哪些分类方法，其意义何在？
5. 什么是“物流成本冰山”学说？
6. 在企业的各项物流成本中，存在着哪些效益背反规律？这些规律对物流成本管理有何启示？
7. 什么是物流成本的溢出？为什么说“零库存”是一种物流成本的溢出？

案例分析

改善物流：比一比中国物流成本有多高

中国的物流成本有多高？比一比就知道。统计显示，中国社会物流成本与GDP的比值，这几年基本上在18%左右，而美国只有8.5%。根据赴美国考察跨国物流企业UPS、铁路货运公司UP和BNSF、公路货运企业JB Hunt和洛杉矶港等12家大企业，以及与美国供应链专业委员会等机构进行的探讨和所做的中美对比，可以发现，中国物流体系在多式联运、公路收费和市场软环境等领域存在的问题，是推高物流成本的主要因素。

中国物流体系存在问题

这些基础性、系统性问题，消耗了企业在微观层面的辛苦努力。降低物流成本，提高物流运行效率，事关国家经济发展，需要从国家层面来审视和推进改革创新。

1. 多式联运的中美差距

调研发现，完善的多式联运系统，是支撑美国物流发展，乃至美国经济发展的重要基石。多式联运是指以集装箱为载体，通过不同运输方式相互衔接、优化组合而完成的货物运输过程，包括海铁联运、公铁联运等。长期以来，中国各种运输方式分散发展，缺乏有效衔接，运输结构不合理，综合运输多式联运系统发展缓慢，最明显的是集装箱海铁联运。

2003年以来，中国港口集装箱吞吐量一直位居世界第一，占全球40%以上。如此庞大的港口集装箱集疏运，公路承担了大约84%，水水联运承担了14%～15%，海铁联运不超过 1.5%。而在欧美主要集装箱港口，海铁联运比例为 20%～30%。随着中国产业从沿海向内陆迁移，这种不合理的运输结构和运输体系，不仅对内陆经济形成限制，同时也将制约沿海地区经济的进一步发展。

美国是多式联运的发源地。早在 1991 年就颁布了《多式联运效率法案》，以国家法律形式，规定多式联运的制度安排，协调参与各方的职责与权益。在放宽管制和促进多式联运政策引导下，美国多式联运市场日趋成熟，形成了一批多式联运市场主体。

铁路货运形成了五家大企业的格局；公路货运历经淘汰重组，形成了数家拥有数万辆车辆的行业龙头企业，而中国拥有上千辆车辆资产的企业都很少；物流与快递领域，有 UPS、FedEx 等著名企业。运输组织、经营模式不断创新，再加上铁路双层集装箱运输技术、信息化技术等先进技术和装备在美国普遍推广，使多式联运成为近 20 年来美国运输业增长最快的领域。

发达的铁路货运系统、充足的铁路货运能力和全球最低的运价，也是美国多式联运的重要支撑。多式联运往往需要一些关键工程，美国特别值得一提的是“阿拉米达运输走廊”。该走廊是一条长 32 千米的铁路货运专线，专门为洛杉矶港海铁联运而建，集装箱从船上卸下后，不需要卡车中转运输，直接装上铁路，通过该走廊，连接北美铁路网，实现无缝衔接。

2. 中国多式联运突破点

从“十一五”开始，中国出台了一些政策和措施，促进多式联运发展；国家“十二五”规划进一步提出要“按照适度超前原则，统筹各种运输方式发展”。结合美国发展多式联运的经验，中国发展多式联运，有以下几个问题需要着力解决：

第一，解决铁路货运能力不足的问题。长期以来由于铁路货运能力不足，以及转换衔接等问题，致使上千千米乃至数千千米运距的运输，在中国常常不得不采用公路。中美两国国土面积差不多，美国铁路将近 30 万千米，而中国铁路目前刚超过 10 万千米。美国铁路基本上只承担货运，客运很少。中国铁路既承担客运，还承担货运，铁路运输强度世界第一，铁路总量明显不足。

第二，加快建立与发展多式联运相配套的体制机制。长期以来，铁路部门由于运力短缺，形成卖方市场，不愿意也不需要与其他运输方式合作；港口部门也愿意使用自己管辖的卡车，进行集卡运输。各部门只对自己的部门利益负责。2013 年的交通运输大部制改革，是突破部门利益分割，从体制上解决多式联运制度问题的开端。

除了体制机制外，还应该从立法层面推进多式联运，以及推进竞争性多式联运市场体系的建设，激发企业进行多式联运技术、组织和管理上的创新。

第三，有必要规划建设一批发展多式联运的关键工程。中国交通运输网络目前最薄弱环节是各种运输方式衔接不畅。比如上海，想成为国际航运中心，但无论外高桥港还是洋山港，都没有铁路直接进入港口，削弱了竞争力。

3. 调整公路收费政策

在中美物流成本比较中，另一个明显影响因素是公路收费问题。收费公路仅占美国公路总里程的 1%左右，而且收费很低，在企业的运输成本中几乎可以忽略不计。

中国收费公路究竟有多少？据专家估算，目前包括现有高速公路和部分收费的一级路以及少量还在收费的二级路，收费公路大约为16万～20万千米，占全国公路总里程的4%～5%，收费高、次数多、密度大。根据对运输和物流企业的调研，公路收费一般要占企业运输成本的20%甚至更高，且不包括“三乱”。

过高的公路通行费，成为推高物流成本和社会流通费用的重要因素，还是造成公路超载屡禁不止、公路维护费大幅攀升、企业恶性竞争的诱因。

降低公路通行费，业界呼吁了很长时间，政府有关部门也采取了一定措施，但总体看，效果不理想。美国公路建设以政府财政投资为主。而中国在20世纪八九十年代，由于政府资金有限，高速公路主要采取“贷款修路、收费还贷、滚动发展”的模式。这种模式有其历史功绩，但如今带来了负面作用。

与20年前比，中国在公路建设和养护资金上有了更多筹资渠道。2012年年底，中国机动车辆总量已达到2.4亿辆，车购税、燃油税已经有了相当规模。国家整体财政情况与改革开放之初相比也有了很大的改善。在新的条件下，有必要降低公路通行费，并对执行了30年的公路收费政策、管理办法及实施效果，进行全面评估和适当调整。

我们需要探讨如何把公路的公益性和商业性平衡好，既保证公路应有的社会效益，又保证公路有持续的建养资金渠道，这需要我们有更好的政策设计。第一，取消由政府投资兴建的二级以上公路收费，在此基础上，由国家回购部分收费公路，或者降低部分收费公路收费标准，缺口部分由国家承担。这是降低社会物流成本，增强企业竞争力直接见效的办法。

国家不应着眼于多收一点或少收一点公路通行费，而应着眼于促进企业发展，企业发展起来后，创造出更多效益，国家得到更多税收，然后再把这部分税收投入公路等基础设施建设。

第二，对于一部分不能回购的公路，可探索通过延长道路通行费收费期限，来降低收费标准。

第三，营业税改增值税过程中，探讨把货运车辆通行费纳入增值税进项抵扣范围，以减少货运企业负担，降低物流成本。

4. 改善物流市场软环境

在中美物流成本比较中，管理成本占物流总成本的比例，中国在12%左右，美国是4%。美国物流和运输企业发展迅速，竞争力强，不断创新，应该说离不开交易成本低、适于企业发展的软环境。而中国物流与运输市场不完善，市场秩序不规范，管理体制和政府工作缺位、错位，带来众多协调成本，反映到企业中就变成高昂的制度成本。

这些额外的成本，主要来自以下方面：复杂的税收机制、不尽合理的财税体制，加重了运输和物流企业的负担；市场信用缺失，带来高昂的交易成本；过高、过多的公路通行费及港口、堆场使用费用等，成为运输成本中仅次于燃油的第二大成本项；行政管理体制上的不协调、不适应，直接导致企业经营成本的增加。在一定程度上，也对先进技术和高效运输组织方式的引入推广形成障碍；管理上政出多门，有时是针对一个问题多部门多地区重复处罚，增加了企业的成本；以依法行政和维护市场秩序为目的的监管环节不到位，或以罚代管，给企业和社会带来不可预测的额外成本；由于物流服务效率不高，以及信息化支撑不足，企业为提高服务的可靠性，不得不大量保持库存量，从而需要相对高的库存成本；相对复杂的海关通关手续和文件要求，成为国际流通环节的隐性成本。

资料来源：财经国家新闻网，2014年02月12日。

中国企业的物流成本

物流产业的发展将成为21世纪中国经济发展的一个重要的产业部门和新的经济增长点，它将对我国市场经济体制的建立和完善起到积极的保证和促进作用。但在世界经济一体化的逐步推进及物流行业放开后跨国物流企业纷纷抢滩登陆中国市场的背景下，我国物流企业将面临巨大的、全方位的国际竞争压力。

根据中国仓储协会的一项调查显示，中国有45.3%的企业面临物流成本过高的压力，同时中国的物流企业多数是由传统的仓储企业转变而来，服务方式和手段比较原始和单一，技术装备和管理手段仍比较落后，难以提供“门对门”的一站式服务，只能简单地提供运输（送货）和仓储服务。这些企业更缺乏必要的服务规范和内部管理规程，经营管理粗放，不能实现产业化、低效率、高投入，不能从根本上降低企业的运营成本、节约社会资源、创造更多的价值。

目前我国海关信息化管理系统先进性超过美国，高速公路里程全球第二……为什么我国的物流成本还会居高不下？

商务部部长助理黄海表说，流通效率低是中国普遍存在的问题，我们国家的物流成本很高，几乎高出发达国家一倍，很难具有国际竞争力。

例如，没有一个合理的运输体系设计，是物流成本居高不下的主要原因。数据研究表明，57.9%的生产企业以及51.7%的物流企业车辆空驶率为30%～50%。这种运输车辆去时满载、回时空空的空驶率过高，而空载的费用消耗则被分摊到总成本中，这样总成本必然居高不下。

再如，物流基础建设规划缺少合理统筹。内陆交通运输设施建设缓慢，特别是集装箱运输中转站发展较慢，集装箱“门对门”的多式联运未得到充分发展。目前，我国内地进出口货物有70%左右是由内地以散杂货形式集运到香港再拼箱，或拆箱后以散杂货形式运到内地。这无疑又提高了物流成本。

此外，由于存在各自为政的物流建设现象，使企业面临不断重新装卸、运输和组织，进而造成更多成本消耗，其中还包括时间成本。因而，基础资源分割最直接的后果是，企业往往选择单一途径运货，以避免衔接中产生新的成本。比如，只用公路运输，这也是公路超载超限屡禁不止的重要原因。再者，中国物流企业数量繁多，但质量普遍不高。一些企业对物流业务流程的不熟悉，也导致了企业物流成本加大。

那么，在降低物流成本方面，有什么经验吗？

第一，建立物流成本数据库。要实现物流成本的降低，首先必须了解物流的实际情况。通过物流成本数据库来对物流系统进行分析。有了基础数据，就有了比较基础，就可以发现问题加以改进；有了比较基础，才可能制订目标，建立新的物流系统。

第二，明确物流成本的构成与归属。企业物流成本的全貌应该包括：支付形态、运作范围和功能形式三部分。就支付形态而言，它包括：人工、材料消耗、运输设施和仓库折旧、合理损耗、资金占用利息、管理费用、委托外包等。就功能形式而言，它包括：包装、搬运、保管、装卸、流通加工、信息交换、物流管理等。

第三，建立完善的管理模式，以降低物流成本。根据不同企业的性质，要设计符合自己特点的管理方法对物流活动实施管理，以实现降低物流成本的目的。

以联想集团为例，联想集团在沪成功运作VMI（Vendor Managed Inventory，供应商管理库存）物流管理模式，实行一年多来，已较先前节省九成物流成本，联想集团的国际竞争力因此得到明显的提高。

在VMI运作中，联想集团与第三方物流企业伯灵顿全球货运物流有限公司开展VMI项目合作，联想将其从国外采购来的电脑零配件存放于伯灵顿设在外高桥保税区的仓库内，根据生产需求，再将货物发送至上海联想电子有限公司进行装配加工。为力促联想集团VMI管理模式在上海顺利运作，上海海关设立了快速转关通道，实施7天×24小时全程通关。通过海关仓储电子监管系统实现VMI仓库与海关联网，随时申报，方便货物入出库。伯灵顿与联想VMI项目在海关监管下实现自动数据交换，企业及时掌握库存变化情况，提高市场反应速度。

在VMI项目运作一年里，从伯灵顿公司仓库运至上海联想电子有限公司的货物共计520余票，整体物流运作时间从原先的30～100小时缩至3～5小时，库存周转期从7～10天缩至半天。

第四，资源整合。前面提到过，物流资源配置效率低下是导致物流成本居高不下的一个重要方面。因此，必须对原有的物流资源实施整合，使其效率最大化。

以汽车行业为例，作为企业营运成本的组成部分，中国汽车企业的物流成本占据了相当大的比重。有数据显示，欧美汽车制造企业的物流成本占销售额的比例是8%左右，日本汽车厂商只有5%，而中国汽车生产企业这一数字普遍在15%以上。可见，中国汽车企业的物流成本明显偏高。

由于目前大部分汽车生产企业的物流活动以公路运输为主，运输成本的偏高大大加重了企业的负担，使企业物流成本所占比率过高，企业竞争能力也因此受到影响。一汽丰田销售公司副总经理王法长指出：产品物流成本在一汽丰田的产品中所占比例很大，由于是单向运输，第三方运输企业的优势没有体现，空驶没有体现，空驶回程浪费的成本太多，而只能让厂家倒贴。

有资料显示，从长春运输到广州的轿车，每辆车的陆路运输成本约为3800～4000元，而海运只需要2500～2800元，比陆路运输节省30%的成本。而在目前中国汽车工业每年轿车产量超过500万辆的背景下，只有不到10%的汽车运输通过水路完成。

因此，根据企业货物的多少和运输距离来调整水路和陆路运输比重，使其达到一个合理的比例对于许多汽车企业来说已经是当务之急。

资料来源：汪宇瀚．物流企业理财［M］．中国物资出版社，2006。

第二章　物流成本管理基础

学习目的

物流成本管理是企业物流管理的核心内容，通过本章的学习，掌握企业物流成本管理的含义；明确物流成本管理的目的与作用；了解物流成本管理在国内外的发展历程；掌握物流成本管理的体系与方法。

第一节　物流成本管理的产生与发展

一、物流成本管理的产生

物流活动必然会带来相应的物流成本，然而最初提出物流管理时并没有将物流成本放在一个重要位置，这与当时物流管理产生的背景有直接的关系。物流管理起源于军事后勤。在第二次世界大战期间，美国及其盟国需要在横跨美洲、欧洲、大西洋的广大空间范围内进行军需物资的调运与补充。在军队人员调动和军用物资装备的制造、运输、存储、配置与调运、补给和养护等军事后勤活动中，研究并采用了一系列管理技术与方法，以保证战时后勤保障，既能满足战争的需要，又使得费用最省、时间最短，还能安全地回避敌方攻击。由此，在美国军方形成了关于后勤管理（Logistics Management）的完整的思想、技术、方法体系，即通过对采购、运输、仓储、分发进行统筹安排、优化和全面管理，以求费用更低、速度更快、服务更好地实现军队后勤保障。但是，由于在军事上首先注重的是军用物资供应的可达性和及时性，成本的考虑是放在第二位的，因此在这个阶段物流成本管理没有得到较快的发展。第二次世界大战以后，西方发达国家各大公司效益普遍下滑，一方面是由于市场的激烈竞争；另一方面则是物价上涨以及人工成本的提高使企业利润率降低，企业已经难以通过提高产品售价来增加利润，要进一步降低产品生产成本也是困难重重。在这种情况下，企业开始千方百计地寻找降低成本增加利润的新途径，于是物流管理便进入商业领域，成为继生产资料、劳动力后的第三利润源。企业注重成本管理，追求利润最大化，于是物流成本管理便应运而生，成为一种降低成本、提高服务水平的手段。物流成本管理开始有了较快的发展。

二、物流成本管理的发展

物流成本管理的发展与经济的发展有着密切的关系。实践中，由于不同国家的经济发展水平不同，物流发展的程度也不同，对物流的研究程度也不同，因此不同国家物流成本管理的研究与发展也各不相同。欧美以及日本等发达国家物流发展水平较高，物流成本管理已自成体系：中国物流发展水平较低，物流成本管理研究仍处于初级阶段。

（一）欧美国家物流成本管理的发展情况

以美国为例。美国属于典型的自由经济体制，鼓励自由竞争，主要利用财政与货币来调控市场，国家制定系统的产业政策。美国对物流成本的管理主要是通过美国注册会计师协会下属的管理会计实务委员会所颁布的一系列“管理会计公告”来进行。公告中界定物流成本管理的范畴，明确物流成本的计算、物流业绩计量以及物流信息在物流管理中的运用等内容，目的在于为会计人员和管理人员确认、计量、管理物流成本提供依据。目前，美国物流成本管理已经和供应链管理思想、精益思想等理论的发展紧密结合，形成一套先进的物流成本管理体系。

从欧美国家的企业物流成本管理的一般发展过程来看，大致可以分为以下几个阶段。

1. 物流成本认识阶段

物流成本管理在物流管理中占有重要位置，“物流是经济的黑暗大陆”，“物流是第三利润源泉”等观点都说明了物流成本问题是物流管理初期人们关心的主要问题。所谓“物流是第三利润源泉”，是指通过物流合理化，降低物流成本，使物流成为在降低制造成本和扩大销售之后企业获取利润的第三种途径。正是由于在物流领域存在广阔的降低成本的空间，物流问题才引起企业经营者的重视。企业物流管理可以说是从对物流成本的管理开始的。

但是在这个阶段，人们对于物流成本的认识只是停留在概念认识的层次上，还没有依照管理的步骤对物流成本实施全面的管理。

2. 物流项目成本管理阶段

在对物流成本认识的基础上，根据不同部门、不同领域或不同产品出现的特定物流问题，组织专门的人员研究解决。但是，对于物流成本管理的组织化程度及对物流成本的持久把握方面仍存在不足。到了这个阶段，物流管理组织便出现了。

3. 引入物流预算管理制度的阶段

随着物流管理组织的设置，对物流成本有了一个统一、系统的把握，开始引入物流预算管理制度。也就是说，通过物流预算的编制、预算与实际的比较，对物流成本进行差异分析，从而达到控制物流成本的目的。但是，这个阶段编制的物流预算缺乏准确性，对于成本变动原因的分析也缺乏全面性，而且对物流成本的把握仅限于运费和对外支付的费用。

4. 物流预算管理制度确立阶段

在这个阶段推出了物流成本的计算标准，物流预算及其管理有了比较客观准确的依据，物流部门成为独立的成本中心或利润中心。

5. 物流业绩评价制度确立阶段

物流预算管理制度确立后，进一步发展的结果是形成物流业绩评价制度。通过物流部门对企业业绩的贡献度的把握，准确评价物流部门的工作。物流部门的业绩评价离不开其对于降低物流成本的贡献度，降低物流成本是物流部门的永恒的目标。

（二）日本物流成本管理的发展情况

日本的物流管理观念的形成比美国要晚，但发展非常迅速，并已形成自身独特的管理经验与方法体系，成为现代物流管理的强国。日本的物流技术兴起于 20 世纪 50 年代，1965 年日本内阁会议通过《中期经济计划》，计划将物流现代化作为日本的国策。物流成本管理一直受到日本政府和物流界的重视，日本影响较大的物流成本核算类国家标准是日本运输省在 1977 年制定的《物流成本计算统一标准》；随后，1992 年通产省公布了《物流成本计算活用指南》；1996 年，中小企业厅颁布了《简单易懂的物流成本计算指南》；2000 年，日本中小企业厅再次发布了《物流成本计算指南——不同行业》；2003 年，中小企业厅又颁布了《物流作业成本法物流成本计算效率化指南》，该指南分解说集、事例集、用语集和应用软件，这一标准对中小企业应用新的成本管理方法计算物流成本起到了很好的推动作用。在长期的发展中物流成本与财务结算制度相联结。

日本对物流的研究从重视功能转向重视成本，进而转向重视服务。日本政府采用严格的规章制度让企业遵守市场规则，利用利益机制诱导企业服从政府的意图，利用计划与产业政策引导企业朝既定的方向发展。因此，日本是由政府先制定企业物流成本核算标准而后强制企业执行的。

日本对于物流成本管理发展阶段的问题有以下几种不同的观点。

日通综合研究所编撰的《物流知识》（第三版）的观点，将物流成本管理的发展划分为以下六个阶段。

1. 物流前期

这一时期物流只是按生产和销售部门的要求进行货物的保管和运输。

2. 个别管理期

即物流成本意识的出现期。这一时期只有保管部门或发货部门在努力降低成本。

3. 综合管理期

在这一时期，物流作为一项独立业务开始建立物流管理部门，采取措施综合解决各种物流功能的优化组合问题。这里，生产和销售是物流的前提。

4. 扩大领域时期

这是物流影响生产和销售的阶段。对于生产部门来说，应该在产品设计阶段就从物流的角度考虑问题，在物流效率、统一包装规格、生产计划的灵活性等方面提出要求；对于销售部门，则在接受订货的计划性、订货的数量单位及交货期限等方面提出要求。在这一阶段，追求“第三利润源泉”的企业增多，过去曾把这一阶段视为终极阶段。

5. 整体体制阶段

物流进入小批量、多品种发货的新时代。为创造新的物流形象，整个公司必须取得共识。这一阶段的多数情况是建立以生产和销售人员为委员、以负责经营的主要领导为委员长的委员会制度。建立合理的会计制度之后，物流就成为生产和销售本身的一项内容。物流部门则只要运用物流知识和物流信息建立物流系统即可。

6. 生产、销售、物流一体化时期

在生产、销售、物流一体化时期进行物流管理，首先将不同商品的出售情况、发货及脱销情况、库存及进货情况与销售、生产计划进行比较，将现有库存与基准库存量（库存计划）进行比较，定期进行这一工作。找出计划与实际情况的差异，并据以提出解决方案，修订生产计划和与之相适应的采购计划及其以生产、销售计划为前提的物流计划。这种修订使各个时期与销售状况相适应，包括生产和物流的整个企业运作的修订，也就是通常所说的建立以物流为核心的一体化系统。

日本神奈川大学的唐泽丰教授认为，物流成本管理的发展可以分为以下四个阶段：

(1) 明确物流成本，从物流成本与销售金额比率的角度进行管理的阶段，即定量地掌握物流成本的阶段。

(2) 采用预算制度，可以对物流成本的差异进行分析的阶段。

(3) 正式明确物流成本的基准值或标准值，使预算的提出或管理有一个客观的、恰当的标准。

(4) 建立管理会计制度的阶段，使物流成本管理与财务会计在系统上连接起来，这说明已到了容易进行物流成本模拟的阶段。

唐泽丰教授认为目前日本企业物流成本核算与管理基本停留在第三阶段。

日本著名的物流研究专家菊池康也教授在《物流管理》一书中，将日本物流成本管理的发展分为以下五个阶段：

(1) 了解物流成本的实际状况（对物流活动的重要性提高认识）。

(2) 物流成本核算（了解并解决物流活动中存在的问题）。

(3) 物流成本管理（物流成本的标准成本管理和预算管理）。

(4) 物流收益评估（评估物流对企业效益的贡献程度）。

(5) 物流盈亏分析（对物流系统的变化或改革做出模拟模型）。

菊池康也教授认为现在日本物流成本管理多处于第三阶段，还没有达到第四、第五阶段，物流部门的职能还落后于销售和生产部门的职能。

（三）物流成本管理在我国的发展情况

我国的物流起步较晚。1979 年中国物资经济学会派代表团参加了在日本举行的第三届国际物流会议，第一次把“物流”这一概念从日本介绍到国内。

20 世纪 80 年代初，作为生产资料流通的主要承担者——国有物资部门开始了从宏观角度研究物流。但当时我国流通领域还带有浓重的计划经济色彩，商业系统对物流的研究远远落后于物资系统，基本上处在概念的引进和初级的理论研究阶段，对物流成本的认识也只是停留在概念认识的层次上。

20 世纪 90 年代初，竞争的激烈、业态的多样化导致了流通领域利润的下降，使得商业系统开始重视物流，特别是连锁经营与物流配送关系的研究。1991 年，由中国物资流通学会承担的“工业企业物流合理化研究”课题，对我国 8 个行业的物流状况做了一次表格调查，发现企业现有统计报表中按物流概念统计的数据极少，大量数据需要通过估算得出。这次活动引起了企业对物流的重视，物流成本开始进入初步的研究和试验性管理阶段，但还只限于个别的企业和部门，并没有引起全社会对物流成本的关注。

20 世纪 90 年代后期，随着我国经济体制的改革，企业产权关系的明确，生产企业及其他流通企业开始认识到物流的重要性。世纪之交，引发产、学、官、研一体热的物流现象，国内一些企业内部开始设立专门的物流部门，也开始出现了不同形式的物流企业（大多数物流企业是由原运输企业、仓储企业、商业企业或工业企业等改造重组而来），已有少数物流企业开始建立在物流理论上，根据物流运作规律进行组织与管理。物流这个“第三利润源泉”引起了社会和企业的极大兴趣，纷纷参照国外的先进经验和技术来加强物流管理，组织专门的人员研究降低物流成本，物流成本管理开始组织化。这一阶段对物流成本研究的重视是由激烈的竞争而引发利润下降导致的，物流成本开始进入研究和实验性阶段。

进入 21 世纪，随着科技的高速发展和网络经济的大力推动，我国物流业有了新的发展，加强了与世界物流业的合作与交流，物流发展走向国际化、全球化，对物流成本管理理论和方法的研究也进入了新的阶段。

从宏观与微观的角度对物流成本的构成与分析的研究工作也开始启动，出现了一些关于物流成本管理的专著和论文。一些企业开始引入物流成本预算制度，对于物流环节的运输、储存、装卸和搬运等，都有了一些行业指标。国内外一些学者和机构运用不同方法对我国社会物流成本进行测算，得到的结果也各不相同。例如，国际货币基金组织估算的我国 1997 年社会物流成本占 GDP 的比例为 16.9%；摩根士丹利亚太投资研究组测算的我国 2000 年社会物流成本占 GDP 的比例为 15%；美智管理顾问公司认为我国社会物流成本占 GDP 的比例为 20%左右。直到 2004 年 10 月由国家统计局、国家发展和改革委员会发布《社会物流统计制度及核算表式（试行）》的通知，我国的物流才有了统一的核算标准，数据发布得以权威化和定期化。但是，除了国家统计局与中国物流采购联合会每年定期公布我国社会物流成本状况之外，各行业和各地区的社会物流成本统计核算工作并没有得到广泛的开展。

从微观的角度来看，我国现行财务会计制度中未设“物流成本”科目，物流成本分散记录在企业成本费用科目中，且物流活动涉及面广、关联性强，界定与核算较为复杂，企业难以准确掌握与统计。不同企业对物流成本的界定与理解层面往往不一致，计算标准不统一，不同企业对物流成本不具备可比性。2006 年，我国颁布国家标准《企业物流成本构成与计算》，企业物流成本核算有了明确的、统一的依据。同时，一些企业开始引入物流成本预算制度，对于运输、储存、装卸和搬运等环节，都有了一些行业的定额指标。

从整体上来看，目前我国在物流成本与服务水平的研究方面还处于起步阶段，对物流成本的研究还比较贫乏。

（四）我国物流成本管理的目标分析

综前所述，借鉴国外发达国家的物流成本管理经验，考虑我国目前物流成本管理的现状，我国物流成本管理制度的建立与完善应从远期规划与近期管理需要两个方面来加以设计。

从远期规划角度看，我国物流成本管理制度的内容应分为三个层次，即物流成本核算层、物流成本管理层以及物流成本效益评估层。

1. 物流成本核算层

物流成本核算层的主要工作应包括以下几点。

(1) 明确物流成本的构成内容。由于物流成本的各项目之间存在着此消彼长的关系，某一项目成本的下降将会带来其他项目成本的上升。因此，在达到一定服务标准的前提下，不明确物流总成本的全部构成，仅仅对其中的某一部分或某几个部分进行调整与优化，未必会带来全部物流成本的最优化。所以明确物流成本的构成，将全部物流成本从原有的会计资料中分离出来是十分必要的。在此基础上，才能进行有效的物流成本核算、物流成本管理以及物流成本的比较分析。

(2) 对物流总成本按一定的标准进行分配与归集。对物流总成本按一定的标准进行分配与归集是进行物流成本决策与控制的基础。在企业经营计划实施过程中，根据企业制定的物流成本计算或归集对象，对产生的各种耗费进行归纳，采用相应的成本计算方法，按照规定的成本项目，通过一系列的物流成本汇集与分配，从而计算出各物流成本计算对象的实际总成本和单位成本。

(3) 明确物流成本核算的目的。在进行物流成本有效核算的基础上，可以开展多种形式的物流成本管理。因此，在进行物流成本核算时，要明确物流成本核算的目的，使得整个核算过程不仅仅停留在会计核算的层面上，而是能够充分运用这些成本信息，对企业的用途和意义更大。

2. 物流成本管理层

物流成本管理层是指在物流成本核算的基础上，采用各种成本管理与管理会计的方法来进行物流成本的管理与控制。结合物流成本的特征，可以采用的成本管理方法主要包括：物流成本作业管理、物流标准成本管理、物流成本性态及盈亏平衡分析、物流成本预算管理、物流责任中心和责任物流成本管理等。

物流成本管理层最重要和有效的项目是物流成本预算管理，它是在物流作业成本核算及其他有关资料的基础上，运用一定的方法揭示物流成本水平的发生与变动，分析影响物流成本水平的各种因素，揭露物流环节存在的主要矛盾与问题，并据此对相关部门的业绩进行考核。

3. 物流成本效益评估层

物流成本效益评估层是指在物流成本核算的基础上，进行物流收益评估和物流经济效益分析，并在此基础上，对物流系统的变化或改革建立模拟模型，寻求最佳物流系统的设计。物流成本效益层是物流成本管理的最高层。

按照日本著名物流学者菊池康也的分析，目前日本的物流成本管理多处于第三个层次，还没有达到第四个层次。而在我国，对物流成本的管理在第一个层次的研究与探索方面已取得了初步的成果，还处于初级层次，即物流成本核算层。

第二节 物流成本管理的目标与作用

一、物流成本管理的定义

目前，由于物流还是一个比较新兴的行业，对物流成本管理的研究尤其是在我国还处于初级阶段，因此物流成本管理至今没有一个确切的定义。

从管理学的角度看物流成本管理是以物流成本信息的产生和利用为基础，按照物流成本最优化的要求，有组织地进行成本预测、决策、计划、控制、核算、分析和考核等一系列的科学管理活动的总称，它是一种价值管理。企业的物流成本管理可以从两个方面进行，一是从会计的角度出发，通过建立物流管理会计系统，发挥会计职能来对物流成本进行计划、控制等；二是利用物流管理方法，通过对物流各种职能的优化，达到降低物流成本的目的。显然，这两个方面是相辅相成的，所以企业在进行物流成本管理过程中，需要从这两个方面同时进行。

一般认为，物流成本管理不仅仅是管理物流成本，这是一种通过成本去管理物流，即管理的对象是物流而不是成本，物流成本管理可以说是以成本为手段的物流管理方法。这是因为，一是成本能真实地反映物流活动的实态；二是成本可以成为评价所有活动的共同尺度。一旦用成本去掌握物流活动，物流活动方法上的差别就会以成本差别的形式明显地表现出来；用成本这个统一的尺度来评价各种活动，可以把性质不同的活动放到同一场合进行比较，是有效管理物流的一种新思路。因此，物流成本管理可以定义为：物流成本管理是服从企业战略管理规划，依照有关制度的规范有组织地实施成本管理环节，促使物流管理不断地创造并实现价值，引导企业物流管理良性发展的过程。

二、物流成本管理的目标与作用

物流成本管理是企业物流管理的核心部分。企业在进行物流成本管理时，首先要有明确的目的，有的放矢。企业物流成本管理的目的，是通过适当的分类规划物流成本，分析物流成本的构成，确立物流管理战略；明确各个部门的责、权、利，合理控制和考核；依据物流成本计算结果，运行物流管理会计系统，科学决策；通过物流成本管理，发现降低物流成本的环节，利用物流要素之间的效益背反关系，科学、合理地组织物流活动，强化总体物流成本管理（即在降低物流成本的同时要注意不能因降低物流成本而影响对用户的服务），提高企业和社会经济效益的目的。

（1）从微观的角度看，加强物流成本管理，可以提高企业物流管理水平，降低物流成本，提高企业利润，增强企业的竞争力。

一是在其他条件不变的情况下，降低物流成本意味着扩大了企业的利润空间，提高了利润水平。二是物流成本的降低，意味着增强了企业的产品价格竞争优势，企业可以以相对低廉的价格出售自己的产品，从而提高产品的市场竞争力，扩大销售，并以此为企业带来更多的利润。三是物流成本的下降，意味着企业可以用更少的资源投入和消耗，创造出更多的物质财富，进而推动资源节约型企业的创建。

(2) 从宏观的角度看，加强物流成本管理，降低物流成本对提高国民经济的总体运行质量，促进产业结构调整，支撑新型工业化，都具有重要意义。

一是如果全行业的物流效率普遍提高，物流费用平均水平降低到一个新的水平，那么，该行业在国际市场上的竞争力将会增强。对于一个地区的行业来说，则可以提高其在全国市场的竞争力。二是全行业物流成本的普遍下降，将导致物价相对下降，这有利于保持物价的稳定，相对提高国民的购买力。三是物流成本的下降，意味着给整个社会创造了同等数量的财富，在物流领域所消耗的物化劳动和活劳动得到节约，从而用尽可能少的资源投入和消耗，创造出尽可能多的物质财富，进而推动循环经济的发展和资源节约型社会的创建。四是加强物流成本管理，可以促进新的产业形态的形成，优化区域产业结构。现代物流产业属于第三产业，是现代经济分工和专业化高度发展的产物，其发展将对第三产业的发展起到积极的促进作用。实践表明，现代物流的发展，推动和促进了当地经济的发展，提高了就业率，增加了税收，也进一步带来商流、资金流、信息流的整合，给当地的交通运输业、商贸业、金融业、信息业等多种服务型的第三产业带来新的增长点。五是加强物流成本管理还有利于对分散的物流进行集中处理，量的集约必然要求利用现代化的物流设施、先进的信息网络进行协调和管理。相对于分散经营、功能单一、技术落后的储运业务，现代物流属于技术密集型和高附加值的高科技产业，具有资产结构高度化、技术结构高度化、劳动力高度化等特征。从这个角度来说，加强物流成本管理有利于区域产业结构向高度化方向发展。六是加强物流成本管理还有利于促进以城市为中心的区域市场的形成和发展。一般来说，城市是商品集散和加工的中心，而且物流设施和基础设施齐全，消费集中且需求量大，交通与信息发达，与周围地区存在不对称性，以其为核心枢纽，辐射周边地区，带动其他地域形成一个商品流通整体。现代物流可以促进以城市为中心的区域经济形成，促进以城市为中心的网络化的大区域市场体系的建立，有利于解决城市的交通问题，有利于城市的整体规划，有利于减少物流对城市环境的种种不利影响。

第三节　物流成本管理的体系与方法

一、物流成本管理的体系

企业物流成本管理活动是由物流成本的预测、决策、计划、控制、核算、分析和考核等多个环节组成的一个有机整体。物流成本管理的诸多环节相互联系、相互作用，通过其不断循环构成物流成本管理体系。一般来讲，企业物流成本管理包括以下几个环节：

1. 物流成本预测

物流成本预测是根据有关物流成本数据和企业具体的发展情况，运用一定的技术方法，对未来的成本水平及其变动趋势做出科学的估计。成本预测是成本决策、成本预算和成本控制的基础工作，可以提高物流成本管理的科学性和预见性。在物流成本管理的许多环节都存在成本预测问题，如仓储环节的库存预测、流通环节的加工预测、运输环节的货物周转量预测等。

2. 物流成本决策

物流成本决策是在物流成本预测的基础上，结合其他有关资料，运用一定的科学方法，从若干个方案中选择一个满意的方案的过程。从物流整个流程来说，有配送中心新建、改建、扩建的决策；装卸搬运设备、设施购置的决策；流通加工合理下料的决策等。进行成本决策、确定目标成本是编制成本预算的前提，也是实现成本的事前控制、提高经济效益的重要途径。

3. 物流成本预算

物流成本预算（也称物流成本计划）是根据物流成本决策所确定的方案、预算期的物流任务、降低物流成本的要求以及有关资料，通过一定的程序，运用一定的方法，以货币形式规定预算期物流各环节耗费水平和成本水平，并提出保证成本预算顺利实现所采取的措施。通过物流成本预算管理，可以在降低物流各环节方面给企业提出明确的目标，推动企业加强物流成本管理责任制，增强企业的物流成本意识，控制物流环节费用，挖掘降低物流成本的潜力，保证企业降低物流成本目标的实现。

4. 物流成本控制

物流成本控制是根据计划目标，对物流成本形成和发生过程以及影响物流成本各种因素和条件加以主动的影响，以保证实现物流成本预算完成的一种行为。从企业生产经营过程来看，物流成本控制包括事前控制、事中控制和事后控制。物流成本事前控制是整个物流成本控制中最重要的环节，它直接影响以后各物流作业流程成本的高低。物流成本事前控制活动主要有物流配送中心的建设控制，物流设施、设备的配备控制，物流作业过程改进控制等。物流成本的事中控制是对物流作业过程实际劳动耗费的控制，包括设备耗费的控制、人工耗费的控制、劳动工具耗费和其他费用支出的控制等方面。物流成本的事后控制是通过定期对过去某一段时间成本控制的总结、反馈来控制成本。通过成本控制，可以及时发现存在的问题，采取纠正措施，保证物流成本目标的完成和实现。

5. 物流成本核算

物流成本核算是根据企业确定的成本计算对象，采用相适应的成本计算方法，按规定的成本项目，通过一系列的物流费用汇集与分配，从而计算出各物流活动成本计算对象的实际总成本和单位成本。通过物流成本计算，可以如实地反映生产经营过程中的实际耗费，同时，也是对各种物流费用的实际支出的控制过程。

6. 物流成本分析

物流成本分析是在物流成本核算及其他有关资料的基础上，运用一定的方法，揭示物流成本水平变动的原因，进一步查明影响物流成本变动的各种因素。通过物流成本分析，可以提出积极的建议，采取有效的措施，合理地控制物流成本。

7. 物流成本考核

物流成本考核是指在物流成本分析的基础上，对物流成本计划的完成情况或执行结果进行总结与评价，并实施奖惩的过程。物流成本考核要以责任中心为对象，以其可控成本为界限，按责任归属来考核物流成本指标的完成情况。通过物流成本考核，可以评价各责任单位对当期降低物流成本的贡献，促进各责任单位和责任人员树立物流成本管理意识，激发其降低物流成本的积极性。

上述各项物流成本管理活动的内容是相互配合、相互依存的一个有机整体。物流成本预测是物流成本决策的前提，物流成本预算是物流成本决策所确定目标的具体化，物流成本控制是对物流成本预算的实施进行监督，以保证目标的实现，物流成本核算与分析是对目标是否实现的检验。

二、物流成本管理的方法

物流成本管理的方法很多，既有定性方法，也有定量方法。总体上可以从两个维度探讨物流成本管理的方法：一个维度是物流成本管理活动的内容，即横向物流成本管理方法；另一个维度是物流活动（功能），即纵向物流成本管理方法。

（一）横向物流成本管理方法

横向物流成本管理即对物流成本进行成本预测、决策、计划、控制、核算、分析和考核等。企业通过物流成本管理的各个环节和内容，完成物流管理工作，这也是企业物流成本管理的基本方法。实践中，不同的成本管理内容应用不同的实施方法，具体如下：

1. 物流成本预测

物流成本预测的方法很多，总体可归纳为定性预测和定量预测两大类。

（1）定性预测法也称为“非数量分析法”，是预测者根据所掌握的专业知识和丰富的实践经验，运用逻辑思维方法对未来物流成本进行预计、推断的各种方法的统称，常用的方法有调查研究判断法和分析判断法。

（2）定量预测法是根据历史资料以及物流成本与影响因素之间的数量关系，通过建立数学模型来预计、推断未来物流成本的各种预测方法的统称。按照成本预测模型中物流成本与相应变量的性质不同，定量预测法又可分为因果关系成本预测方法和时间关系成本预测方法两类。

①因果关系成本预测方法是根据预测对象与其他相关指标之间相互依存、相互制约的规律性联系，建立相应的因果教学模型来进行物流成本预测的分析方法。此方法以物流成本为因变量（Y），以影响成本的因素为自变量（X），建立函数关系式 $Y=F(X)$，来预测物流成本的未来发展趋势，具体包括高低点法和回归分析法等。

②时间关系成本预测方法是以物流成本为因变量（Y）、以时间为自变量（T）而建立的函数关系式 $Y=F(T)$，或根据预测对象按时间顺序排列的一系列历史数据，应用一定的数学方法进行加工、计算，借以预测物流成本未来发展趋势的分析方法，也称时间序列分析法或外推分析法，具体包括简单平均法、加权平均法、移动平均法和指数平滑法等。

2. 物流成本决策

物流成本决策本质上是根据决策目标，从若干个备选方案中选择最优方案的过程。物流成本决策的基本程序包括确定决策目标、广泛收集资料、拟定可行性方案和作出选优决策。决策方法有定量方法和定性方法两种，具体方法因决策内容、类型及资料的不同而不同，主要包括差额分析法、均衡分析法和决策表法等。

3. 物流成本计划

物流成本计划主要是编制物流各环节的耗费，具体是以物流成本预算的形式来表现的。总体来讲，物流成本计划的编制可采用直接计算法和因素测算法。直接计算法是根据各项物流成本消耗定额等资料，考虑成本降低的要求，按照物流成本项目，详细计算各项目的计划成本，然后汇总编制物流总成本计划的方法。因素测算法是以企业物流成本降低措施计划为依据，分析、测算各项措施对物流成本造成的影响及其可能的结果，在此基础上调整上年度实际成本编制计划年度物流成本计划的方法。

4. 物流成本控制

物流成本控制的方法包括目标成本控制法、定额成本控制法、标准成本控制法、预算控制法和责任成本控制法等。

5. 物流成本核算

物流成本核算的方式主要包括会计方式、统计方式、会计和统计相结合的方式三种。会计方式计算物流成本是通过凭证、账户、报表对物流耗费进行连续、系统、全面的记录、计算和报告；统计方式是通过对现行成本核算资料的解剖分析，分离出物流成本，按不同的成本计算对象进行归集、分配与汇总，加工成所需成本信息，这种方法不需要设置完整的凭证、账户和报表体系；会计和统计相结合的方式主要是将一部分内容通过会计方式进行核算，另一部分内容通过统计方式进行核算。

我国的国家标准《企业物流成本构成与计算》规定，物流成本主要可从现行成本核算体系予以分离的成本和不可分离的成本分别按会计与统计方式进行处理，这实际上是会计和统计相结合的方式。

6. 物流成本分析

物流成本分析是评价企业物流成本管理绩效、实施物流成本考核的重要过程。物流成本分析的方法包括比较分析法、比率分析法和因素分析法等，其中比率分析法又包括相关比率分析法、趋势比率分析法和构成比率分析法等。

7. 物流成本考核

物流成本考核从内容和方法上来说，包括定性考核和定量考核两种方法。定性考核重在考核相关成本降低举措是否得到严格执行等；定量考核重在考核物流成本相关指标的完成情况。实践中以定量考核为主，兼顾定性考核。

（二）纵向物流成本管理方法

纵向物流成本管理即对物流过程的优化管理，是指以物流各项功能或环节的角度实施的成本管理，包括运输、仓储、包装、装卸搬运、流通加工等功能或环节。事实上，横向物流成本管理方法适用于每一项物流功能成本的管理。物流系统是一个庞大而复杂的系统，要对它进行优化，需要借助于先进的管理方法和管理手段，先在其单项活动范围内进行，再发展到对整个物流系统进行模拟，采取最有效的方法来组织物流系统，使之合理化。各物流功能成本可根据各自的特点采取相应的成本管理与控制方法。

1. 运用线性规划、非线性规划的方法，制订最优运输计划，实现物资运输的优化

假定，某种物品现由某几个工厂生产，又需供应某几个客户，怎样才能使工厂生产的物品运到客户所在地时达到总运费最低的目标呢？假定这种物品在工厂中的生产成本是已知的，从某厂到消费地的单位运输费用和运输距离以及各工厂的生产能力和消费地需要量都已确定，则可用线性规划的方法来解决这一问题。当工厂的生产量发生变化，生产费用函数是非线性的时候，就应使用非线性规划的方法来求解。属于线性规划类型的运输问题，常用的方法有单纯型法和表上作业法。

2. 运用系统分析技术，选择货物最佳的配比和配送线路，实现物资配送优化

配送路线是指各运送车辆向各个客户送货时所要经过的路线，它的合理与否对配送制度、合理利用车辆和配送费用都有直接影响。目前确定优化配送线路较为成熟的方法是节约法，也叫节约里程法。

3. 运用存储论，确定经济合理的库存量，实现物资存储优化

储存是物流系统的中心环节，物资从生产到客户之间需要经过几个阶段，几乎在每个阶段都发生储存问题。究竟在每个阶段库存量保持多少为合理？为了保证供给，需隔多长时间补充库存？一次进货多少才能达到费用最省的目标？这些都是确定库存量的问题，也都可以在存储论中找到解决的方法。其中比较著名的是经济订货批量模型，即EOQ模型。

4. 运用模拟技术，对整个物流系统进行研究，实现物流系统的最优化

克莱顿·希尔模型就是一种采用逐次逼近法的模拟模型，这种方法提出了物流系统的3项目标，即最高的服务水平、最低的物流费用、最快的信息反馈。在模拟过程中，克莱顿·希尔模型采用逐次逼近的方法来求解下列决策变量：流通中心的数目、对客户的服务水平、流通中心收发货时间的长短、库存分布、系统整体的优化。

现代物流成本管理系统是一个整体，包括物流成本横向管理子系统、纵向管理子系统和计算机管理系统。为了实现最高的服务水平、最低的物流费用和最快的信息反馈等管理目标，三个子系统相互结合、相互作用。物流成本横向管理子系统的主要功能在于成本信息的记录、收集、传递、利用和反馈；物流成本纵向管理子系统的主要功能在于物流过程中各个环节的优化；而计算机管理系统则将物流成本管理的横向和纵向管理子系统联系起来，形成一个能够不断优化的物流循环系统。也就是通过这样一次次的循环、核算、评价，整个物流系统才能不断优化，最终找出总成本最低的最佳方案，实现物流成本管理的目标。

第四节　物流成本管理理论

一、物流成本管理的理论构架

物流成本管理并不仅仅以物流成本为研究对象，而且把物流成本、服务水平、物流服务定价等要素作为一个动态系统来研究。使用信息系统及时准确地进行物流成本信息的获取、处理、输出和反馈是实现物流成本管理的重要基础。管理同系统、信息是紧密联系在

一起的，物流成本管理的对象是一个系统，核心是对生产费用要素的一种有目的的管理，必须用系统的观点和方法去分析、组织和实施，才能达到管理的目的。而控制又是系统管理的基础，同时，控制必须依靠信息，信息是联系施控系统和受控系统的手段，必须依靠信息才能完成物流系统控制调节工作。因此，物流成本管理必须以系统论、控制论和信息论作为它的方法基础，分析与探讨物流成本管理的原理、作用机制、信息反馈和系统结构，并以此指导物流成本管理工作，提高管理效果。如图 2-1 所示，各种理论为物流成本管理提供了有效的工具。

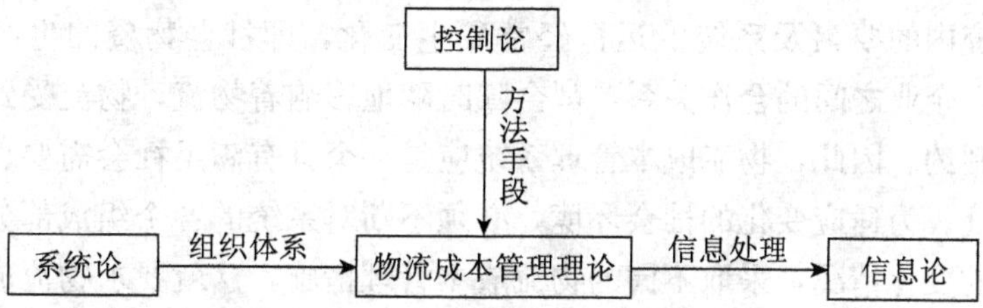

图 2-1　物流成本管理理论体系

二、物流成本管理的系统论

物流成本管理的系统论，就是把企业的物流成本管理看成是一个开放式动态系统，具有整体性、相关性、目的性、层次性和环境适应性等特点。这个系统由许多独立的物流单位组成，各个物流单位的本身机能和相互之间的有机联系，必须统一协调于物流系统的物流成本整体之中，为整体的物流系统统一目标服务。物流成本管理系统，通过各种成本控制组织管理体系，使整体控制和局部控制之间的关系协调配合，达到全员、全面、全过程的管理，形成一个由互相联系、互相区别的各个子系统所组成的成本管理网络体系，使其从总体上达到最优管理目标。

物流成本管理系统结构包括垂直系统结构和水平系统结构。垂直系统结构是按照物流职能部门建立，归口分管各职能部门的成本指标；水平系统结构要按照物流组织层次建立，管理层着重于成本决策，执行层着重于成本控制，操作层着重于具体操作。

物流成本管理系统有以下特征。

（一）物流成本管理系统是一个大跨度复杂系统

物流成本管理系统的组织管理涉及多个层面的跨越：一是物流地域的跨越，即物流业务活动的开展往往超出企业和地域范畴；二是时间跨越，即供需双方的时间矛盾，从而产生物品的仓储问题；三是物流信息的跨越，在物流活动的全过程中，始终贯穿着大量的物流信息的传送，对信息的依赖程度较高。

（二）物流成本管理系统是一个多目标函数系统

由于物流成本管理系统各要素之间存在非常强的背反效应（常称为“交替损益”或

"效益背反"现象)，影响系统总体运作。通常，希望物流数量最大，物流时间最短，服务质量最好，物流成本最低。物流成本管理系统中的这些目标是冲突的，而物流成本管理系统又恰恰要求在这些矛盾中运行。因此，系统必须有一个总目标，系统内部各部分有各自的目标，各部分的目标要服从整个系统共同的总目标。这个系统的整体目标就是决策的最佳成本，有必要建立物流多目标函数，并在多目标函数中求得最佳效果。

（三）物流成本管理系统是一个动态系统

由于物流成本管理系统的对象联结多个生产企业和用户，随着需求、供应、渠道、价格的变化，系统内的要素及系统的运行经常发生变化，即社会物资的生产状况、需求变化、资源变化、企业之间的合作关系，都会随时随地影响着物流，物流受到社会生产和社会需求的广泛制约。因此，物流成本管理系统应是一个具有满足社会需要、适应环境能力的动态成本系统。为适应变化的社会环境，必须不断对系统的各个组成部分进行修改、完善，根据成本的变化情况，采取不同的物流成本管理措施，这就要求物流成本管理系统具有足够的灵活性和可变性。

三、物流成本管理的控制论

从控制论角度看，企业物流成本管理也是一个控制系统。从图2-2可知，物流成本控制系统的运作包括如下内容。①物流成本控制由控制主体和控制对象组成。物流成本控制主体就是成本控制机构，控制对象是整个物流过程。②物流成本控制是为了达到一定的目标，即标准成本。③控制主体必须具有很强的调节功能，即对物流成本具有一定的控制能力。④控制必须依靠信息，包括目标物流成本的分解下达和实际成本的差异分析。⑤控制主体必须有接收器接受控制指令和反馈信息；必须有控制器做出判断，起到指挥作用；必须有执行机构具体执行调节的功能；必须有检测器以测量实际行动同物流成本控制目标之间的差距。⑥在物流成本控制过程中，必须及时把物流成本实际情况反馈给控制主体，控制主体根据反馈信息再通过各种机构调整它的控制功能，以保证控制对象最终达到预定目标。

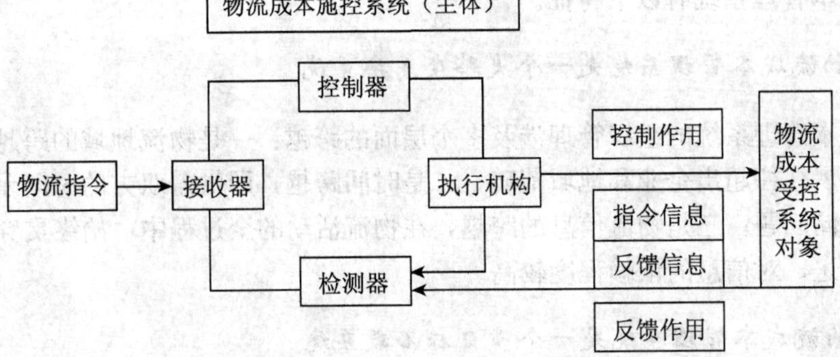

图2-2 物流成本控制系统框架

控制论为企业物流成本控制指明了方向。由于不同的成本控制对象有着不同的特点和方法，我们应该从内容、时间和空间上拓展物流成本控制的重点、思路与方法。

1. 物流成本控制内容的拓展

物流成本控制观念的变化，使物流成本控制内容向纵深方向发展。物流成本控制要控制成本发生的原因，即成本动因。在微观层次上，将成本动因拓展到作业上，使产品成本控制的重点转移到作业成本控制。在宏观层次上，成本动因被分为结构性成本动因、执行性成本动因和作业性成本动因。结构性成本动因产生于企业对其经济结构的选择，包括规模、范围、经验、技术和复杂性等，它改变了物流成本发生的基础条件。对结构性物流成本动因的选择和控制，是对企业成本发展方向的定位，使物流成本控制延伸到战略成本。而以取得竞争优势为主要目标的企业战略管理的发展，又使物流成本控制的内容拓展到物流成本与环境、物流成本与竞争优势、物流成本与企业可持续发展等领域。

2. 物流成本控制时间的拓展

物流成本控制时间的拓展，表现为在传统的生产过程中以物流成本控制为中心，向前后两端延伸，改变了各时间段所包含的具体内容。事前成本控制的变化来源于企业战略成本管理的兴起与发展，围绕取得竞争优势的中心目标，价值链重构、结构性成本动因的选择使物流成本领先不仅代表一种控制思想，而且更多地作为企业的一种竞争策略。作业成本管理是产品成本管理在微观层次的深化，它对以标准成本法为主的事中成本控制形成冲击。它既是事中成本控制内容的拓展，也是物流成本控制过程中空间形态的拓展。战略成本降低是竞争战略的组成部分，它整合了技术和人力资源管理战略，依赖于建立一种能通过创新使质量、时间和成本不断改进的文化氛围，形成长期的竞争优势。

3. 物流成本控制空间的拓展

物流成本控制空间拓展的显著趋势是对以本企业内部控制为重心的传统控制空间，向供应链前后形成过程的横向和纵向上都进行拓展，不仅包括企业本身的物流成本控制，还包括上下游企业的相关物流成本控制。一是与结构性物流成本动因相关的空间的纵向拓展形态，如产品设计、项目开发、战略的制定与选择等；二是物流成本形成过程的微观空间结构或作业。作业成本管理就是成本控制空间的具体体现。

四、物流成本管理的信息论

从信息论的角度看，管理的过程实质上就是信息不断运动的过程。促进物流外包与加强物流管理信息化进程，推动社会化第三方物流供应商的发展，改变企业“家家有仓库，户户有车队”的落后低效局面，可以有效提高企业物流的社会化、专业化、集约化水平。根据国内有经验的物流供应商提供的信息显示，我国运用信息技术优化整合潜力巨大的采购、库存、储运、销售流程，可以降低现有物流成本的50%～60%。物流成本管理与企业信息化程度关系密切，而企业的信息化程度又影响着企业正常生产经营活动的各个环节。

1. 物流成本信息以不同的形态分布于企业内外的各个方面

物流成本信息包括符号、传递、载体、反馈和需求五大要素。物流成本信息产生于物流活动的各个环节。随着从生产到消费的物流活动的产生而产生的信息流，与物流过程中的运输、保管、装卸、包装等各种职能有机结合在一起，是整个物流活动顺利进行所不可缺少的。只有物流信息通畅，才能利用物流信息对供应链中各个企业的计划、协调、客户服务和控制活动进行有效的物流成本管理与控制。

从物流成本管理的角度看，要求信息流和物流是同步的，但实际上，信息流往往有滞后性，特别是手工处理信息，经常落后于物流需求，直接影响物流成本控制的效果。因此，只有建立电子数据处理系统，增强信息反馈的及时性，才能利用成本信息系统数据处理量大、计算速度快、精确度高等特点，在极短的时间内为物流成本控制提供和加工大量信息。利用信息反馈原理建立灵敏的物流成本信息系统，密切配合信息周转的各个环节，是有效控制物流成本的重要手段。

2. 物流信息和成本管理界面的吻合

物流信息、物流成本信息与成本管理存在界面上的吻合。从图2-3可见，整个物流成本管理的过程就是物流成本信息不断输入和输出，经过反馈再次重新输入的循环过程。物流成本的输入、输出和反馈信息是实施成本控制的依据。物流成本管理建立自下而上的内部成本信息收集、处理系统；明确信息责任，建立信息通畅的专业系统，分为计划、执行和考核三个过程。在计划过程，主要任务是制订物流成本目标，通过输出，明确目标物流成本。在执行过程，生产发生了耗费，输出实际物流成本信息，并反馈给计划过程，作为制订后期目标成本的参考。在考核过程，通过业绩考核，输出物流成本差异及责任归属的信息，并反馈给执行过程和计划过程，作为完成目标物流成本的依据。通过信息的不断反馈可以提高物流成本管理的效率，采取措施保证目标成本的完成。

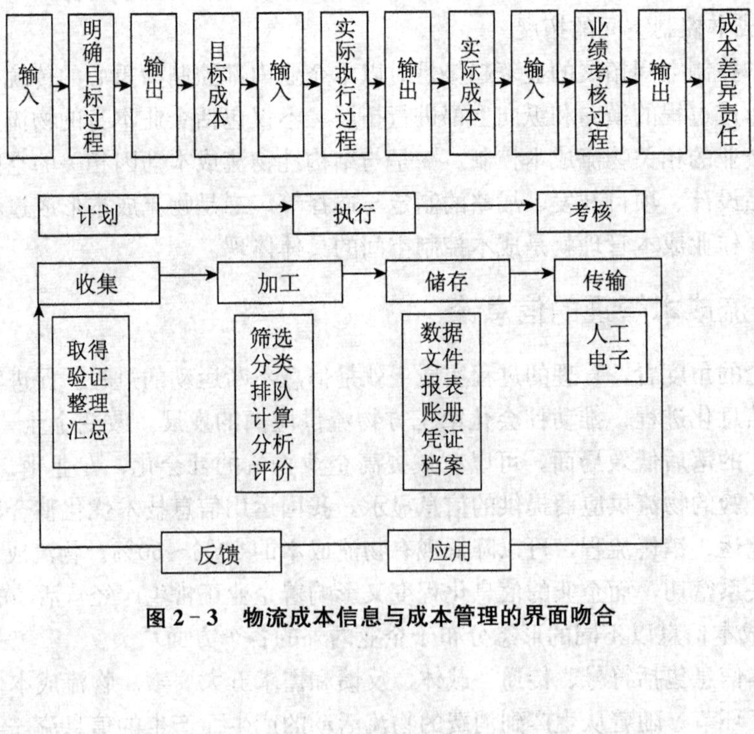

图2-3　物流成本信息与成本管理的界面吻合

第五节　降低企业物流成本的途径

由于企业所属行业的不同，其对物流成本的管理也就有所不同。但总的说来，企业降低物流成本的基本途径如下。

一、通过采用物流标准化进行物流管理

物流标准化是以物流作为一个大系统，制定系统内部设施、机械设备、专用工具等各个分系统的技术标准，制定系统内各个分领域如包装、装卸、运输等方面的工作标准，以系统为出发点，研究各分系统与分领域中技术标准与工作标准的配合性，统一整个物流系统的标准。物流标准化是货物在运输过程中的基本设备统一规范，如现有托盘标准与各种运输装备、装卸设备标准之间能有效衔接，大大地提高了托盘在整个物流过程中的通用性，也在一定程度上促进了货物运输、储存、搬运等过程的机械化和自动化水平的提高，有利于物流配送系统的运作效率，从而降低了物流成本。

二、通过实现供应链管理，加强对顾客物流服务的管理来降低成本

实行供应链管理不仅要求企业的物流管理体制效率化，也需要企业协调与其他企业以及客户、运输业者之间的关系，实现整个供应链活动的效率化。正因为如此，追求成本的效率化，不仅仅要对企业的物流部门或生产部门加强控制，同时也要对采购部门等各职能部门加强成本控制。加强对物流服务的管理可以确保企业利益，同时也是企业降低物流成本的有效方法之一。

三、借助于现代信息系统的构筑降低物流成本

要实现企业与其他交易企业之间的效率化的交易关系，必须借助于现代信息系统的构建，尤其是利用互联网等高新技术来完成物流全过程的协调、控制和管理，实现从网络前端到最终端客户的所有中间过程服务。企业借助于现代信息技术，一方面能使各种物流作业或业务处理正确、迅速地进行，另一方面能使企业由此建立起战略的物流经营系统。通过现代物流信息技术可以将企业订购的意向、数量、价格等信息在网络上进行传输，从而使生产、物流全过程的企业或部门分享由此带来的信息，充分应对可能发生的各种需求，进而调整不同企业的经营行为和计划，使得企业间的协调和合作有可能在短时间内迅速完成，这可以从整体上控制物流成本的发生。同时，物流管理信息系统的快速发展，使得混杂在其他业务中的物流活动的成本能精确地计算出来，而不会把成本转嫁到其他企业或部门。

四、从流通全过程的视点来加强物流成本的管理

对于一个企业来说，控制物流成本不单单是该企业的事情，即不能仅追求本企业的物流效率化，而应该考虑从产品制成到最终用户整个流通过程的物流成本效率化，亦即物流

设施的投资或扩建与否要视整个流通渠道的发展和要求而定。例如，有些厂商是直接面向批发商经营的，因此，很多物流中心是与批发商的物流中心相吻合的，从事大批量的商品输送。然而，随着零售业界便民店、折扣店的迅速发展，客户要求厂商必须适应零售业这种新型的业态形式，展开直接面向零售店铺的物流活动。因此，在这种情况下，原来的投资就有可能沉淀，同时又要求建立新型的符合现代物流发展要求的物流中心或自动化设备。显然，这些投资尽管从企业角度来看，增加了物流成本，但从整个流通过程来看，却大大地提高了物流绩效。

五、通过效率化的配送降低成本

对于用户的订货要求尽可能在短时间内，按正确的进货体制进行配送，但是，随着配送产生的成本费用要尽可能降低，特别是多频率、小单位配送要求的发展，更要求企业实现效率化配送。一般来讲，企业要实现效率化的配送，就必须重视配车计划管理，提高装载率以及车辆运行管理。通过构筑有效的配送计划信息系统，就可以使生产商配车计划的制订与生产计划联系起来进行，同时通过信息系统也能使批发商将配车计划与进货计划相匹配，从而提高配送效率，降低运输和进货成本。

六、通过削减退货来降低物流成本

退货成本也是企业物流成本中一项重要的组成部分，它往往占有相当大的比例，这是随着退货会产生一系列的物流费、退货商品损伤或滞销而产生的经济费用以及处理退货商品所需的人员费和各种事务性费用。特别是在退货的情况下，一般是商品提供者承担退货所发生的各种费用，而退货方因为不承担商品退货而产生的损失，因此容易很随便地退回商品，并且由于这类商品大多数量较少，配送费用有增高的趋势。不仅如此，由于这类商品规模较小，也很分散，商品入库、账单处理等业务也很复杂。因此，削减退货成本是物流成本控制活动中需要特别关注的问题。

物流成本降低是一个持续不断的过程。物流系统优化是关系到企业的竞争能力、影响企业盈利水平的重大问题，应从战略的高度规划企业的物流系统，同时，要协调各部门之间的关系，使各个部门在优化物流系统的过程中相互配合。

本章小结

物流成本管理是企业物流管理的核心内容。企业无论采用何种物流技术和管理模式，其最终目的都是要在保证一定物流服务水平的前提下实现物流成本的降低。可以说，整个物流技术和物流管理的发展过程就是不断追求物流成本降低的过程。

企业物流成本管理工作，应在物流成本核算的基础上，运用专业的预测、决策、预算、控制、分析和考核等方法来进行物流成本管理，具体环节包括物流成本预测、物流成本决策、物流成本预算、物流成本核算、物流成本控制、物流成本分析和物流成本的业绩评价。物流成本管理的方法主要包括横向物流成本管理方法和纵向物流成本管理方法。横向物流成本管理方法是与物流成本管理活动有关的管理方法；纵向物流成本管理方法是与物流功能有关的管理方法。

物流成本管理必须以系统论、控制论和信息论作为其方法基础，分析与探讨物流成本管理的原理、作用机制、信息反馈和系统结构，并以此来指导物流成本管理工作，提高管理效果。

讨论题

物流成本管理体系又称物流成本管理环节，包括物流成本预测、物流成本决策、物流成本预算、物流成本控制、物流成本核算、物流成本分析和物流成本业绩考核，如何理解上述各环节工作在物流成本管理中的地位与作用？

思考题

1. 物流成本管理的实质是什么？
2. 如何理解欧美国家和日本物流成本管理的发展历程？对我国物流成本管理的发展有何借鉴意义？
3. 从宏观和微观角度看，物流成本管理有何作用？
4. 物流成本管理的基本方法有哪些？在企业物流成本管理实践中如何运用？
5. 简述物流成本管理的理论框架及各种理论之间的关系？
6. 简述降低企业物流成本的途径？

案例分析

上海中铁物流公司对物流成本管理的两大技巧

上海中铁物流公司对物流管理的技巧有两点 ：明确物流成本管理的目的；掌握物流成本管理方法。

1. 明确物流成本管理的目的

企业在进行物流成本管理时，首先要明确管理目的，有的放矢。一般情况下，企业物流成本管理的出发点是：①通过掌握物流成本现状，发现企业物流中存在的主要问题；②对各个物流相关部门进行比较和评价；③依据物流成本计算结果，制订物流规划、确立物流管理战略；④通过物流成本管理，发现降低物流成本的环节，强化总体物流管理。

2. 掌握物流成本管理方法

准确地进行物流成本管理，必须掌握好物流成本管理方法，一般有以下几种。

(1) 比较分析。①横向比较：把企业的供应物流、生产物流、销售物流、退货物流和废弃物物流（有时包括流通加工和配送）等各部分物流费，分别计算出来，然后进行横向比较，看哪部分发生的物流费用最多。如果是供应物流费用最多或者异常多，则再详细查明原因，堵住漏洞，改进管理方法，以便降低物流成本。②纵向比较：把企业历年的各项物流费用与当年的物流费用加以比较，如果增加了，再分析为什么增加，在哪个地方增加了，增加的原因是什么？假若增加的是无效物流费，则立即改正。

(2) 排除法。在物流成本管理中有一种方法叫活动标准管理，其中一种做法就是把物流相关的活动划分为两类，一类是有附加价值的活动，如出入库、包装、装卸等与货主直接相关的活动；另一类是非附加价值的活动。在商品流通过程中，如果能采用直达送货的话，则不必设立仓库或配送中心，实现零库存，等于避免了物流中的非附加价值活动。如果将上述非附加价值的活动加以排除或尽量减少，就能节约物流费用，达到物流管理的目的。

(3) 综合评价。比如采用集装箱运输，一是可以简化包装，节约包装费；二是可以防雨、防晒，保证运输途中物品质量；三是可以起到仓库作用，防盗、防火。那么，利用集装箱运输是好还是坏呢？就要用物流成本计算来综合评价。分别算出上述各环节物流活动的费用，经过全面分析后得出结论，这就是物流成本管理，即通过物流成本的综合效益研究分析，发现问题，解决问题，从而加强物流管理。

(4) 责任划分。在生产企业里，物流的责任究竟在哪个部门？是物流部门还是销售部门？客观地讲，物流本身的责任在物流部门，但责任的源头却是销售部门或生产部门。以销售物流为例，一般情况下，由销售部门制订销售物流计划，包括订货后几天之内送货，接受订货的最小批量是多少等均由企业的销售部门提出方案，定出原则。假若该企业过于强调销售的重要性，则可能决定当天订货，次日送达。这样的话订货批量大时，物流部门的送货成本少，订货批量小时，送货成本就增大，甚至过分频繁、过少数量送货造成的物流费用增加，大大超过了扩大销售产生的价值，这种浪费和损失，应由销售部门负责。分清类似的责任有利于控制物流总成本，防止销售部门随意改变配送计划，堵住无意义、不产生任何附加价值的物流活动。

资料来源：上海中铁物流集团网，2012年12月07日。

布鲁克林酿酒厂的物流成本管理

一、基本情况

布鲁克林酿酒厂在美国分销布鲁克林拉格和布郎淡色啤酒，并且已经经营了3年。虽然在美国还没有成为国家品牌，但在日本市场却已经创建了一个每年200万美元的市场。Taiyo资源有限公司是Taiyo石油公司的一国际附属企业，在这个公司的Miyanmoto访问布鲁克林酿酒厂之前，该酿酒厂还没有立即将啤酒出口到日本的计划。Miyanmoto认为，日本的消费者会喜欢这种啤酒，并建议布鲁克林酿酒厂与Hiroyo贸易公司合作，讨论在日本的营销业务。Hiroyo贸易公司建议布鲁克林酿酒厂将啤酒航运到日本，并通过广告宣传其进口啤酒具有独一无二的新鲜度。这是一个营销战略，也是一种物流作业，因为高成本使得目前还没有其他酿酒厂通过航空将啤酒出口到日本。

二、物流成本管理

1. 布鲁克林酿酒厂的运输成本控制

布鲁克林酿酒厂于1987年11月装运了它的第一箱布鲁克林拉格到达日本，并在最初的几个月使用了各种航空承运人。最后日本金刚航空公司被选为布鲁克林酿酒厂唯一的航空承运人。金刚航空公司之所以被选中，是因为它向布鲁克林酿酒厂提供了增值服务。金刚公司在其 JFK 国际机场的终点站交付啤酒，并在飞往东京商航上安排运输，金刚公司通过其日本报关行办理清关手续，这些服务有助于保证产品完全符合新鲜要求。

2. 布鲁克林酿酒厂物流时间与价格控制

这种啤酒之所以能达到新鲜要求，是因为这样的物流作业可以在啤酒酿造后的一周内从酿酒厂直接运达顾客手中，而海外装运啤酒的平均周期是 40 天。新鲜的啤酒能够超过一般价值的定价，高于海运装运的啤酒价格的 5 倍。虽然布鲁克林拉格在美国是一种平均价位的啤酒，但在日本，它是一种溢价产品，获得了极高的利润。

3. 布鲁克林酿酒厂包装成本控制

布鲁克林酿酒厂改变包装，通过装运小桶啤酒而不是瓶装啤酒来降低运输成本。虽然小桶重量与瓶装啤酒相等，但减少了玻璃破碎而使啤酒损毁的机会。此外，小桶啤酒对保护性包装的要求也比较低，这将进一步降低装运成本。

三、物流成本管理的成效

布鲁克林拉格啤酒的高价并没有阻碍啤酒在日本的销售，1988 年，即其进入日本市场的第一年，布鲁克林酿酒厂取得了 50 万美元的销售额。1989 年的销售额达到 100 万美元，而 1990 年则为 130 万美元，其出口总量占布鲁克林酿酒厂总销售额的 10%。

四、案例评析

1. 主要特点

(1) 物流成本管理目标明确。该企业是为了将啤酒销往日本进行总成本管理的，在物流成本方面形成了明确的目标，在保证啤酒新鲜度的前提下，实现物流总成本优化，从而提升企业产品在日本市场的竞争力。

(2) 进行物流成本的分类控制。对于企业来说，物流成本可能是由多个方面的成本构成的，这就需要认真分析物流成本的构成状况，并针对不同情况采用不同的方法。该企业把物流总成本分解为运输成本、时间和包装成本等，分别采用不同的控制方法，实现了预期目标。

(3) 把物流成本管理与企业营销和市场拓展战略有机结合起来，建立和完善了一个物流成本管理的标准系统和控制体系。

2. 两点启示

该案例告诉我们，任何企业都可以把物流成本管理问题纳入企业生产经营过程进行战略性思考。企业和市场竞争力就是包含了对物流成本重新认识和有效控制。而该案例在方法上也告诉我们，物流成本管理需要有明确的目标、分类控制的方法，并能从供应链体系进行管理。同时也应认识到，物流成本管理必须进行创新和发展。

3. 有待讨论的问题

(1) 企业物流成本管理的实质?

(2) 物流成本管理具有二律背反的特性，在进行企业物流成本管理时应如何运用这种特性?

(3) 企业物流成本管理不仅可以分类控制，还可以分阶段和分环节控制，如何把各种控制方法有机地结合，形成完善的控制体系？

(4) 结合自己企业实际分析物流成本主要构成，思考能否把物流成本管理事例运用到企业管理的全部过程？

(5) 如何创新企业物流成本管理？

资料来源：周润．物流师［M］．北京：机械工业出版社，2007.

第三章　企业物流成本核算

学习目的

物流成本核算是企业物流成本管理的基础内容，它为物流成本管理其他各项工作的开展提供必要的数据资料。通过本章的学习，了解建立物流成本核算制度的意义；掌握生产流通企业和物流企业物流成本核算的基本原理，包括物流成本核算的基本要求、物流成本计算对象及物流成本计算的基本程序和方法；掌握物流成本计算中各类物流成本计算表的编制；了解物流成本计算中所存在的问题及难点。

第一节　企业物流成本核算的基本原理

一、建立企业物流成本核算制度的意义

物流成本核算制度是企业按物流管理目标对物流耗费进行确认、计量和报告的制度。建立企业物流成本核算制度，计算企业的物流成本，在企业物流管理中具有十分重要的意义。

（一）提高人们对物流重要性的认识，开辟降低成本增加利润的“第三源泉”

长期以来，人们未能意识到物流活动的合理化、科学化对企业经济效益的重大影响，其中有许多原因，但重要原因之一是未能树立物流成本观念，没有看到物流成本的全貌。因为按照国家现行会计制度规定进行的成本核算，物流成本被分散在许多成本费用项目之中。因此，从现行的账户记录和会计报表中，我们很难或者说几乎不可能看清物流耗费的实际情况。然而，据有关专家测算，企业物流成本仅次于原材料本身的价值而在产品成本中占第二位，一般占产品成本的15%～30%，有的高达40%。所以，国外专家称之为“黑暗大陆”。对于我国企业而言，认识物流成本、降低物流成本是企业降低成本、创造利润的新途径。通过物流成本核算，能够全面揭示物流活动的全部耗费，提高人们对物流成本重要性的认识。否则，就会陷入一种不核算、不知道、不重视、不管理的恶性循环之中，不利于人们开辟创造利润、提高经济效益的新源泉。

（二）为企业物流管理决策提供信息

物流成本在企业物流管理决策中起着重要作用。但由于历史的原因，企业物流成本没

有被纳入实际核算范围，使得企业物流管理决策受到一定的局限。如在评价自己购置运输工具还是委托专业运输部门两种方案时，由于没有考虑物流成本，容易出现决策失误，常常造成巨大损失。再如在决策是否购置更先进的装卸设备、扩大仓库规模时，由于物流成本难以确定，使得决策的科学性受到影响。显然，要使诸如上述的物流管理决策建立在切实科学的基础上，首先要掌握准确的各类物流成本信息，开展物流成本及效益的专门核算。

（三）为制定物流服务价格提供资料

大家知道，成本是制定价格的主要依据。同理，物流成本是物流部门和企业制定物流服务价格的主要依据。随着经济体制改革的不断深化，社会主义市场经济运行机制的建立和完善，在企业处理内外的各种关系时，价格将发挥更大的作用。许多企业为开展内部核算，制定了内部价格。为了考核企业物流工作业绩，企业物流部门对外对内提供各种物流服务时，也要求按一定的价格进行结算，这使物流成本成为企业制定物流服务价格的重要依据。只有建立了物流成本核算制度，才能为发挥物流价格的杠杆作用提供准确的数据。

（四）及时发现物流管理活动中存在的问题，促使物流管理水平的提高

企业物流成本是全面反映企业物流活动的综合性价值指标。企业物流组织管理水平的高低，物流设备利用率的高低，燃料、动力消耗量的大小，企业的选址及厂区的规划布置是否合理等，都会在物流成本中反映出来。总之，企业物流成本的高低是企业物流工作实际状况好坏的综合反映。通过企业物流成本核算，可以揭示出企业物流成本的全貌，并为编制物流成本预算、制定标准物流成本提供资料；将实际物流成本与标准物流成本以及物流成本预算进行比较，找出差异，并对差异产生的原因进行深入的分析，就可以发现造成物流成本超支、节约的各项技术、组织与管理方面的原因，明确责任所在，并据此协调各方面的工作，从而达到改善物流管理、降低成本、提高效益的目的。

二、企业物流成本核算的基本要求

企业通过物流成本核算，可以审核各项物流成本支出，促使企业降低物流成本，增加利润；可以分析考核物流成本预算完成情况，并为下期编制物流成本预算，进行未来物流成本预测和决策提供资料；可以为制定物流服务价格提供依据。为充分发挥物流成本核算的作用，在企业物流成本核算工作中，应遵循下列基本要求：

（一）算管结合，算为管用

作为企业物流管理重要组成部分的物流成本核算，应该从满足加强企业物流管理的要求出发，做到算管结合，算为管用。因此，企业进行物流成本核算时，首先要对企业在物流活动过程中发生的各项费用进行审核和控制，对各项费用的发生情况以及费用脱离定额或预算的差异进行日常的核算和分析；其次，既要防止片面的简单化，不能满足物流管理要求的做法，也要防止脱离物流管理实际需要，为算而算的倾向。

（二）正确划分各种费用界限

1. 正确划分应计入物流成本和不应计入物流成本的费用界限

一般说来，企业的生产经营活动包括筹资活动、投资活动和日常经营活动，在上述活动开展中所发生的费用支出只有与物流活动相关的部分才能计入物流成本。

首先，企业投资活动和长期资金筹集活动的费用支出不能计入物流成本。由于物流活动主要是在企业的日常经营活动过程中发生的，因此企业在投资活动和筹资活动（不包括流动资金筹集）中发生的耗费支出，如对外投资的支出、耗费和损失，对内长期资产投资的支出、耗费和损失，应计利息、贴现费用、证券发行费用等筹资费用均不能计入物流成本。

其次，企业的生产经营活动包括正常生产经营活动和非正常生产经营活动。在财务会计中，只有正常的生产经营活动成本才能计入产品成本，而非正常的生产经营活动成本，如灾害损失、盗窃损失等非常损失，滞纳金、违约金、罚款、损害赔偿等赔偿支出，短期投资跌价损失、坏账损失、存货跌价损失、长期投资跌价损失、固定资产减值损失、债务重组损失等不计入产品成本。物流成本就其范围而言，贯穿于企业生产经营活动的始终，包括供应物流、企业内物流、销售物流、回收物流和废弃物物流；从其成本项目构成看，既包括与物流运作和管理有关的物流功能成本，也包括与存货有关的物流成本支出。因此，物流成本既包括计入产品成本的正常生产经营活动耗费，也包括部分不计入产品成本的非正常经营活动耗费，如存货的非常损失、跌价损失等都应计入存货风险成本。

另外，企业正常的生产经营活动成本又分为产品成本和期间费用，这两部分成本费用正是物流成本的主要构成内容。所以，计算物流成本首先应从与产品成本和期间费用有关的会计科目出发，按物流成本的内涵，逐一归集和计算物流成本。

2. 正确划分不同会计期间物流成本的费用界限

按照会计分期假设，企业物流成本的计算应按月度、季度和年度进行，一般要求每月计算一次。因此，应计入物流成本的费用，要在各月之间进行划分，以便分月计算物流成本。为了正确划分各个月份物流成本的费用界限，在会计核算上，企业不能提前结账，将本月费用作为下月费用处理，也不能延后结账，将下月费用作为本月费用处理；同时，还要求严格贯彻权责发生制原则，正确核算企业的长期待摊费用。

3. 正确划分不同物流成本计算对象的费用界限

对于应计入本会计期间物流成本的费用还要在各物流成本计算对象之间进行分配，凡是能分清应由某个成本计算对象负担的直接成本，直接计入该成本计算对象；各成本计算对象共同发生的、不易分清负担对象的间接费用，则应采取合理的方法分配计入有关的成本计算对象，以便正确计算各物流成本计算对象的物流成本。

（三）做好各项基础工作

为了进行物流成本审核、控制，正确计算物流成本，企业还应当做好以下各项基础工作：

1. 建立健全原始记录

原始记录是反映企业物流活动的原始资料，是进行物流成本核算的重要依据。企业必须建立材料、燃料、动力消耗的原始记录，工时消耗记录，费用发生记录，工具领退记录，物流服务业务量记录。原始记录应真实可靠，简明适用，按规定的程序进行登记、传递、审核和保管，为正确及时地进行物流成本核算提供可靠的原始依据。

2. 定额的制定和修订

各项定额指标是编制企业物流成本预算、分析考核物流成本水平的依据，也是审核和控制物流成本的标准，同时，消耗定额、工时定额和费用定额还是在各物流成本计算对象之间分配费用的标准。企业应根据当前设备条件和技术水平，充分考虑人员因素，制定先进且可行的材料、燃料、动力消耗定额、工时消耗定额、设备利用定额和其他费用定额。制定并及时修订各项定额指标，是做好企业物流管理、物流成本管理和物流成本核算的前提。

3. 企业内计划价格的制定和修订

在预算管理基础较好的企业中，为了分清企业内部各单位的经济责任，便于分析和考核内部各单位物流成本预算的完成情况，还应对材料、各项物流服务制定企业内计划价格，作为内部结算和考核的依据。企业内计划价格应尽可能接近实际并相对稳定，年度内一般不作变动。在制定了计划价格的企业中，对于材料领用、各物流部门相互耗用物流服务等，都应先按计划价格结算，月末再按一定方法计算和调整价格差异，据以计算实际的成本费用。按计划价格进行企业内部的往来结算，还可以简化和加速成本和费用的核算工作。

三、企业物流成本计算对象

企业物流成本如何归集与计算，取决于对所评价和考核的成本计算对象的选取。成本计算对象的选取方法不同，得出的物流成本的结果也就不同，从而也就导致了不同的成本评价对象与评价结果。

在计算物流成本或收集物流成本数据时，明确成本计算对象是前提条件，否则物流成本的计算也就失去了存在的意义。在实际工作中，之所以计算出来的物流成本对物流成本管理以及通过成本来管理物流存在着无功而返的现象，其中一个主要因素就是不能正确地选取与确认物流成本的计算对象。因此，正确确定成本计算对象，是进行成本计算的基础。

成本计算对象是指企业或成本管理部门为归集和分配各项成本费用而确定的、以一定时间和空间范围为条件而存在的成本计算实体。物流成本计算对象的选取，主要取决于各个企业自身物流活动的特点与物流成本管理与控制的重点。企业的物流活动都是在一定的时空范围内进行的，从各个物流活动经营过程来看，时间上具有连续性和继起性，空间上具有并存性。因此，各项物流成本费用的发生，需要从其发生期间、发生地点和承担实体三个方面进行合理划分，这就形成了成本计算对象的三个基本构成要素。

（一）成本费用承担实体

成本费用承担实体，是指其发生并应合理承担各项费用的特定经营成果的体现形式，包括有形的各种产品和无形的各种服务作业。例如，工业企业的某种、某批或某类产品；服务行业的某一经营项目；施工企业的某项工程；运输企业的运输劳务等。

对于生产流通企业物流来讲，物流活动仅为其生产经营活动的一部分，因此，其物流成本费用承担实体，主要是各种不同类型的物流活动或物流作业。而对于物流企业来讲，物流活动是其经营活动的全部内容，企业通过提供物流服务实现资产增值，将相关物流服务看成是一种无形产品，因此，其物流成本费用承担实体，通常是将相关物流功能整合成的物流服务合同。

（二）成本计算期

成本计算期，是指汇集物流费用、计算物流成本的时间范围。物流成本计算期从理论上应是某项物流经营活动从开始到完成这一周期，但在企业物流经营活动连续不断进行的情况下，难以对某一项物流经营活动确定经营期和单独计算成本。因此，往往根据权责发生制原则，一般以月份作为物流成本计算期，但对于一些特殊的物流活动，如物流企业的非固定性物流合同服务也可以经营周期作为成本计算期。

（三）成本计算空间

成本计算空间，是指成本费用发生并能组织企业成本计算的地点或区域（部门、单位、生产或劳务作业环节等）。如工业企业的成本计算空间可按全厂、车间、分厂、某个工段或某一生产步骤划分；服务性企业可以按部门、分支机构或班组等单位来确定各个成本计算空间。企业物流成本计算空间的划分一般可以从物流活动范围、物流功能范围以及物流成本控制的重点等方面选取。

1. 对物流活动范围的选取

成本计算对象对物流活动范围的选取，从物流成本计算对象的角度看，是指对物流的起点与终点以及起点与终点间的物流活动过程的选取，也就是对物流活动过程的空间上的截取。

物流按其活动范围可分为两大类：企业内部物流与社会物流。企业内部物流是企业内部的物品实体流动，主要是企业内部的生产经营活动中所发生的加工、检验、搬运、储存、包装、装卸等物流活动。社会物流是企业外部的物流活动总称，包括企业向社会的分销物流、购进物流、回收物流、废弃物物流等。在这些活动中，对于每个物流成本计算对象，都存在着物流活动的起止点的选取问题。起止点选取不同，其成本计算结果也就不同。显然对于某一物流部门来讲，其物流成本计算对象的物流起止点在确定之后，不能任意改变，以符合成本计算上的可比性原则和一贯性原则。

2. 对物流功能范围的选取

物流功能范围，是指在运输、仓储、包装、装卸搬运、流通加工和物流信息处理等物流功能中，选取哪些功能作为物流成本计算对象。把所有的物流功能作为成本计算对象与只把运输、保管这两种功能作为成本计算对象，所反映的物流功能范围的成本显然是不同的。

3. 物流成本控制的重点

物流成本计算对象的选取，应当放在企业物流成本控制的重点上。就物流成本管理来讲，物流成本的计算并非越全越细越好，其成本计算对象也并非越全越好。过细过全的成本计算是不必要的，也是不经济的、不可能的。物流成本控制的重点应包括：第一，按成本责任划定的责任成本单位；第二，当前成本费用开支比重较大、有必要分清并分别计算不同部门及不同作业活动成本的物流活动；第三，新开发的物流作业项目。

（四）物流成本计算对象的选取

根据对物流成本计算对象三个基本构成要素的分析，结合企业物流成本管理的基本要求，企业物流成本计算对象存在下列几种情况。

1. 形态别物流成本核算

形态别物流成本核算，是指以物流成本的支付形态作为成本计算对象所进行的物流成本核算，分别计算企业内部物流费、委托物流费。其中，企业内部物流费计算，即汇总、归集企业自己进行各项物流活动所发生的物流费用，它是相对于委托物流费计算而言的。企业内部物流费计算又可分为材料费计算、人工费计算、水电气费计算、维护费计算、物流利息计算、其他费用计算等。委托物流费计算，即汇总和归集企业委托外单位进行运输、保管、装卸、包装、流通加工等物流活动所支付的各项费用。

形态别物流成本的核算是企业物流成本核算的基础。以支付形态表现的物流成本是企业物流成本发生的最原始状态，将上述形式多样的支付形态按性质归为材料费、人工费、维护费、一般经费和特别经费五类，属于企业物流成本计算的物流成本项目。按照成本项目进行物流成本核算是最基本的物流成本核算方式。企业不论选取何种成本计算对象，都要按照上述物流成本项目对这些计算对象的物流成本进行细化。

通过形态别物流成本核算，可为制定标准物流成本和编制物流成本预算提供资料，可为企业进行有关的决策提供资料。例如，企业物流活动是否委托外单位进行，企业应该采用何种交货方式采购物料或销售产品等。

2. 功能别物流成本核算

功能别物流成本核算，是指以物流活动的功能为成本计算对象所进行的物流成本核算，即对企业一定时期的物流费用按其发生用途不同进行分类、归集，包括运输费计算、保管费计算、装卸费计算、包装费计算、流通加工费计算及物流管理费计算等。

通过功能别物流成本核算，可以了解物流成本的功能构成，加强物流功能环节的管理，提高各个功能环节的作业水平，协调物流各功能环节的关系。各功能成本的计算可通过各功能的成本计算表进行，并在此基础上可进一步汇总各功能成本计算表的资料，编制整个企业的物流成本汇总表。

3. 范围别物流成本核算

范围别物流成本核算，是指以物流活动的范围为成本计算对象所进行的物流成本核算，即对企业一定时期的物流费用按发生于物流活动的不同过程所进行的汇总、归集，具体包括供应物流费计算、生产物流费计算、销售物流费计算、回收物流费计算和废弃物物流费计算等。

通过范围别物流成本核算，便于发现不同过程物流活动中所存在的问题，分清有关部门对此应负的责任，并为不同过程物流活动的协调、控制提供依据。在进行范围别物流成本核算时，凡是发生在某一物流过程的物流费用都必须计入该过程的物流成本中，以便据以考核其负责部门的工作业绩。例如，凡是在物料供应过程中发生的物流费用都应计入供应物流费中。范围别物流成本核算可通过各物流范围物流费用汇总表进行，并在此基础上可进一步编制企业物流成本汇总表。

4. 合同别物流成本核算

合同别物流成本核算，是物流企业以物流服务合同为成本计算对象所进行的物流成本核算。物流企业作为第三方物流，利用自身资源通过合同契约受物流第二方委托向物流第一方提供物流服务，因此，物流企业将所提供的物流服务看成是一种无形产品，以物流服务合同为成本计算对象，计算每一项物流服务合同的成本，有助于物流企业控制和考核其物流成本的发生，制定合理的物流服务价格，以实现资产的增值。

5. 客户别物流成本核算

以客户作为物流成本计算对象主要是针对物流企业而言的。在物流服务业竞争日益激烈的今天，以客户作为成本计算对象计算物流成本，可以掌握为不同客户提供物流服务所发生的成本支出，对加强客户服务管理、确定有竞争力的物流服务价格以及为不同客户提供差别化的物流服务具有重要意义。客户别物流成本计算表如表 3－1 所示。

表 3－1　　客户别物流成本计算表

客户别＼功能费		运输费	仓储费	装卸费	包装费	流通加工费	合计
客户 A	直接费						
	间接费						
	小　计						
客户 B	直接费						
	间接费						
	小　计						
客户 C	直接费						
	间接费						
	小　计						

续 表

客户别 \ 功能费		运输费	仓储费	装卸费	包装费	流通加工费	合计
合计	直接费						
	间接费						
	小　计						

6. 地域别物流成本核算

地域别物流成本核算，即按物料购入和产品销售地区不同所进行的物流成本计算。按地域进行物流成本核算，可以了解在不同地域开展购销活动的物流耗费状况，从而有利于企业根据在不同地域购买物料和销售产品的价格及物流成本水平的发生情况，合理组织购销活动。地域别物流成本计算表如表 3-2 所示。

表 3-2　　地域别物流成本计算表

地域别 \ 功能费		运输费	仓储费	装卸费	包装费	流通加工费	合计
A 地区	直接费						
	间接费						
	小　计						
B 地区	直接费						
	间接费						
	小　计						
C 地区	直接费						
	间接费						
	小　计						
合计	直接费						
	间接费						
	小　计						

7. 责任物流成本核算

责任物流成本核算，是按物流成本发生的责任归属不同对责任中心的物流成本所进行的计算。责任的划分应以可控原则为基础，即一定层次、一定部门和人员的责任物流成本必须是其权力活动范围内可以控制或影响其发生额大小的成本。在已经实行责任成本核算的企业，责任物流成本的核算可结合到现行责任成本核算之中，作为现行责任成本报告的附录资料反映出来。进行责任物流成本计算，有利于评价各责任单位的物流活动状况，加强其责任心，从而有利于控制和降低物流成本。

8. 变动物流成本核算

变动物流成本核算，是根据企业物流费用的发生与物流业务量的关系不同所进行的核算，包括随物流业务量增加而增加的变动物流费的计算和不随物流业务量增减的固定物流费计算。具体方法有高低点法、散布图法、最小二乘法等。这种核算可以为企业进行各种物流成本决策提供资料。

9. 特殊物流成本核算

特殊物流成本核算，是指为满足物流管理进行某些物流决策的需要，对各物流活动方案的机会成本、差别成本、边际成本等所进行的计算比较，它是一种临时性的计算。

总之，企业可根据自身实际情况，选取不同的成本计算对象计算物流成本。从理论上说，企业可以以全部物流活动的任何一个管理对象作为物流成本计算对象，物流成本计算对象可以是一维、二维、三维、四维或更多维，维数越多，物流成本信息就越详尽，同时物流成本计算的难度和工作量也越大。

第二节　生产流通企业的物流成本核算

一、生产流通企业物流成本核算的现状

随着物流重要性的日益突出，当前很多生产流通企业将物流管理工作提到了重要的议事日程，设立专门的物流管理部门，不断提高物流管理的专业化水平。在这样的背景下，部分企业开始尝试在正常的产品成本核算体系之外，建立物流成本计算体系，以获取物流成本数据，为物流管理决策提供依据。但目前多数企业尚未建立科学的物流成本计算体系，物流管理决策更多地依赖定性分析。具体来说，目前生产流通企业物流成本计算主要存在以下问题。

（一）物流成本没有独立的会计科目

物流成本在企业财务会计制度中没有单独的项目，而是与其他成本一起列在费用一栏中，因此很难对企业发生的物流成本做出准确、全面的计算与分析，也无法同其他企业的物流成本进行比较。在商业企业和物资企业中，物流成本是和商流成本计在一起，被计入“销售费用”项目中。在目前的流通费用中，人们无法知道耗用于企业物流的成本是多少，耗用于商流的成本又是多少。在工业企业中，情况同样如此。采购原材料的外地运杂费是计算在原材料成本之中，而市内运杂费则计入“管理费用”之中，自行运输费和保管费被计入“销售费用”“制造费用”或“管理费用”之中，销售过程的物流费计入“销售费用”之中；另外，与物流有关的利息、税金、租金和物资在运输、保管、装卸、包装、流通、加工过程中的损耗、物资储备过多的资金积压损失、物资供应不及时的停工待料损失等都被分散于许多成本费用项目中。

（二）物流成本计算不完整、不全面，不能为物流成本管理提供相关、有用信息

一般情况下，企业会计科目中，只把支付给外部运输、仓储企业的费用列入物流成本，实际这些费用在整个物流费用中确实犹如冰山一角。因为，物流基础设施建设费和企业利用自己的车辆运输、利用自己的库房保管货物、由自己的工人进行包装、装卸等费用都没有列入物流费用科目内。一般来说，企业向外部支付的物流费用是很小的一部分，真正的大头是企业内部发生的物流费用。

“物流费用冰山”说之所以成立，有三个方面的原因，这也是物流成本难以确定的三个方面。首先，物流成本的计算范围太大。物流包括原材料物流、工厂内部物流、从工厂到仓库和配送中心的物流、从配送中心到商店的物流等。这么大的范围，涉及的单位非常多，牵涉面也很广，很容易漏掉其中的一部分。计算哪部分、漏掉哪部分，物流费用的大小相距甚远。其次，物流成本的计算对象难以确定。运输、包装、保管、装卸及信息等各物流环节中，以哪些环节作为物流成本的计算对象呢？如果只计算运输和保管费用，不计其他费用，与将运输、保管、装卸、包装以及信息等费用全部进行计算，两者的费用计算结果差别相当大。最后，物流成本计算内容难以归集。选择哪几种费用列入物流成本中的问题，比如，向外部支付的运输费、保管费、装卸费等费用一般都很容易列入物流成本，但是本企业内部发生的物流费用，如与物流相关的人工费、物流设施建设费、设备购置费以及折旧费、维修费、电费、燃料费等是否也列入物流成本中？此类问题都与物流费用的大小直接相关。因而我们说物流费用确实犹如一座海里的冰山，露出水面的仅是冰山的一角。

解决此问题的根本方法是进行物流成本计算，将混入其他费用科目中的物流成本全部抽出来，使人们清晰地看到潜藏在海面下的物流成本的巨大部分，挖掘出降低成本的宝库和第三利润的源泉。

（三）存在制度性缺陷，实际操作难度大

由于物流成本大部分发生在企业内部，而且范围大、流通环节多、涉及的单位较多，因此许多已经发生的物流费用在具体分解时存在很大的困难。现行会计制度通常将一些应计入物流成本的费用，如仓储保管费用、仓储办公费用、仓储物资的合理损耗等计入企业的经营管理费用。同时，将物资采购中发生的物资运输费用、保险费用、合理损耗、装卸费用、挑选整理费用等计入物资采购成本。因此，在实际计算物流成本时，对上述费用的分解还同时存在一个制度规范的问题。而且，如果要分解这些隐藏的费用，在操作上也存在很大的难度，操作成本较高。

（四）物流成本范围边缘不清、难以掌握和比较

对物流成本的计算和控制，各企业通常是分散进行的，各企业根据自己不同的理解和认识来把握物流成本。由于没有统一的计算标准致使各企业物流成本包含的范围不同，因此企业无法进行物流成本的比较，也无法得出企业物流成本的平均值；又由于各企业的物

流成本缺乏相互比较的基础，所以无法真正衡量企业相对的物流绩效，物流管理失去了依据。2006 年国家标准《企业物流成本构成与计算》的发布实施，提出了企业物流成本计算的统一标准，但从贯彻实施情况看，很多企业并未执行上述国家标准，物流成本计算不统一的问题仍然存在。

（五）无法掌握和控制的物流成本较多，增加了物流成本管理的难度

在企业中，物流部门无法掌握和控制的物流成本较多，比如，由于过量进货、过量生产而产生的保管费，紧急运输产生的费用和过量服务所产生的成本都包括在其中，从而增加了物流成本管理的难度。

物流成本核算和评价上所存在的问题，显然为利用物流成本进行物流管理增加了难度，这也是我国物流管理面临的一个重要课题。

二、生产流通企业物流成本核算的基本方法

在实际工作中，生产流通企业物流成本核算体系中的各种物流成本信息一般可通过以下方案来取得：

（一）会计方式的物流成本核算方法

所谓会计核算方法，就是通过凭证、账户、报表对物流耗费予以连续、系统、全面地记录、计算和报告的方法。会计方式的物流成本核算，具体包括两种形式：其一是双轨制，即把物流成本核算与其他成本核算截然分开，单独建立物流成本核算的凭证、账户、报表体系。在单独核算的形式下，物流成本的内容在传统成本核算和物流成本核算中得到双重反映。其二是单轨制，即物流成本核算与企业现行的其他成本核算，如产品成本核算、责任成本核算、变动成本核算等结合进行，建立一套能提供多种成本信息的共同的凭证、账户、报表核算体系。在这种情况下，要对现有的凭证、账户、报表体系进行较大的改革，需要对某些凭证、账户、报表的内容进行调整，同时还需要增加一些凭证、账户和报表。这种结合无疑是比较困难的，但并不是不可能，因为企业物流成本的大部分内容包括在产品成本中，责任物流成本是责任中心成本的一部分，变动物流成本则是企业变动成本的一部分。

运用会计方式进行物流成本核算时，提供的成本信息比较系统、全面、连续，且准确、真实，这是其优点。但这种方法比较复杂，或者需要重新设计新的凭证、账户、报表核算体系，或者需要对现有体系进行较大的甚至可以说是彻底的调整。

企业物流成本会计核算是采用“单轨制”还是采用“双轨制”，应根据每个企业的具体情况而定。不过，从发展的观点来看，最好是采用单轨制会计核算方式。当然，采用单轨制会计核算方式还必须具备一定的条件：①核算人员必须有较高的业务素质；②企业管理基础工作必须比较健全；③管理人员必须具备较综合的现代成本管理意识；④企业的成本工作必须实现标准化和现代化，有基本的组织保障。

（二）统计方式的物流成本核算方法

所谓统计方式，就是说它不要求设置完整的凭证、账户和报表体系，而主要是通过对企业现行成本核算资料的解剖分析，从中抽出物流耗费部分（即物流成本的主体部分），再加上一部分现行成本核算没有包括进去，但要归入物流成本的费用，如物流信息、向外企业支付的物流费等，然后再按物流管理的要求对上述费用重新归类、分配、汇总，加工成物流管理所需要的成本信息。具体做法如下：

（1）通过对材料采购（或在途物资）、管理费用账户的分析，抽出供应物流成本部分，如材料采购账户（或在途物资）中的外地运输费，管理费用账户中的材料市内运杂费，原材料仓库的折旧修理费，保管人员的薪酬等，并按功能类别、形态类别进行分类核算。

（2）从生产成本、制造费用、辅助生产、管理费用等账户中抽出生产物流成本，并按功能类别和形态类别进行分类核算。例如，人工费部分按物流人员的人数比例或物流活动工时比例确定，折旧修理费用按物流固定资产占用资金比例确定。

（3）从销售费用中抽出销售物流成本部分，包括销售过程产生的运输、包装、装卸、保管、流通加工等费用，委托物流费按直接发生额计算。

（4）物流利息的确定可按企业物流资产占用额乘以内部利率进行计算。

（5）从管理费用中抽出回收物流成本。

（6）废弃物物流成本对于企业来说，数额一般较小，可以不单独抽出，而是并入到其他物流费用中。

委托物流费的计算比较简单，它等于企业对外支付的物流费用。而企业内部物流耗费的计算比较复杂，总的原则是单独为物流活动所耗费的部分直接计入；间接为物流活动所耗费的部分，以及物流活动与其他非物流活动共同耗费的部分，则按一定标准或比例，如物流人员的比例、物流工时比例、物流资金数额等分配计算。

与会计方式的物流成本核算相比较，由于统计方式的物流成本核算没有对物流耗费进行连续、全面、系统的跟踪，所以据此得来的信息，其精确程度受到很大的影响，但正由于它不需要对物流耗费作全面、系统、连续的反映，所以运用起来比较简单、方便。在会计人员素质较差，物流管理意识淡薄，会计电算化尚未普及的情况下，可运用此法，以简化物流成本核算，满足当前物流管理的需要。

（三）统计方式与会计方式相结合的物流成本核算方法

所谓统计方式与会计方式相结合，即物流耗费的一部分内容通过统计方式予以核算，另一部分内容通过会计方式予以核算。运用这种方法，也需要设置一些物流成本账户，但不像第一种方法那么全面、系统，而且，这些物流成本账户不纳入现行成本核算的账户体系，对现行成本核算来说，它是一种账外核算，具有辅助账户记录的性质。具体做法如下。

（1）辅助账户设置。一般说来，企业应设置物流成本总账，核算企业发生的全部物流成本，同时按物流范围设置供应、生产、销售、回收、废弃物物流成本二级账，在各二级账下按物流功能设置运输费、保管费、装卸费、包装费、流通加工费、物流管理费三级账，并按费用支付形态设置专栏。

（2）对于现行成本核算已经反映，但分散于各科目的物流费用，如计入管理费用中的对外支付的材料市内运杂费、物流固定资产折旧、本企业运输车队的费用、仓库保管人员薪酬、产成品和原材料的盘亏损失、停工待料损失，计入制造费用的物流人员薪酬、物流固定资产的折旧修理费、运输费、保险费、在产品盘亏和毁损等，在按照会计制度的要求编制凭证、登记账簿、进行正常成本核算的同时，据此凭证登记相关的物流成本辅助账户，进行账外的物流成本核算。例如，企业以银行存款支付购进材料货款及运输费用共4500元，其中材料买价4000元，运费500元。企业可根据这项业务作如下会计分录：

借：材料采购或在途物资　　　　4500

（物流成本 500）

　贷：银行存款　　　　　　　　4500

据此分录，一方面登记材料采购和银行存款账户，另一方面在有关的物流成本总账、二级账、三级账户中登记。

（3）对于现行成本核算没有包括但属于物流成本应该包括的费用，其计算方法与统计方式下的计算方法相同。

（4）月末根据各物流成本辅助账户所提供的资料编制范围类别、功能类别、形态类别等各种形态的物流成本报表。

这种方法的优点是，物流成本在账外进行计算，既不需要对现行成本计算的账表体系进行系统调整，又能相对全面地提供物流成本资料，易于会计人员采用。与会计方式的物流成本核算比较，简单易于操作，但可能没有会计方式得到的成本信息准确；而与统计方式的物流成本核算相比较，物流成本信息相对准确，但核算过程和方法还是要复杂一些。

从实践操作来看，由于生产流通企业的物流成本有显性和隐性之分，显性成本是在企业现行成本核算体系中已经反映但分散于各个会计科目之中的物流成本；而隐性成本是企业现行成本核算体系中没有反映但应计入物流成本的费用，主要表现为企业存货占用自有资金所产生的机会成本。考虑到上述两种物流成本各自的含义和特征，以及目前我国企业物流成本管理水平与要求、会计管理与核算的基础工作的现状、会计电算化的普及程度等因素，会计与统计相结合的方法是生产流通企业在进行物流成本核算时的一个较好选择。

企业除了可以采用会计方式、统计方式或者两者相结合方式进行物流成本核算外，随着企业成本管理技术方法的不断发展，一种新的成本核算和管理模式作业成本法正在被越来越多的企业认识和采纳。关于采用作业成本法进行物流成本的核算与管理，在后面章节中将做详细的讨论。

三、生产流通企业物流成本核算的一般程序

（一）生产流通企业物流成本核算科目及账户设置

由于在会计与统计相结合的方法模式下，企业物流成本核算包括显性成本核算和隐性

成本核算两个方面，其中隐性物流成本核算是在现行的会计核算体系之外，通过统计存货的相关资料，按一定的公式计算得出，计算方法相对简单，不涉及会计科目和物流成本账户的设置问题。这里所涉及的会计科目和物流成本账户的设置问题，主要是针对显性物流成本的核算而言。

一般来说，在会计核算中，生产制造企业的成本费用类会计科目主要包括管理费用、销售费用、财务费用、生产成本、制造费用、其他业务成本、营业外支出等科目，同时由于我国核算中对于采购存货成本的确认通常包括运输费、装卸费等与物流成本有关的内容，而这部分内容连同存货本身的采购价格一并计入“材料采购（或在途物资）”科目。所以，计算企业物流成本时，除了从上述成本费用类会计科目入手计算外，还应考虑材料采购（或在途物资）科目中所包含的物流成本信息。

显性物流成本往往需要设置物流成本辅助账户（针对财务会计所设账户），具体需要设置哪些物流成本账户，取决于物流成本计算对象的选取和物流成本管理的要求。基本的物流成本计算对象主要包括三维，即以物流成本功能、物流范围和物流成本支付形态作为成本计算对象，根据这三个维度，以“物流成本”作为一级账户，以物流成本功能所包括的具体成本作为二级账户，以各物流范围成本作为三级账户，以各支付形态物流成本作为四级账户（或设置专栏），按照以上思路，共需设置100多个物流成本明细账户。例如，物流成本中自营运输成本的核算需设置15个明细账户：

（1）物流成本—运输成本—供应物流成本—人工费。

（2）物流成本—运输成本—供应物流成本—维护费。

（3）物流成本—运输成本—供应物流成本——般经费。

（4）物流成本—运输成本—企业内物流成本—人工费。

（5）物流成本—运输成本—企业内物流成本—维护费。

（6）物流成本—运输成本—企业内物流成本——般经费。

（7）物流成本—运输成本—销售物流成本—人工费。

（8）物流成本—运输成本—销售物流成本—维护费。

（9）物流成本—运输成本—销售物流成本——般经费。

（10）物流成本—运输成本—回收物流成本—人工费。

（11）物流成本—运输成本—回收物流成本—维护费。

（12）物流成本—运输成本—回收物流成本——般经费。

（13）物流成本—运输成本—废弃物物流成本—人工费。

（14）物流成本—运输成本—废弃物物流成本—维护费。

（15）物流成本—运输成本—废弃物物流成本——般经费。

其他物流成本明细账户的设置可参照物流运输成本账户的设置，不再一一列举。总之，物流成本明细账户的设置只是开辟了一条核算物流成本的通道或者说是一种方法，明细账户设置本身不是目的，目的是通过这样一个通道来核算物流成本。无论期中或期末核算物流成本，都需要设置明细账户，期中计算时需要平日里实时登记各物流成本明细账户，期末进行汇总；期末计算时需要在各明细账户中逐一归集各物流成本，然后汇总。期中和期末核算物流成本，两种方式其本质是一致的。

（二）生产流通企业物流成本核算步骤

核算物流成本需要分别计算显性成本和隐性成本，然后将两大成本汇总，即为物流成本总额。现分别依据显性成本和隐性成本的特征对核算步骤加以分析。

1. 显性物流成本核算步骤

首先，设置物流成本辅助账户。在企业财务会计核算系统不变的前提下，还应该依据上述方法设置显性物流成本辅助账户。

其次，对企业会计核算的有关成本费用科目包括管理费用、销售费用、财务费用、生产成本、制造费用、其他业务成本、营业外支出以及材料采购（或在途物资）等科目及明细项目逐一进行分析，确认物流成本的内容，以计算企业自营物流成本。委托物流费根据本期实际发生额计算，包括托运费、市内运输费、包装费、装卸费、保管费、出入库费和委托物流加工费等。

再次，对于应计入物流成本的内容，企业可根据本企业实际情况，选择在期中与会计核算同步登记物流成本辅助账户及相应的二级、三级、四级账户（或费用专栏），或在期末（月末、季末、年末）集中归集物流成本，分别反映出按物流功能、物流范围和物流成本支付形态作为归集动因的物流成本数额。

最后，期末（月末、季末、年末），汇总计算物流成本辅助账户及相应的二级、三级、四级账户（或费用专栏）成本数额。

2. 隐性物流成本核算步骤

首先，期末（月末、季末、年末）对存货按采购在途、在库和销售在途三种形态分别统计出账面余额。无论按在途或在库哪种状态统计，均以存货正在占用自有资金为统计标准，对于存货已购在途或在库但企业尚未支付货款以及企业已收到销售货款单存货仍在库或在途的，不计入统计范围。

其次，按照公式计算出存货占用自有资金所产生的机会成本：

存货资金占用成本＝存货账面余额（存货占用自有资金）×行业基准收益率

其中，对于生产制造和流通企业而言，若企业计提了存货跌价准备，则存货账面余额为扣除存货跌价准备后的余额。

企业若无法取得有关行业基准收益率的数值，也可使用一年期银行贷款利率或企业内部收益率计算。当企业计算物流成本仅为内部管理所用时，则使用内部收益率计算物流成本对于其内部物流成本管理更有意义。

3. 间接物流成本的分配

在计算物流成本时，对于单独为物流活动及相应的物流功能活动所消耗的费用，直接计入物流成本及其对应的物流功能成本，对于间接为物流活动消耗的费用、为物流活动和非物流活动同时消耗的费用、为不同物流功能活动共同消耗的费用以及为不同物流范围阶段消耗的费用，应按照从事物流活动或物流功能或物流范围阶段作业人员比例、物流工作量比例、物流设施面积或设备比例以及物流活动所占资金比例等确定。

［例3-1］　假设某公司从月度利润表中“管理费用、财务费用、销售费用”等各个项目中，经分析计算取出一定数值乘以一定比率（物流部门比率，分别按人数平均、台数平均、面积平均、时间平均等计算出来）算出的物流部门的费用，如表3-3所示。

表3-3　　某公司月度物流部门费用　　单位：元

项目	管理等费用	物流成本	计算基准（%）	备　注
车辆租赁费	100080	100080	100	金额
包装材料费	30184	30184	100	金额
人员薪酬	631335	178668	28.3	人数比率
水电气暖费	12645	6664	52.7	面积比率
保险费	10247	5400	52.7	面积比率
修缮维护费	19596	10327	52.7	面积比率
折旧费	39804	20977	52.7	面积比率
办公费	19276	8115	42.1	物流费用比率
周转材料	21316	8974	42.1	物流费用比率
资金占用利息	23861	10045	42.1	物流费用比率
税金	33106	13937	42.1	物流费用比率
通信费	10366	4364	42.1	物流费用比率
CP软件租赁费	17748	7472	42.1	物流费用比率
物流成本合计	969564	405207	41.7	物流费用占费用总额比率

上表中计算基准的计算公式如下：

(1) 人数比率＝物流部门人员数/全公司人数＝36/127＝0.283。

(2) 面积比率＝物流部门设施面积/全公司面积＝3090/5869＝0.527。

(3) 物流费用比率＝1～7项的物流费/1～7项的管理财务销售费用。

根据会计账簿记录和其他相关资料，上述各项物流成本资料分析如下：

(1) 公司供应和销售物流共同费用的分配比为1∶2。

(2) 车辆租赁费为公司运输部门所发生的费用。本月运输部门提供物流运输劳务3200吨公里，其中采购材料耗用1200吨公里，产品销售耗用2000吨公里。

供应物流负担额＝100080×1200/3200＝37530（元）

销售物流负担额＝100080×2000/3200＝62550（元）

将上述计算结果计入有关物流成本辅助账户：

物流成本—运输成本—供应物流成本—维护费　　37530　　(1)

　　　　—运输成本—销售物流成本—维护费　　62550　　(2)

(3) 包装材料费为仓库实施包装作业所耗用。据此计入有关物流成本辅助账户：

物流成本—包装成本—企业内物流成本—材料费　　30184　　(3)

(4) 人员薪酬按各物流作业职工人数进行分配。其中，包装作业 6 人，运输作业 12 人，仓储作业 4 人，装卸作业 10 人，物流管理人员 4 人。

包装作业的人员薪酬＝178668×6/36＝29778（元）

运输作业的人员薪酬＝178668×12/36＝59556（元）

供应物流负担额＝59556×1/3＝19852（元）

销售物流负担额＝59556×2/3＝39704（元）

仓储作业的人员薪酬＝178668×4/36＝19852（元）

装卸作业的人员薪酬＝178668×10/36＝49630（元）

供应物流负担额＝49630×1/3＝16543（元）

销售物流负担额＝49630×2/3＝33087（元）

物流管理作业的人员薪酬＝178668×4/36＝19852（元）

供应物流负担额＝19852×1/3＝6617（元）

销售物流负担额＝19852×2/3＝13235（元）

将上述计算结果计入有关物流成本辅助账户：

物流成本—包装成本—企业内物流成本—人工费　　29778　　(4)

—运输成本—供应物流成本—人工费　　19852　　(5)

—运输成本—销售物流成本—人工费　　39704　　(6)

—仓储成本—企业内物流成本—人工费　　19852　　(7)

—装卸搬运成本—供应物流成本—人工费　　16543　　(8)

—装卸搬运成本—销售物流成本—人工费　　33087　　(9)

—物流管理成本—供应物流成本—人工费　　6617　　(10)

—物流管理成本—销售物流成本—人工费　　13235　　(11)

(5) 水电气暖费为物流作业管理所耗用，其分配计算为：供应物流负担 2221 元，销售物流负担 4443 元。据此计入有关物流成本辅助账户：

物流成本—物流管理成本—供应物流成本—一般经费　　2221　　(12)

—物流管理成本—销售物流成本—一般经费　　4443　　(13)

(6) 保险费按各物流作业设施的账面价值分配。其中包装设备价值为 480000 元，运输设备价值为 1740000 元，仓储设备价值为 987000 元，装卸设备价值为 216000 元，物流管理部门设备价值为 147000 元。

包装作业的保险费＝5400×480000/3570000＝726（元）

运输作业的保险费＝5400×1740000/3570000＝2632（元）

供应物流负担额＝2632×1/3＝877（元）

销售物流负担额＝2632×2/3＝1755（元）

仓储作业的保险费＝5400×987000/3570000＝1493（元）

装卸作业的保险费＝5400×216000/3570000＝327（元）

供应物流负担额＝327×1/3＝109（元）

销售物流负担额＝327×2/3＝218（元）

物流管理作业的保险费＝5400×147000/3570000＝222（元）

供应物流负担额＝222×1/3＝74（元）

销售物流负担额＝222×2/3＝148（元）

将上述计算结果计入有关物流成本辅助账户：

物流成本—包装成本—企业内物流成本—维护费　726　(14)
　—运输成本—供应物流成本—维护费　877　(15)
　—运输成本—销售物流成本—维护费　1755　(16)
　—仓储成本—企业内物流成本—维护费　1493　(17)
　—装卸搬运成本—供应物流成本—维护费　109　(18)
　—装卸搬运成本—销售物流成本—维护费　218　(19)
　—物流管理成本—供应物流成本—维护费　74　(20)
　—物流管理成本—销售物流成本—维护费　148　(21)

(7) 修缮维护费和折旧费的发生和分配，方法同保险费。计算如下：

包装作业的负担额＝（10327＋20977）×480000/3570000＝4209（元）

运输作业的负担额＝（10327＋20977）×1740000/3570000＝15257（元）

供应物流负担额＝15257×1/3＝5086（元）

销售物流负担额＝15257×2/3＝10171（元）

仓储作业的负担额＝（10327＋20977）×987000/3570000＝8655（元）

装卸作业的负担额＝（10327＋20977）×216000/3570000＝1894（元）

供应物流负担额＝1894×1/3＝631（元）

销售物流负担额＝1894×2/3＝1263（元）

物流管理作业的负担额＝（10327＋20977）×147000/3570000＝1289（元）

供应物流负担额＝1289×1/3＝430（元）

销售物流负担额＝1289×2/3＝859（元）

将上述计算结果计入有关物流成本辅助账户：

物流成本—包装成本—企业内物流成本—维护费　4209　(22)
　—运输成本—供应物流成本—维护费　5086　(23)
　—运输成本—销售物流成本—维护费　10171　(24)
　—仓储成本—企业内物流成本—维护费　8655　(25)
　—装卸搬运成本—供应物流成本—维护费　631　(26)
　—装卸搬运成本—销售物流成本—维护费　1263　(27)
　—物流管理成本—供应物流成本—维护费　430　(28)
　—物流管理成本—销售物流成本—维护费　859　(29)

(8) 周转材料可根据材料领料单分配确定。其中，包装作业耗用 2896 元，仓储作业耗用 3756 元，管理部门耗用 2322 元（供应物流负担 774 元，销售物流负担 1548 元）。据此计入有关物流成本辅助账户：

物流成本—包装成本—企业内物流成本—材料费　　2896　　(30)
　　　—仓储成本—企业内物流成本—材料费　　3756　　(31)
　　　—物流管理成本—供应物流成本—材料费　　774　　(32)
　　　—物流管理成本—销售物流成本—材料费　　1548　　(33)

(9) 办公费为物流作业管理发生，其分配计算为：供应物流负担 2705 元，销售物流负担 5410 元。据此计入有关物流成本辅助账户：

物流成本—物流管理成本—供应物流成本—一般经费　　2705　　(34)
　　　—物流管理成本—销售物流成本—一般经费　　5410　　(35)

(10) 资金占用利息为公司存货资金所占用的利息。据此计入有关物流成本辅助账户：

物流成本—流动资金占用成本—供应物流成本—特别经费　　10045　　(36)

(11) 税金为固定资产占用税，分配方法同保险费。计算如下：

包装作业的税金＝13937×480000/3570000＝1874（元）

运输作业的税金＝13937×1740000/3570000＝6793（元）

供应物流负担额＝6793×1/3＝2264（元）

销售物流负担额＝6793×2/3＝4529（元）

仓储作业的税金＝13937×987000/3570000＝3853（元）

装卸作业的税金＝13937×216000/3570000＝843（元）

供应物流负担额＝843×1/3＝281（元）

销售物流负担额＝843×2/3＝562（元）

物流管理作业的税金＝13937×147000/3570000＝574（元）

供应物流负担额＝574×1/3＝191（元）

销售物流负担额＝574×2/3＝383（元）

将上述计算结果计入有关物流成本辅助账户：

物流成本—包装成本—企业内物流成本—维护费　　1874　　(37)
　　　—运输成本—供应物流成本—维护费　　2264　　(38)
　　　—运输成本—销售物流成本—维护费　　4529　　(39)
　　　—仓储成本—企业内物流成本—维护费　　3853　　(40)
　　　—装卸搬运成本—供应物流成本—维护费　　281　　(41)
　　　—装卸搬运成本—销售物流成本—维护费　　562　　(42)
　　　—物流管理成本—供应物流成本—维护费　　191　　(43)
　　　—物流管理成本—销售物流成本—维护费　　383　　(44)

(12) 通信费和 CP 软件租赁费为信息流通费，其分配计算为：供应物流负担 3945 元，销售物流负担 7891 元。据此计入有关物流成本辅助账户：

物流成本—物流信息成本—供应物流成本—一般经费　　3945　　(45)
　　　—物流信息成本—销售物流成本—一般经费　　7891　　(46)

(13) 本月公司支付的委托物流费为 120840 元。其中购买材料的市内运输费 48040 元，仓库保管费 72800 元。据此计入有关物流成本辅助账户：

物流成本—运输成本—供应物流成本—委托　　48040　　(47)

　　　　—仓储成本—企业内物流成本—委托　　72800　　(48)

假设该企业的物流功能包括运输、仓储、包装、装卸、信息流通和物流管理六个方面，则根据上述分析计算资料编制的运输费、仓储费、包装费、装卸费、物流信息费和物流管理费成本计算表如表3-4至表3-9所示。

表3-4　　运输费计算表　　单位：元

支付形态＼范围	计算依据	供应物流费	企业内物流费	销售物流费	回收物流费	废弃物物流费	合计
材料费							
人工费	(5)(6)	19852		39704			59556
维护费	(1)(2)(15)(16)(23)(24)(39)(40)	45757		79005			124762
一般经费							
特别经费							
自营物流费小计		65609		118709			184318
委托物流费	(47)	48040					48040
企业物流费总计		113649		118709			232358

表3-5　　仓储费计算表　　单位：元

支付形态＼范围	计算依据	供应物流费	企业内物流费	销售物流费	回收物流费	废弃物物流费	合计
材料费	(31)		3756				3756
人工费	(7)		19852				19852
维护费	(17)(25)(40)		14001				14001
一般经费							
特别经费							
自营物流费小计			37609				37609
委托物流费	(48)		72800				72800
企业物流费总计			110409				110409

表 3-6 包装费计算表 单位：元

范围 支付形态	计算依据	供应物流费	企业内物流费	销售物流费	回收物流费	废弃物物流费	合计
材料费	(3)(30)		33080				33080
人工费	(4)		29778				29778
维护费	(14)(22)(37)		6809				6809
一般经费							
特别经费							
自营物流费小计			69667				69667
委托物流费							
企业物流费总计			69667				69667

表 3-7 装卸费计算表 单位：元

范围 支付形态	计算依据	供应物流费	企业内物流费	销售物流费	回收物流费	废弃物物流费	合计
材料费							
人工费	(8)(9)	16543		33087			49630
维护费	(18)(19)(26) (27)(41)(42)	1021		2043			3064
一般经费							
特别经费							
自营物流费小计		17564		35130			52694
委托物流费							
企业物流费总计		17564		35130			52694

表 3-8 物流信息费计算表 单位：元

范围 支付形态	计算依据	供应物流费	企业内物流费	销售物流费	回收物流费	废弃物物流费	合计
材料费							
人工费							
维护费							
一般经费	(45)(46)	3945		7891			11836
特别经费							

续 表

范围 支付形态	计算依据	供应物流费	企业内物流费	销售物流费	回收物流费	废弃物物流费	合计
自营物流费小计		3945		7891			11836
委托物流费							
企业物流费总计		3945		7891			11836

表3-9　物流管理费计算表　单位：元

范围 支付形态	计算依据	供应物流费	企业内物流费	销售物流费	回收物流费	废弃物物流费	合计
材料费	(32)(33)	774		1548			2322
人工费	(10)(11)	6617		13235			19852
维护费	(20)(21)(28)(29)(43)(44)	695		1390			2085
一般经费	(12)(13)(34)(35)	4926		9853			14779
特别经费							
自营物流费小计		13012		26026			39038
委托物流费							
企业物流费总计		13012		26026			39038

四、生产流通企业物流成本报表

企业物流成本计算出来后，需要通过一种载体披露物流成本信息，这个载体就是企业物流成本报表。按所披露的物流成本信息内容不同，生产流通企业的物流成本报表可分为企业物流成本主表和企业自营物流成本支付形态表。

（一）企业物流成本主表

企业物流成本主表是按物流功能、物流范围和物流支付形态三维形式反映企业在一定期间各项物流成本信息的报表。它是根据物流成本的三维构成，按一定的标准和顺序，把企业一定期间的项目物流成本、范围物流成本和支付形态物流成本予以适当排列，根据日常工作中形成的大量成本费用数据，通过整理分析计算而编制的“物流成本计算表”汇总而成的。

企业物流成本主表对企业物流成本计算对象的三个维度进行了整合，报表使用者可从该表中了解详尽的企业物流成本信息，既可以了解不同物流功能成本及存货相关成本的发生额，也可以了解不同物流范围的成本发生额；既可以了解单项物流功能活动在不同物流范围的成本明细额，也可以了解单一物流范围所发生的不同物流功能成本明细额；既可以了解企业内部自营物流成本及其具体的物流功能和物流范围成本发生额，又可以了解委托物流成本及其支出明细。同时，企业物流成本主表还能够提供进行物流成本评价的基础资料，它是企业物流成本评价的基础。企业物流成本主表的基本格式如后述物流成本计算举例所示。

（二）企业自营物流成本支付形态表

企业自营物流成本支付形态表是按物流功能项目和自营物流成本支付形态两维形式反映企业一定期间自营物流成本信息的报表。它是根据物流功能项目和自营物流成本支付形态（即物流成本项目）之间的相互关系，按一定的标准和顺序，把企业一定期间的不同物流功能活动的物流成本项目予以适当排列，根据日常工作中形成的大量成本费用数据，通过整理分析计算而编制的“物流成本计算表”汇总而成的。

企业自营物流成本支付形态表是对企业物流成本主表的补充说明。企业物流成本按支付形态可分为自营物流成本和委托物流成本，自营物流成本又有具体的支付形态，由此形成物流成本项目。企业在物流成本管理过程中，除了要了解自营和委托物流成本的数额，还需要了解自营物流成本中不同物流成本项目发生的数额。企业自营物流成本支付形态表对企业物流成本主表的自营物流成本做了进一步的诠释和细化，使报表使用者可以更详尽地了解企业内部物流成本中各物流成本项目的构成。

企业自营物流成本支付形态表物流功能活动的一维构成与企业物流成本主表的构成内容完全一致，其物流成本项目主要包括材料费、人工费、维护费、一般经费和特别经费，基本格式如后述物流成本计算举例所示。

［例 3 - 2］ 以例 3 - 1 各物流功能成本计算结果，汇总编制企业物流成本主表和企业自营物流成本支付形态表，如表 3 - 10、表 3 - 11 所示。

表 3-10　　企业物流成本主表

企业名称：×××企业　　企业法人代码：×××××　　计量单位：元　　年　月

物流功能 \ 范围及支付形态		供应物流成本			企业内物流成本			销售物流成本			回收物流成本			废弃物流成本			物流总成本		
		自营	委托	小计	自营	委托	小计	自营	委托	小计	自营	委托	小计	自营	委托	小计	自营	委托	小计
		01	02	03	04	05	06	07	08	09	10	11	12	13	14	15	16	17	18
物流功能成本	运输成本	65609	48040	113649				118709		118709							184318	48040	232358
	仓储成本				37609	72800	110409										37609	72800	110409
	包装成本				69667		69667										69667		69667
	装卸搬运成本	17564		17564				35130		35130							52694		52694
	流通加工成本																		
	物流信息成本	3945		3945				7891		7891							11836		11836
	物流管理成本	13012		13012				26026		26026							39038		39038
	合计	100130	48040	148170	107276	72800	180076	187756		187756							395162	120840	516002
存货相关成本	流动资金占用成本				10045		10045										10045		10045
	存货风险成本																		
	存货保险成本																		
	合计				10045		10045										10045		10045
其他成本																			
企业物流总成本		100130	48040	148170	117321	72800	190121	187756		187756							405207	120840	526047

单位负责人：　　填表人：　　审核人：

表 3-11　　企业自营物流成本支付形态表

企业名称：×××企业　　企业法人代码：××××　　计量单位：元　　年　　月

成本项目＼内部支付形态		材料费	人工费	维护费	一般经费	特别经费	合计
		01	02	03	04	05	06
物流功能成本	运输成本		59556	124762			184318
	仓储成本	3756	19852	14001			37609
	包装成本	33080	29778	6809			69667
	装卸搬运成本		49630	3064			52694
	流通加工成本						
	物流信息成本				11836		11836
	物流管理成本	2322	19852	2085	14779		39038
	合计	39158	178668	150721	26615		395162
存货相关成本	流动资金占用成本					10045	10045
	存货风险成本						
	存货保险成本						
	合计					10045	10045
其他成本							
物流成本合计		39158	178668	150721	26615	10045	405207

单位负责人：　　填表人：　　审核人：

（三）企业物流成本报表编制中应注意的问题

生产企业一般应按供应物流、生产物流、销售物流、回收物流和废弃物物流五个范围阶段逐一进行填列；流通企业一般应按供应物流、销售物流、回收物流和废弃物物流四个范围阶段逐一进行填列。若某阶段未发生物流成本或有关成本项目无法归属于特定阶段的，则按实际发生阶段据实填列或填列横向合计数即可。对于委托物流成本，若无法按物流范围进行划分的，填列横向合计数即可，若采用不分成本项目的整体计费方式对外支付的，则填列纵向合计数即可。上述直接填列合计数的，应对合计数内容在表后做备注说明。

对于运输成本、仓储成本、装卸搬运成本，对应的支付形态一般为人工费和维护费；对于物流信息成本，对应的支付形态一般为人工费、维护费和一般经费；对于包装成本、流通加工成本，对应的支付形态一般为材料费、人工费和维护费；对于物流管理成本，对应的支付形态一般为人工费和一般经费；对于资金占用成本，对应的支付形态一般为特别经费。凡成本项目中各明细项目有相应支付形态的，均需填写；无相应支付形态的，则不填写。

另外，计算物流成本时要注意，每进行一次物流成本的计算，都要根据物流成本计算的目的明确计算范围，以使计算结果有可比性。明确计算范围的方法就是直接利用上述各种物流成本计算表，因为这些成本计算表能够计算出物流成本的总额。当实际计算过程中只计算部分成本时，同样可以利用这些成本计算表，只需将非计算对象的成本栏空出。这样，就能通过把本年度的计算结果与上年度相比较的方法，看出计算范围上的差别。此外，由于物流成本计算的范围明确了，在与其他企业进行比较或进行时间序列分析时，就可以消除因计算范围不同所引起的成本计算结果上的差别。

第三节　物流企业的物流成本核算

一、物流企业成本核算的现状

物流企业作为专业性从事物流服务的行业，参与生产流通企业的物流运作与管理，是社会专业化大生产的必然结果，也是提高物流效率、降低物流成本的有效途径。物流企业在运营过程中发生的各项费用，都可以看成是物流成本，即物流企业的物流成本包括了企业的所有各项成本和费用。目前物流企业的物流成本核算还没有一套完善的制度和方法，各个企业根据自身对物流成本概念的理解，运用传统的成本核算方法计算企业成本，使企业所核算的物流成本信息缺乏准确性和可比性，呈现出多样化的现状。

（一）传统运输业转型的物流企业

这种企业的成本核算均沿用交通运输企业的成本核算方法。如拥有公路运输资产的转型企业，其成本计算对象主要有三种类型：以业务划分，如货运业务、装卸业务；以营运工具划分，如货柜车、散货车、空调车、冷冻车；以运输线路划分，并把成本费用构成细分为运输营运成本、仓储成本、管理费用。通常该类企业的物流成本核算是由运输营运成本与仓储成本的简单累加构成的，其缺陷是没有从企业整体业务考虑来确定成本计算对象，无法提供不同业务或者不同客户的成本，也无法计算企业提供增值服务的成本，影响了成本核算的准确性和有用性。

（二）第三方物流企业

第三方物流企业具有资产型、多功能、大规模的特点，通过提供物流服务实现资产的增值。因此，第三方物流企业把物流服务看成是一种无形产品，把相关物流功能整合成的合同服务作为成本计算对象，比照制造企业把成本项目细分为：直接材料、直接人工、间接费用；而把销售费用、管理费用作为期间费用。物流企业的直接材料、直接人工占企业总成本的比重很小，而间接费用比重却很大，因此间接费用能否合理分配到成本计算对象至关重要。比照制造企业细分成本项目的方法，缺乏合理有效的间接费用分配，只是采用按月分摊间接费用，削弱了间接费用与各个合同服务之间的关联度，歪曲了各个成本计算对象的成本信息。

（三）配送中心

这类企业采用以销售费用、管理费用、财务费用三项总费用计算企业的成本费用。为了便于客户谈判，通常采用的办法是以上年度的实际营运情况，制定一个参照基准费率（上年度成本费用总额/上年度配送总金额），再根据配送物品具体特征、客户重要性程度、客户的需要等具体情况在基准费率基础上制定。

（四）邮政企业

邮政企业因其业务繁杂，求得单项业务成本的计算一直是通过“倒扣法”得到的，即从收入中扣除一定百分比利润，剩余部分被作为成本，在每个会计期间与收入配比。各项业务“倒扣”得到的成本总额与实际发生的费用总额差异很大，不得不采用人为调节的方式，在报表中的成本费用无法得到真实的反映，无法真正体现出收入与费用的配比。

从上述情况可以看出，我国物流企业根据自身对物流成本概念的理解，运用传统的成本核算方法核算企业成本，造成物流成本核算的随意性，加上传统成本核算方法的局限性，使物流企业所核算的成本信息缺乏准确性和可比性。此外，我国大多数物流企业还没有真正计算过物流成本，并不知道物流成本占总成本多大比重；即使个别企业曾经计算过，也会因为采用计算标准不统一，显性成本和隐性成本各自内涵的确认不统一，区分依据不统一等，造成核算结果千差万别，导致计算结果间缺乏可比性，这就是我国物流企业成本核算的困惑。

二、物流企业物流成本核算的特点

物流企业业务活动的内容、经营运作方式和物流成本的构成，决定了其物流成本核算存在着区别于生产流通企业的一些特征：

第一，物流企业物流成本核算的内容涵盖其在经营运作中所发生的全部的成本费用。物流企业是为生产流通企业提供专业物流服务的，它包括一体化的第三方物流企业，也包括提供功能性服务的物流企业，如运输公司、仓储公司、货运代理公司等。物流企业通过专业化的物流服务，来降低生产流通企业物流运营的成本，并从中获得利润。可以说，物流企业的整个运营成本和费用实际上就是生产流通企业物流成本的转移。物流企业的全部运营成本费用都可以看作广义上的物流成本。

按照我国会计制度的规定，物流企业的成本费用一般包括营运成本、营业税金及附加、销售费用、管理费用、财务费用五大类。

物流企业的营运成本是指物流企业在对外提供物流服务过程中发生的运输费、装卸费、仓储费、包装费、流通加工费和其他费用等物流功能性费用。物流企业的营业税金及附加主要包括营业税、城市维护建设税和教育费附加等。物流企业的销售费用是企业在推销物流服务过程中发生的各项费用，如销售人员的薪酬和佣金、广告宣传费、售后服务费、专设销售机构经费等。物流企业的管理费用一般是指企业为组织和管理整个企业的经营活动而发生的各项费用，包括行政管理部门的人员薪酬、办公费、差旅费、业务招待费、研究开发费等。物流企业的财务费用是指企业为筹集经营所需资金而发生的各项费用，包括利息支出、汇兑损失和相关的手续费等。

物流企业在物流服务提供过程中所发生的上述成本费用，也可按国家标准《企业物流成本构成与计算》的规定进行分类，如按物流功能分为运输成本、仓储成本、包装成本、装卸搬运成本、流通加工成本、物流信息成本、物流管理成本以及存货相关成本（如流动资金占用成本、存货风险成本、存货保险成本等）；按物流支付形态又可分为本企业自身发生的物流费和物流业务外包支付的委托物流费，其中，本企业自身发生的物流费又分为材料费、人工费、维护费、一般经费和特别经费等。

第二，物流企业进行物流成本核算时，在计算各项物流功能成本的基础上，应更加注重物流合同服务成本。物流企业作为第三方物流，利用自身资源通过合同契约受物流第二方委托向物流第一方提供物流服务，因此，物流企业将所提供的物流服务看成是一种无形产品，以物流服务合同为成本计算对象，计算每一项物流服务合同的成本，有助于物流企业控制和考核其物流成本的发生，制定合理的物流服务价格，以实现资产的增值。

第三，由于物流企业主要是接受生产流通企业的委托，提供第三方物流服务，不同于生产流通企业的生产经营活动可划分为供、产、销等若干环节和阶段，而是按照客户物流需求对运输、仓储、包装、装卸搬运、流通加工和配送等基本功能进行组织和管理，因此，物流企业的物流成本也就不存在按物流活动范围的划分，即无供应物流成本、企业内物流成本、销售物流成本等的划分和计算。

三、物流企业物流成本核算的一般程序

物流企业在进行物流成本核算时，可采用会计与统计相结合的方法，以物流合同服务目标为前提，将物流看成是一个完整的体系，全面考虑合同服务成本、运输成本、仓储成本、包装成本、装卸搬运成本、流通加工成本、物流信息成本、物流管理成本以及存货相关成本，如流动资金占用成本、存货风险成本、存货保险成本等，将覆盖物流全过程的费用全部计入物流成本，以满足企业物流成本管理、物流服务定价等工作对不同物流成本信息的需求。

（一）物流企业物流成本核算步骤

物流企业核算物流成本仍需要分别计算显性成本和隐性成本，然后将两大成本汇总，即为物流成本总额，在此基础上进一步计算各物流合同服务成本。

1. 设置物流成本辅助账户，核算物流显性成本

物流成本辅助账户的设置方法同前述生产流通企业，只是物流企业的物流成本不存在物流活动范围的划分，物流成本辅助账户可根据两个维度设置，以“物流成本”作为一级账户，以物流成本功能所包括的具体成本作为二级账户，以各支付形态物流成本作为三级账户。

各物流成本辅助账户的核算可采用期中登记或期末登记方式，对企业会计核算的有关成本费用科目包括营运成本、管理费用、销售费用、财务费用等科目及明细项目逐一进行

分析，确认物流成本的内容及功能归属，以计算企业自营物流成本。委托物流费根据本期实际发生额计算。

在计算物流成本时，对于单独为相应的物流功能活动所消耗的费用，直接计入对应的物流功能成本；对于为不同物流功能活动共同消耗的费用，应按照从事物流功能作业人员比例、物流工作量比例、物流设施面积或设备比例以及物流活动所占资金比例等确定。

2. 采用统计方法计算物流隐性成本

物流企业物流隐性成本的内容与计算方法同前述生产流通企业，只是由于物流企业不发生存货购销业务，只在接受物流业务时需要垫付一定的备用金和押金，这部分备用金和押金可视同存货占用自有资金，计算其产生的机会成本。

3. 汇总计算各物流功能成本

由于上述物流显性成本和隐性成本的计算是按物流功能归属进行的，其汇总之和即为各物流功能总成本。同时，根据各物流功能的业务特征确定其业务量的计量属性，计算各物流功能单位成本。如运输功能可以吨公里为业务量计量单位，计算吨公里成本；仓储功能可以仓储面积（或单位个数、重量、容积）为业务量计量单位计算单位仓储面积（或单位个数、重量、容积）成本；如包装功能可以包装数量为业务量计量单位，计算单位产品包装成本；如装卸搬运功能可以装卸搬运次数或工时为业务量计量单位，计算单位次数或工时装卸搬运成本；如流通加工功能可以加工产品数量为业务量计量单位，计算单位产品流通加工成本，等等。

4. 分配各物流功能成本至物流合同服务项目

对于物流企业而言，每一个物流服务合同项目的执行，需要涉及一项或若干项物流功能活动，因此，根据各物流合同服务项目在各物流功能活动中所耗用的业务量以及各物流功能活动的单位物流成本即可计算各物流合同服务成本：

$$\text{某物流合同服务成本}=\sum\left(\begin{matrix}\text{该物流合同项目耗用}\\\text{某物流功能的业务量}\end{matrix}\times\begin{matrix}\text{该物流功能}\\\text{单位物流成本}\end{matrix}\right)$$

（二）物流企业物流成本报表

物流企业的物流成本计算出来后，仍需以报表为载体加以反映。物流企业编制的物流成本报表，除了企业物流成本主表和企业自营物流成本支付形态表之外，还需编制物流合同服务成本表。

企业物流合同服务成本表是按物流功能项目和物流成本支付形态两维形式反映企业一定期间各物流合同服务成本信息的报表。它是根据物流功能项目和物流成本支付形态（即物流成本项目）之间的相互关系，按一定的标准和顺序，把企业一定期间各合同服务项目执行中不同物流功能活动的物流成本项目予以适当排列，根据日常工作中形成的大量成本费用数据，通过整理分析计算而编制的“物流成本计算表”汇总而成的。

企业物流合同服务成本表是对企业物流成本主表和企业自营物流成本支付形态表的补充说明。企业物流成本按支付形态可分为自营物流成本和委托物流成本，自营物流成本又有具体的支付形态，由此形成物流成本项目。企业在物流成本管理过程中，除了要了解全部和自营物流成本的数额，还需要了解每一项物流合同服务项目成本的发生数额及内容，这有助于物流企业控制和考核其物流成本的发生，制定合理的物流服务价格，以实现资产的增值。

企业物流合同服务成本表物流功能活动的一维构成与企业物流成本主表的构成内容完全一致，其物流成本项目主要包括材料费、人工费、维护费、一般经费和特别经费，基本格式如后述物流成本计算举例所示。

四、物流企业物流成本核算例释

［**例3-3**］假设某公司是一专业物流公司，资产总额1531万元，负债总额765万元。该公司共有员工38人，设有办公室、人事部、财务部、运营部、安全部、客服部6个部门。公司主要从事受托物流业务的组织运营工作，运输业务由外部有运输资格的车队负责，装卸搬运业务雇用外部搬运工完成，公司除一个自有仓库外，还在其他地区租赁4个仓库，另有一辆10吨叉车和2辆卡车，供内部零星装卸和运输使用。

该公司201×年12月从月度利润表中“主营业务成本、管理费用、财务费用、销售费用”等各个项目中，经明细分析得出的成本费用明细项目，如表3-12所示。

表3-12　成本费用明细　单位：元

成本费用明细项目	发生额	备　注
搬运费	29360.23	对外支付搬运费
营运费	5894.96	对外支付运输费
人员薪酬	60386.54	
劳动保护费	578.55	
通信费	9377.06	含物流信息费
办公费	9452.85	
市内交通费	2119.50	
差旅费	12210.90	
燃油费	2117.60	2辆卡车所发生费用
保险费	2360.00	货物及车辆保险费
折旧费	7171.01	卡车、叉车、自有仓库及电脑折旧费
摊销费	13631.41	仓库修缮摊销费用
快递费	794.65	
修理费	4123.00	卡车修理费
房租物业费	21232.70	管理部门办公房租及仓库水电费
包装材料	1914.50	胶条、包装绳、手套等物品
成本合计	182725.46	

公司当月完成 A、B、C、D 四个合同服务项目，各项目耗用物流功能业务量统计如下：

(1) A 合同项目运输业务委托外部运输车队完成，B、C、D 合同项目由公司车队负责运输，耗用运输业务量分别为 900 吨公里、900 吨公里、1200 吨公里。

(2) 公司现有仓库每月可提供 80000 标准面积（天数×实际面积）库容，当月各合同项目占用库容分别为 2000 标准面积、1000 标准面积、1000 标准面积、4000 标准面积。

(3) 本月 C、D 合同项目进行包装作业，包装业务量分别为 3000 件和 1000 件，耗用工时分别为 160 小时和 80 小时。

(4) 本月支付 A、B、C 合同项目外部搬运费分别为 12460.42 元、7512.73 元、9387.08 元，各合同项目仓库内理货和装卸搬运耗用工时分别为 80 小时、20 小时、40 小时、20 小时。

(5) 物流信息费用、物流管理费用、存货相关成本根据各合同项目货物周转量分摊，当月各合同项目货物周转量分别为 8000 标准单位、4000 标准单位、3000 标准单位、1000 标准单位。

根据会计账簿和其他相关资料，上述各物流成本费用资料分析处理如下：

(1) 搬运费 29360.23 元和运营费 5894.96 元为对外支付搬运费和运输费，直接计入有关物流成本辅助账户：

物流成本—装卸搬运成本—委托　　29360.23　　(1)
　　　　—运输成本—委托　　5894.96　　(2)

(2) 人员薪酬 60386.54 元，经查明细资料，其中司机 2 人，薪酬 3600 元，仓库作业人员 4 人，薪酬 8800 元，其余为物流管理人员薪酬支出。仓库作业人员兼做理货、零星装卸搬运和包装工作，本月仓库作业人员用于仓库保管、理货和装卸搬运、包装的工作时数分别为 400 小时、160 小时和 240 小时。

仓库保管工作时数占工作总时数的比例＝400/（400＋160＋240）＝0.5
装卸搬运工作时数占工作总时数的比例＝160/（400＋160＋240）＝0.2
包装工作时数占工作总时数的比例＝240/（400＋160＋240）＝0.3
运输作业人员薪酬＝3600（元）
仓储作业人员薪酬＝8800×0.5＝4400（元）
装卸搬运作业人员薪酬＝8800×0.2＝1760（元）
包装作业人员薪酬＝8800×0.3＝2640（元）
物流管理作业人员薪酬＝60386.54－3600－8800＝47986.54（元）

将上述计算结果计入有关物流成本辅助账户：

物流成本—运输成本—人工费　　3600　　(3)
　　　　—仓储成本—人工费　　4400　　(4)
　　　　—装卸搬运成本—人工费　　1760　　(5)
　　　　—包装成本—人工费　　2640　　(6)
　　　　—物流管理成本—人工费　　47986.54　　(7)

（3）劳动保护费578.55元，经查明细资料，主要为物流管理人员的劳动保护所耗。直接计入有关物流成本辅助账户：

物流成本—物流管理成本—人工费　　578.55　　(8)

（4）通信费9377.06元，经查明细资料，主要为物流信息管理的电话费。直接计入有关物流成本辅助账户：

物流成本—物流信息成本—一般经费　　9377.06　　(9)

（5）办公费9452.85元、市内交通费2119.50元和差旅费12210.90元，经查明细资料，主要为物流管理部门所耗用。直接计入有关物流成本辅助账户：

物流成本—物流管理成本—一般经费　　23783.25　　(10)

（6）燃油费2117.60元，经查明细资料，主要为2辆卡车所耗费用。本月2辆卡车用于零星物流运输业务行驶3000千米，用于物流管理部门市内交通行驶2000千米。

运输作业耗用维护费＝2117.60×［3000/（3000＋2000）］＝1270.56（元）

物流管理作业耗用维护费＝2117.60×［2000/（3000＋2000）］＝847.04（元）

将上述计算结果计入有关物流成本辅助账户：

物流成本—运输成本—维护费　　1270.56　　(11)

　　—物流管理成本—维护费　　847.04　　(12)

（7）保险费2360元，经查明细资料，为货物及2辆车辆所发生的保险费，其中货物的财产保险费930元，车辆保险费1430元。直接计入有关物流成本辅助账户：

物流成本—存货保险成本—特别经费　　930　　(13)

　　—运输成本—维护费　　1430　　(14)

（8）折旧费7171.01元，经查明细资料，为卡车、叉车、自有仓库及物流信息管理微机折旧费，数额分别为1303.82元、1501.73元、3911.46元和454元。直接计入有关物流成本辅助账户：

物流成本—运输成本—维护费　　1303.82　　(15)

　　—装卸搬运成本—维护费　　1501.73　　(16)

　　—仓储成本—维护费　　3911.46　　(17)

　　—物流信息成本—维护费　　454　　(18)

（9）摊销费13631.41元，经查明细资料，主要为自有仓库修缮摊销费用。直接计入有关物流成本辅助账户：

物流成本—仓储成本—维护费　　13631.41　　(19)

（10）快递费794.65元，经查明细资料，主要为物流信息管理所发生的费用。直接计入有关物流成本辅助账户：

物流成本—物流信息成本—一般经费　　794.65　　(20)

（11）修理费4123元，经查明细资料，主要为2辆卡车修理所耗。本月2辆卡车用于零星物流运输业务行驶3000千米，用于物流管理部门市内交通行驶2000千米。

运输作业耗用维护费＝4123×［3000/（3000＋2000）］＝2473.80（元）

物流管理作业耗用维护费＝4123×［2000/（3000＋2000）］＝1649.20（元）

将上述计算结果计入有关物流成本辅助账户：

物流成本—运输成本—维护费　　2473.8　　(21)

　　—物流管理成本—维护费　　1649.2　　(22)

(12) 房租物业费21232.70元，经查明细资料，为物流管理部门办公用房租赁费及仓库水电费，数额分别为20000元和1232.70元。直接计入有关物流成本辅助账户：

物流成本—物流管理成本——般经费　　20000　　(23)

　　—仓储成本—维护费　　1232.7　　(24)

(13) 包装材料1914.50元，经查明细资料，主要为领用胶条、包装绳、手套等物品所耗用，上述物品主要用于包装业务。直接计入有关物流成本辅助账户：

物流成本—包装成本—材料费　　1914.50　　(25)

(14) 公司在物流服务过程中，向委托方支付的备用金及押金在"其他应收款"账户反映，"其他应收款—备用金"本月初余额为1456683.35元，本月末余额为1449683.35元；"其他应收款—押金"本月初余额为273800元，本月末余额为923800元（本月一年期银行贷款利率为5.31%）。

$$\text{存货占用资金的机会成本}=\left(\frac{1456683.35+1449683.35}{2}+\frac{273800+923800}{2}\right)\times 5.31\%\div 12$$

$$=9080.03（元）$$

将上述计算结果计入有关物流成本辅助账户：

物流成本—流动资金占用成本—特别经费　　9080.03　　(26)

(15) 根据上述账户记录，编制"企业物流成本主表"，如表3-13所示。

表3-13　企业物流成本主表

企业名称：×××企业　　企业法人代码：××××　　计量单位：元　　年　月

成本项目 \ 支付形态		物流总成本		
		自营	委托	合计
		1	2	3
物流功能成本	运输成本	10078.18	5894.96	15973.14
	仓储成本	23175.57		23175.57
	包装成本	4554.50		4554.50
	装卸搬运成本	3261.73	29360.23	32621.96
	流通加工成本			
	物流信息成本	10625.71		10625.71
	物流管理成本	94844.58		94844.58
	合计	146540.27	35255.19	181795.46

续 表

成本项目 \ 支付形态		物流总成本		
		自营	委托	合计
		1	2	3
存货相关成本	流动资金占用成本	9080.03		9080.03
	存货风险成本			
	存货保险成本	930.00		930.00
	合计	10010.03		10010.03
其他成本				
物流成本合计		156550.30	35255.19	191805.49

单位负责人：　　　　填表人：　　　　审核人：

（16）根据上述账户记录，编制“企业自营物流成本支付形态表”，如表3-14所示。

表3-14　　企业自营物流成本支付形态表

企业名称：×××企业　　企业法人代码：××××　　计量单位：元　　年　　月

成本项目 \ 内部支付形态		材料费	人工费	维护费	一般经费	特别经费	合计
		01	02	03	04	05	06
物流功能成本	运输成本		3600.00	6478.18			10078.18
	仓储成本		4400.00	18775.57			23175.57
	包装成本	1914.50	2640.00				4554.50
	装卸搬运成本		1760.00	1501.73			3261.73
	流通加工成本						
	物流信息成本			454.00	10171.71		10625.71
	物流管理成本		48565.09	2496.24	43783.25		94844.58
	合计	1914.50	60965.09	29705.72	53954.96		146540.27
存货相关成本	流动资金占用成本					9080.03	9080.03
	存货风险成本						
	存货保险成本					930.00	930.00
	合计					10010.03	10010.03
其他成本							
物流成本合计		1914.50	60965.09	29705.72	53954.96	10010.03	156550.30

单位负责人：　　　　填表人：　　　　审核人：

（17）根据上述账户记录和其他相关资料，编制“物流功能成本分配表”，将各物流功能成本分配至各物流合同服务项目。如表 3－15 至表3－21 所示。

表 3－15

运输成本分配表

支付形态 合同项目		材料费	人工费	维护费	一般经费	特别经费	委托物流费	合计
费用分配额			3600.00	6478.18			5894.96	15973.14
分配标准			运输量	运输量			直接计入	
费用分配率			1.2	2.16				
合同 A	数量							
	金额						5894.96	5894.96
合同 B	数量		900	900				
	金额		1080.00	1943.45				1943.45
合同 C	数量		900	900				
	金额		1080.00	1943.45				1943.45
合同 D	数量		1200	1200				
	金额		1440.00	2591.28				2591.28
合计			3600.00	6478.18			5894.96	15973.14

表 3－16

仓储成本分配表

支付形态 合同项目		材料费	人工费	维护费	一般经费	特别经费	委托物流费	合计
费用分配额			4400.00	18775.57				23175.57
分配标准			标准面积	标准面积				
费用分配率			0.055	0.2347				
合同 A	数量		20000	20000				
	金额		1100.00	4693.89				5793.89
合同 B	数量		10000	10000				
	金额		550.00	2346.95				2896.95
合同 C	数量		10000	10000				
	金额		550.00	2346.95				2896.95

续 表

合同项目 \ 支付形态		材料费	人工费	维护费	一般经费	特别经费	委托物流费	合计
合同D	数量		40000	40000				
	金额		2200.00	9387.78				11587.78
合计			4400.00	18775.57				23175.57

表 3－17　　包装成本分配表

合同项目 \ 支付形态		材料费	人工费	维护费	一般经费	特别经费	委托物流费	合计
费用分配额		1914.50	2640.00					4554.50
分配标准		包装量	工时					
费用分配率		0.4786	11					
合同A	数量							
	金额							
合同B	数量							
	金额							
合同C	数量	3000	160					
	金额	1435.88	1760.00					3195.88
合同D	数量	1000	80					
	金额	478.62	880.00					1358.62
合计		1914.50	2640.00					4554.50

表 3－18　　装卸搬运成本分配表

合同项目 \ 支付形态		材料费	人工费	维护费	一般经费	特别经费	委托物流费	合计
费用分配额			1760.00	1501.73			29360.23	32621.96
分配标准			工时	工时			直接计入	
费用分配率			11	9.3858				
合同A	数量		80	80				
	金额		880.00	750.86			12460.42	14091.28
合同B	数量		20	20				
	金额		220.00	187.72			7512.73	7920.45

续 表

合同项目 \ 支付形态		材料费	人工费	维护费	一般经费	特别经费	委托物流费	合计
合同C	数量		40	40				
	金额		440.00	375.43			9387.08	10202.51
合同D	数量		20	20				
	金额		220.00	187.72				407.72
合计			1760.00	1501.73			29360.23	32621.96

表 3-19　　物流信息成本分配表

合同项目 \ 支付形态		材料费	人工费	维护费	一般经费	特别经费	委托物流费	合计
费用分配额				454.00	10171.71			10625.71
分配标准				周转量	周转量			
费用分配率				0.028375	0.6357			
合同A	数量			8000	8000			
	金额			227.00	5085.84			5312.84
合同B	数量			4000	4000			
	金额			113.50	2542.93			2656.43
合同C	数量			3000	3000			
	金额			85.12	1907.19			1992.31
合同D	数量			1000	1000			
	金额			28.38	635.73			664.11
合计				454.00	10171.71			10625.71

表 3-20　　物流管理成本分配表

合同项目 \ 支付形态		材料费	人工费	维护费	一般经费	特别经费	委托物流费	合计
费用分配额			48565.09	2496.24	43783.25			94844.58
分配标准			周转量	周转量	周转量			
费用分配率			3.0353	0.156	2.7365			
合同A	数量		8000	8000	8000			
	金额		24282.54	1248.12	21891.63			47422.29

续 表

支付形态 合同项目		材料费	人工费	维护费	一般经费	特别经费	委托物流费	合计
合同 B	数量		4000	4000	4000			
	金额		12141.27	624.06	10945.81			23711.14
合同 C	数量		3000	3000	3000			
	金额		9105.96	468.04	8209.36			17783.36
合同 D	数量		1000	1000	1000			
	金额		3035.32	156.02	2736.45			5927.79
合计			48565.09	2496.24	43783.25			94844.58

表 3-21　　　　存货相关成本分配表

支付形态 合同项目		材料费	人工费	维护费	一般经费	特别经费	委托物流费	合计
费用分配额						10010.03		10010.03
分配标准						周转量		
费用分配率						0.6256		
合同 A	数量					8000		
	金额					5005.01		5005.01
合同 B	数量					4000		
	金额					2502.51		2502.51
合同 C	数量					3000		
	金额					1876.88		1876.88
合同 D	数量					1000		
	金额					625.63		625.63
合计						10010.03		10010.03

（18）根据“物流功能成本分配表”，编制“物流合同服务成本表”。该表按物流合同服务项目编制，分物流功能和支付形态两个维度列示各物流合同服务项目的物流成本。以上述 A 合同服务项目为例，其物流合同服务成本表如表 3-22 所示。

表 3-22 **A 项目物流合同服务成本表**

支付形态 / 成本项目	材料费	人工费	维护费	一般经费	特别经费	委托物流费	合计
运输成本						5894.96	5894.96
仓储成本		1100.00	4693.89				5793.89
包装成本							
装卸搬运成本		880.00	750.86			12460.42	14091.28
物流信息成本			227.00	5085.84			5312.84
物流管理成本		24282.54	1248.12	21891.63			47422.29
存货相关成本					5005.01		5005.01
合计		26262.54	6919.87	26977.47	5005.01	18355.38	83520.27

本章小结

物流成本核算是企业进行有效的物流成本管理与控制的基础，也是企业物流成本管理的一个重要的环节。目前，我国企业物流成本核算尚处于起步阶段。

企业进行物流成本核算，首先应明确适合我国实际情况的物流成本的构成；其次，应根据物流成本核算的目的，合理选择物流成本的核算对象。企业物流成本可以按照物流成本的支付形态、物流成本的功能、物流成本的范围、产品的类别、销售区域、物流服务对象、物流责任中心等多个方面进行核算。

企业物流成本的核算方法有会计方式、统计方式以及会计与统计相结合的方式。其中物流成本核算的会计方式相对比较复杂，但得到的成本信息较为准确，而物流成本核算的统计方式则相反。在实际工作中采用会计与统计相结合的方式则更为可行。

由于生产流通企业和物流企业经营活动内容与方式有所不同，其物流成本核算对象、内容、程序和方法存在一定差别，生产流通企业的物流成本核算重在企业物流费用的归集与计算，而物流企业则强调全成本计算的思路，重在物流服务合同或项目的物流成本的归集与计算。

企业物流成本表包括企业物流成本主表和企业自营物流成本支付形态表，分别有不同的格式和编制要求。

讨论题

通过比较生产流通企业与物流企业在物流成本组成内容、物流成本信息用途方面的不同，说明两者在物流成本核算对象的选取、物流成本计算程序及物流成本最终计算结果方面存在哪些区别？

思考题

1. 目前我国企业建立物流成本核算制度的意义表现在哪些方面？

2. 企业如何根据物流成本核算的目的来选择物流成本核算的对象？

3. 物流成本核算的范围应包括哪些内容？

4. 在生产流通企业的物流成本核算中，物流间接费用如何进行分配？

5. 物流企业在进行物流成本计算过程中，为什么要按物流服务合同或项目进行物流费用的归集与计算？

6. 在物流成本核算中，物流成本计算表应如何设计？

案例分析

仓储配送型物流企业成本计算

1. 公司概况

某仓储配送型物流公司同时为5个医药经销企业提供药品储存、保管和配送以及其他增值服务。物流公司的基本业务是：客户的货品从医药制造企业发货后，物流公司直接验货、入库储存，再根据客户发来的订单，向各大医院配送药品。5个医药经销企业货物都储存在同一个配送中心，配送中心的人员、装卸设备及其他设备是公用的，配送的作业一般也是共同实施的。

5个医药经销企业中，A客户主要以进口业务为主，货物价值高，但占用的仓库的面积不大，个别药品还需要由物流公司专门建立一个冷库储存；B客户以经营中药为主，相对价值较低、占用空间大。其他三家都经销中药、西药，但各有侧重。这5个客户货物的种类有所不同、客户要求提供的服务内容和质量也有差异。但是由于物流企业的物流成本是共同发生的，而会计人员也没办法将5个客户发生的共同费用合理地分摊到每个客户。在收费标准制定上，物流公司对5个客户都按照货物流转值的0.45%进行收费。由于在出货的次数、重量等方面存在差异，引起客户的不满，为此，物流公司准备采用作业成本制度，改进收费政策，为物流公司的重点客户提供更好的服务，以增强企业的竞争力。

该公司的成本主要由销售费用、管理费用、财务费用和营业税金及附加组成。在公司利润表中，财务费用为负值，说明该公司可能没有发生贷款，或者是存款利息大于贷款利息。营业税金及附加与营业收入相关，与内部作业无关。因此，在作业成本分析中，不包括财务费用、营业税金及附加。从公司201×年11月利润表“销售费用、管理费用”项目的相关明细账中分析、计算得出物流总成本（总的资源耗费）为2385683.98＋1124139.21＝3509823.19元。

2. 物流企业成本计算实施步骤

(1) 确定物流成本核算对象及物流作业

为了对该公司的5个客户的成本进行单独核算，这里分别以A、B、C、D、E作为成本核算对象，再分析具体作业发生过程中的共同因素，以分配共同发生的间接费用。

根据公司作业流程的分析，现将公司的业务过程划分为接货入库、储存、冷库储存、分拣配送及行政管理5个作业。

接货入库作业以入库货物的托盘数作为成本动因；储存作业以客户占用仓库面积作为成本动因；冷库储存作业只有A客户适用，直接计入A的成本，不需要分摊；分拣配货作业以客户需要分拣的订单数量作为成本动因；配送作业的成本动因因为配送对象相同，由于分别计算吨公里有很大的困难，这里以销售订单的总数作为成本动因予以简化。行政管理费用包括财务、行政办公室等职能部门的业务活动，一般认为订单数量越多，行政管理活动的业务量越大。因此选择入库单和销售订单的总数作为行政管理作业的成本动因。依据上述分析，可以得到该公司的作业成本的划分及成本动因选择的结果。

（2）将企业发生的各项物流费用计入作业，并计算成本动因分配率

将资源费用计入作业有两种方法：一种是会计方式，另一种是统计方式。采用会计方式时，也可以在资源费用发生时直接计入各作业，即可以得到每项作业的物流成本；而采用统计方式时，资源费用发生时计入销售费用、管理费用、财务费用等相关账户，到月末或者年末，再将各项资源费用的汇总数按照资源动因分配到各专业。

要将物流总成本3509823.19元分摊计入5个客户的成本对象之中，首先将其分摊到各项作业，分摊过程略。资源费用在各种作业的分摊结果，如表3-23所示。

表3-23　　作业成本的确定与成本动因的选择

序号	作业	成本项目	作业成本（元）	成本动因
1	进货作业	进货人员薪酬，叉车设备折旧	612346.47	进货托盘数
2	储存作业	仓库管理人员薪酬，储存仓库的折旧费用，维护费用，财产税，杂项费用	1382987.12	占用仓库面积
3	冷库作业	冷库人员薪酬，库存折旧，电费	287649.08	直接计入A客户
4	分拣配送	拣货和配送人员薪酬，车辆调配，燃油，车辆维修与折旧费用	1046750.35	销售订单数量
5	行政管理作业	行政人员薪酬，文具费用，电脑设备，通信费用，教育培训费用	180090.17	进货订单和销售订单合计数量
合计		—	3509823.19	—

对5个客户作业成本动因的统计，并计算各项作业的成本动因分配率，统计与计算结果如表3-24所示。

表3-24　　各客户在各项作业的成本动因发生额及成本动因分配率

作业	进货作业	存储作业	冷库作业	分拣配送	行政管理作业
成本动因	进货托盘	所占仓库空间	直接计入	销售订单	订单合计
客户A	4598	930		8903	8902
客户B	9268	4500		5873	9382
客户C	19876	5600		10376	12308
客户D	6039	2300		7082	9053
客户E	7132	3568		5877	7986
成本动因合计	46913	16898		38111	47631
作业成本（元）	612346.47	1382987.12	287649.08	1046750.35	180090.17
成本动因分配率（%）	13.05	81.84		27.47	3.78

3. 计算分摊到每个客户的成本

根据作业成本动因的分配率，将作业成本分摊到5个客户，并计算每个客户的物流成本总额，如表3-25所示。

表3-25　　以客户为成本核算对象的物流成本计算　　单位：元

作业	进货作业	储存作业	冷库作业	拣货配送	行政管理	成本合计
客户A	60016.82	76114.22	287649.08	244528.31	33657.97	701966.40
客户B	120973.44	368294.60		161306.84	35472.82	686047.70
客户C	259437.65	458322.16		284985.48	46535.87	1049281.16
客户D	78825.92	188239.46		194513.03	34228.89	495807.30
客户E	93092.64	292016.68		161416.69	30194.62	576720.63
作业成本	612346.47	1382987.12	287649.08	1046750.35	180090.17	3509823.19

4. 依据物流作业成本计算结果，确定每个客户的物流服务定价

依据每个客户的物流成本计算结构，可以采取成本加成方法进行定价决策，成本加成率为12%，如表3-26所示。

表3-26　　基于物流作业成本计算的物流企业定价　　单位：元

客户	货物周转额 (1)	原收费标准 （%） (2)	原来企业 总收入 (3)	客户作业 成本 (4)	成本加成 定价后的收入 (5)	按作业成本的价格标准（%） (6)
客户A	308976530	0.45	1390394.385	701966.4	786202.368	0.25

续 表

客户	货物周转额 (1)	原收费标准 (%) (2)	原来企业 总收入 (3)	客户作业 成本 (4)	成本加成 定价后的收入 (5)	按作业成本的价格标准(%) (6)
客户 B	190786245	0.45	858538.1025	686047.7	768373.424	0.4
客户 C	198367503	0.45	892653.7635	1049281.16	1175194.899	0.6
客户 D	79037865	0.45	355670.3925	495807.30	555304.176	0.7
客户 E	193875038	0.45	872437.671	576720.63	645927.1056	0.33
合计	971043181		4369694.315	3509823.19	3931001.973	

注：(3) = (1) × (2)，(5) = (4) × (1+12%)，(6) = (5) ÷ (1)。

5. 案例分析

根据作业成本法计算出每个客户的作业成本后，可以按照成本加成定价法对每个客户单独定价。这里的成本加成比例为12%，在12%中扣除营业收入的5.5%左右的营业税及附加，再扣除财务费用才是企业利润。用成本加成法定价后，根据货物周转额可以计算出每个客户在作业成本法下的收费标准。根据收费标准和客户对企业的贡献不同，为客户提供定制化服务，提高企业的物流服务水平。

资料来源：杨芳. 物流成本管理［M］. 北京：清华大学出版社，2014.

第四章　物流成本预测与决策

学习目的

物流成本预测与决策是企业编制物流成本预算、开展物流成本控制的前提条件和基础。通过本章的学习，了解物流成本预测与决策的基本工作程序；熟悉物流成本预测的各种基本方法，包括趋势平均法、指数平滑法、回归分析法等在物流成本预测中的运用；重点掌握物流成本决策的各种方法的基本原理，并能够在企业物流成本决策中，针对不同的决策分析的问题和内容加以灵活运用。

第一节　物流成本预测

一、物流成本预测的含义

所谓预测，是指人们根据反映客观事物的资料信息，依据事物发展的规律，运用科学的方法来预计和推测客观事物发展的必然趋势和可行性。它的主要特点是：根据过去和现在预计未来，根据已知推测未知。预测的应用范围很广，如自然现象的预测、经济发展的预测等。在各国经济领域，无论是宏观方面还是微观方面都很重视预测，并且将其作为经济科学和管理科学中的重要方法。无论何种预测都具有三个共同的特征：预测是直接或间接以历史资料的信息为依据；预测中存在着不确定性；预测都涉及未来，并且直接涉及时间。

物流成本预测，就是指依据物流成本与各种技术经济因素的依存关系，结合发展前景及采取的各种措施，利用一定的科学方法，对未来期间的物流成本水平及其变化趋势作出科学的推测和估计，对计划进行的物流活动未来可能发生的成本做出客观的判断，其目的就是为企业的物流决策提供有力可靠的依据；更充分地利用有限的资金进行物流活动，取得最有价值的经济效果。

二、物流成本预测的作用

物流成本预测是企业物流成本管理的一个重要环节，在企业物流成本管理过程中的主要作用有：

1. 物流成本预测为物流成本决策提供依据

物流成本预测是从客观实际出发，系统地研究物流过程的有关的信息资料，并对客观实际情况作出科学的判断，提出物流过程成本支出的若干可行性方案，供企业决策。

2. 物流成本预测为确定目标成本打下基础

物流成本预测是物流成本管理的重要组成部分，是制定物流成本预算过程中必不可少的科学分析阶段。在物流过程之前必须作科学的分析论证，物流成本预测出物流过程中的总支出额，以此作为计划成本目标考核的依据。对每一步物流过程都应当有精心的成本预测，以免造成不应有的失误。

3. 物流成本预测可确定最佳的物流成本投入方案

物流成本预测对物流各功能成本投入的多少、物流过程的设计等方面进行分析、考核、测算，并以此为依据，提供若干套方案，根据多方面的综合平衡，测算企业最终的物流成本。

三、物流成本预测的程序

科学合理的预测程序，是保证预测正确性的必要条件。通常物流成本预测可分为以下几个具体步骤：

（一）确定预测目标

预测要有一个明确的目标，才能对工作起到推动作用。没有目标的预测往往效果不显著。物流成本预测的目标取决于企业物流成本决策的内容和目标，物流成本预测的目标确定后，便可以明确物流成本预测的具体内容。

（二）收集预测资料

物流成本目标是一项综合性指标，涉及企业的物流活动方式、物流组织和物流管理的各个方面，在进行物流成本预测之前，必须尽可能全面地占有相关资料，并应注意去粗取精、去伪存真。

（三）建立预测模型

在进行预测时，必须对已收集到的有关资料，运用一定的科学方法进行科学的加工整理，建立科学的预测模型，借以揭示有关变量之间的规律性联系。

（四）评价和修正预测值

以历史资料为基础建立的预测模型可能与未来的实际状况会产生一定的偏差，而且数量方法本身就有一定的假设性，因此还必须运用一定的科学方法对预测结果进行综合的分析判断，对存在的偏差及时予以修正。

四、物流成本预测的方法

物流成本预测的基本方法，同其他预测方法一样，总的可以分为定量方法和定性方法两类。

定量方法主要是根据过去比较完备的历史资料，运用一定的数学方法进行科学的加工处理，借以充分揭示有关变量之间的规律性联系，作为预测的依据。定量方法大致上又可分为两类：一类是把一个指标过去的变化趋势作为预测的依据，这就意味着把未来作为“过去历史的延伸”；另一类是通过一个指标与其他指标的相互联系进行预测判断。它通常以一个指标的变动情况为基础来推断另一个指标的变动将达到什么程度。所以它不是将一个指标本身孤立起来，而是在有关指标的相互联系中对它进行预测。

定性方法主要是由熟悉情况和业务的专家根据过去的经验进行分析、判断提出预测意见，或是通过实际调查的形式来了解成本耗用的实际情况，然后通过一定的形式（如座谈会、函询调查征集意见等）进行综合，作为预测未来的主要依据。这种预测的方法主要是在没有历史资料，或客观条件有很大的改变，不可能根据历史资料来推断的情况下运用。

应该指出，定量方法和定性方法并不是互相排斥的，而是可以互相补充的，要注意把它们正确地结合起来使用。例如，在具备比较完善的历史资料的条件下，应先用一定的数学方法进行加工处理，找出有关变量之间的规律性联系，作为预测未来的一个重要依据。但是任何数学方法的应用，都是以过去资料赖以产生的条件作为依据来预测未来。如果在预测期一些影响较大的因素发生变化，则根据数学计算所得到的结果，同时考虑对这些因素的变化进行修正。在这种情况下，依靠熟悉情况和业务的专家进行分析判断，提出修正意见，就具有十分重要的意义。又如，用定性方法进行预测，也要尽可能运用一些数据资料作为参考，以使判断更加正确。

物流成本预测作为经济预测的一种，具有预测的一般性，预测学中常用的方法都可为成本预测所用。物流成本预测的具体方法很多，本章着重介绍趋势平均法、指数平滑法和回归分析法。

（一）趋势平均法

趋势平均法是建立在过去的成本趋势及其规律性依然不变的这一假设之上，其基本计算公式如下：

某期成本预测值＝最后一期的移动平均数＋推后期数×最后一期的趋势平均数

[例4-1] 某企业2012年各月的实际物流成本如表4-1所示，用趋势平均法预测该厂2013年第一季度各月的物流成本（设按三期移动平均）。

表4-1　某企业2012年实际物流成本

月　份	实际物流成本	三期平均	变动趋势	三期趋势平均数
1	102			

续　表

月　　份	实际物流成本	三期平均	变动趋势	三期趋势平均数
2	106	105.33		
3	108	106.00	＋0.67	
4	104	104.67	－1.33	－0.44
5	102	104.00	－0.67	＋0.67
6	106	108.00	＋4.00	＋3.11
7	116	114.00	＋6.00	＋6.00
8	120	122.00	＋8.00	＋5.33
9	130	124.00	＋2.00	＋4.67
10	122	128.00	＋4.00	＋2.44
11	132	129.33	＋1.33	
12	134			

根据表 4－1 的有关资料，可按上述公式进行物流成本预测：

2013 年 1 月物流成本＝129.33＋2×2.44＝134.21

2013 年 2 月物流成本＝129.33＋3×2.44＝136.65

2013 年 3 月物流成本＝129.33＋4×2.44＝139.09

显然，采用趋势平均法计算若干期的平均数和趋势平均数，前后各个时期采用的是一个权数，即认为这些数据对未来具有同等的影响。因此，采用该种方法预测的结果与实际情况往往差距过大。为弥补这一缺陷，可采用指数平滑法进行预测。

（二）指数平滑法

指数平滑法是根据前期物流成本的实际数和预测数，以加权因子（即平滑系数）为权数，进行加权平均来预测下一期物流成本的方法。其计算公式如下：

某期物流成本预测值＝(平滑系数×上期实际物流成本）＋（1－平滑系数）×上期预测物流成本

$$=\alpha \times A_{t-1} + (1-\alpha) \times F_{t-1}$$

从上述公式中可以看出，指数平滑法实际上是以平滑系数 α 和 $1-\alpha$ 为权数的一种特殊的加权平均法，其中平滑系数为满足 $0<\alpha<1$ 条件的常数，一般取中值。这样只要知道上期的物流成本预测数和物流成本实际数，就可以预测本期的物流成本。

［例 4－2］ 某企业 2012 年 1 至 9 月的实际物流管理成本分别为 186 万元、170 万元、180 万元、176 万元、185 万元、180 万元、190 万元、188 万元、191 万元。设 9 月的预测值为 183 万元、平滑系数采用 0.7，则采用指数平滑法计算 10 月的物流管理成本数为：

10 月预计物流管理成本＝0.7×191＋（1－0.7）×183＝188.6（万元）

指数平滑法的优点是可以排除实际成本中所包含的偶然因素的影响，但确定平滑系数难免带有一定的主观成分。平滑系数越大，则近期实际数对预测结果的影响越大；反之，平滑系数越小，则近期实际数对预测结果的影响越小。因此，为了使预测的平均值能反映观测值的长期变动趋势，我们可选用较小的平滑系数；若是为了使预测的平均值能反映观测值近期的变动趋势，则可选用较大的平滑系数。另外，在指数平滑法下，只设定平滑系数一个权数，比较灵活方便，而且可较多地考虑近期观测值的影响，符合不断发展的实际情况。

（三）回归分析法

回归分析法是一种比较精确的成本预测方法。它是根据若干期的历史成本资料，利用最小二乘的原理，分析成本在一定条件下增减变动的趋势和基本规律，确定成本预测方程式，据以进行成本预测的方法。

1. 一元线性回归分析法

设 y 代表总物流成本，a 代表物流固定成本，b 代表单位物流变动成本，x 代表业务量，n 代表历史资料的期数，首先确定自变量 x 和因变量 y 之间是否线性相关及相关程度，判断的方法主要有“散布图法”和“相关系数法”。所谓散布图法，就是将有关的数据绘制成散布图，然后依据散布图的分布状况判断 x 和 y 之间是否存在线性关系；所谓相关系数法，就是计算线性相关系数 r 判断 x 和 y 之间的关系，根据相关系数的计算结果进行相关关系判断时，判断标准如表 4-2 所示。

表 4-2 相关系数法判断标准

相关系数的数值	$r>0.7$	$0.3<r<0.7$	$r<0.3$	$r=0$
因变量与自变量关系	强相关	显著相关	弱相关	不相关

在确认因变量与自变量之间存在线性关系之后，便可建立回归直线方程：$y=a+bx$，它的常数项 a 与系数 b 的值可按下列公式计算：

$$a=\frac{\sum y-b\cdot\sum x}{n}$$

$$b=\frac{n\cdot\sum xy-\sum x\cdot\sum y}{n\cdot\sum x^2-(\sum x)^2}$$

［**例 4-3**］设某企业物流包装作业 2012 年各月实际发生的人工工时小时和物流包装成本如表 4-3 所示，采用回归分析法预测该企业 2013 年第一季度的物流包装成本。

表 4-3　　某企业 2012 年物流包装成本资料

月　份	人工小时	物流包装成本（千元）
1	250	182
2	230	179
3	190	165
4	210	170
5	180	160
6	240	178
7	195	177
8	197	181
9	215	176
10	230	172
11	198	180
12	252	185

设 y 代表物流包装成本，x 代表人工小时，根据表 4-3 的资料计算列表 4-4。

表 4-4　　某企业 2012 年物流包装成本计算表

月　份	x	y	xy	y^2	x^2
1	250	182	45500	33124	62500
2	230	179	41170	32041	52900
3	190	165	31350	27225	36100
4	210	170	35700	28900	44100
5	180	160	28800	25600	32400
6	240	178	42720	31684	57600
7	195	177	34515	31329	38025
8	197	181	35657	32761	38809
9	215	176	37840	30976	46225
10	230	172	39560	29584	52900
11	198	180	35640	32400	39204
12	252	185	46620	34225	63504
合计	2587	2105	455072	369849	564267

根据上述计算结果，判断 x 和 y 之间是否存在线性关系，应计算相关系数。假定根据相关系数的判断标准，可以判定 x 与 y 之间呈显著的相关状态，因此可以建立回归直线方程：$y=a+bx$。则：

$$b=\frac{12\times 455072-2587\times 2105}{12\times 564267-2587^2}=0.19$$

$$a=\frac{2105-0.19\times 2587}{12}=133.83$$

所以 $y=133.83+0.19x$。

设该企业2007年第一季度的物流包装作业的人工小时预计分别为248、256和263小时，则各月的物流包装成本可预测如下：

1月的物流包装成本预测值＝133.83＋0.19×248＝180.95（千元）

2月的物流包装成本预测值＝133.83＋0.19×256＝182.47（千元）

3月的物流包装成本预测值＝133.83＋0.19×263＝183.80（千元）

2. 多元线性回归分析法

当影响因变量 y 变动的因素不止一个时，就必须采用多元线性回归模式对未来的状态进行预测。在此，我们仅讨论二元线性回归模式。

二元线性回归方程的标准式为：$y=a+bx_1+cx_2$ （4-1）

式中 y 为因变量，x_1 与 x_2 为自变量，a、b、c 为回归系数，先以总和的形式表达式（4-1）中的每一项，得：

$$\sum y=na+b\sum x_1+c\sum x_2 \quad (4-2)$$

以 x_1 乘以式（4-2）得：

$$\sum x_1y=a\sum x_1+b\sum x_1+c\sum x_1x_2 \quad (4-3)$$

以 x_2 乘以式（4-2）得：

$$\sum x_2y=a\sum x_2+b\sum x_1x_2+c\sum x_1 \quad (4-4)$$

根据式（4-2）、（4-3）、（4-4）联立得到关于 a、b、c 的方程组，解方程组便可求得 a、b、c 三个系数的数值。

[例4-4] 某企业在对历史成本资料进行综合分析后发现，某企业物流流通加工成本的大小同时与直接人工小时和机器工时两个因素的变化存在着密切的关系。某企业2012年1—6月的流通加工、直接人工小时和机器工时如表4-5所示，用回归预测法预测该企业当年7月的流通加工成本。

表4-5　　某企业2012年1—6月流通加工成本资料

月份	流通加工成本（万元）	直接人工小时（千小时）	机器工时（千小时）
1	6.50	4.3	10.5
2	4.00	3.0	7.0

续 表

月份	流通加工成本（万元）	直接人工小时（千小时）	机器工时（千小时）
3	5.42	3.7	8.2
4	6.20	4.3	9.2
5	5.80	4.0	8.0
6	5.90	4.2	8.4
合计	33.82	23.5	51.3

先将上述资料计算列表，如表 4-6 所示。

表 4-6　　某企业 2012 年 1—6 月流通加工成本计算表

月份	y	x_1	x_2	x_1^2	x_2^2	x_1x_2	x_1y	x_2y
1	6.50	4.30	10.50	18.49	110.25	45.15	27.95	68.25
2	4.00	3.00	7.00	9.00	49.00	21.00	12.00	28.00
3	5.42	3.70	8.20	13.69	67.24	30.34	20.05	44.44
4	6.20	4.30	9.20	18.49	84.64	39.56	26.65	57.04
5	5.80	4.00	8.00	16.00	64.00	32.00	23.20	46.40
6	5.90	4.20	8.40	17.64	70.56	35.28	24.78	49.56
合计	33.82	23.50	51.30	93.31	445.69	203.33	134.64	293.69

表 4-6 中，x_1 代表直接人工工时，x_2 代表机器工时。将上表数字代入公式，得：

$$\begin{cases}33.82=6a+23.5b+51.3c\\134.64=23.5a+93.31b+203.33c\\293.69=51.3a+203.33b+445.69c\end{cases}$$

解上述联立方程组，得：

$$\begin{cases}a=-1.268\\b=1.417\\c=0.158\end{cases}$$

将 a、b、c 代入二元线性回归方程：

$$y=-1.268+1.417x_1+0.158x_2$$

据调查，该企业 7 月流通加工作业将耗用的直接人工小时为 4.8 千小时，将耗用的机器工时为 11.2 千小时。据此，可预测出该企业 7 月的流通加工成本发生额为：

$$y=-1.268+1.417\times4.8+0.158\times11.2=7.3\text{（万元）}$$

第二节　物流成本决策概述

一、物流成本决策的含义

物流成本决策是根据物流成本分析与物流成本预测所得的相关数据、结论及其他资料运用定性与定量的方法，选择最佳方案的过程。具体来说，就是以物流成本分析和预测的结果等为基础建立适当目标，拟定几种可以达到该目标的方案，根据成本效益评价从这几个方案中选出最优方案的过程。

物流成本决策不仅是成本管理的重要职能，还是企业生产经营决策体系中的重要组成部分。而且由于物流成本决策所考虑的是价值问题，更具体地讲是资金耗费的经济合理性问题，因而物流成本决策具有较大的综合性，对其他生产经营决策起着指导和约束作用。

二、物流成本决策的意义

伴随着市场经济的发展，物流成本决策对于企业的生存和发展有着越来越重要的作用。

（一）物流成本决策是企业管理体制改革的客观要求

企业自主经营自负盈亏的性质决定了企业必须对经营结果负责，对企业自身与广大职工负责。在物流过程中势必要作出正确的决策，没有这一点，无须说发展，即使生存问题也会受到影响。

（二）物流成本决策是企业提高经济效益的迫切需要

企业为了增强自身的竞争能力和适应能力，必须不断研究改进物流过程和降低物流成本方法，不断提高经济效益，并从中求得发展。严格地来讲，这一切都有赖于科学的物流成本决策。

（三）物流成本决策是企业内外部环境条件变化的必然结果

一方面，随着生产的社会性愈加强烈，企业外部环境条件处于急剧的变化之中，为了适应这种形势，必须从资金耗费得到巨大节约的角度来规划企业的经营行为；另一方面，生产的高技术与大规模越来越明显，生产投资额度不断升高，耗费也日益巨大，因此，企业应对自身的经营行为合理控制，而这又要维系于物流成本决策之上。

（四）物流成本决策是现代化成本管理的重要特征

近年来，管理科学的进步已对成本管理产生了重大影响，人们已经认识到，单一的计划管理和行政手段远远不能满足现代化生产经营管理的需要。应用新理论，采取新方法，更新传统的成本管理方式也就顺理成章。目前，这种更新最显示出必要并确有可能的莫过于实施物流成本决策了，这也是现代化成本管理的重要标志。

三、物流成本决策的内容

物流成本决策作为对企业未来物流活动中资金耗费与所获效益关系的评价与研究，与物流成本预测密切相关，概括来说，其内容涉及物流规划与物流活动过程两个方面。

（一）物流规划中的成本决策

在企业的物流规划中，为了从成本角度对各种物流活动方案作出评价和选择，需要在下述各方面做好成本决策工作：

1. 物流投资项目可行性研究中的成本决策

企业在物流投资项目的新建、扩建、改建、实施技术改造等工作中，必须对各种方案的可行性进行技术经济论证。这不仅需要从投资数额的大小、投资回收期的长短、技术先进程度等方面进行考察和论证，还需要从物流投资项目建成投产后，企业物流活动成本水平的高低进行决策，拟订和选择优化方案，为企业物流成本管理工作奠定良好的基础。

2. 物流系统设计的成本决策

物流系统设计是构建企业内部作业链的首要环节，在相当大的程度上决定了后续作业。物流系统设计对物流功能的实现、物流服务方式的确定、物流作业的流程和物流成本乃至企业整体作业链—价值链都具有关键性的影响。据估计，物流成本有60%～80%在物流系统设计阶段就已经确定了。物流系统一旦投入运转，降低成本的潜力就不大了。成本虽然发生于物流活动过程，但是其根源却在物流系统的设计。对于物流成本管理而言，影响物流系统设计的早期因素正是赢得真正竞争优势的地方。因此，在物流系统设计阶段，必须认真考虑物流系统设计方案对物流成本乃至物流整体作业链—价值链的影响而进行决策分析。

（二）物流活动过程中的成本决策

在企业物流活动过程中，为了有效地控制各种劳动耗费，需要随时针对物流活动过程中影响物流成本水平发生变动的各种技术、经济因素以及所出现的各种问题，研究调节措施，以降低物流成本水平、提高物流效益为目的作出成本决策。

1. 物流活动组织中成本决策

降低物流成本水平是企业物流成本管理所追求的目标。随着物流效率和物流成本管理水平的提高，企业物流成本水平呈下降的趋势。但是，物流成本水平的变动必然受到企业物流活动组织方式的影响。为此，需要企业从物流活动组织与安排的各个方面寻求费用节约的途径，以确保物流成本降低计划的完成与实现。

2. 物流质量成本决策

降低物流成本水平、提高物流服务质量是企业物流管理的两大目标，从保证物流服务质量水平投入与降低物流成本水平之间的相互关系中，研究最优符合性质量水平标准，做好物流质量成本决策工作，是物流成本管理的重要内容。

四、物流成本决策的基本程序

（一）确定决策目标

决策目标是决策分析的出发点和归结点。确定决策目标就是弄清一项决策究竟要解决什么问题，以便为决策分析的开展进行提供一个方向和依据。确定决策目标一般要注意处理好以下几点：

（1）目标具体化。确定的目标不能过于笼统抽象，以免被误解。

（2）目标定量化。尽可能地用定量指标表达决策目标。

（3）明确约束条件。凡属有条件目标者，应充分揭示其约束条件。

（4）目标系统化。对于多目标决策，应首先分清主次，区别对待。如要注意分清战略与战术目标；远景目标与近期目标；主要目标与从属目标；必达目标与期望目标等。进而理顺目标排列顺序，简化归并目标，使综合目标系统化。

（二）提出备选方案

在明确提出决策目标的前提下，应充分考虑现实与可能，设计各种可能实现决策目标的、具有可行性的备选方案。所谓“可行性”是指技术上可行，经济上合理。备选方案的提出，一般要经过形成基本设想，作出初步方案，最后形成备选方案的反复补充修改的过程。在这个过程中，应充分体现解放思想、鼓励创新和集思广益的精神。

（三）收集整理与备选方案相关的资料

备选方案一经提出，就要收集与备选方案有关的资料，特别是有关预期收入和预期成本的数据，作为今后决策的依据。对于收集的资料应进行认真的分析鉴别，采取去粗取精、去伪存真的做法，对于偶然事件的影响应予以剔除，必要时，还要进行加工延伸。

（四）通过定量分析对备选方案作出初步评价

这个步骤就是把各个备选方案的可计量资料先分别归类系统排列，选择适当的专门方法，建立数学模型，对各方案预期收入和预期成本进行计算、比较和分析，再根据经济效益对备选方案作出初步的判断和评价，确定哪个方案较优。这是整个决策分析过程的关键阶段。

（五）考虑其他因素影响，确定最优方案

在综合比较各方案的优缺点的基础上，全面权衡利弊得失，按照一定原则要求确定最终择优的标准及有关方法，筛选较为理想的相对最优的方案。除了以上五个步骤，还应组织决策方案的实施，跟踪反馈。严格地讲，执行决策结果已超出了决策分析本身的范围，但它是决策分析过程的延伸，因为在组织落实决策方案的过程中，有助于发现问题，及时反馈，随时调整目标或修改方案乃至作出下一轮新的决策，使决策过程处于决策—实施—

反馈—再决策—再实施的动态良性循环。当然在决策分析过程的前几个阶段也必须不断地反馈信息，为决策分析提供参考。

五、物流成本决策的方法

由于现代物流概念涵盖了企业经营的全过程，如需求预测、选址、采购、生产进度、运输、装卸搬运、库存控制、仓储、包装、配送、订单处理、客户服务、返还品管理、废弃物处理以及其他辅助活动。因此，企业在进行物流成本决策时，不仅要注重整个物流系统的各类物流成本决策，更要注重物流综合成本决策。一些世界级优秀企业的实践证明，从总体的观念综合考虑这些物流成本，能给企业带来更加实质性的成本节约。

（一）效益背反关系支配下的物流成本决策

由于物流成本与物流服务之间、各类物流成本之间存在效益背反关系，一类物流成本的下降往往以物流服务水平下降或其他几类物流成本上升为代价，因此进行物流成本决策时，决不能只关注某一类物流成本，而必须要在物流成本预测的基础上，充分考虑并分析物流成本与物流服务之间的关系，以及各类物流成本之间的背反关系，将各类物流成本结合在一起加以考虑，以物流总成本最低作为方案取舍的标准。

1. 物流成本与物流服务之间的关系

物流系统的目标就是向客户提供适当的物流服务。在物流管理中，“适当”的观点很重要，因为没有一个物流系统既可以做到提供最高的服务水平，使客户的满意程度最高，又可以做到狭义的物流成本之和最低。而这一点正说明了物流服务水平与物流成本之间的关系。

物流服务水平是影响客户购买或连续购买的关键因素，也是企业用来吸引潜在客户的有效手段，最佳的物流服务水平，可以创造客户满意与客户信任，减少现有客户与潜在客户的流失。然而，物流服务水平的提高要求有大量的存货、快捷的运输、充分的仓容和高效的订单处理流程，这些必然要增加物流成本。而降低物流成本，又必然会导致物流服务水平的降低。因此，如何协调物流成本与物流服务水平之间的关系是企业物流成本决策中需要解决的一个重要课题。企业物流成本决策的依据是：物流水平一定的情况下，选择物流服务水平最高的方案；或物流服务水平一定的情况下，选择物流总成本最低的方案。

2. 各类物流成本之间的效益背反关系

各类物流成本之间存在着密切的关系，总的说来就是效益背反关系，即一类物流成本的下降，往往以其他几类物流成本的上升为代价。物流成本之间的效益背反关系决定了企业管理层在进行物流成本决策时，必须要在各种物流成本之间进行权衡，并在以实现既定服务水平条件下，物流总成本最低作为选择物流方案的依据。

（1）库存持有成本与批量成本之间的关系

库存持有成本和批量成本随采购次数（生产线启动）或采购（生产）批量的变化而呈反方向变化。起初随着采购（生产）批量的增加，批量成本的下降比库存持有成本的增加要快，即批量成本的边际节约额比库存持有成本的边际增加额要多，使得总成本下降。当采购（生产）批量增加到某一点时，批量成本的边际节约额与库存持有成本的边际增加额相等，这时总成本最小。此后，随着采购（生产）批量的不断增加，批量成本的边际节约额比库存持有成本的边际增加额要小，总成本便会不断增加。

(2) 运输成本与和仓储活动有关的成本（库存持有成本与仓储成本）之间的关系

企业对运输作业的要求是，运费最低、运输时间最短、运输速度最快；对仓储作业的要求是，使仓库的建设和运营成本最低、降低库存水平、加快库存周转。

从运输和仓储作业本身来看，这些要求都是最希望达到的目标。但是，站在物流的角度来看，任何一个企业，它的仓储系统和运输系统不可能同时达到各自的上述要求，即运输成本与和仓储活动有关的成本（库存持有成本与仓储成本）不可能同时达到最低。

从实际运作情况来看，仓储和运输作业是互相影响的，它们的目标甚至是矛盾的。以一个企业为例，假设某种产品一年的销售量是固定的，那么从生产地运往销售地的年总发货量也是固定的。如果要使运输成本最低，就要使每次的发运量达到经济规模。如果用火车发运，能够装满所有车皮的发运规模才是经济规模，用其他发运工具也是如此。也就是说，只有通过整车发运才能达到发运的经济规模，才能不浪费运力，并能最大限度地提高运输工具的使用效率，减少运输次数，最后的结果是运输总成本最低。如果想使与仓储作业有关的成本最低，仓库里存储的货物便越少越好，这就必须做到随要随送，这样就会增加运输的次数，降低每次发运的批量，相当于将一次整车运输变成多次零担运输。整车的运价低于零担运价，零担凑整需要更多的集结时间，待运期较长。最后的结果是，要完成全年的发运量，实现即时运送，全年总运输成本会比整车发运时大幅度增加。这就是它们相互矛盾的地方。

随着每批发运的产品数量的增加，运输总成本不断降低，和仓储活动有关的成本（库存持有成本与仓储成本）会逐渐上升，对应的数量对运输来讲不是最经济的；对仓储来讲，也不是最经济的。但此时的总成本达到了最小值，这是整个物流系统的最佳方案；若单考虑运输或单考虑仓储活动是不可能得出这个方案的。

(3) 包装成本与其他物流成本的关系

包装成本与其他物流成本之间的关系取决于包装与其他物流作业活动之间的关系。

第一，包装与运输的关系。运输的主要功能是使产品产生空间位置转移，具有流动性。产品运输的基本要求是安全、迅速、准确、方便。包装直接关系着运输过程中产品的安全、运输载体容积利用的充分程度。所以，不同的运输方式对包装有不同的要求。包装的设计必须考虑产品特性、产品特征、运输方式、运输工具、运输距离等因素，才能提高运输效率，并避免产品损失。

第二，包装与装卸搬运的关系。装卸是产品运输和仓储过程中必不可少的作业环节，产品的装上卸下，以及水平移动都会受到包装的影响。因此，包装的设计要适应装卸工作中的装上卸下、搬运的需要，以提高装卸搬运效率，防止产品的损坏。

第三，包装与仓储活动的关系。仓储可以解决产品流通过程中时间上要求不一致的矛盾，它是维持并扩大社会再生产必不可少的条件。可以说，没有仓储就没有流通。产品的任何存储方式都与包装有着密切的关系。例如，在潮湿的环境下，需要对产品进行防湿、防潮包装；户外堆放，需要采用“茧式封存包装”；一般产品的存储，为了适应高层堆码，需考虑采用耐堆码负荷（又称堆压）的耐压包装。其他各类仓储活动也都与包装关系密切；库存货品盘存控制依赖人工或自动化识别系统的准确性，而识别系统与产品包装密切相关；分拣的速度、准确性和效率都要受包装识别、形状和操作的简便程度的影响。

由上述包装与其他物流活动的相互关系中可见，包装成本与其他各类物流成本呈背反关系。高质量的包装会带来包装成本的提升，但是会带来其他物流成本的下降。这种下降来源于两个方面，一方面是好的包装可以提高其他物流作业（如运输、仓储）的效率，降低对这些作业的要求；另一方面，好的包装可以降低这些物流作业中可能出现的损耗（被盗、丢失、毁损等）。同样，降低包装成本，也会带来其他物流成本的提升。因此，在进行物流成本决策时，必须将包装成本与其他物流成本进行权衡，以寻求总成本最低的物流运作方案。

（4）订单处理和信息系统成本与其他物流成本的关系

订单处理和信息系统成本与其他物流成本呈背反关系。以建立先进的计算机订单系统为例，建立先进的订单处理系统会带来订单处理及信息系统成本的大幅度攀升，但该系统能够节省大量的时间，从而带来其他物流成本的降低。

首先，由该系统带来的订单通信、订单输入和订单处理时间的减少，可以使企业的销售预测和生产计划部门更早地获得销售信息；同样，主管仓储、运输和库存管理等物流活动的经理也可以提前得到相关的信息，信息流的提前可以提高仓库分配订单的效率，让物流经理有更充裕的时间计划仓库作业，从而实现仓储成本的降低。

其次，订单通信、订单输入和订单处理时间的大幅度减少可以提高订货周期的稳定性，对提高安全库存水平有重要作用，因此有助于降低库存持有成本。

最后，计划时间的增加往往导致了运输时间的缩短和运输货品能准时送达，减少误点，有利于运输成本的降低。

（二）价值工程分析法

企业物流成本的各项费用，虽然大多数是在物流经营过程中实际发生的，但企业的物流活动应该发生哪些费用，数量是多少，在很大程度上是由物流活动开始前的物流系统设计所决定的。因此，物流成本的决策，可以在物流系统设计阶段，通过对物流系统的价值工程分析，选择最佳方案并确定相应的最低目标成本。

价值工程是以功能分析为中心，使物流的各项作业达到适当的价值，即用最低的成本来实现和创造物流服务应具备的必要功能的一项有组织的活动。它有以下三个方面的含义：

第一，价值工程是以最低的成本去实现某项物流作业活动的必要功能，以使物流作业达到最佳价值。其中，功能是某项物流作业所负担的职能或所起的作用。功能首先以满足消费者的需求为前提条件，功能的提高是无限的，但它同时受客户需求和成本的制约。价值工程就是要确定物流服务的必要功能，避免功能过剩（物流服务功能多于或高于客户所必需的）和功能不足（功能达不到客户的要求）现象的发生。成本则是指物流服务的寿命周期成本，即为实现物流服务的必要功能在整个物流服务过程中发生的成本。价值工程就是在保证物流服务必要功能的前提下，使其寿命成本最低。这里的价值要从功能和成本的关系上来理解，即物流服务的功能和成本的比值，它反映了物流服务物美价廉的程度。物流服务功能与成本之间的关系如下：

$$价值=功能/成本，即 V=F/C$$

或：

$$V=(F_1+F_2+F_3+\cdots)/C$$

其中，V 代表价值；C 代表成本；F 代表物流服务各组件的功能。

价值工程是根据物流服务成本和功能的内在联系通过科学的比较分析，从中找出最佳价值。由于物流服务的功能受客户需求的限制，而客户的需求又受物流服务寿命周期成本的制约，因此，开展价值工程既不能脱离客户成本的约束，片面追求高功能，也不能脱离客户的需求，片面追求低成本，造成物流服务的必要功能不足。价值工程的真正目的在于既实现物流服务的必要功能，又要降低物流服务的寿命周期成本，追求物流服务的最佳价值。要实现这个目的，只能从提高功能和降低成本两个方面入手。

第二，价值工程的核心问题是对物流服务活动进行功能分析。在物流过程和物流服务方式设计时，着重对物流服务功能的分析研究，确定实现必要功能最优方案的有效方法。通过功能分析可以发现哪些功能是用户需要的，哪些功能是不必要的，哪些功能是过剩的，哪些功能是不足的，并在改进方案中提出新的解决方法，去掉不必要的功能，削减过剩的功能，补足不足的功能，从而使物流服务活动的功能更加合理，以达到既能满足客户需求，保证必要的功能，又能降低物流服务活动的寿命周期成本的目的。

第三，价值工程作为一整套的科学方法，是运用集体智慧的一项有组织的活动。由于价值工程既要降低成本，又要提高功能，涉及企业物流经营活动的方方面面，因此，要有效开展价值工程活动就需要将各部门的专业人员组织起来，紧密配合，运用各方面的知识，充分发挥集体的力量。

（三）线性规划法

在企业的物流成本决策中，经常会涉及在一定的约束条件下，如何充分利用有限的经济资源，将其在各项物流作业或物流活动方式之间作出最有效分配的优化决策问题。此时，如果各变动因素的相互影响是线性的，我们就可以利用线性规划这一现代数学方法帮助企业决策者对如何充分利用有限的经济资源实现最佳配置进行分析，从而在多种约束条件下实现利润最大化或成本的最小化。

采用线性规划法进行决策分析的基本步骤为：①根据已知条件，建立目标函数和约束条件的方程；②根据目标函数与约束条件求最优解。当然在采用线性规划法进行决策分析时，若变量因素比较多，最优解的计算过程会比较复杂，此时如果借助于 Excel 电子表格会极大地简化计算求解的过程。

（四）成本计划评审法

成本计划评审法是对大规模的生产项目和作业的计划及其执行进行管理的一种方法。

其基本原理是用网络图表示各个作业的顺序和相互关系，寻找并计算关键线路，结合成本分析，实现时间与费用的同时优化。

网络图是工程项目或生产任务及其组成部分的内在逻辑关系的综合反映的图形。通常情况下，它是用箭头表示作业顺序并在箭杆的上端表示工序的名称，下端表示该工序所需的时间，用圆圈表示某段工作的起始即节点而形成的封闭图形。

采用成本计划评审法进行决策分析的基本步骤为：①构筑网络图；②找出关键线路；③进行成本分析，寻找最佳结果。

（五）经济批量模型

经济批量模型是最经典的通过物流成本权衡，以物流总成本最小为依据，进行物流成本决策的数量模型，它来源于运筹学中的存储论，用于进行存储决策。

对于制造企业而言，为了保证生产（销售）的正常进行，必须存储一些原料、半成品、产成品从而形成库存。由于企业生产（销售）时要从仓库中取出库存（原料、半成品、产成品）并将其消耗掉，因此随着生产（销售）的不断进行，库存将会不断地减少。为了保证生产（销售）能够连续不断地持续下去，企业到一定时刻必须进行订货（生产），对库存进行补充。商业企业也面临着同样的问题。商业企业（零售商与批发商）必须拥有一定的库存，当卖掉一部分商品使库存减少时，为了保证能够正常营业，避免缺货，必须及时订货，对库存进行补充。

在上述情况下，企业就面临着这样的决策，每次订货的数量应当为多少（确定订货批量）？究竟在什么时候订货（确定再订货点）？对于企业而言，为了降低库存持有成本，应当将存货数量控制在一个较低的水平上，也就是降低再订货点和每次订货的数量，但是这样也会降低物流服务水平，同时小批量订货也会带来批量成本的攀升。因此，企业必须通过经济批量模型对各种物流成本水平进行权衡，选取物流总成本最低的方案作为最佳方案。当然经济批量模型也可以用作物流包装和流通加工作业中的最佳加工批量的确定。

（六）本量利分析法

1. 本量利分析法的基本模型

本量利分析法是“成本—业务量—利润分析”的简称，它是在成本性态分类的基础上，应用数学方法来揭示物流固定成本、物流变动成本、物流业务量、物流价格、物流销售额和利润之间的内在依存关系，为物流成本预测、决策和规划提供必要的财务信息的一种定量分析方法。

本量利分析法的基本模型是用公式来表示物流成本、物流业务量和利润之间的依存关系，其中涉及的因素包括：物流价格、物流业务量、物流单位业务量变动成本、物流固定成本和利润，它们之间的关系可以用公式表示为：

利润＝物流营业收入－（物流变动成本＋物流固定成本）

＝物流业务量×物流价格－物流业务量×单位变动成本－物流固定成本

＝物流业务量×（物流价格－单位变动成本）－物流固定成本

其中，物流业务量的选取因物流业务活动内容不同而不同，可以是吨公里、仓储面积、流通品的重量、体积，也可以是包装的件数、流通加工的数量、信息处理的单数等；物流价格可以是对外提供物流服务的价格，也可以是企业内部定价。

本量利分析的基本模型清楚地揭示了物流业务量、物流价格、物流变动成本、物流固定成本与利润之间的数量关系，也可在直角坐标系中加以反映，如图4-1所示。

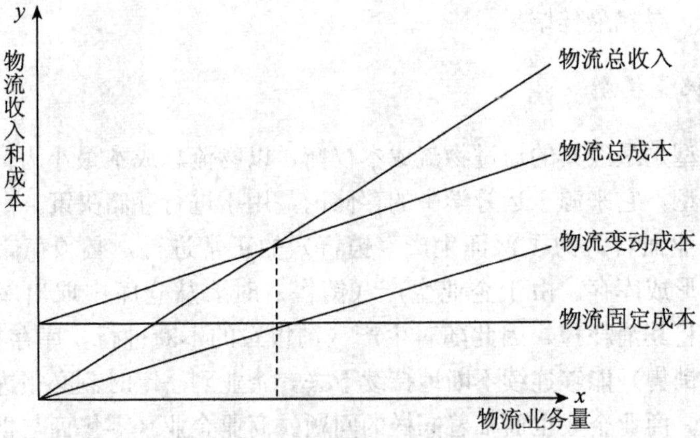

图4-1 本量利分析示意

从图4-1直角坐标系的描述中可以看出，本量利分析法作为企业物流成本决策的一种方法，主要可以反映下列情况：

第一，企业的各项物流活动的业务量较小时，其物流总收入小于物流总成本，即处于亏损状态；当物流活动业务量达到某一点时，物流总收入等于物流总成本，即不盈不亏正好保本；当物流业务量较大时，物流总收入大于物流总成本，则可以实现一定的利润。

第二，物流总收入与物流总成本的差额即利润，因此，企业实现的物流总收入首先要弥补变动成本，其余额为边际贡献，再以边际贡献弥补固定成本后的余额即利润。用公式表示为：

利润＝物流总收入－物流变动成本－物流固定成本
＝边际贡献－物流固定成本
＝物流总收入×边际贡献率－物流固定成本

其中，边际贡献率＝边际贡献/物流总收入。

第三，当企业物流业务量超过保本的物流业务量时，企业可实现利润，其超出的部分通常称之为安全边际，用公式表示为：

安全边际＝物流业务量－保本物流业务量

利润＝安全边际×边际贡献率

以上公式表明，超过盈亏临界点以上的安全边际所提供的边际贡献就是利润，安全边际越大，可以实现的利润就越多；当安全边际指标为零时，企业处于盈亏临界状态；当安全边际指标为负值时，企业处于亏损状态。

本量利分析法的用途十分广泛，在企业物流成本决策中，可直接用于各物流方案的选择，也可通过物流活动的保本分析和保利分析为企业确定物流政策和方案提供数据支持。

2. 本量利分析法在物流成本决策中的应用

(1) 成本无差别点分析

企业在进行物流成本决策时，如果可供选择的各方案的变动成本和固定成本有所差异，例如仓储类型决策中，自建仓库仓储方案不仅发生变动成本，而且还存在固定成本，而租赁仓库仓储方案所支付的仓储费属于变动成本，不存在固定成本，这时可根据本量利的相互关系，通过计算两方案的成本无差别点来进行方案的选择。

所谓成本无差别点是指两个方案总成本相等时的业务量，当决策相关业务量大于或小于该点时，不同方案就具有了不同的业务量优势区域，利用不同方案的不同业务量优势区域进行最优化方案的选择的方法，称为成本无差别点分析法。

由于在成本性态分析的基础上，任何方案的总成本都可以用 $y=a+bx$ 表述，用 x 代表两个方案的成本无差别点，a_1、a_2 代表两个方案的固定成本总额，b_1、b_2 代表两个方案的单位变动成本，y_1、y_2 代表两个方案的总成本，由此可得：

$$y_1=a_1+b_1x$$

$$y_2=a_2+b_2x$$

根据成本无差别点的原理，令两个方案总成本相等（即 $y_1=y_2$），可得出成本无差别点的计算公式：

$$\text{成本无差别}=\frac{\text{两方案固定成本之差}}{\text{两方案单位变动成本之差}}$$

两方案的成本无差别点计算出来后，就可以在业务量的相关范围内讨论不同业务量水平下的决策结论。

(2) 盈亏临界点分析

盈亏临界点，又称保本点或损益平衡点，是指物流总收入与物流总成本相等时的业务量。

从图 4-1 本量利分析示意图中可看出，当物流业务量正好处于盈亏临界点时，利润为零；当物流业务量超过该点时，利润大于零；当物流业务量小于该点时，利润小于零。盈亏临界分析是要揭示企业物流活动处于保本状态时，本量利之间内在的依存关系。

盈亏临界点的表现形式有两种：一是实物量指标，即盈亏临界点物流业务量；二是货币量指标，即盈亏临界点物流业务收入。盈亏临界点分析，就是计算这两项指标。根据本量利分析法的基本模型可得盈亏临界点的计算公式为：

$$\begin{matrix}\text{盈亏临界点}\\\text{业务量}\end{matrix}=\frac{\text{物流固定成本}}{\text{物流价格}-\text{物流单位变动成本}}$$

$$\begin{matrix}\text{盈亏临界点}\\\text{业务收入}\end{matrix}=\frac{\text{物流固定成本}}{\text{边际贡献率}}$$

(3) 保利点分析

盈亏临界点分析是特殊的本量利分析，它以企业物流活动不盈不亏，正好保本为前提。但在实际工作中，企业的物流活动不仅要保本，而且还要实现盈利，那么实现盈利条件的本量利分析即为保利点分析。

所谓保利点是指保证企业物流活动实现一定目标利润的业务量或业务收入。保利点业务量和保利点业务收入的计算公式为：

$$\text{保利点业务量}=\frac{\text{物流固定成本}+\text{目标利润}}{\text{物流价格}-\text{单位变动成本}}$$

$$\text{保利点业务收入}=\frac{\text{物流固定成本}+\text{目标利润}}{\text{边际贡献率}}$$

企业在进行物流成本决策时，根据盈亏临界点的计算结果，合理安排确定企业的物流活动和物流业务量，或据此对其他因素进行调整，以保证企业物流活动利润目标的完成和实现。

［**例4-5**］某公司运输部门现有自营运输货车20辆，根据历史资料测算，每吨公里发生的油料、维修等变动成本为18元，每月折旧费、保险费等固定成本为720000元。该部门每月可提供运输业务量为250000吨公里，除满足公司内部每月160000吨公里的物流运输需求外，可对外提供运输服务，该部门提供的运输服务内外结算价格均为22元/吨公里。

(1) 该部门运输服务的保本点业务量是多少？是否需要对外提供运输服务？

$$\text{保本点业务量}=\frac{720000}{22-18}=180000\text{（吨公里）}$$

该部门为公司内部提供的运输服务量未达到保本点，应当对外承揽运输服务。

(2) 公司对该部门作为利润中心进行业绩考核，每月下达的目标利润为240000元，为完成公司下达的目标利润，该部门每月对外至少要承揽多少运输业务量？

$$\text{保利点业务量}=\frac{720000+240000}{22-18}=240000\text{（吨公里）}$$

该部门每月对外至少要承揽80000（240000－160000）吨公里的业务量，才能完成公司下达的目标利润任务。

(3) 某月该部门对外承揽运输服务业务量140000吨公里，部门需增购2辆货车，由此增加固定成本80000元，目标利润调增24000元，该方案是否可行？

变化后固定成本上限＝300000×（22－18）－720000－240000－24000＝216000（元）

变化后增加的固定成本未超出上限，方案可行。

第三节　物流规划成本决策

一、物流投资项目可行性研究中的成本决策

（一）物流投资项目可行性研究中成本决策概述

物流投资项目可行性研究是在建设前期对物流投资项目的考察与评价。它对拟建项目从技术经济的角度进行调查研究和综合论证，从而保证所建项目在技术上的先进性和在经济上的合理性，并符合国民经济发展的需求。

在可行性研究中，必须建立成本效益理念，即通过对投入耗费与产出效益的比较分析，以当前的资源耗费，力求将来长远效益的提高。例如，引进新型的工艺装备需要大量投入，但在投入使用之后，生产效率和产品质量的提高能产生长远的综合效益。当然，这必须保证投资决策的正确性。工程项目投资数额巨大，一旦失误，会造成严重后果。因而在可行性研究中以成本效益理念为指导，从技术和经济两方面进行成本决策至关重要。

（二）物流投资项目可行性研究中成本决策的方法

可行性研究中的成本决策，一般以理论成本函数为基础，采用“功能成本分析”方法对各种投资方案作出评价和选择。

功能成本分析是从物流投资项目的功能与投资总额相互适应的角度，对可行方案所作的技术经济论证。在功能成本分析中，“功能”一词具有广泛的含义。实施某项工程，引进先进的技术和装备，其目的在于扩大物流规模，完善物流功能，改进物流服务质量，提高物流效率，节约劳动耗费等，因而，凡是物流投资项目所产生的效果，皆可称之为该项目的功能。

物流投资项目成本决策的目标是单位投入耗费所获功能最大；决策变量是项目的投资总额，这是项目功能高低的保证；状态变量则是物流项目建成投产后，影响其功能正常发挥的生产经营条件及管理水平，这里假定状态变量是确定的，即预计的项目功能将能正常发挥。

由于每一物流投资项目方案的功能都可以从多方面进行考察，在投资项目总体目标之下，对决策者而言，各个功能的重要程度不一样。为此对方案功能划分为基本功能和辅助功能两大类，并按各项功能的重要程度确定一个权数；然后对每一方案满足各项功能的程度按 10 分制或百分制，请工程技术人员和管理人员进行评分，并按参与评分人员的层次和经验给予权数，再作加权平均计算，从而得出各方案的功能评分值。

按各方案的功能综合平均得分，计算功能系数，即每一方案功能综合平均得分占全部方案功能综合平均得分的比重。设 f_i 表示某一方案的功能综合平均得分，则该方案的功能系数 $FR_i = f_i / \sum f_i$ 。根据各方案投资总额估算情况，计算成本系数，即每一方案预计

投资额占全部方案预计投资总额的比重。设 C_i 表示某一方案的投资总额，则该方案的成本系数 $CR_i=C_i/\sum C_i$。将每一方案的功能系数与成本系数相比较，计算功能成本系数比值，以评价各方案的投资与功能相适应的程度。设 FCR_i 表示某一方案的功能成本系数比值，则 $FCR_i=FR_i/CR_i$。如果 FCR_i 趋于1，表示该方案的设计功能与预计的投资大致相适应，方案可取；FCR_i 大于1，表示该方案的功能评价较高，但投资不足，有可能使设计功能难以实现；FCR_i 小于1，表示该方案的功能评价较低，但投资过高，有可能造成功能过剩或投资浪费的结果。

当然，这只是从功能与投资相适应的角度对投资方案所作的评价。一个投资方案是否可行，还应当根据其投入运营后所产生的现金流量情况，对投资回收期、投资报酬率、净现值及内含报酬率等指标予以评价，这里不再涉及。

［例4-6］某企业拟投资建设一处物流配送中心，完善该区域范围的物流配送格局，该配送中心有两项基本功能和三项辅助功能，分别给予重要性权数。现有甲、乙、丙三个投资方案，各方案的投资额不等，分别由A、B两位工程技术人员（权数分别为0.6和0.4）对各方案满足各项功能情况按百分制评分，如表4-7所示，各方案的投资额如表4-8所示。

表4-7　功能评分表

评分人	方案	基本功能（权数0.7）		辅助功能（权数0.3）			总分	平均得分
		生产效率（权数6.5）	质量水平（权数3.5）	操作方便（权数4）	维修费用（权数3）	安全可靠（权数3）		
A（权数0.6）	甲	70	80	85	85	70	390	75.6
	乙	80	85	90	80	80	415	82.43
	丙	90	90	95	75	85	435	88.8
B（权数0.4）	甲	75	85	80	90	85	415	80.3
	乙	80	90	90	80	90	430	84.55
	丙	85	95	95	70	95	440	88.2

表4-8　各方案投资费用估算表　　单位：万元

方案	技术引进费	设计费	基建费	设备费	安装调试费	合计	成本系数
甲	20	10	20	45	5	100	28.57%
乙	20	10	24	58	8	120	34.29%
丙	20	10	28	62	10	130	37.14%
合计	60	30	72	165	23	350	100%

根据表4-7的计算结果，各方案功能的综合平均得分和功能系数分别为：甲方案77.48分，占31.08%；乙方案83.275分，占33.4%；丙方案88.56分，占35.52%。可见，三个方案的功能评分相差不是太大。

各方案功能成本系数计算如下：

$FCR_{甲}=31.08\%/28.57\%=1.09$

$FCR_{乙}=33.4\%/34.29\%=0.974$

$FCR_{丙}=35.52\%/37.14\%=0.956$

从三个方案的功能成本系数比值上看，乙方案的功能综合平均得分与其投资总额较为适应，从功能与成本的关系上分析，该方案较为可行。

二、物流系统设计中的成本决策

物流系统设计是构建企业内部作业链的首要环节，在相当大的程度上决定了后续作业。物流系统设计对物流功能的实现、物流服务方式的确定、物流作业的流程和物流成本乃至企业整体作业链—价值链都具有关键性的影响。据估计，物流成本有60%～80%在物流系统设计阶段就已经确定了。物流系统一旦投入运转，降低成本的潜力就不大了。成本虽然发生于物流活动过程，但是其根源却在物流系统的设计。对于物流成本管理而言，影响物流系统设计的早期因素正是赢得真正竞争优势的地方。因此，在物流系统设计阶段，必须认真考虑物流系统设计方案对物流成本乃至物流整体作业链—价值链的影响而进行决策分析。

企业的物流系统设计一般应由企业的工程、技术、采购、生产、销售和会计等各方面的人员组成设计小组，共同参与物流系统的设计工作。在物流系统设计中，应充分考虑物流成本与物流服务水平之间的相互关系，运用价值工程的原理和方法，合理安排确定企业的物流作业活动，选择物流作业方式。

价值工程活动就是一个发现和解决问题的过程，它所研究的问题包括：价值工程的对象是什么？它的用途是什么？其成本是什么？其价值是多少？有无实现同样功能的其他方法？新方案的成本是什么？价值工程的具体开展包括如下几个阶段：

第一，正确选择对象。企业没有必要对所有的物流作业活动和方式都进行价值分析，也没有必要对一项物流作业活动的所有方面都进行价值分析，而应该有所选择。一般而言，要选择那些频率比较高、服务量比较大或成本结构中过高的物流作业活动作为分析研究的对象。

第二，根据对象的性质、范围和要求，收集可靠的信息。包括企业的基本情况，如经营方针、产品品种、产量、质量等；有关的技术和经济资料，如本企业或同类物流服务活动的内容、方式、流程及成本的发生；客户的有关意见，如客户对物流服务的要求、目前所存在的问题等。

第三，进行功能、成本和价值分析。首先，要把价值工程的对象所具有的功能细致地加以研究，了解它们的作用。即分析对象在物流作业活动过程中所采取的每一流程、每道工序、每项作业对构成物流作业活动的最终价值起了什么作用，承担了什么职能，没有它们是否影响物流作业活动的使用价值，有无其他形式代替等。所有这些工作就是给每个分析对象的功能下定义的过程，实际上也是发现问题的过程。其次，就是对已下定义的功能进行分类和整理，即搞清哪些是基本功能，哪些是辅助功能，哪些功能是客户需要的，哪些功能是客户不需要的，哪些是功能过剩，哪些是功能不足，以及各功能之间的关系。通过功能整理可以具体把握需要改进的功能范围，为进一步提出功能改进方案提供依据。最后，要进行功能评价。先是针对不同的分析对象进行评价，然后与现实成本相互比较，求出各分析对象的价值系数。功能评价有许多方法，下面介绍评分法、功能价值评价和成本降低幅度评价。

1. 评分法

即采用5分制、10分制和100分制按物流作业活动各方面的重要性打分，例如，改进某物流作业方式的三种备选方案，从及时性、流程复杂性、操作方便、耗时、准确性和等方面按10分制评分，如表4-9所示。

表4-9　　功能评分表

方案	及时性	流程复杂性	操作方便	耗时	准确性	安全	总分
1	5	10	10	7	4	9	45
2	9	5	8	5	6	4	37
3	9	8	10	8	7	9	51

方案2总分最低，初选淘汰。然后根据估计成本再作比较，如表4-10所示。

表4-10　　估计成本比较表

方案	一次固定费用	直接材料人工费用	总成本
1	30	150	180
3	20	164	184

最后进行价值分析。设方案1的成本系数为100，则方案3的成本系数为：

(184/180) ×100＝102.22

所以，方案1和方案3的价值系数分别为：

$V_1=45/100=0.45$

$V_3=51/102.22=0.4989$

对比后选择方案3。

2. 功能价值和成本降低幅度评价

即按价值系数分配目标成本，并求出功能价值或成本的改善期望值，其中：

功能价值＝实现某一功能的目标成本/实现某一功能的现实成本

成本降低幅度＝实现某一功能的目标成本－实现某一功能的现实成本

由于一个物流作业环节往往不止一个功能，而实现一个功能往往需要不止一个物流作业环节，因此要将市场和技术预测确定的物流作业目标成本，根据有关功能的复杂和重要程度（功能评价系数），按一定标准分摊到此功能上面。其计算公式为：

某一物流作业环节目标成本＝该物流作业方式目标成本×
该物流作业环节的功能评价系数

上例中的功能价值和成本降低幅度的计算结果如表 4－11 所示。

表 4－11　功能价值和成本降低幅度

物流作业环节	现实成本	按功能评价系数分配目标成本	功能价值	成本降低幅度
A	237	240	1.012	－3
B	168	200	1.190	－12
C	105	90	0.857	15
D	281	180	0.640	101
E	76	90	1.184	－14
F	133	120	0.902	13
合计	1000	920	—	100

第四，确定最优方案。即根据上面计算和分析的结果，按客户的需求，提出若干改进价值的新方案，再把各种方案进行分析和评价后，选择功能不变使成本更低或功能更高的最优方案。原则上应选择价值系数大于 1 或小于 1 的物流作业环节作为改善对象，因为价值系数为 1，说明该物流作业环节的功能与成本平衡，不必作为改善对象；价值系数大于 1 说明功能重要性大的物流作业环节实际分配到的成本较少；价值系数小于 1 说明功能重要性较小的物流作业环节占用了过多的实际成本。因此可将后两种情况列为提高或降低成本分配的对象。如上例中物流作业环节 C、D 的价值系数都小于 1，尤其是 D 偏低，有降低成本的潜力。

寻求最优的改善方案是价值工程活动的关键，这需要组织各部门集思广益，集中物流、生产、财务、采购部门的人员，一起讨论、评价各方案的可行性，如果测算出的最佳物流作业成本仍高于目标成本，则要继续重复上述活动。

第五，求出目标成本。即根据筛选出的最优方案进行目标成本的计算，也就是将物流作业的目标成本按功能评价系数分配给各有关的物流作业环节，算出各物流作业环节的目标成本，作为对物流作业成本水平实行有效事前控制的依据。

三、物流活动作业工序安排的决策

在一项多工序的物流作业或项目开发中，科学合理地安排工序是缩短生产时间或开发时间、降低物流成本的有效手段，而成本计划评审法是合理安排物流作业工序最常用的方法。这种方法的基本原理是先运用网络图的方式将各物流作业工序及相互间的逻辑联系表示出来；其次，找出关键线路及整个物流作业或项目开发所需的最少时间；最后，根据成本分析和管理的要求对所有的工序做出最合理的安排，达到以最低的成本、最短的时间实现企业目标的目的。

［**例4－7**］某企业的某项物流作业共有9道工序，各道工序所需的时间及紧前工序如表4－12所示。

表4－12　各工序所需时间及紧前工序

工序名称	所需时间	紧前工序
A	6	—
B	10	—
C	10	A
D	12	B
E	8	B
F	16	C、D
G	12	C、D
H	6	E、F
I	14	G

（一）构筑网络图

紧前工序是紧连在本工序前面的一道或几道工序，它反映了各道工序之间的逻辑关系。根据上述资料和网络图的技术可构筑出如图4－2所示的网络图。

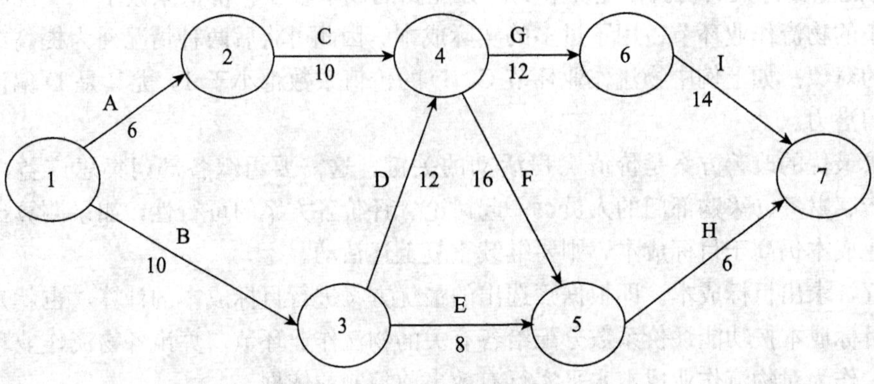

图4－2　网络图

在图4－2的网络图中，圆圈称为节点，表示工序的开始或结束，箭头表示工序之间的联系，箭杆代表工序，每一工序连接前后两个节点，箭杆上的英文字母表示工序名称，下面的阿拉伯数字表示该工序所耗用的时间。构筑网络图的关键是要搞清各工序间的逻辑联系，特别是当一道工序有两道以上的紧前工序时，这些紧前工序应交于一个节点，使网络图更简洁明了地反映各工序之间的逻辑联系。

（二）找出关键线路

构筑网络图是第一步工作，当这步工作完成后，就需要进行第二步工作，找出关键线路。寻找关键线路的方法是：

1. 计算各节点最早完工时间

各节点的最早完工时间，是指这一节点前的几道工序中完工时间最长的天数，在网络图中用方框表示。它的计算方法是将前一个节点的最早完工时间加上前道工序所需时间，即为本节点的完工时间，如果同时有两道以上的工序进入本节点，就用这道工序中最长的完工时间作为本节点的最早完工时间。最早完工时间的计算如图 4－3 所示。

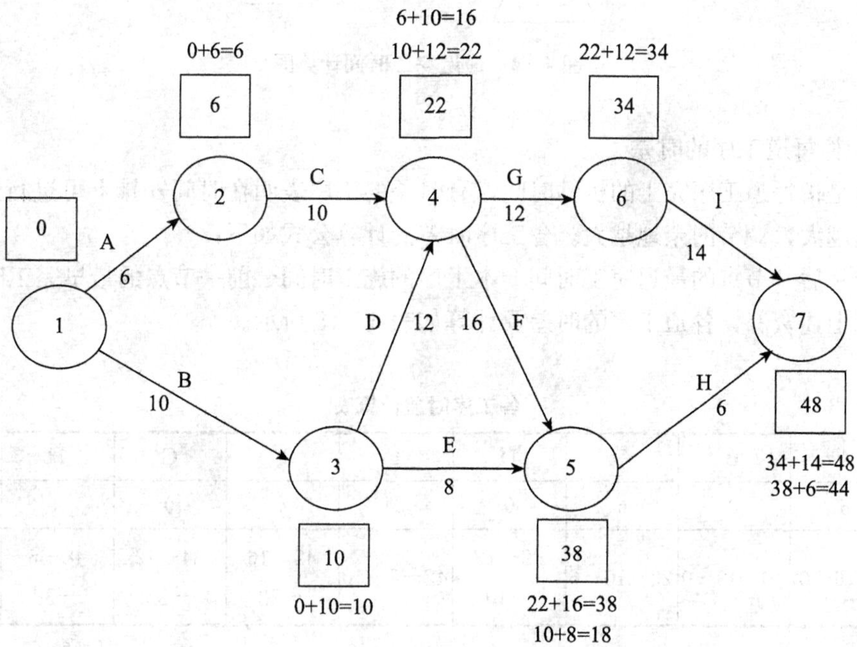

图 4－3　最早完工时间计算图

2. 计算各节点的最迟完工时间

从图 4－3 的计算中可以看出，该物流作业最早需要 48 天才能完工。为了保证 48 天一定完工，就需要对各工序进行控制，所以需要掌握各节点最迟完工时间。最迟完工时间用三角框表示，它的计算是从最后节点的反方向向前推算，计算方法是将最后一节点的最迟完工时间减去后道工序所需时间，即为本节点的最迟完工时间。当本节点后面有几道工序时，就选这几道工序中数据最小的为本节点的最迟完工时间。最后节点的最迟完工时间就是该节点的最早完工时间，二者相等。各节点的最迟完工时间如图 4－4 所示。

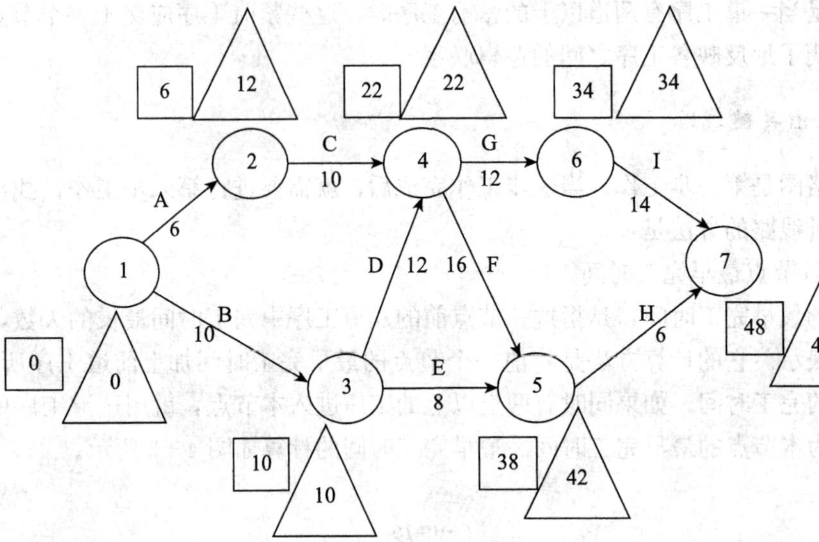

图 4-4 最迟完工时间计算图

3. 计算每道工序的时差

时差是指每道工序完工的机动时间，有时差的工序表明在时间安排上可进行适当的调节，时差越大，调节的余地越大。各工序时差的计算公式如下：

时差＝后一节点的最迟完工时间－本工序的施工时间－前一节点的最早完工时间

根据上述资料，各道工序的时差及计算如表 4-13 所示。

表 4-13　　各工序时差计算表

工序	A	B	C	D	E	F	G	H	I
时差	6	0	6	0	24	4	0	4	0
计算过程	12－6－0	10－10－0	22－10－6	22－12－10	42－8－10	42－16－22	34－12－22	48－6－38	48－14－34

4. 确定关键线路

关键线路是指由关键工序连接起来的施工线路。所谓关键工序是指时差为 0 的工序，时差为 0 表示这些工序的时间安排没有任何机动余地，所以称为关键工序。由于这些工序能否及时完工，将影响到整个物流作业的最终完工时间，所以由关键工序连接起来的施工线路被称为关键线路。根据上面的计算结果可以看出，B、D、G、I 工序的时差为 0，所以都是关键工序，它们连接起来构成了关键线路。关键线路用双线表示如图 4-5 所示。关键线路所需的时间就是该项目或生产作业所需的最早完工时间。

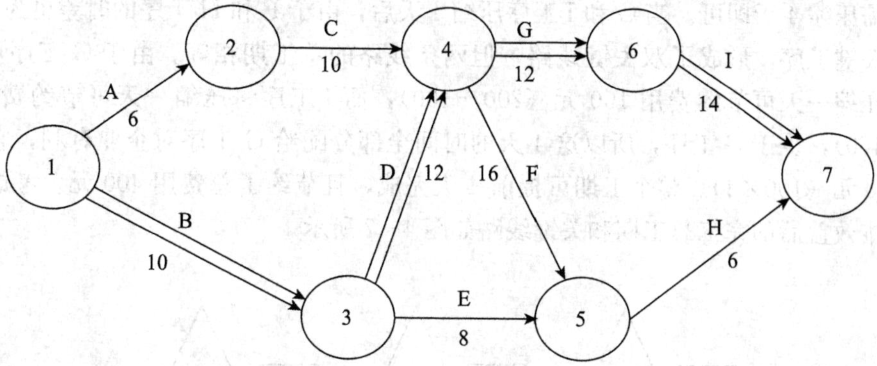

图 4－5　关键线路图

关键路线：(1) $\xrightarrow[10]{B}$ (3) $\xrightarrow[12]{D}$ (4) $\xrightarrow[12]{G}$ (6) $\xrightarrow[14]{I}$ (7)

总工期：10＋12＋12＋14＝48（天）

除关键线路上的各工序外，其余工序都是非关键工序。

（三）最佳成本决策基础上的工序安排

关键线路确定以后，就应根据管理的要求进行工序安排。由于关键线路所需的时间是该项物流作业的最早完工时间，所以关键线路能缩短时间，整个作业的完工时间就有可能相应地提前，从而节约费用。同时，对非关键线路的合理安排也可节约人力物力。所以最后的决策就是向关键线路要时间，向非关键线路要潜力。

1. 向关键线路要时间

向关键线路要时间，这是缩短施工时间、减少非关键工序的时差、提高效率、节约费用的重要手段。要缩短关键线路的时间，就要压缩各关键工序的施工时间，例如，B 工序要压缩为 8 天，D 工序可压缩为 10 天，G 工序可压缩为 8 天，I 工序可压缩为 12 天。应予注意，关键线路上各工序所压缩的天数，只是有可能使整个工期提前相应的天数完工，但并不一定提前相应的天数完工，这是因为关键线路上的各工序时间缩短后，关键线路可能会改道，因此需要重新设计各工序的时差和确定关键线路。例如根据前述时间压缩后，关键线路及完工时间计算如图 4－6 所示。

值得注意的是，各工序的完工时间并不是随便就可以压缩的，它常常意味着需加班加点，所以需要支付加班费。这样就需要考虑总工期缩短一天可节约的费用与各工序压缩一天所需增加的费用之间的关系，即所压缩工期的成本效益情况。例如，总工期提前一天可节约费用 200 元，而各工序压缩一天需增加的费用分别为：B 工序 300 元、D 工序 250 元、G 工序 100 元、I 工序 150 元。这样，纯粹从经济效益角度考虑，压缩 B 和 D 两工序会增加工程项目的支出，所以不予考虑。压缩 G 和 I 两工序可每天分别节约 100 元和 50 元，这对整个项目是有利的，但由于 F 和 H 两工序的时差只有 4 天，所以 G 和 I 工序只能压缩 4 天，否则关键线路就会改道，G 和 I 多压缩的天数就只有成本而无效益，所以 G 和 I

工序只需压缩4天即可。当G和I工序压缩4天后，由于F和H工序的时差也为0，所以也成为关键工序，形成了双关键线路，但两条线路的总工期相等。由于G工序可压缩4天，每压缩一天可节约费用100元（200－100），而I工序每压缩一天可节约费用50元（200－150），少于G工序，所以这4天的时间全部分配给G工序对企业有利，它可节约费用400元（100×4）。整个工期可提前4天完成，且节约了总费用400元。考虑压缩工期的成本效益后的完工总工期和关键线路如图4－7所示。

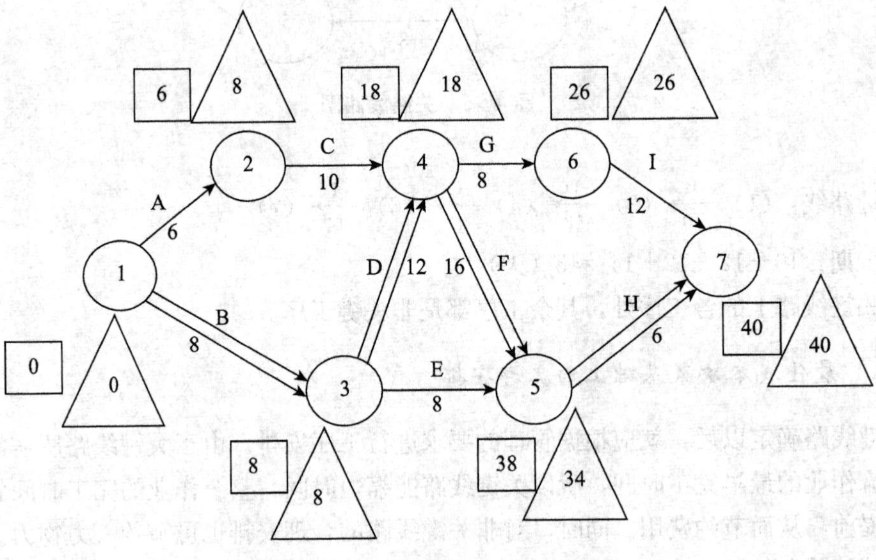

图4－6　关键线路及完工时间计算图

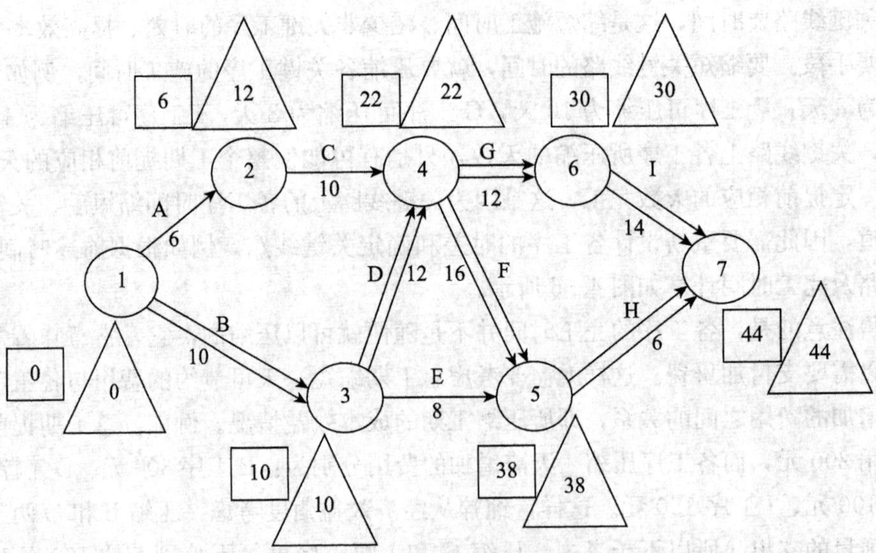

图4－7　完工总工期和关键线路图

2. 向非关键线路要潜力

非关键工序由于在安排上有机动时间，所以合理安排能挖掘潜力，节省人力物力。例如，根据原来的情况，总工期为48天，所需投入生产的劳动力需要三个作业组，但有两组工人工时明显利用不足，如表4－14所示。由于这些工序都有时差，因此可作适当调节，使得这些工序的安排趋于合理，人力物力得到充分的利用。

表4－14　　非关键工序原时间安排

天数	0	3	6	9	12	15	18	21	24	27	30	33	36	39	42	45	48
作业组	①		B（10）	③			D（12）	④		G（12）		⑥		I（14）			⑦
作业组		①A（6）		②C（10）	④												
作业组				③	E（8）		⑤										
								④		F（16）				⑤	H（6）		⑦

具体做法是，F和H工序有4天的时差，说明这两道工序可晚开工4天，不会影响完工时间，而E工序有24天时差，所以开工时间可往后移，即等于C工序完工后再开始E工序，既不影响E工序的完工时间，也不会影响后面H工序的开工时间。这样所有的非关键工序就由一个作业组来完成即可。经过这样调节后，非关键工序的安排如表4－15所示。其结果是节约了一个作业组的费用支出。

表4－15　　非关键工序调整后时间安排

天数	0	3	6	9	12	15	18	21	24	27	30	33	36	39	42	45	48
作业组	①		B（10）	③			D（12）	④		G（12）		⑥		I（14）			⑦
作业组		①A（6）		②C（10）	④												
作业组						③	E（8）		⑤								
									④		F（16）			⑤	H（6）		⑦

第四节　物流活动组织成本决策

在企业物流活动过程中，为了有效地控制各种劳动耗费，需要随时针对物流活动过程中影响物流成本水平发生变动的各种技术经济因素以及所出现的各种问题，研究调节措施，以降低物流成本水平、提高物流效益为目的作出成本决策。

一、物流运输活动的成本决策

物流运输是实现物品空间位移的手段，也是物流活动的核心环节。无论是物流企业，还是企业物流，对物流运输成本进行管理应贯彻“及时、准确、经济、安全、增值、优化”的基本原则，以达到提高运输效率、降低运输成本的目的。

（一）影响运输成本的基本因素

企业进行科学的运输成本决策，首先应了解影响运输成本的因素。虽然在运输市场中存在着多种不同的运输方式以及不同的运输价格，但在实践中我们可以分析影响运输成本的因素，从而进行合理的运输成本决策。一般来讲，影响运输成本的因素有输送物品的种类、运输距离、运送量、产品密度、送达时间要求等方面。企业在进行物流运输成本决策时，都必须对这些因素加以综合考虑。

1. 运输距离

运输距离是影响运输成本的主要因素，因为它直接对劳动、燃料和维修保养等变动成本发生作用。图4-8显示了距离和成本的一般关系，并说明了以下两个要点：①成本曲线不是从原点开始的，因为它存在着与距离无关，但与货物的提取和交付活动所产生的固定费用有关；②成本曲线是随距离增加而增长的一个函数，这种特征被称作递增原则，即运输距离越长，运输成本越高。

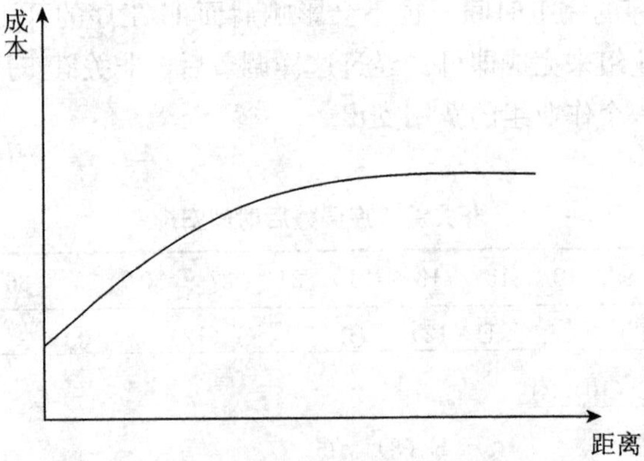

图4-8 距离与运输成本之间的一般关系

2. 运输时间

在物流运输成本的各个影响因素中，输送物品的种类、运输量和运输距离三个条件是由货物自身的性质和存放地点决定的，因而属于不可变量。事实上，对这几个条件进行大幅度变更，从而改变运输服务方式的可能性很小。与此相反，运输时间和运输成本是不同运输方式相互竞争的重要条件，运输时间与成本的变化必然带来所选择的运输方式的改变。换句话说，这两个因素作为运输方式比较选择要素的重要性日益增强。

缩短运输时间与降低运输成本是一种此长彼消的关系，如果要利用快速的运输服务方式，就有可能增加运输成本；同样，运输成本下降有可能导致运输速度减缓，所以，如何有效地协调这两者间的关系，使其保持一种均衡状态，是企业选择运输服务方式时必须考虑的重要因素。

从运输距离和运输时间对物流运输成本的影响方式中可以看出，在物流运输成本决策中主要应解决两个问题，一是合理选择运输方式，以协调运输时间与运输成本之间的关系，达到降低物流运输成本的目的；二是合理安排运输路线，在运输总距离一定的情况下，使物流运输成本为最低。

（二）物流运输方式的选择

物流运输方式的选择，一般要考虑两个基本因素，即运输方式的速度问题和运输费用问题。从物流运输功能来看，速度快是物品运输服务的基本要求。但是，速度快的运输方式，其运输费用往往较高。同时，在考虑运输的经济性时，不能只从运输费用本身来判断，还要考虑因运输速度加快，缩短了物品的备运时间，使物品的必要库存减少，从而减少了物品的保管费的因素等。因此，运输方式或运输工具的选择，应该是在综合考虑上述各种因素后，寻求运输费用与保管费用最低的运输方式或运输工具。这种关系如图 4-9 所示。

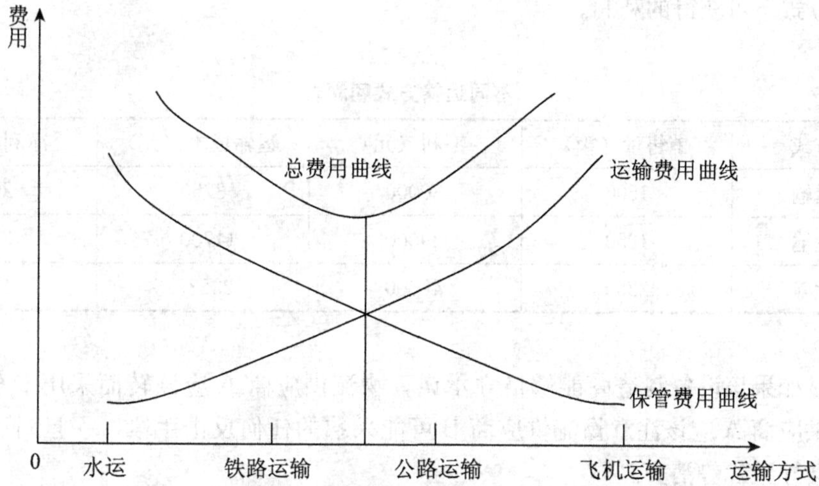

图 4-9　物流运输方式选择模型

为了对运输方式或运输工具进行选择，还可以从物流运输的功能来研究，采用综合评价的方法来选择运输方式或运输工具。

物流运输系统的目标是实现物品迅速安全和低成本的运输。但是，运输的速度性、准确性、安全性和经济性之间，是相互制约的。若重视运输速度、准确、安全，则运输成本就会增大；反之，若运输成本降低，运输其他目标就不可能全面实现。因此，在选择运输方式或运输工具时，应综合考虑运输的各种目标要求，采取定性分析与定量分析相结合，选择出合理的运输方式或运输工具。

［**例 4-8**］位于某地的一家设备制造商需要从两个供应商那里购买 3000 箱塑料配件，

每箱配件的价格是100元。目前，从两个供应商采购的数量是一样的。两个供应商都采用铁路运输，平均运送时间也相同。但如果其中一个供应商能将平均交付时间缩短，那么每缩短一天，制造商会将采购订单的5%（即150箱）转给这个供应商。如果不考虑物流运输成本，供应商每卖出一箱配件便可以获得20%的利润。

供应商A正在考虑如果将铁路运输方式改为航空或卡车运输，是否可以获得更多的收益。各种物流运输方式下每箱配件的运输费率和平均运送时间如表4-16所示。

表4-16　运输费率和时间表

运输方式	运输费率（元/箱）	运送时间（天）
铁路运输	2.50	7
卡车运输	6.00	4
航空运输	10.35	2

供应商A仅根据可能得到的潜在利润进行选择。表4-17从供应商A的角度列出了不同运输方式下可获得的利润。

表4-17　不同运输方式利润表

运输方式	销售量（箱）	毛利（元）	运输成本（元）	净利润（元）
铁路运输	1500	30000	3750	26250
卡车运输	1950	39000	11700	27300
航空运输	2250	45000	23287.5	21712.5

很明显如果该设备制造商能够恪守承诺，物流供应商A应该转而采用卡车运输。当然，物流供应商A应该注意物流供应商B可能采取的任何反击手段，一旦对手采取相应措施可能会导致优势消失。

[例4-9] BBC公司是生产系列箱包产品的公司。公司的配送计划是将生产的成品先存放在工厂，然后由第三方物流运往公司自有的基层仓库。目前，公司使用铁路运输将位于北方的工厂成品运往位于南方的仓库。铁路运输的平均时间为21天，箱包的平均价值为30元，箱包的年库存成本为其价值的30%。

公司希望选择使总成本最小的物流运输方式。据估计，运输时间从目前的21天每减少一天，平均库存水平可以减少1%。每年位于南方的仓库卖出700000件箱包，公司可以选择以下运输服务方式，如表4-18所示。

表 4-18　　不同运输服务方式的数据

运输服务方式	运输费率（元/单位）	运送时间（天）	每年运输批次
铁路运输	0.10	21	10
整车运输	0.15	14	20
零担运输	0.20	5	20
航空运输	1.40	2	40

根据上述资料可知，企业选择不同运输方式将影响货物的在途时间，从而影响在途商品的持有成本，在途商品的持有成本计算公式如下：

$$\text{在途商品持有成本}=\text{商品全年配送总量}\times\text{单位商品平均价值}\times\text{年库存成本率}\times\frac{\text{平均运送时间}}{365}$$

此外，企业选择不同运输方式还会影响工厂库存持有成本和仓库库存持有成本，其计算公式如下：

$$\text{工厂库存持有成本}=\frac{\text{运输批量}}{2}\times\text{单位商品平均价值}\times\text{年库存成本率}$$

$$\text{仓库成本持有成本}=\frac{\text{运输批量}}{2}\times\left(\text{单位商品平均价值}+\text{运输费率}\right)\times\text{年库存成本率}$$

由此可计算各种运输方式决策相关总成本如下：

1. 铁路运输方式

运输成本＝700000×0.1＝70000（元）

在途商品持有成本＝700000×30×30%×21/365＝362466（元）

工厂库存持有成本＝30×30%×70000/2＝315000（元）

仓库库存持有成本＝30.1×30%×70000/2＝316050（元）

决策相关总成本＝70000＋362466＋315000＋316050＝1063516（元）

2. 整车运输方式

运输成本＝700000×0.15＝105000（元）

在途商品持有成本＝700000×30×30%×14/365＝241644（元）

工厂库存持有成本＝30×30%×93%×35000/2×＝146475（元）

仓库库存持有成本＝30.15×30%×93%×35000/2＝147207（元）

决策相关总成本＝105000＋241644＋146475＋147207＝640326（元）

3. 零担运输方式

运输成本＝700000×0.2＝140000（元）

在途商品持有成本＝700000×30×30%×5/365＝86301（元）

工厂库存持有成本＝30×30%×84%×35000/2＝132300（元）

仓库库存持有成本＝30.2×30%×84%×35000/2＝133182（元）

决策相关总成本＝140000＋86301＋132300＋133182＝491783（元）

4. 航空运输方式

运输成本＝700000×1.4＝980000（元）

在途商品持有成本＝700000×30×30%×2/365＝34521（元）

工厂库存持有成本＝30×30%×81%×17500/2＝63788（元）

仓库库存持有成本＝31.4×30%×81%×17500/2＝66764（元）

决策相关总成本＝980000＋34521＋63788＋66764＝1145073（元）

从上述计算结果可以看出，采用铁路运输时的运输成本最低，采用航空运输时的库存持有成本最低，但采用零担运输时的总成本最低。因此企业应改为零担运输方式，运输时间减少到5天，两个端点的库存水平将减少50%。

（三）物流运输组织的决策

在物流过程中，运输组织问题是很重要的。例如，某产品现有几个工厂生产，又需供应几个客户或配送中心，怎样才能使企业生产的产品运到客户所在地或配送中心时达到总运费最小的目标？在企业到目的地的单位运费和运输距离，以及各工厂生产能力和消费量都已确定的情况下，可用线性规划技术来解决运输组织问题；如果工厂的生产量发生变化，生产费用函数是非线性的，就应使用非线性规划来解决。属于线性规划类型的运输问题，常用的方法有单纯形法和表上作业法。

［例4－10］ BT公司是一家由家族经营的大公司，它收购生菜并在食品加工厂中把它们加工成罐头，然后再把这些罐头食品分销到各地卖出。

该公司的一个主要产品是豌豆罐头，这些豌豆罐头分别在三个位于不同地区的食品加工厂加工，然后用卡车把它们运送到东南沿海地区的四个分销仓库，各加工厂的产量和各分销仓库的分配量如表4－19所示。

表4－19　BT公司运输数据　单位：车

食品加工厂	产量	仓库	分配量
工厂1	75	仓库1	80
工厂2	125	仓库2	65
工厂3	100	仓库3	70
		仓库4	85
合计	300	合计	300

该公司目前的运输计划及每车的运输成本如表4－20和表4－21所示。

表 4-20　**BT 公司当前运输计划**　单位：车

从＼至	仓库 1	仓库 2	仓库 3	仓库 4
工厂 1	75	0	0	0
工厂 2	5	65	55	0
工厂 3	0	0	15	85

表 4-21　**BT 公司的单位卡车运输成本**　单位：元

从＼至	仓库 1	仓库 2	仓库 3	仓库 4
工厂 1	464	513	654	867
工厂 2	352	416	690	791
工厂 3	995	682	388	685

该公司现在所要做的是检查当前的运输计划，看看是否能够制订出一个新的运输计划，使总运输成本下降到一个绝对最小值。

上述问题可运用线性规划方法求解，首先列示问题的目标函数和约束条件：

设用 x_{ij} 代表第 i 个工厂运送到第 j 个仓库的车数。其中 $i=1，2，3，j=1，2，3，4$。我们的目标是确定这 12 个变量的值，使得：

$$\min TC=464x_{11}+513x_{12}+654x_{13}+867x_{14}+352x_{21}+416x_{22}+690x_{23}+791x_{24}+995x_{31}+682x_{32}+388x_{33}+685x_{34}$$

约束条件为：

$$\begin{cases} x_{11}+x_{12}+x_{13}+x_{14}=75 \\ x_{21}+x_{22}+x_{23}+x_{24}=125 \\ x_{31}+x_{32}+x_{33}+x_{34}=100 \\ x_{11}+x_{21}+x_{31}=80 \\ x_{12}+x_{22}+x_{32}=65 \\ x_{13}+x_{23}+x_{33}=70 \\ x_{14}+x_{24}+x_{34}=85 \\ x_{ij}\geqslant 0\ (i=1，2，3；j=1，2，3，4) \end{cases}$$

上述线性规划问题可采用单纯形法求解。在单纯形法的计算过程中，它是以初始单纯形表为基础，经过逐次迭代，最终可选择出最优方案。

在采用单纯形法求解时，如果变量数目较多，手工迭代计算相当复杂，而且容易出错。目前，有专门的计算线性规划的软件，对于用单纯形法求目标函数的最优解，只要输入数据，结果就可以很方便得出。如根据上面我们所确定的目标函数和约束条件，运用

Excel 电子表格中的线性规划求解的功能得出的计算结果如表 4－22 所示。

表 4－22　　BT 公司最优运输计划

从＼至	仓库 1	仓库 2	仓库 3	仓库 4
工厂 1	0	20	0	55
工厂 2	80	45	0	0
工厂 3	0	0	70	30

按照上述运输计划安排运输，可使运输成本最低，即：

TC＝20×513＋55×867＋80×352＋45×416＋70×388＋30×685＝152535（元）

二、物流仓储活动的成本决策

根据有关研究，在企业的物流活动中，仓储与仓储中的物料搬运成本一般要占到企业物流总成本的 30%左右，因此，仓储成本决策对于降低企业物流成本水平、提高企业物流效益意义重大。

（一）仓储成本决策应考虑的主要因素

在实际工作中影响企业仓储成本的因素很多，但仓储数量和仓储方式无疑是最重要的，也是对仓储成本大小最具决定性的因素。

1. 仓储货物数量

仓储货物数量对企业物流活动的各项成本都有很重要的影响。一般说来，一方面，随着物流活动中仓储货物数量的增加，必然会导致企业仓储成本的增加；另一方面，企业的运输成本和销售损失成本则会相应地减少。这是因为由于仓储货物数量的增加，企业可以进行原材料或产成品的大批量运输，从而使单位运输成本下降；另外，在销售物流方面，仓储货物数量的增加，意味着仓库更加靠近客户和市场，因此减少了商品的运输里程，这不仅会降低运输成本，而且由于能够及时满足客户需求，提高了客户服务水平，减少了销售损失机会，从而降低了销售损失成本。

由此可见，随着仓储货物数量的增加，由于运输成本和销售损失成本迅速下降，导致企业物流总成本的下降。但是，当仓储货物数量增加到一定规模时，仓储成本的增加额就会超过运输成本和销售损失成本的减少额，企业物流总成本又开始上升。

2. 企业仓储活动的类型

如何为库存的物料、商品规划仓储空间，企业通常有三种选择，即自建仓库、租赁公共仓库和采用合同制仓储。从成本和客户服务的角度看，选择其中之一或结合使用是仓储成本管理的一项重要决策。

(1) 自建仓库仓储

相对于公共仓储而言，企业利用自有仓库进行仓储活动具有可以更大程度地控制仓储、管理更加具有灵活性等优点。如果自有仓库得到长期充分利用，自有仓储的成本将低于公共仓储的成本。这是由于长期使用自有仓库保管大量货物会降低单位货物的仓储成本，在某种意义上这也是一种规模经济。如果企业自有仓库的利用率较低，说明自有仓储产生的规模经济不足以补偿自有仓储的成本，则应转向公共仓储。

(2) 租赁公共仓库仓储

企业租赁提供营业性服务的公共仓库进行仓储，一般具有以下优点：①从财务角度看，企业不需要自建仓库的资本投资；②可以满足企业在库存高峰时大量额外的存储需求；③使用公共仓储可以避免管理上的困难；④公共仓储的规模经济可以降低企业的仓储、运输成本；⑤使用公共仓储时企业的经营活动更加灵活；⑥便于企业掌握保管和搬运成本。

当然，使用公共仓库进行仓储也有一定的缺点：①增加了企业的包装成本；②增加了企业控制库存的难度。另外，企业还有可能由此泄露有关的商业机密。

(3) 合同制仓储

合同制仓储是指企业将物流活动转包给外部储运公司，由外部储运公司为企业提供综合物流服务。合同制仓储的优点在于：①有利于企业有效利用资源；②能够通过设施的网络系统扩大企业的市场覆盖范围；③有利于企业降低运输成本。

尽管合同制仓储具有以上优势，但也存在一些不利因素，其中对物流活动失去直接控制是企业最担心的问题。由于企业对合同制仓储的运作过程和外部员工等缺乏控制，因此这一因素成为产品价值较高的企业利用合同制仓储的最大障碍。

(二) 仓储类型决策

自建仓库仓储、租赁公共仓库仓储和合同制仓储各有优势，企业进行物流仓储决策的依据就是物流的总成本最低。

租赁公共仓库和合同制仓储只包含变动成本，随着存储总量的增加，租赁的空间就会增加，由于公共仓库一般按所占用的空间收费，这样成本就与总周转量成正比，其成本函数是线性的。自有仓储的成本结构中存在固定成本，而且自有仓储的可变成本的增长速率通常低于公共仓储成本的增长速率。当总周转量达到一定规模时，两条成本线就相交，即成本相等。这表明在总周转量较低时，公共仓储是最佳选择。随着周转量的增加，由于可以把固定成本均摊到大量的存货中，因此使用自有仓库更经济。自有仓库仓储与租赁公共仓库仓储的成本比较如图 4-10 所示。

一个企业在对是自建仓库还是租赁公共仓库或采用合同制仓储进行决策时，除考虑周转量因素外，还应考虑需求的稳定性。如果企业一定时期内库容需求的波动较小，则企业可只根据成本费用的高低采用一种仓储类型。但是，如果企业在一定时期内库容需求波动较大，则采取混合策略更好。因为这时如按企业的高峰期库容需求来确定自营仓库的库容规模，那么在年度内可能会有一部分时间出现相当大的库容利用率不足，所以最好的策略

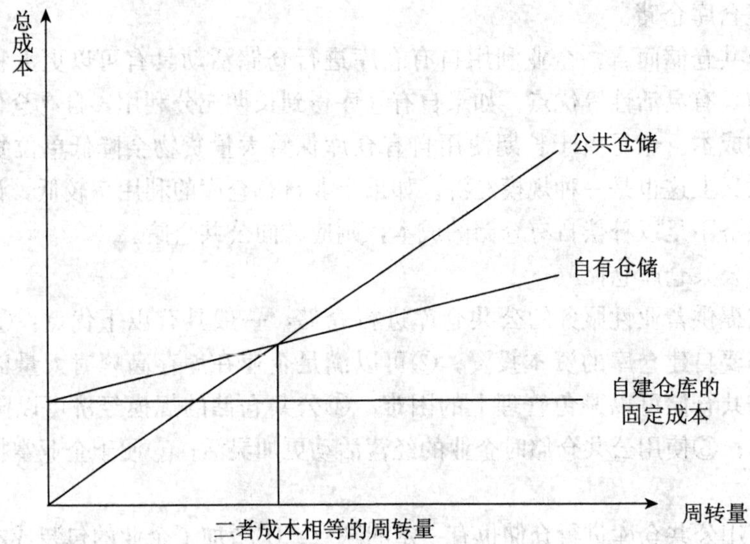

图 4 - 10　自建仓库仓储与租赁公共仓库仓储的成本比较

是，不考虑高峰期库容需求以实现较高的库容利用率，并在短期内租赁公共仓库以满足高峰期库容的需求。该策略如图 4 - 11 所示。

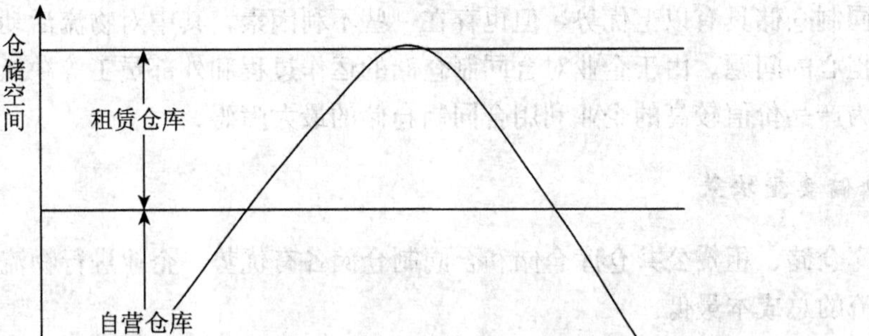

图 4 - 11　自营和租赁库容的混合策略

企业若实施最优的混合策略，一般是通过计算满足全年库容需求的相关总成本来确定一个最优的自营库存的规模。自营库容的成本特征是固定成本与可变成本的综合，而租赁库容的成本特征从本质上说都是可变成本。因此，当自营库容的规模扩大时，综合成本起初会下降，直至某一点，固定成本不断上升，库容利用率越来越低，从而导致总成本上升，我们称该点为成本最低点，这时的自营库容规模为最佳。

［**例 4 - 11**］某化工公司计划建造一个仓库，该公司平均的库存需求预测如表 4 - 23 所示。

表 4－23　平均库存需求预测

月份	库存需求	月份	库存需求
1	66500	7	1303000
2	328000	8	460900
3	1048500	9	99900
4	2141000	10	15300
5	2820000	11	302200
6	2395000	12	556700
		总计	11537000

预计该仓库每月库存周转率为 3 次，总库容中 50％为巷道，为了应对未来可能发生的库容需求变化，仅有 70％的库容被利用。一组普通化学产品平均每千克占用 0.5 平方米的库容，在货架上可堆码 16 米高。

该仓库连同设备在内的投资为 30 元/平方米，折旧期限为 20 年，运营成本为每千克 0.05 元，总库容的年固定成本为 3 元/平方米，租赁仓库的租金为每月 0.1 元/千克，入库和出库的搬运费用为 0.07 元/千克。那么应建造多大规模的仓库呢?

首先需要编制一张库容需求表来反映全年库容需求的平方米数。从已知的库存周转率可知，每月经仓库流转的每 3 千克产品中就有 1 千克成为存货。每储存 1 千克货物需要占用 0.5/16 平方米的空间。由于巷道占用空间，所以库容需求会翻一番，然后再乘以库容利用率（1/0.7），这样就可计算出用平方米表示的空间需求：

$$\frac{\text{库容需求}}{\text{（平方米）}}=\frac{\text{每月库存}}{\text{需求（千克）}}\times\frac{1}{3}\times\frac{0.5}{16}\times2\times\frac{1}{0.7}$$

据此可编制公司库容需求表，如表 4－24 所示。

表 4－24　库容需求

月份	库存需求（千克）	仓库空间需求（平方米）	月份	库存需求（千克）	仓库空间需求（平方米）
1	66500	1979	7	1303000	38780
2	328000	9762	8	460900	13717
3	1048500	31205	9	99900	2973
4	2141000	63720	10	15300	455
5	2820000	83929	11	302200	8994
6	2395000	71280	12	556700	16568
			总计	11537000	343362

根据公司的库存需求情况，应选择仓库规模，以60000平方米的仓库规模为例进行测算。一个60000平方米的仓库造价为1800000元（60000平方米×30元/平方米），在20年的折旧期限内摊销，年折旧成本为90000元。相关指标计算方法如下：

每月固定成本＝（年折旧成本＋3×60000）/12

每月可变成本＝仓库吞吐量×自营份额×0.05

自营份额＝60000/仓储空间需求（仓储空间需求小于60000平方米时，自营份额为100%）

租用份额＝1－自营份额

每月存储成本＝（仓库吞吐量×租用份额）/3×0.1

每月搬运成本＝仓库吞吐量×租用份额×0.07

据此编制仓库规模方案的成本计算表，如表4-25所示。

表4-25　混合策略的成本计算表——使用60000平方米自营仓库

月份	仓库吞吐量（千克）	仓储空间需求（平方米）	自营份额（%）	每月固定成本（元）	每月可变成本（元）	租用份额（%）	每月存储成本（元）	每月搬运成本（元）	每月成本（元）
1	66500	1979	100	22500	3325	0	0	0	25825
2	328000	9762	100	22500	16400	0	0	0	38900
3	1048500	31205	100	22500	52425	0	0	0	74925
4	2141000	63720	94	22500	100627	6	4282	8992	136401
5	2820000	83929	71	22500	100110	29	27260	57246	207116
6	2395000	71280	84	22500	100590	16	12773	26824	162687
7	1303000	38780	100	22500	65150	0	0	0	87650
8	460900	13717	100	22500	23045	0	0	0	45545
9	99900	2973	100	22500	4995	0	0	0	27495
10	15300	455	100	22500	765	0	0	0	23265
11	302200	8994	100	22500	15110	0	0	0	37610
12	556700	16568	100	22500	27835	0	0	0	50335
合计	11537000	343362		270000	510377		44315	93062	917754

按此方法对各种仓库规模进行计算，可根据所得到的数据绘制年度总成本曲线，如图4-12所示。

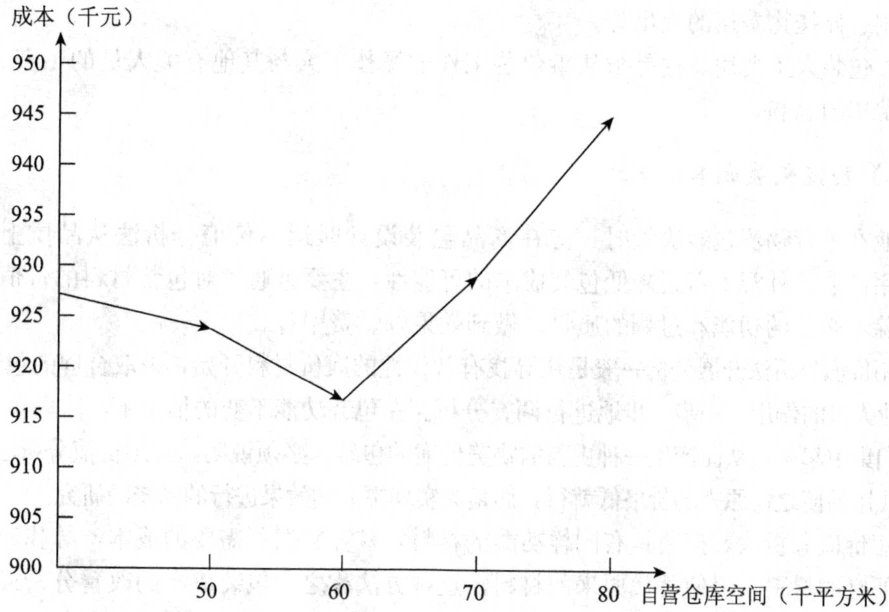

图 4-12　年度总成本曲线——使用自营—租赁库容的混合策略

从图 4-12 中可以看出，最经济的仓库规模是 60000 平方米。据此可预测，4—6 月期间需要租赁库容，5 月是需求的高峰期，需要租赁足以容纳 272599 千克（$2820000\times\frac{29\%}{3}$）化学品的库容空间。

三、物流包装活动的成本决策

包装成本约占物流成本总额的 30%左右，仅次于运输成本。因此，若能在物流包装上采取有效措施，在提高包装质量、优化包装功能的前提下，降低包装成本，不仅可以降低物流成本，而且可以大大减少商品流通过程中的损失。

（一）物流包装成本的构成

企业物流包装成本的构成通常包括以下几个方面：

(1) 包装材料费用。常见的包装材料有木材、纸、金属、塑料、玻璃、陶瓷等，这些包装材料功能不同，成本相差也较大。商品包装花费在材料上的费用称为包装材料费用。

(2) 包装机械费用。现代包装发展的重要标志之一是包装机械的广泛应用。包装机械不仅可以极大地提高包装的劳动生产率，也可以大幅度地提高包装的质量水平。随着包装机械的广泛应用，包装机械费用将以折旧为主的方式转移到包装成本中。

(3) 包装技术费用。由于商品在流通过程中可能受到外界不良影响，因此商品在包装时要采取一定的技术措施。比如，实施缓冲包装、防潮包装、防霉包装等。这些技术的设计、实施所支出的费用，合称为包装技术费用。

(4) 包装辅助费用。包装除上述费用外，还有一些辅助费用。如包装标记、标志、标识的印刷、拴挂物费用的支出等。

(5) 包装人工费用。这是指从事包装工作的操作工人与其他有关人员的工资、奖金、补贴等费用的总和。

（二）物流包装成本决策

企业在进行物流包装决策时，应在商品包装设计时运用价值分析法从品质上、使用上、耐用性上、外观上考虑降低包装成本的可能性，主要是通过对包装材料的价值功能分析，剔除不必要的功能和过剩的质量，做到效果好、费用省。

采用价值分析法开展分析一般是从寻找有替代性的廉价材料开始，采取合理的包装工艺，发挥专业人员的作用，一步一步地进行调查分析。在包装功能不变的情况下，博取各家之长，并把它们集中起来，从而产生一种更新的物美价廉的包装。必须说明，运用价值分析法不是找到一种代用品使之比原来的价格低就行，而是为实现更大的效果进行的周密的研究。

采用价值分析法，搜集具有同样功能的材料，核算它们所需要的成本，寻找和研究比它们更便宜的材料，以便替代原来的材料，这种方法称之为包装成本的改善分析或比较分析，其具体工作步骤如下。

1. 对象选择

对一个企业来说，包装物和企业的产品一样，品种规格众多，在众多的包装物中选择哪一种作为分析对象，需要具体分析确定。如某企业运用重点选择的方法，从众多的包装物中选择了产量最大的主体产品包装作为分析对象。然后，运用ABC分类分析法确定包装物的箱体作为具体分析对象。如表4-26所示。

表4-26　某企业产品包装价值分析表

序号	零件名称	数量	成本（元）	占总成本比重（%）	占零件总数比重（%）
1	箱体	1	5.18	91.03	6.25
2	夹板	2	0.30	5.27	12.50
3	柏油纸	1	0.15	2.64	6.25
4	联结件	12	0.06	1.06	75.00
合计		16	5.69	100	100

2. 功能分析

(1) 功能定义。包装物每个零件的功能定义如表4-27所示。

表4-27　包装物每个零件的功能定义

序号	零件名称	功能定义
1	箱体	承装物品、方便物流、造型美观

续　表

序号	零件名称	功能定义
2	夹板	防止磕碰、缓冲外力
3	柏油纸	防尘、防潮、防雨
4	联结件	形成整体、紧密联结、坚固牢靠

（2）功能整理。包装物的总体功能是实现物流，它是上位功能，放在功能系统图的左侧，其他功能则按照目的—手段的逻辑关系整理成如图 4－13 所示的功能系统。

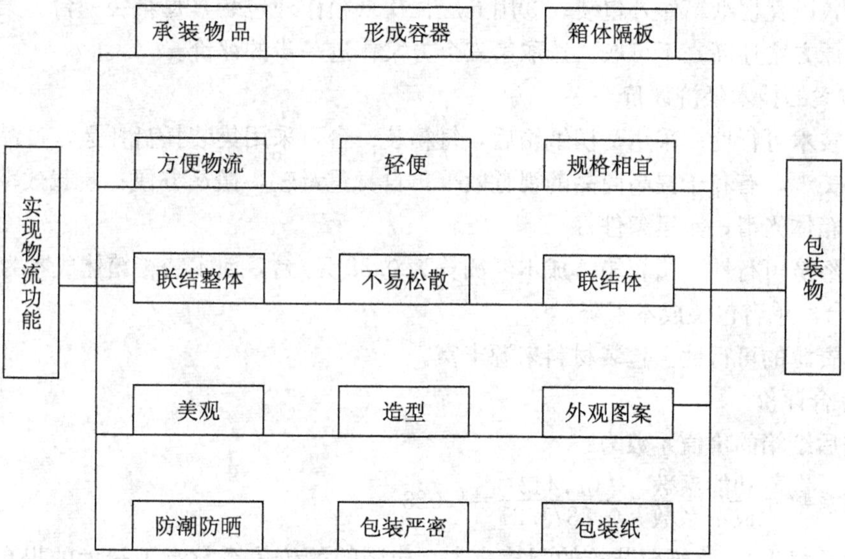

图 4－13　包装物功能系统

（3）功能评价。采用功能分析法对包装物的功能进行评分，求出功能系数如表 4－28 所示。

表 4－28　　　　功能系数

序号	零件名称	功能关系	评分值	功能系数
1	箱体	F1＞5F2	160	0.7442
2	联结件	F2＞F3＋F4	30	0.1395
3	夹板	F3＞F4	15	0.0698
4	柏油纸	F4	10	0.0465
	合计		215	1

从表 4 - 28 中可知箱体的功能系数为 0.7442，则箱体的成本系数和价值系数为：

$$箱体成本系数=\frac{箱体成本}{包装物成本}=\frac{5.18}{5.69}=0.910$$

$$箱体价值系数=\frac{箱体的功能系数}{箱体的成本系数}=\frac{0.7442}{0.910}=0.8178$$

箱体价值系数<1，说明箱体的成本过高，通过价值分析合理选用箱体材料，以降低成本。

3. 方案创建

包装箱体的材料很多，有纸板、木板、金属、硬质塑料、复合材料等。经过概略评价，筛选出下列三个方案：①厚木质箱体每箱装 3 台；②用聚苯乙烯泡沫塑料作包装箱体的内包装，以瓦楞纸箱作外包装；③用五层瓦楞纸箱作外包装，每箱装一台。第二个方案的成本比原方案还高，不可取。选取第三个方案作进一步的评价。

4. 方案的技术经济评价

(1) 技术可行性。采用瓦楞纸箱后，每箱装一台，采用集装托盘托运，产品不易被磕碰；外观美观，有利于提高商品的视觉效果；自身重量轻，搬运方便；装载效率高，运输周期短；箱体光滑，搬运条件好。

(2) 经济可行性。纸箱箱体成本经测算为 0.88 元/台，而木装箱箱体成本为 5.18/3=1.73 元/台，单台包装成本下降。

(3) 资源的可行性。包装材料来源丰富。

5. 综合评价

改进后纸箱的价值系数为：

$$价值系数=\frac{功能系数}{成本系数}=\frac{0.7442}{0.88/1.21}=1.023$$

式中数据 1.21 为纸包装箱的测算成本。包装箱的价值系数有了较大的提高。因此应选择第三个方案。

本章小结

物流成本预测既是现代企业物流成本管理工作的起点，也是物流成本事前控制成败的关键。实践证明，合理有效的物流成本决策方案和先进可行的物流成本预算都必须建立在科学严密的成本预测基础上。物流成本作为经济预测的一项内容，具有预测的一般性，预测学中所常用的方法，如趋势预测法、指数平滑法、回归分析法等，均可用于企业的物流成本预测。

物流成本决策作为对企业未来物流活动中资金耗费与所获效益关系的评价与研究，与物流成本预测密切相关，概括来说，其内容涉及物流规划与物流活动过程两个方面。在企业的物流规划中，为了从成本角度对各种物流活动方案作出评价和选择，主要是进行物流投资项目可行性研究中的成本决策和物流系统设计的成本决策。在企业的物流活动过程中，为了有效地控制各种劳动耗费，需要随时针对物流活动过程中影响物流成本水平发生变动的各种技术经济因素以及所出现的各种问题，研究调节措施，作出以降低物流成本水平、提高物流效益为目的的成本决策。

企业物流成本决策中运用的决策分析方法主要有：物流相关成本最低法、价值工程分析法、线性规划法、成本计划评审法、经济批量模型、本量利分析法等。

讨论题

1. 什么是回归分析法？在企业的物流成本管理中，运用回归分析法都可以解决哪些问题？

2. 在企业的物流成本决策中，为什么强调追求物流相关总成本最低？它与企业物流成本管理有何关系？

思考题

1. 什么是物流成本预测？它在企业物流成本管理中有何意义？
2. 物流成本预测的方法有哪些？
3. 在价值工程分析法中，物流的功能和成本分别指的是什么？如何确定？
4. 运用线性规划法进行物流成本决策的核心和关键是什么？
5. 经济批量模型的含义是什么？它可以解决企业物流成本决策中的哪些问题？
6. 什么是本量利分析法？本量利分析法在物流成本决策中可以解决哪些问题？

案例分析

CC 集团自营配送与代理配送决策

一、企业背景介绍

CC 集团是一家家电企业，2011 年下半年以前，其产品配送一直采用自营模式，该模式将商流与物流相结合，把商品配送活动作为企业的一种商业促销手段而与商品交易活动紧紧联系在一起。因此，各地销售部门均要建立并管理属于自己的仓库，从而导致 CC 在 JX 省内租用了 7 个中小型仓库，分布在省内 7 个不同的城市，最小仓库面积为 200 平方米，最大的为 1000 平方米。从 2011 年下半年开始，CC 集团对其下游物流配送体系进行了改革，将原有配送模式从自营模式转变到第三方物流代理配送模式，在华中地区由 TPL（第三方物流）企业代理其在 JX 省境内开展某品牌家电产品及其配件的整体物流业务，同时，对仓库布局重新进行了规划：在 NC 市设立区域中心仓库（RDC），覆盖 JX 省中南部和东部地区的配送；在 JX 省北部的 JJ 市设立一个调节仓库（DC），覆盖 JX 省西北部地区的配送。

二、CC 集团两种物流模式下物流成本比较及分析

（一）物流成本构成

配送过程中的物流总成本一般由三个部分组成：运输成本、库存成本和管理成本。同时，根据被调研供应链的运输形式，将运输过程分为干线运输和区域配送两个阶段。产品从生产基地（核心企业）到区域配送中心为干线运输；从区域配送中心到终端客户为区域配送，故运输成本又包括干线运输费用和区域配送费用。

库存成本要考虑三个方面的因素：存货的资金成本、仓库的使用费用和库存作业费用。存货的资金成本则根据银行利率和库存占用资金计算得到。仓库使用费用在自营配送模式下为每个月固定的租金，CC集团每半年与仓库所有者签订一次租赁合同，费用比较稳定。而在TPL代理配送模式下，则与每个月CC产品的库存数量相关。库存作业费用在两种模式下均与产品出入库数量有关。

物流管理费用包括三个方面：库存管理成本、管理信息费用和单据处理费用。由于在两种配送模式下，企业均是租用第三方仓库，故库存管理成本主要是仓库管理人员的工资。同时，通过分析调研，发现管理信息费用和单据处理费用均与库存管理成本相关，故管理信息费用和单据处理费用可按比例由库存管理成本计算得到。

（二）两种模式下物流成本比较分析

1. 物流总成本比较

根据CC集团2011年1月到2012年4月间的物流成本数据，对两种配送模式下的物流成本进行了比较。两种配送模式下的物流成本数据见表4-29。

表4-29　两种配送模式下的物流成本数据

项目	自营配送	TPL代理配送	节约费用	节约百分比（%）
运输成本	156566.68	154603.82	1962.86	1.3
干线运输	147556.18	109308.16	38248.02	25.9
区域配送	9010.50	45295.66	−36285.16	−402.7
库存成本	79302.86	44002.39	35300.47	44.5
资金成本	58581.86	19457.29	39124.57	66.8
仓库租金	17875.00	15328.50	2546.50	14.2
库存作业	2846.00	9216.60	−6370.60	−223.8
管理成本	12660.00	3120.00	9540.00	75.4
仓库管理	12000.00	3000.00	9000.00	75.0
管理信息	600.00	60.00	540.00	90.0
单据处理	60.00	60.00	0.00	0.0
合计	248529.54	201726.21	46803.33	18.8

从表4-29中可以看到，在该案例中采用TPL代理配送模式后，物流总成本降低了18.8%，物流总成本的三个构成部分均有不同程度的下降，其中运输成本降低1.3%，库存成本降低44.5%，管理成本降低75.4%。降低幅度最大的项目是物流管理成本，其中

管理信息费用的降低主要依赖于TPL拥有完善的管理信息系统，该系统构建在基于Internet的电子商务平台上，可以让客户在网上进行远程指令下达、货物状态查询、异常作业处理等，提高了配送过程中信息传递的速度和准确性。而仓库管理费用的降低则主要是CC有效地利用了TPL专业化的物流管理，减少了本身不必要的人员设置。虽然物流管理成本在总的成本构成中所占比例不大，但是却说明采用TPL代理配送模式有利于企业提高管理水平，集中主要精力于自己的核心业务。

2. 两种模式下单位物流成本的比较

表4－29给出的是CC集团在JX省配送业务的总成本，表中数据并没有直接体现出配送模式变化前后单位产品物流成本的变化情况。事实上，由于物流与商流分离，在实施TPL代理配送策略后，CC集团的销售部门就只从事商品的交易活动，集中精力于其核心业务，使JX地区的销售量有了明显的提高，该品牌产品的月销售量增加了约45.4%。考虑到仓库管理成本是固定投入，不随产品销售量的变化而改变，同时，管理信息费用和单据处理费用在物流总成本中所占比例很小，分摊到单位产品上的金额可以忽略不计。表4－30给出了两种配送模式下单位产品物流成本的对比情况。

表4－30　两种配送模式下单位产品物流成本对比

项目	自营配送	TPL代理配送	节约费用	节约百分比（%）
运输成本	83.95	57.03	26.92	32.1
干线运输	79.12	40.32	38.80	49.0
区域配送	4.83	16.71	－11.88	－246.0
库存成本	42.52	16.23	26.29	61.8
资金成本	31.41	7.18	24.23	77.1
仓库租金	9.58	5.65	3.93	41.0
库存作业	1.53	3.40	－1.87	－122.2
合计	126.47	73.26	53.21	42.1

可以看到，考虑了销售业绩的变化后，单位产品的物流成本节约了42.1%，其中费用降低最多的库存资金成本，达到了77.1%。这表明实施TPL代理配送策略后，能够有效地提高仓库利用效率，缩短库存周转周期，从而可以有效地缩短整个供应链的多阶响应周期。事实上，JX地区的成品库存周转周期由自营配送模式下的95天，缩短到TPL代理配送模式下的20天，仅为前者的21.1%，库存资金成本也随之下降。区域配送成本的增加是企业为缩短配送周期，提高客户服务水平而付出的代价：在自营配送模式下，单件、小批量的订货由于运输成本问题一般不会单独进行配送，而是将几次订货积累在一起，然后成批进行配送，导致配送周期被人为地延长；而在TPL代理配送模式下，对于这种情况一般采用零担运输（LTL）的方式，将单件、小批量的订货与其他货物一起配送，充分

发挥了运输的规模优势，并保证了区域配送的及时性，有效地缩短了配送周期。在本案例中，CC品牌产品在JX省内任何一个地方的配送周期均小于48小时，NC市及周边县市的配送周期则更是不超过6小时。库存作业成本的增加则是企业为保证产品在运输过程中的完好性、物流信息的准确性而付出的代价。

通过对该案例的分析，我们清楚地看到，企业运用第三方物流可以有效地缩短供应链周期，对市场快速做出反应，使企业能集中精力于自身核心业务上，这样有助于企业培养核心竞争力。而且，在缩短供应链周期的同时，企业的物流成本也得到了控制，不论是物流总成本，还是构成物流总成本的几个部分，都有不同程度的下降。

三、管理启示

运输和库存在供应链管理中占有重要地位，这两个相互关联的活动不但构成了配送体系中成本的绝大部分，同时也对客户服务水平有着重要影响。企业在采用TPL代理配送模式的情况下，针对区域配送和库存作业成本有所增加这一现象，应采取一些相应的措施，以达到进一步降低成本的目的：一是科学地评估TPL代理提出的网络规划方案，优化设计配送系统的网络结构，这是降低区域配送成本的大前提；二是加强对TPL代理配送业务的监督与指导，促使TPL代理强化车辆调度、运输线路选择及货物配载优化等方面的管理，切实提高配送作业的效率，有效降低区域配送物流成本；三是利用仓储管理信息系统强化库存管理，制定合理的库存策略和仓储方案，采用先进的设备和技术（如液压拖车、电动叉车、条码技术等），降低搬运、盘点、拣货等库存作业费用。

资料来源：中国物讯网，www.56156.com，2012-8-9.

第五章 物流成本预算

学习目的

物流成本预算的编制既是对物流成本预测与决策结果的反映，又是企业实施物流成本控制的依据，在物流成本管理中起着承上启下的作用。通过本章的学习，了解企业物流成本预算的基本内容与构成体系；掌握物流成本预算的各种编制方法，包括弹性预算方法、零基预算方法等，并能够在物流预算编制中灵活运用；掌握物流运输成本预算和仓储成本预算的编制；理解预算控制的含义与特征。

第一节 物流成本预算概述

一、物流成本预算的含义及作用

物流成本预算是根据物流成本决策所确定的方案、预算期的物流任务、降低物流成本的要求以及有关资料，通过一定的程序，运用一定的方法，以货币形式及其他数量形式反映的有关企业未来一定时期全部物流活动的行动计划与相应措施的数量说明。

成本预算包括预算编制和预算控制两项职能。作为计划本身与计划实施、控制的中间环节，物流成本预算具有重要作用。

1. 物流成本预算可以使计划目标进一步明确化、具体化

企业的物流活动要有目标，它不仅要指明未来行动的方向，而且还要说明行动结果的数量要求，否则就无法实现对物流活动的有效控制。物流成本预算加强了计划目标的可比性，在计划执行过程中作为依据即时明确地提供偏差信息，以便管理层采取有效措施，扩大收益或减少损失。同时，物流成本预算使计划目标明确化，便于个人与组织理解和把握，帮助其了解自身在企业整体工作中的地位和作用，从而强化了计划目标的指导性和激励性。

2. 物流成本预算可以协调企业的物流活动

企业物流的总体经营目标，如成本降低，必须层层分解为物流各部门、人员和经营环节上的具体目标才能够得到落实。而最重要的是各部门、个人和经营环节的具体目标在方向上必须与总体经营目标保持一致，总体经营目标才有可能最终实现。通过编制物流成本预算可以把各组织层次、部门、个人和环节的目标有机地结合起来，明确它们之间的数量

关系，有助于各个部门和经营环节通过正式渠道加强内部沟通并互相协调与努力，从整个物流系统的角度紧密配合，取得最大的经济效益。

3. 物流成本预算是控制日常物流活动的标准

在日常物流活动中，各项物流活动进展如何，是否符合预定进程，能否实现计划目标，都需要根据一定的标准进行分析和判断，以便及时采取措施。有了物流成本预算，有关部门和单位就可以以预算为依据，通过计量、对比，及时提供实际执行结果与预算标准之间的差异数额，分析其原因，采取有效的措施，保证预算任务和目标的顺利实现。

4. 物流成本预算是评价物流工作业绩的依据

物流成本预算在确立组织内部各部门、环节、个人行动目标的同时，也进一步明确了他们所承担的经济责任，使之能够被客观评价并具有可考核性，即通过实际数与预算数的比较分析，可以检查评价各部门、个人和环节的经济责任和计划任务的完成情况。

二、物流成本预算编制的组织工作

编制物流成本预算是物流成本预算管理的首要内容，是实施物流成本预算控制的基础，同时也是一项非常复杂和综合性的工作。因此，物流成本预算的编制有赖于最高管理部门的支持和物流组织内各部门的通力合作，在实际运作中往往要专门成立一个预算委员会，由总经理、财务副总经理和各职能部门的负责人组成。它的主要职责是：提出企业一定期间的总体经营目标，指导各部门形成自己的工作目标；审查协调各部门编制的预算，经过综合平衡确立组织的预算体系；监督检查预算的执行情况；分析评价预算执行的结果，并提出改进意见。

根据目标管理的原则，物流成本预算作为计划和控制物流活动的工具，其编制过程必须得到物流部门全体员工的参与。为此，在编制物流成本预算时，可以采取“自编预算”或“参与预算”的方法，广泛吸收预算执行者参加预算编制。其主要程序是：首先由企业最高管理部门会同预算委员会提出经营目标的总体内容和具体要求，然后由物流部门根据经营目标的总体要求，结合本部门具体工作目标，提出本部门的初步预算，预算委员会对其进行分析审查和调整，并在此基础上编制企业的总体预算，报送企业最高领导机构审核批准，最后作为正式预算下发给物流部门执行。通过这种方法编制的预算与上级编好再交下级执行的“强制预算”相比，往往更加切合工作和经营业务的实际，同时容易得到广大预算执行者的理解和支持，增强了执行预算的积极性和自觉性，从而能使预算充分发挥其应有的作用。

三、物流成本预算体系的构成

在企业的物流成本预算管理中，编制物流成本预算的目的之一是提供与实际相比较的预算指标，以便对企业物流各部门的业绩进行考核与评价。企业的物流成本可以按各种不同的标准进行分类核算，与此相适应，物流成本预算需全面、综合考虑各个方面的要素，只有这样才能发挥预算管理对企业物流的指导性和前瞻性。物流成本预算的类型主要有以下几种：

（一）统筹预算和分散预算

所谓统筹预算就是对企业全部的物流费用进行调整，单独综合预算企业的物流成本。而分散预算则是对某个物流运作领域进行成本预算，它反映局部的物流活动。从现代物流预算管理来看，企业应该从分散预算向统筹、集中预算转化。

（二）短期预算和长期预算

以年度为期限的预算称为短期预算，超过一年期的预算可以看作是长期预算。企业传统上的物流成本预算基本上是以年度为对象的，而没有延伸到数个年度。但现代物流运作往往是一项长期的工作，因此长期预算能够保证企业站在长远、动态的角度来从事成本预算。

（三）期限预算和项目预算

一般物流成本预算是对一定期限内的物流成本支出进行预算，而没有考虑某个物流项目在全部时期、所有方面的成本情况。项目预算就是以物流项目作为分析的对象，考察其全部时期所要求的物流费用和成本。因此，项目预算是一种综合性、战略性的预算活动。

（四）形态别预算、活动别预算和范围别预算

按照物流费形态进行的预算称为形态别预算，由于形态别分类是服从于决算目的的分类，因此，其好处在于它与决算会计直接相连。但是，仅仅有形态别预算对物流管理的促进作用是有限的，尤其是对物流活动和流程的成本管理作用微弱。所以，在预算管理中，不仅要进行形态别预算，更要进行活动别和范围别预算。后两者属于责任会计的范畴，是基于活动管理的集中体现。

（五）变动费预算和固定费预算

为了提高物流费预算的精度，有必要将物流费分解为变动费和固定费，并分别进行预算。这样有助于把握哪些物流活动与业务量紧密相关，而哪些费用是企业必须支付的费用，它与物流业务量并无直接的关系。正因为如此，在物流成本预算中，变动费和固定费预算的方法和管理手续是有很大区别的。

（六）可控的成本预算和不可控的成本预算

物流成本预算对部门管理人员业绩评价的重要作用在于它能区分可控制的物流成本和不可控制的物流成本。所谓可控物流费是指现场物流管理者拥有费用决策的权限，因此，必须对成本支出和绩效负责的物流成本。与此相对应，不可控物流费是物流管理者不拥有费用决策的权限，从而并不对费用支出结果负责的物流成本。在预算中之所以作这种区分，是因为通过这两种费用的区分，就能将这种物流活动和费用从整体活动和总成本中分解出来，落实责任，并对活动和责任者进行有效的追踪管理。

（七）金额预算和物流量预算

一般在进行物流成本预算时主要是金额预算，而没有具体对物流量进行分析，这种单方面的预算分析对于优化物流管理以及明确物流责任很不利。因为物流成本发生的金额是物流量与单价相乘得来，如果物流费用是因为物流量的增加，那么就需要进一步分析，到底是哪个领域的物流量增加。例如，如果是因为生产量增加而引起物流量增加，那么责任人应该是生产部门；如果物流量的上升是因为销售增加所导致，责任应该在销售部门；相反，如果物流量的扩大是因为物流管理失效而致，责任应当由物流部门承担。同样，如果物流成本预算增加是因为单价预算增加而产生，那么也需要进一步分析是什么原因导致的，显然，如果是市场因素的话，则企业任何部门和人员都不应承担责任；相反，如果是管理不良导致，物流管理部门应该承担责任。

（八）计划预算、执行预算和控制预算

在一个年度开始之前，对该年度总物流费用进行规划预定，制定资金预算、销售预算、生产预算等预算活动称为计划预算。以此为基础，在月末对翌月实际发生的物流费进行预测，这种预算行为称为执行预算。在执行预算的编制过程中，首先对翌月的物流量进行预测，然后将之乘以单价来确立预算额。但是无论如何精确的预算，物流量的变动是经常发生的。因此，需要导入变动预算的方法，不间断对物流量进行监控调整，根据实际物流量编制预算，这种对比实际绩效而制定的预算就是控制预算。

（九）预算初始方案、预算决定和预算修正

从预算管理的行为流程看，有关物流费用支出的初始方案往往是服从于物流部门的决策动机，一般物流部门根据物流经营的要求制定初始的预算方案，然后在各部门进行调整和协调之后，交给预算委员会审议，最终由企业高层决策人员批准，从而形成预算决定环节。预算确立以后，不断根据环境的变化和企业物流宗旨和目的的变化加以修正，构成了预算的修正和完善阶段。

对于以上预算的各种类型，应该将它们构成一个相互联系、相互补充的有机整体。如图5-1所示。

从现代物流综合预算体系来看，首先，将物流综合预算分解为物流设施预算、物流人员预算和物流损益预算几大类。其次，将物流损益预算细分为物流费预算和物流收益预算。在物流费预算中，主要是按照物流项目进行预算，并以此为中心编制期间预算。在期间预算中，首先要确立长期预算，并在长期预算的基础上进行短期预算。短期预算的中心是年度预算，在此基础上，再细分为季度和月份预算。年度预算开始前进行的预算是计划预算，每月末进行的翌月实际物流支出的预算是执行预算。在计划预算和执行预算的基础上，对物流成本实行更严格的控制，并导入变动预算，使预算与实际物流量相吻合，就构成了控制预算。

无论在任何状况下，预算的初始方案都是由物流部门提出的，经过调整、修改之后，

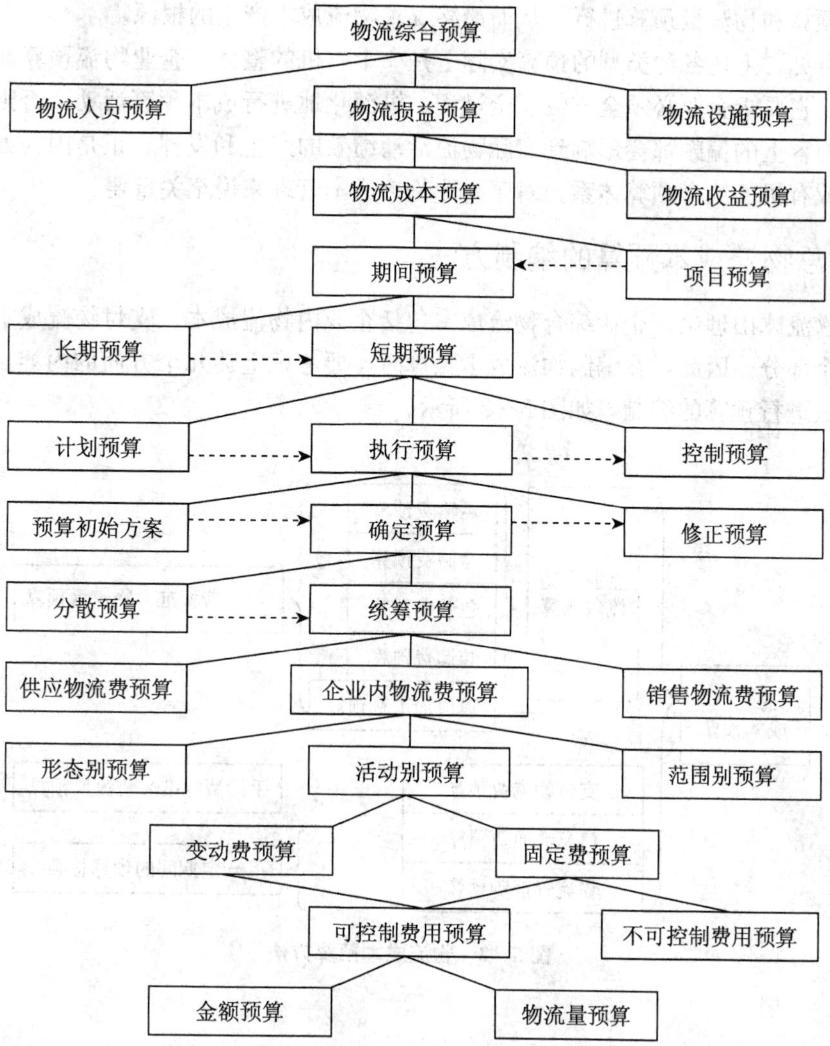

图 5－1　物流综合预算体系

经预算委员会最终由高层决策者决定，从而确定预算。预算确定后，不断根据环境的变化加以修正，形成动态的预算管理行为。从预算的内容看，现代物流预算要求从分散预算向统筹、综合预算，从材料成本预算向供应物流预算，从生产成本预算向企业内综合预算，从销售成本预算向销售物流成本预算方向转化，形成全面、整体性的预算内容。在理解这一体系的过程中，还有一点需要关注，即原来的物流成本预算中，主要是对形态别成本进行预算，而真正对物流管理起到能动作用的是活动别和范围别的预算。因此，在预算过程中，不仅要对形态别的成本进行预算，同时还要对活动别和范围别的成本进行预算。在活动别成本预算中，还需要进一步细分变动费和固定费预算，因为这两种成本费用预算的编制方法是有差异的。此外，为了服从物流管理的要求，尤其是部门管理人员业绩评价的要求，还应该把成本费用进一步区分为可控成本和不可控成本，同时在可控成本预算中，再按照金额预算和物流量预算进行，从而最终寻求物流成本产生的根源。

由此可见，上述各种类型的预算实际上是一个有机的整体，企业物流预算涉及方方面面的内容，它要求企业必须全方位、全过程、纵深化地进行成本预算活动。否则，任何行为和预算内容上的偏颇都会影响到实际物流活动绩效的产生和发挥。正是因为如此，如何有效地形成有机的综合预算体系，对于企业物流成本管理来说至关重要。

四、总物流成本预算的编制方法

根据物流冰山理论，企业综合物流成本包括企业内物流成本、支付物流成本和其他物流成本几个部分。因此，在编制物流成本预算时，要考虑上述几个方面的内容，分别采用不同的方法进行预算的编制，如图 5-2 所示。

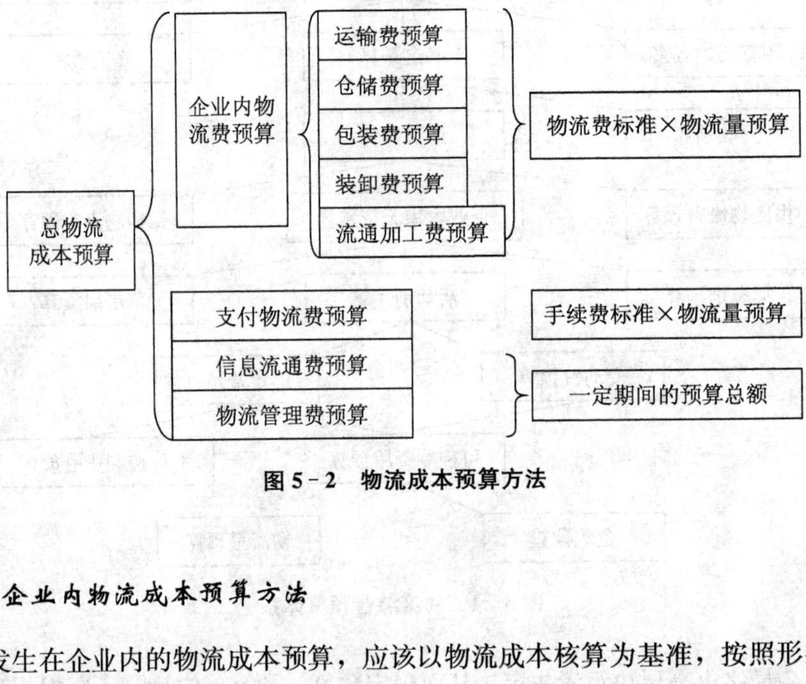

图 5-2　物流成本预算方法

（一）企业内物流成本预算方法

对于发生在企业内的物流成本预算，应该以物流成本核算为基准，按照形态别、活动别、范围别或领域别分别进行预算。进一步来讲，形态别成本预算的内容是材料费、人工费、维护费、一般经费以及特殊经费的预算；活动别预算主要是运输费、仓储费、包装费、装卸搬运费、流通加工费、物流信息费、物流管理费的预算；范围别预算主要是供应物流费、企业内部物流费、销售物流费、退货物流费以及废弃物流费的预算；领域别预算主要是产品别、地域别、客户别、其他类别的成本预算。从计算方法上看，主要是根据对各类别物流量的预测、乘以标准费率求得。

（二）支付物流成本预算方法

支付物流费是企业将物流活动外包给专业第三方面产生的费用成本，对于该部分的成本预算同样是在物流战略的总体分析和规划的基础上，对外包物流量进行预测，再乘以相应的标准费率得出。

（三）其他物流成本预算

企业在编制内部支付物流成本预算过程中，还必须考虑相应的信息流通成本和物流管理成本，以什么样的形式支付，应用在什么地方等问题。一般来讲，信息流通费的预算和物流管理费的预算应该等于前期信息流通费和物流管理费预算加减当期变动。

第二节　物流成本预算的编制

一、不同功能物流成本预算的编制

按物流成本的功能编制的物流成本预算，有利于加强对各个物流功能环节的管理与控制，能够将预算同物流部门及其工作人员有机地结合起来，提高物流部门及其工作人员降低物流成本的积极性。这时，只要将预算与实际作一比较，就能知道各物流部门的预算执行情况，便于明确责任，从而有利于物流成本的降低和各个功能环节作业水平的提高。

（一）运输成本预算的编制

在企业的物流活动中，运输和仓储是两个最基本的作业活动，也是物流成本管理的主要领域。因此，需要在这两个方面进行合理的预算管理，从而合理地安排和管理运输和仓储活动，制定相应的运输配送和库存战略。

1. 运输配送成本预算编制的主要步骤

如图 5 - 3 所示。

(1) 预算前提

企业要进行有效的运输成本预算编制与管理，首先需要全面分析和了解企业的物流战略计划、业务计划和企业外要素。企业的战略和业务计划对于整个物流运作制定了发展的方向和原则，同时运输配送的实际绩效、发展目标和指针等都是战略和业务计划所规定的内容。因此，了解和确立企业物流战略和业务方案，对进一步制订运输配送原则和方案提供了必要的框架和条件。此外，企业外因素分析，如外部运输资源的供给情况等也对企业合理制订自身的运输配送战略和方案提供了大量的决策信息。

(2) 确定运输原则

在分析和了解物流战略和业务计划后，企业可根据各种基础条件以及销售预算、制造和采购预算确定运输原则。在确定运输原则过程中，主要分析的内容有产品构成、地域构成、销售和生产周期以及配送网络或线路，根据这些分析来最终确定运输的基本原则。图 5 - 4 为M公司运输配送网络分析的情况。

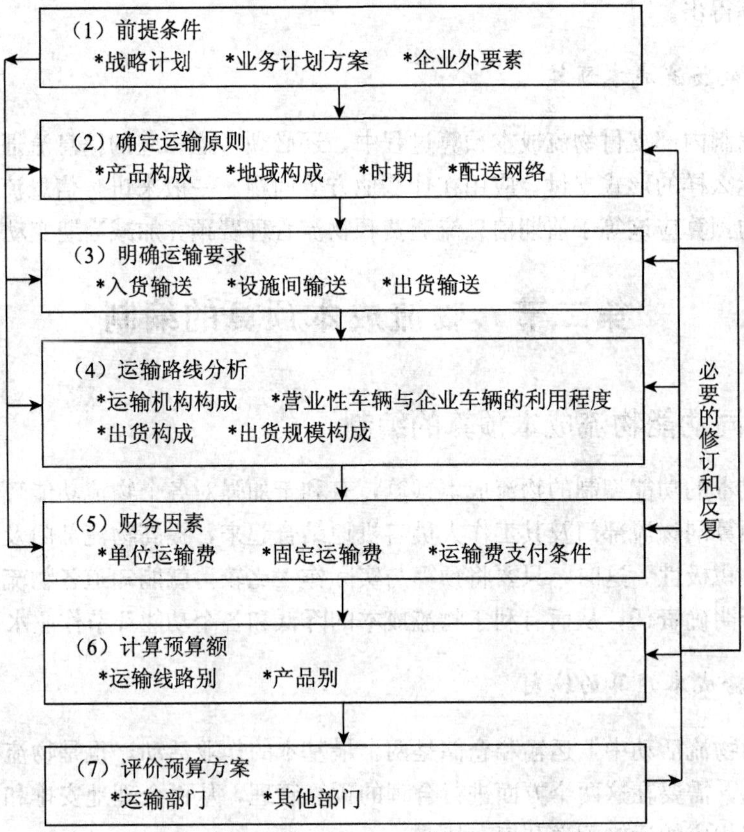

图5-3 运输成本预算步骤

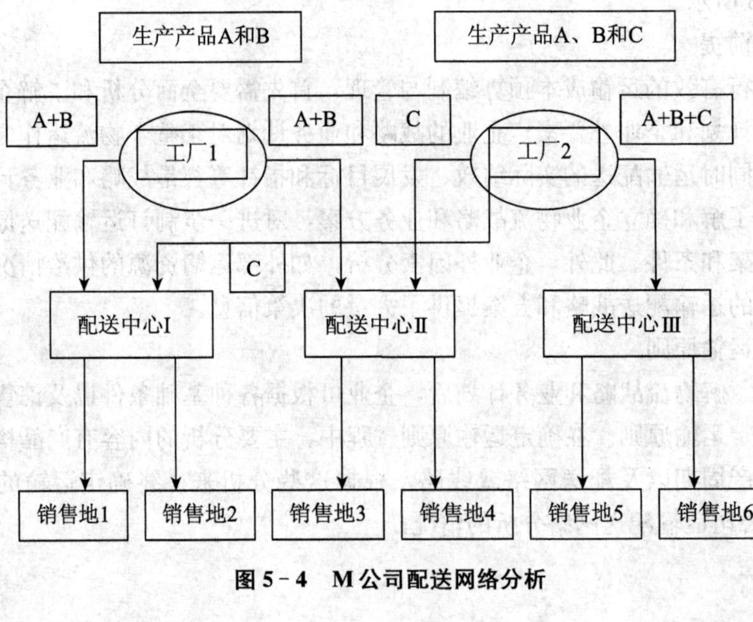

图5-4 M公司配送网络分析

（3）明确运输需求

为了编制精度较高的运输成本预算，企业有必要详细地制定运输服务需求说明书，需要明确的运输服务需求主要包括距离、重量和体积。如图 5-4 所示的是 M 公司生产、配送路线和状况。表 5-1 为运输服务需求表。例如，销售地 4 预测销售 C 产品 20000 件，主要由工厂 2 供应，并且通过配送中心Ⅱ实施运输配送。

表 5-1　M 公司生产、配送表　单位：千件

产品	工厂	销售地						
		1	2	3	4	5	6	合计
A	1	20	20	20	20	0	0	80
	2	0	0	0	0	20	20	40
B	1	15	7.5	7.5	15	0	0	45
	2	0	0	0	0	7.5	7.5	15
C	1	0	0	0	0	0	0	0
	2	30	10	10	20	10	10	90
合计		65	37.5	37.5	55	37.5	37.5	270

（4）运输线路分析

在按产品别、运输线路别明确运输需求后，可以按照不同运输线路，明确以下三要素：①运输类型构成（货车、铁路、航运、航空等运输形态的组合）；②发货构成（营业性货车以及企业货车组成）；③发货规模构成（租用货车运输与小单位配送组成）。上述 M 公司的运输线路分析如表 5-2 所示。

表 5-2　运输线路别、产品别运输形态构成　单位：%

运输路线		产品			
出发地	目的地		企业运输	租货车运输	小单位运输
工厂 1	配送中心Ⅰ	A	100		
配送中心Ⅱ	销售地 4	B		75	25
配送中心Ⅱ	销售地 4	C		75	25
配送中心Ⅲ	销售地 5	A		50	50

（5）财务因素分析

在分析完各产品线路和运输构成后，应从以往的发货数据中，测算不同产品、不同运输线路以及不同运输形态的单位运输费，乘以相应的运输业务量，即可编制企业运输成本预算表。

2. 运输成本预算的编制

企业的运输费用包括营业运输费用和自营运输费用两个组成部分。营业运输费用是指利用营业性运输工具进行运输所支付的费用；自营运输费用则是用自备运输工具进行运输所发生的费用，这两种费用的支付对象、支付形式及项目构成都有较大的差别，因而必须区别对待，分别编制预算。

企业进行营业运输时，其运输费用是直接以劳务费的形式支付给承运单位（运输企业）的，营业运输费实质上是一种完全的变动费用，这种运输费的计算和预算的编制比较简单。如果企业采用汽车运输，运输费用可按汽车标准运费率乘以运输吨公里计算确定；如果采用火车运输，其运费可按铁路标准运费乘以运输吨公里数计算确定；水路、航空运输，以此类推。

自营运输费用的发生情况比较复杂，既有随运输业务量增减而成比例增减的变动运输费用，如燃料费、维修费、轮胎费等，也有不随运输业务量成比例变化的固定运输费用，如运输工具的折旧费、保险费、养路费等。因此，为了有效地实施预算控制，需要在编制运输费用预算之前，首先区分变动运输费和固定运输费。为了计算预算期各项变动运输费，可以先以上年该项变动运输费总额除以运输业务量，求出上年的变动费用率，在此基础上考虑预算期可能发生的各种变动，适当调整变动费用率，再以调整后的变动费用率乘以预算期的运输业务量，则可得到预算期该项变动运输费用的数额。在确定各项变动运输费用之后，再根据上期各项固定费用的分配数，并考虑预算期可能变化的因素，求出预算期的各项固定运输费用。最后，便可得出自营运输费用的预算。表5－3为M公司自营运输费用分析表，表5－4为M公司单位运输费分析表，表5－5为M公司运输线路别、产品别运输成本预算表。

表5－3　　M公司自营运输费用分析表

201×年　　单位：元

项　目	变动费用率	固定费用预算
变动运输费		
燃料费	0.8	
维修费	0.5	
轮胎费	0.7	
其他	0.4	
小计		
固定运输费		
折旧费		50000
养路费		20000
管理费		30000

续　表

项　目	变动费用率	固定费用预算
其他		10000
小计		90000

表 5-4　　**M 公司单位运输费分析表**　　单位：元

运输路线		产品	单位运输费		
出发地	目的地		企业运输	租货车运输	小单位运输
工厂 1	配送中心Ⅰ	A	2.4①		
配送中心Ⅱ	销售地 4	B		10	24
配送中心Ⅱ	销售地 4	C		14	30
配送中心Ⅲ	销售地 5	A		6	12

注：①为自营运输费用的变动运输费。

表 5-5　　**M 公司运输线路别、产品别运输成本预算表**　　单位：元

运输路线		产品	总运输成本预算			
出发地	目的地		企业运输	租货车运输	小单位运输	合计
工厂 1	配送中心Ⅰ	A	96000			96000
配送中心Ⅱ	销售地 4	B		112500	90000	202500
配送中心Ⅱ	销售地 4	C		210000	150000	360000
配送中心Ⅲ	销售地 5	A		60000	120000	180000
企业自营固定运输费			90000			
合计			1265125	1483675	994975	3743775

（二）仓储成本预算的编制

仓储费用预算也是物流成本预算的重要组成部分。根据所使用的仓库是否归本企业所有，又可将仓储形式分为自营仓储和营业仓储。由于自营仓储和营业仓储所支付的费用形式与内容都有很大差别，所以，在编制仓储费用预算时，要区别两种情况对待，即分别编制营业仓储费用预算和自营仓储费用预算。

1. 营业仓储费用的预算编制

如果使用营业性仓储设备储存保管商品，只需向仓储企业支付一笔保管费即可，保管费的多少，往往因储存商品价值的大小、保管条件的好坏以及仓库网点所处的地理位置而有所不同。因此，营业仓储费用预算可按两种标志来编制：一是按所保管的物资价值的大

小、数量的多少、保管条件的好坏将物资分为A、B、C三个等级。其中，A级商品是单位价值大、数量少、保管条件好的商品；B级商品次之；C级商品为单位价值小、数量多、保管条件差的商品。与此相适应，所支付的仓储费用也有三个档次，即A级商品的保管费、B级商品的保管费和C级商品的保管费，并按上述三类费用的支出情况编制预算并进行控制。二是按仓库网点的地理位置不同、仓库条件不同、收费标准不同而将储存商品相应委托不同仓储单位存储，并编制相应的仓储费用预算。

现举例说明上述两种仓储费用预算的编制方法。

［**例5-1**］某公司实行A、B、C分类法进行仓储管理。经预算，预算年度有A类商品为20件；每月每件需支付保管费20元；B类商品为100件，每月每件需支付保管费2元；C类商品为500件，每月每件需支付保管费0.2元。现根据已知资料，编制营业仓储费用预算，如表5-6所示。

表5-6 **营业仓储费用预算**

201×年　　单位：元

类　别	件数	每件所需保管费	年度预算金额
A类商品	20	20×12	4800
B类商品	100	2×12	2400
C类商品	500	0.2×12	1200
合计			8400

［**例5-2**］某公司将委托甲、乙、丙三家仓储企业存储商品。这三家仓库的收费标准各不相同，根据三家仓库所存储的数量和时间，预计向甲仓储企业支付3000元保管费，向乙仓储企业支付3800元，向丙企业支付1600元。根据这一资料，编制营业仓储费用预算，如表5-7所示。

表5-7 **营业仓储费用预算**

201×年　　单位：元

仓储企业	年度预算金额			合计
	A类	B类	C类	
甲企业	3000			3000
乙企业	1800	1500	500	3800
丙企业		900	700	1600
合计	4800	2400	1200	8400

2. 自营仓储费用的预算编制

自营仓储费用预算的编制较营业仓储费用预算的编制复杂。这是因为自营仓储作业活动与成本费用的内容比营业仓储多，计算起来比较麻烦。自营仓储费用预算的编制应考虑以下方面的工作：

(1) 仓储作业活动构成要素的识别及必要作业时间的确定

仓储作业活动是物流作业中较为复杂的活动，它涉及入库、产品拣选、补货、出库等各种作业活动，因此在计算必要作业时间时需要采取合理的方法进行测算，从发达国家的经营实践看，主要方法有工程图表法和回归分析法。所谓工程图表法就是按照仓储作业活动的流程，将各种流程活动再按照加工、搬运、检验和保管等类别进行分类，测算各流程活动的必要时间。运用这种方法的优点在于一方面其分析比较直观，容易操作；另一方面通过合理的分析和分类，能够帮助企业有效地识别无效的作业活动，提高作业效率。如表 5－8 所示的是某公司采用工程图表法描绘的单次及数次托盘货物入库活动。

表 5－8　单次及数次托盘货物入库活动

日期＿＿＿＿＿＿　　仓库地点＿＿＿＿＿＿
仓库代码＿＿＿＿＿＿

距离 m	使用时间（分钟）		图表的记号	步骤代码	工程内容
	设备	人员			
10		0.12	略	1	监督者准备入库文件
		0.60	略	2	开启货车，安置叉车
30	1.00－8.00	1.00－8.00	略	3	将托盘向暂存区移动
		1.00－8.00	略	4	记录入库报告书
		0.48	略	5	关闭货车车门
30		0.50	略	6	将入库报告书传递到管理部门
10		0.0－3.0	略	7	托盘识别分类
	0.15	0.15	略	8	放好叉车
	0.48	0.48	略	9	货物堆垛
40～1000	1.50	1.50	略	10	向库区移动
	0.50	0.50	略	11	将托盘从库区取出
40～1000	1.50	1.50	略	12	向入库口返还
	27.86	27.86	略	13	下次的托盘接受
		0.50	略	14	根据入库报告书记入托盘所在地
30		0.50	略	15	将入库报告控制返还管理部门

回归分析法是判明库存作业活动中必要的物质资源投入量的一种方法，运用该方法首先是抽取样本，然后根据记录的独立变量（如装卸数量）和依存变量（如作业时间），在

图上绘制散点图，再用方程进行拟合，最终计算出仓储活动必要的标准时间。

（2）区分变动仓储费用和固定仓储费用

为编制自营仓储费用预算，还需要区分变动仓储费用和固定仓储费用。变动仓储费用就是随仓储业务量的增减而成比例增减的仓储费用，固定仓储费用则是指不随仓储业务量的增减而成比例增减的仓储费用。属于变动仓储费用的有：①转库搬运费；②检验、挑选、整理费；③临时人员薪酬；④库存物资损耗等。属于固定仓储费用的有：①仓储设备及土地折旧费；②维修费；③管理人员薪酬；④保险费；⑤其他费用，如水费、电费、煤气费等。

（3）确立标准价格

由于变动仓储费用随仓储业务量（时间）的变动而变动，因此对于变动仓储费用预算需要确立标准价格，标准价格即单位小时的标准劳务费和设备费，一般可以直接从企业的财务数据或劳动合同、设备维护租赁合同中获取。

（4）编制自营仓储费用预算方案

自营仓储费用的预算可按月、季和年度编制。不论是月度、季度，还是年度预算，费用的计算方法基本相同，可根据上年统计资料在预算期的变化因素进行计算，然后编制预算表。年度自营仓储费用的预算表格设计如表5-9所示。

表5-9　自营仓储费用预算表

201×年

成本项目	总仓储资源（小时/人/台）	仓储费标准（元）	总仓储费预算（元）
变动仓储成本			
转库搬运费			
检验、挑选、整理			
临时人员薪酬			
库存物资损耗			
小计			
固定仓储成本			
折旧费			
维修费			
管理人员薪酬			
保险费			
其他			
小计			
合计			

二、不同范围的物流成本预算的编制

不同范围的物流成本预算是对企业不同领域的物流成本编制的预算。这种预算规划出预算期内各物流领域中的物流成本支出数目，从而作为各领域的物流人员降低物流成本的目标。它包括供应物流预算、生产物流预算、销售物流预算、退货物流预算和废弃物流预算等内容。

［**例 5－3**］某公司上年度发生的供应物流费为 15000 元，生产物流费为 17000 元，销售物流费为 20000 元，退货物流费为 2000 元，废弃物流费为 5000 元。据公司有关部门分析、预测，本期公司的原材料采购业务将大幅度增长，为此供应物流费将比上年增加 10%，而生产物流费仍将控制在上年的水平，销售物流费预计可降低 5%，退货物流费可望削减 50%，废弃物流费预计降低 15%。根据上述资料，采用分析计算的方法，可编制不同范围的物流成本预算，如表 5－10 所示。

表 5－10　　某公司物流成本预算（按不同范围编制）

201×年

单位：元

费用项目	上年实际数	预计增减比率（%）	本年预算数
供应物流费	15000	＋10	16500
生产物流费	17000	—	17000
销售物流费	20000	－5	19000
退货物流费	2000	－50	1000
废弃物流费	5000	－15	4250
合计	59000		57000

不同范围的物流成本预算除了可按年度编制以外，也可按季、按月分别编制，然后汇总编制年度预算。如果企业物流业务量较大，且不同月份的物流业务量增减变化较为明显，最好先按季分月编制预算，编制的方法与上述年度预算的编制相同。仍以上述企业为例，编制 1 季度的不同范围物流成本预算，如表 5－11 所示。

表 5－11　　某公司物流成本预算（按不同范围编制）

201×年 1 季度

单位：元

月份／项目	预算数			
	1月	2月	3月	1季度
供应物流费	1500	2000	1080	4580
生产物流费	1600	1950	2100	5850
销售物流费	2200	1850	1700	5750

续 表

项目＼月份	预 算 数			
	1月	2月	3月	1季度
退货物流费	80	75	81	236
废弃物流费	280	295	285	660
合计	5660	6170	5246	17076

第三节 物流成本预算与控制

预算与控制密不可分。物流预算编制既是一个计划过程，同时也是确定控制标准的过程。而物流预算的执行过程也就是根据预算对实际物流经营过程进行控制的过程，即预算控制。在上一节，为了说明物流预算的编制，我们只按预算期内计划的一种业务量水平来编制相应的预算，这种预算称为固定或静态预算。一般而言，企业的物流活动及其所处的环境并非如此简单明确，作为控制手段的预算也就必须根据其特点而采用不同的形式。实际上，管理人员在编制物流预算时，就要考虑到预算控制的要求，针对不同企业和不同特点的物流经营活动进行有效控制的需要编制物流预算。

一、弹性预算

采用固定预算方法为企业物流成本费用编制预算时，其中的变动费用明细项目是根据预算期某一给定的业务量水平为基础来确定其预计金额的。这种固定预算编制方法有着明显的缺点：每当实际业务量与编制预算时所依据的业务量发生差异时，各费用明细项目的实际数与预算数就失去了可比的基础。而在实际中，由于市场行情的变化或季节性等原因，各月份的实际业务量水平常常与预算产生差异，致使无法准确地评价和考核物流费用预算的执行情况，从而也就难以对其实施预算控制。因此，为了物流预算控制的有效性，就有必要编制物流弹性预算。

弹性预算（Flexible Budget）又称变动预算，就是针对固定预算的上述问题，按照多种物流经营活动水平和收入、成本、费用与物流经营活动之间的数量关系来编制预算。具体说，就是在编制物流成本费用预算时，预先估计到预算期间业务量可能发生的变化，编制出一套能适应多种业务量水平的成本费用预算，以便分别反映在各种业务量水平下所应开支的费用水平。弹性预算的特点是，在企业物流规模和业务量水平不断发生变化时，预算数额能够随着业务量水平的变化而做机动的调整，使之仍然能够准确真实地反映某一特定物流经营规模和业务量水平上所应当发生的成本费用或应当取得的收入。因此，即使预算期内实际业务量与预计的业务量不一致，通过编制弹性预算，也能够提供与实际业务量水平相适应的预算额，从而能够使预算指标与实际业绩进行比较，有利于对某些物流经营活动进行有效的控制。

由于物流成本费用中均包含变动费用和固定费用两部分，因此在为它们编制弹性预算时，应首先将有关预算中的全部成本费用分为固定和变动两部分。只要在相关范围内，固定费用不随业务量的增减而变动，因此，不论业务量多少都无须变动原先的预算数；对于变动成本，则应按不同的业务量对原定的预算数进行适当调整。调整方法如下：假定原定物流费用预算总数为 Y，其中，固定费用总数为 a，原计划业务量按物流商品流转额计算为 x，变动费用总额为 bx，则每单位物流商品流转额变动费用分配率为 b（bx/x），原预算中的费用预算总数为 $Y=a+bx$。假定实际业务量为 X，按实际业务量调整后的物流费用预算总数即为 $Y=a+bX$。

［**例 5-4**］假定某公司业务量（物流商品流转量）由 30000、25000、20000 到 15000 个单位发生变化，物流费用的弹性预算如表 5-12 所示。

表 5-12　**物流费用弹性预算**　单位：元

费用明细项目	变动费用分配率	物流商品流转量			
		30000	25000	20000	15000
变动费用					
包装费	0.4	12000	10000	8000	6000
运输费	0.6	18000	15000	12000	9000
搬运费	0.3	9000	7500	6000	4500
流通加工	0.5	15000	12500	10000	7500
装卸费	0.2	6000	5000	4000	3000
小计		60000	50000	40000	30000
固定费用					
保管费		15000	15000	15000	15000
订货处理		15000	15000	15000	15000
信息流通		25000	25000	25000	25000
物流管理		5000	5000	5000	5000
客户服务		2000	2000	2000	2000
小计		62000	62000	62000	62000
物流费用合计		122000	112000	102000	92000

应该注意的是，弹性预算不仅适用于物流费用预算的编制和控制。实际上，任何随业务量的变化而变化的预算项目均可以采用这种方法为其编制预算，从而为预算控制提供了一个坚实的基础。

二、零基预算

按传统方法编制物流成本费用预算，一般是以基期的各种物流费用项目的实际开支数为基础，然后结合预算期内可能会使各种费用项目发生变动的有关因素的考虑，如业务量的增减等，从而确定预算期内应增应减的数额，即在原有的基础上增加或减少一定的百分率来编制物流预算，称为增量预算。这种传统的方法过分受基期的约束，往往不能做到实事求是、精打细算，造成较大的浪费，使企业的物流资源运用效率下降。20世纪60年代美国人彼得·派尔（Peter Pyhrr）提出了“以零为基础的编制预算和计划的方法”（Zero-Based Planning and Budgeting），即零基预算（ZBB），被认为是管理间接费用的有效方法。按照零基预算的思想，企业在编制物流成本费用预算时，对于任何一个预算期，任何一种项目的开支数，不是从原有的基础出发，即不考虑基期的费用开支水平，而是以零为起点，从根本上考虑各项费用项目的必要性和开支数目。编制物流零基预算的具体方法，大体可以分为三个步骤：

首先，提出物流预算目标。即由企业物流各部门和员工根据本企业在预算期内的总体经营目标和各部门应当完成的任务，在充分沟通酝酿的基础上提出必须安排的物流费用项目，并为每一物流费用项目编写一套开支方案，明确费用开支的目的和确切金额。

其次，进行成本效益分析。即对每一个预算项目的所得与所费进行比较，以其计算、对比的结果衡量评价各预算项目的经济效益，在权衡各个物流费用开支项目轻重缓急的基础上决定对所有预算项目资金分配的先后顺序。

最后，分配资金，落实预算。即根据以上确定的预算项目的先后次序，将企业物流活动在预算期内可动用的资金来源或经济资源，在有关项目之间进行合理分配，既保证优先预算项目的资金需要，又要使预算期内各项物流经营活动得以均衡协调发展。

［**例5-5**］假定某公司采用零基预算法编制下一年度物流费用预算，具体过程如下：

第一步，由物流部门根据企业下年度利润目标、销售目标和成本目标以及物流部门具体承担的物流经营任务的要求，提出计划期各项费用及其水平，如表5-13所示。

表5-13　　计划期各项费用及其水平　　单位：元

物流部门人员薪酬	200000
有关设备、仓库折旧费	50000
生产要素采购费用	35000
广告宣传费	350000
仓库挑选、整理、保管费	25000
物流信息费	120000

第二步，根据有关历史资料，对各种费用进行“成本效益”分析：

生产要素采购费用和仓库挑选、整理、保管费属于变动性物流费用，与特定的业务量相联系，是完成计划规定的物流业务活动必不可少的开支。

有关设备、仓库折旧费和物流部门人员薪酬属于约束性固定成本，仍是企业必不可少的开支项目。

广告宣传费和物流信息费属于酌量性固定成本，根据以往有关的平均费用金额和相应的平均收益金额，计算成本效益比率，如表 5-14 所示。

表 5-14 成本效益比率

明细项目	平均费用金额（元）	平均收益金额（元）	成本效益比率
广告宣传费	20000	400000	20
物流信息费	40000	400000	10

第三步，安排各项费用的开支顺序：

生产要素采购费用和仓库挑选、整理、保管费是必须支出项目，需全额保证，列为第一层次；

有关设备、仓库折旧费和人员薪酬，列为第二层次；

广告宣传费成本收益水平高于物流信息费，列为第三层次；

物流信息费列为第四层次。

最后，分配现有资金和落实预算，如果企业可供物流部门使用的资金为 730000 元，则分配结果如表 5-15 所示。

表 5-15 分配结果 单位：元

生产要素采购费用	35000
仓库挑选、整理、保管费	25000
有关设备、仓库折旧费	50000
物流部门人员薪酬	200000
广告宣传费	（730000－310000）×20/30＝280000
物流信息费	（730000－310000）×10/30＝140000

物流零基预算的优点是不受历史资料和现行预算的限制，对一切物流业务活动及其费用开支都要像组织第一次创立一样，以零为起点来考虑其必要性和重要程度，然后重新分配企业的物流预算资源。因此，这种预算方式可以有效地压缩经费开支，提高资金的使用效果和合理性。当然，零基预算法的工作量较增量预算要繁重的多，所以企业可以每隔几年编制一次物流零基预算，而在其他时间仍编制增量预算。

三、物流部门的日落预算法

在企业物流预算管理体系中，随着社会经济的不断发展和物流管理的进一步深化，除了零基预算得到广泛的认同外，日落预算法也渐渐为人们所关注。日落预算法（Sunset Budgeting）是作为美国行政机构改革的新型手段而出现，其宗旨在于构建简捷、效率化的政府机构。最早采用这种管理方法调整机构的是美国亚拉巴马州政府，当今已在31个州实行。尽管如此，日落预算法现在渐渐地应用到了企业管理决策当中。它与零基预算的相同点是都以现时点作为决策的出发点，亦即零基，但是二者实施的手段和关注点是不一样的。

具体地讲，物流零基预算的特点是现场管理者对承担的业务以年度预算为单位（或进一步分解到季度、月度）进行分析预算。而物流日落预算法却是企业高层管理者对3～5年期的物流政策和体系进行整体分析预算的方法。很显然，这两者的差异主要表现在：一是分析预算的实施主体不一样，物流零基预算的主体是业务管理者或现场管理人员，而日落预算实施的主体是企业高层决策者；二是零基预算的时间跨度往往是一年或更短，而日落预算一般为3～5年；三是预算对象不完全一致，物流零基预算管理分析的对象是具体的业务活动，而日落预算则更多关注的是整个业务体系或物流政策。

显然，日落预算与零基预算是相辅相成的，两者互为补充，相互促进，共同构成了一个完整的预算体系和管理框架。这是因为物流零基预算虽然每年都以相同的基准评价各物流业务，并且进行预算，但它不涉及物流政策或物流体系方面的问题，而且由于大多数预算都是由现场管理人员或基础管理人员提出的，因此没有过多地顾及企业层面的物流战略安排，缺乏长期思考。此外，如果没有综合整体的预算分析，单纯依靠零基预算，其分析和管理工作量往往很大，企业的经济负担也很高。正因为如此，日落预算通过公司层面的预算分析，圈定物流业务运作的体系和范围，在此基础上再进行零基预算，其管理效率会大大提高，换句话说，日落预算提高了零基预算的效率。

物流日落预算法的实施，主要是以一定的预算期间为单位（一般是3～5年），每一个预算期重新全面审核，在同等基础上，调整物流业务范围，终止一些不符合发展要求的物流业务或者政策，并在此基础上确立总体的预算。通常以下的一些业务在日落预算中可以考虑终止，即当初的目的已经达到，而目前不再需要或者不符合发展要求的业务；在实现当初目的的过程中证明失败的业务，以及随着环境的变化，其存在的基础已不再成立的业务。应该说，在根据以上原则考虑业务存废的过程中，分析的对象和内容，即业务涵盖的范围不仅仅是物流运作业务，也包括人员等其他要素，同样不仅要分析现场、基层业务，还应涉及总公司的管理、控制等业务。如果其中有些业务在预算期不再具备发展的要求，那么自动从预算中扣除，不必等到预算期后再重新审议。

第四节　作业成本法在物流成本预算中的应用

一、物流成本预算的特点

基于活动的预算要求职能管理者和流程管理者进行协商，物流成本核算采用作业成本法，通过识别实施的物流活动、资源要求和单位活动成本为基于活动的预算提供了框架，预算协商流程运用这些信息，以决定实施什么活动、供应什么驱动因素和资源、会生产多大程度的资金需求。基于活动的预算改变了原来一期对一期的，事后信息利用并进行预算的特点，转为日常的管理，整合每天的活动、行为和实施的战略预算。

物流预算管理不仅仅是预算活动本身，而是在活动信息和评估业务流程中增值活动内容的基础上，制定前瞻性的战略和运作决策，即基于活动的作业管理。所以，它既是基于企业经营和物流方针之上的，同时又进一步推动企业物流管理和战略的发展。

因此，将物流预算建立在作业成本核算方法的基础之上，无疑会提升传统物流预算控制职能的适用范围和使用效果。

二、基于作业成本法的物流成本预算编制

作业成本法的原理和方法本书第九章做了详细的介绍，这里重点讨论作业成本法在物流成本预算中的应用。

作业成本法的核心思想是强调以作业为基础，通过对作业进行动态的追踪反映，计量作业和成本对象的成本，评价作业业绩和资源利用情况。它以作业为中心的成本计算方法取代了以物品实体或物流功能为中心的成本计算方法。其中作业是指企业在提供物流服务过程中的各工作程序和环节，即物流经营活动。作业成本则是维持作业所发生的耗费。按照作业成本法的观点，物流成本是企业物流活动中所需全部作业的成本总和，成本计算的最基本对象是作业。其理论基础是：作业消耗资源，成本计算对象耗用作业。作业成本法的本质是把作业作为确定和分配期间费用的合理基础，引导管理人员将注意力集中在成本发生的原因，即成本动因上，而不是仅仅关注成本计算结果本身。将这种思想与方法应用到物流预算控制领域，无疑会使我们对预算差异的原因的分析更加深入、准确，所采取的纠正措施更加得力，从而大大提高物流预算控制的效率和效果。

此外，由于作业充当了联系投入和产出的桥梁，资源通过作业来形成最终提供给客户的商品的价值，企业的物流经营过程表现为作业链，因此，企业可以将作业成本系统纳入到物流预算体系中，以作业中心为基础来确定责任中心并编制预算。这样就可以在很大程度上避免传统预算编制中的经济责任，特别是间接费用责任不清的问题，便于加强间接费用的预算，同时提高预算的准确性，以便进行更有意义的差异分析，并可为管理人员从非财务角度进行业绩评价与控制提供相应的工具和指标。

在应用作业成本预算方法时，首先应该注意到这里的预算控制点在概念上已经从传统责任部门转变为责任中心，即过程和团队。过程和团队作为物流预算控制点，是指由一个共同目标维系在一起的一系列作业，实际上可以涵盖传统的物流部门。其次应注意到作业成本预算在编制方法上是弹性成本预算，当然同时也可以涵盖固定预算范畴。作业成本法作为面向改变、改善和革新过程为特点的现代生产经营环境的成本计算方法，为更为精巧的弹性预算的构建提供了依据。下面就以某一作业中心的物流作业弹性预算为例对作业成本法在物流预算中的应用作一比较分析。

某公司的一般物流弹性预算和作业物流弹性预算分别如表 5 - 16 与表 5 - 17 所示。

表5-16 一般物流弹性预算

201×年　　作业中心：包装

项目	分类		弹性预算数（元）	
	固定（金额）	变动（分配率）		
直接人工小时			10000	20000
直接人工		8元	80000	160000
直接材料		10元	100000	200000
物料消耗		2元	20000	40000
维修	20000元	3元	50000	80000
电力	15000元	1元	25000	35000
检验	120000元		120000	120000
包装准备	16000元		16000	16000
验收	22000元		22000	22000
合计	193000元	24元	433000	673000

表5-17 作业物流弹性预算

201×年　　作业中心：包装

项目	成本动因	分类		弹性预算数（元）	
		固定（金额）	变动（分配率）		
	直接人工小时			10000	20000
直接材料			10元	100000	200000
直接人工			8元	80000	160000
物料消耗			2元	20000	40000
小计				200000	400000
	机器小时			8000	16000
维修		20000元	5.5元	64000	108000
电力		15000元	2元	31000	47000
小计				95000	155000
	包装准备次数			25	30
包装准备			800元	20000	24000
检验		80000元	2100元	132500	143000
小计				152500	167000
	订单数			120	150
验收		6000元	200元	30000	36000
合计				477500	758000

一般物流成本预算假设成本是由单一的因素直接人工小时驱动的，并以此来计算实际作业水平下的预计成本。而实际运作中成本常常是由多个动因驱动的，一般物流成本预算的作业成本就会产生误导。作业物流弹性成本预算建立在多动因的基础之上，采用同一成本动因的作业归为一组，物流预算就可以准确预测不同作业用量水平下的成本。作业物流弹性预算中直接材料、人工和物料消耗的预算数与一般物流弹性预算相同，而其他项目的预算数则相差很大。

对于物流成本差异分析而言，假设实际成本与表 5-15 中的预计成本比较，实际作业用量水平与第一列预计水平相同，表 5-16 是相应的业绩报告，比较结果是存在 19500 元的有利差异。但是，这种比较分析不能说明经营过程、方式变化或改善情况下差异产生的原因。如果以检验成本为例，设预计固定检验成本 80000 是两个检验人员的工资 40000 元/人，每人的有效检验能力是 20 批/人，实际检验成本为 82000 元，实际变动成本为 43500 元，这样一来我们可以进一步看清差异产生的原因，如表 5-17 所示，不利的固定成本差异为 2000 元，有利的变动成本差异为 9000 元。

表 5-18 作业业绩报告 单位：元

项目	实际成本	预计成本	预算差异
直接材料	101000	100000	1000
直接人工	80000	80000	
物料用品	23000	20000	3000
维修	55000	64000	−9000
电力	29000	31000	−2000
检验	125000	132500	−7500
包装准备	21000	20000	1000
验收	24000	30000	−6000
合计	458000	477500	−19500

表 5-19 固定作业与变动作业差异分析 单位：元

作业	实际成本	预计成本	预算差异
检验			
固定	82000	80000	2000
变动	43500	52500	−9000
合计	125500	132500	−7000

进一步扩展对固定作业差异的分析，其中检验作为非增值作业最终可以被消除，固定作业分配率为 80000/40＝2000，则耗费差异＝82000－2000×40＝2000 元，业务量耗费＝

2000×40－2000×0＝80000元。闲置能力差异是作业可用量和实际用量之间的差异，即2000×40－2000×25＝30000元，这里说明检验资源的供给量超过了需求。

由以上分析可以看出，作业物流弹性预算具备了对作业产出计量变化引起的物流作业成本变动进行确认和分析的能力，管理人员可以据此进行详细的计划，监控过程变化和作业改善的实施。

注：以作业成本为基础的物流成本预算管理的案例分析详见第九章。

本章小结

物流成本预算是物流成本管理的重要环节之一，可以用于预测未来成本、建立成本目标，进行业绩评价与成本控制。

企业物流成本预算的编制与管理方法有弹性预算方法、零基预算方法和日落预算方法等。其中，弹性预算方法是针对传统的固定预算方法所存在的缺陷和不足而产生的，它特别适用于多种业务量条件下的预算的编制。零基预算和日落预算方法也是与传统的增量预算和定期预算相对应的预算编制方法，可以解决预算编制中成本效益性、远期指导性、灵活性和连续性等一系列问题。

物流成本预算也可以按照各种不同的标准进行分类编制，而按物流成本功能别编制预算是最主要的做法。其中运输成本预算和仓储成本预算的编制是重点和关键。

讨论题

在企业物流成本预算编制中，为什么强调变动费预算与固定费预算、可控费用预算与不可控费用预算、金额预算与物流量预算的划分？对于企业物流成本预算的编制与控制有何意义？

思考题

1. 物流成本预算的作用是什么？如何组织物流成本预算的编制？
2. 物流成本预算包括哪些主要内容？它们之间的关系怎样？
3. 如何以物流业务量为基础进行运输成本和仓储成本预算的编制？
4. 什么是弹性预算？为什么要编制弹性物流成本预算？如何编制？
5. 为什么说零基预算方法可以激励职工提高成本效益？
6. 什么是日落预算？日落预算有什么优点？
7. 作业弹性预算方法有哪些优点？

案例分析

智能计算机有限公司物流成本预算

8月，李钠被指定为智能计算机有限公司总裁，他已在该公司工作了5年，在此之前，他担任销售部门副总经理。上任后不久，他就与公司总会计师会谈多次，研究探讨有关公司的预算控制问题。这位新任总裁对于现行物流费用控制制度不甚满意，他要求总会计师重新设计一套制度来控制这些成本支出。

智能公司生产一系列电子计算机，通过各地物流中心售予批发商与零售商，同时，公司对国有企业及大型工业用户采取直营方式。大部分产品都使用智能公司的商标名，该公司为这一行业中的最大型公司。

在过去采取的制度下，物流费用是依据固定基础编制的。每年10月，会计部门会送给各地物流中心经理有关上一年度物流费用支出及截至目前的当年物流费用支出的统计资料，这些经理根据这份资料、来年的业务预估及本身的判断，提出次年部门物流费用预测，这份资料再送交负责地区业务的物流部门经理，由其审查是否合理及作必要的修正。

物流部门经理与各相关部门主管研究并调整差异后，将各地物流中心费用预估汇总成一份物流费用总预算，这份预算再提交给预算委员会做最后的核准。为了达到控制的目的，预算数字被均分12等份，以便能将每月实绩与预算数字比较，表5-20为月份比较表的格式。

表5-20　　各物流中心物流费用业绩评价

月份：10月　　甲中心　　单位：百元

	本月				年度累计差异
	预算	实际	差异	占销售百分比（%）	
包装费	1450	1432	−18	0.55	
运输费	15500	13050	−2450	5.00	
保管费	3420	3127	−293	1.20	
装卸费	1042	890	−152	0.34	
搬运费	230	262	+32	0.10	
流通加工	134	87	−47	0.03	
挑选费	150	112	−38	0.04	
整理费	125	—	−125	0.00	
库存管理	2900	2700	−200	1.03	
订货处理	1303	1138	−165	0.44	
客户服务	975	975	—	0.37	

续 表

	本月				年度累计差异
	预算	实际	差异	占销售百分比（%）	
现场管理费	762	762	—	0.29	
机构管理费	2551	2426	+125	0.93	
合计	30542	26961	−3581	11.29	

李钠认为现行办法有两个主要缺陷：

第一，任何人对物流中心主管提出的预估值都有相当的保留意见。由于前一年的费用支出随着销售环境和条件的变化，不可能与次年相同，不宜作为次年的标准。

第二，在确定物流预算后，情况可能发生重大变化，预算却未做相应的调整。现行物流预算既未与实际业务量建立关系，也未与物流活动互相配合。李钠认为业务量增加，物流费用即使不是直线增加，也将呈同方向变化，但现行办法没有考虑到这一点。

为了改正现行制度的缺点，总裁希望将物流费用分为固定与变动来确定预算标准，目前制造部门费用支出即采取此种方式来控制。总会计师赞成采用此种观念，他开始着手研究物流费用的合理确定方式。几年来，会计部门曾对物流费用作过一番分析，分析结果用于产品客户、地区别的成本分摊，有时候还用于解决特殊问题（如每一订单数量须达到多少才能获利），这些分析资料对于总会计师很有帮助。

总会计师认为固定物流费用可以根据最低可能业务量下的费用支出求算，因此，他要求物流部门经理找出公司最低业务量及该数量下的费用支出。助理人员利用公司几个景气循环、长期物流业务活动演变及同业的成长状况进行资料分析，物流部门经理根据这一分析结果得出公司最低物流业务量不会低于现有能力的65%。

物流部门经理接着想求算在该业务量下应有的费用支出。经由助理人员的协助，他仿真了一个相当于65%物流业务量的物流分支单位，假定其所需要的人力依现行工资率标准确定这一组织的工资费用，同时也预估诸如折旧费、维修费、管理费等各项费用在最低业务量下应有的水平。

总会计师对于变动物流费用的估计是以每元物流流转额为基础，他也知道此种衡量基础有某些缺陷，诸如无法反映订单大小、销售区域难易有别、物流服务对象心理对成本产生影响等因素，但由于资料容易取得，他仍决定采取该种衡量基础。他相信随着业务量调整的预算一定比一成不变的预算更佳，他也希望就长期而言，对影响物流费用的因素做更准确的分析。

总会计师根据往年资料，利用线性回归导出许多成本项目与业务量间的函数关系，再以这些方程式估计变动费用。从历史资料求得的方程式，加上对各成本的未来判断，定出各项变动费用的单位变动率。

总会计师对各项物流成本费用图，已明确设定物流经营能力的65%及其斜率值，如此决定各项费用的方程式，也就是解析几何中通过一点的已知斜率直线。在业务量为零时的费用金额即为固定物流费用。

每年的物流费用预算即可根据新标准固定成本加上变动成本而得，这份预算提报预算审核委员会审查其可行性，经修改后核准实施。

总会计师还希望每月将各物流中心的实绩与预算比较，预算的变动部分将调整至当月实际业务量水平，表5－21为该种报告的格式。

表5－21　各物流中心物流费用预算报告

月份：10月　甲中心　单位：百元

	弹性预算		本　月			年度累计差异
	固定	变动	预算	实际	差异	
物流流转额			261000	261000		
包装费	139	0.0041	1209	1432	+223	
运输费		0.0500	13050	13050		
保管费	568	0.0087	2839	3127	+288	
装卸费	282	0.0026	961	890	−71	
搬运费	47	0.0006	204	262	+58	
流通加工	134		134	87	−47	
挑选费	10	0.0005	141	112	−29	
整理费	20	0.0003	98	—	−98	
库存管理	35	0.0100	2645	2700	+55	
订货处理	177	0.0036	1117	1138	+21	
客户服务	975		975	975	—	
现场管理费	762		762	762	—	
机构管理费	318	0.0076	2302	2426	+124	
合计	3467	0.0880	26437	26961	+524	

资料来源：杨文安．管理会计原理与个案［M］．上海财经大学出版社，2002.

第六章　物流成本控制

学习目的

物流成本控制是企业物流成本目标完成和实现的必要保证，它是企业物流成本管理的最主要的内容。通过本章的学习，了解物流成本控制的含义；熟悉物流成本控制的基本要求；掌握物流目标成本控制中的物流目标成本的制定与分解方法；掌握物流标准成本控制中物流标准成本的含义、制定及成本差异的计算与分析；掌握物流仓储成本控制的订货点控制法和订货批量控制法；熟悉物流成本日常控制的策略与方法。

第一节　物流成本控制概述

一、物流成本控制的含义

物流成本控制是指企业在物流活动中，以不断降低物流成本和提高物流服务水平为目的，对影响物流成本的各种因素加以管理，及时发现与预定目标成本之间的差距，采取一定的措施，保证物流成本目标和成本预算任务的完成。

物流成本控制按物流成本发生的时间先后划分为事前成本控制、事中成本控制和事后成本控制三个阶段，也就是成本控制循环中的设计阶段、执行阶段和考核阶段。

事前成本控制是指物流活动发生前通过对物流活动的成本功能关系的分析研究，提出对物流功能和目标成本的要求，从根本上解决功能过剩、成本过高的问题。同时还要对影响物流成本的有关因素进行分析研究，制定出一整套物流成本控制制度，针对不同类型的物流成本采取不同方法约束成本开支，防止偏差和浪费的发生，它们又分别被称为成本的前馈控制和预防控制。

事中成本控制又称日常成本控制，就是指在物流成本形成过程中，企业内部各级对物流成本负有经营管理责任的单位，根据事先制定的成本目标或标准，对企业各责任中心日常发生的各项物流成本和费用进行严格的计量、监督，如发生偏差，就及时分析原因并采取措施进行调节，使各项物流成本费用不超过预定的标准，以保证物流目标成本的实现。

事后成本控制是指在物流成本发生后，把日常发生的成本差异及其原因汇总起来进行分析研究，找出成本升降的原因，明确经济责任，为下一期企业物流活动计划和物流目标成本的确定提供改进意见，又被称为成本的后馈控制。

二、物流成本控制在企业物流管理中的作用

物流成本控制是企业物流成本目标完成和实现的必要保证，它是企业物流成本管理的最主要的内容。因此，物流成本控制在企业的物流管理中起着重要的作用，主要表现在以下五个方面：

（1）实施物流成本控制能够配合企业取得竞争优势。企业管理中，战略的选择与实施是企业的根本利益之所在，战略的需要高于一切。物流成本控制可以配合企业为取得竞争优势所进行的战略选择。企业的基本竞争战略有物流成本领先战略、差异化战略和目标聚集战略。物流成本领先战略的核心思想是以物流成本竞争为中心，利用低物流成本优势在竞争中或者取得超过竞争对手的高额利润，或者以低物流成本为依托，通过价格竞争来扩大市场份额，最终扩大企业的利润，确立企业的竞争优势。对于差异化战略和目标聚集战略，它们不可能单独实施，最终要与物流成本领先战略结合，在差异化战略和目标聚集战略过程中实现低物流成本，在低物流成本中走向差异化与目标聚集。可见，低物流成本既是一种战略，同时也是实施其他战略过程中追寻的一种目标。

（2）实施物流成本控制是企业增加赢利的主要途径。增加利润是企业经营的目的之一，而控制企业物流成本则直接服务于此目的，因为无论在何种情况下，降低物流成本都可以增加利润：①在收入不变的情况下，降低物流成本可以增加利润；②在收入增加的情况下，降低物流成本可使利润增加得更快；③在收入减少的情况下，降低物流成本可抑制利润的下降。因此，降低物流成本是企业实现赢利目的的根本途径。

（3）实施物流成本控制，有利于明确各物流管理部门责任。进行物流成本控制可以在计量、分析有关物流成本责任管理中心的预算执行情况的基础上，对他们的物流服务成本发生进行严格的考核和恰当的评价。通过物流成本绩效考核，肯定物流管理部门成绩，及时发现问题，修正责任成本预算，促进各物流责任管理中心强化物流成本控制。

三、物流成本控制的要求

从内容上看，物流成本控制属于企业成本控制的一个重要组成部分，因此，在企业的物流成本控制中首先应遵循企业成本控制的一般原则，如经济原则，全面原则，责、权、利相结合原则，目标控制原则以及重点控制原则等。另外，由于物流成本自身的二律背反等规律及物流成本管理自身的特征，在物流成本控制中还应注意以下五个结合。

（一）物流成本控制与物流服务质量控制相结合

物流成本控制的目的在于加强物流管理、促进物流合理化。物流是否合理，取决于两个方面，一是对客户的物流服务质量水平；二是物流成本的高低。如果只重视物流成本的降低，有可能会影响到客户服务质量，这是行不通的。一般说来，提高物流服务质量水平与降低物流成本之间存在着一种“效益背反”的矛盾关系。也就是说，要想降低物流成本，物流服务质量水平就有可能会下降，反之，如果要提高物流服务质量水平，物流成本又可能会上升。因此，在进行物流成本控制时，必须搞好服务质量控制与物流成本控制的

结合。要正确处理降低物流成本与提高物流服务质量的关系，从二者的最佳结合上，谋求物流效益的提高。

（二）局部控制与整体控制相结合

这里所说的局部控制是指对某一物流功能或环节所耗成本的控制，而系统控制是指对全部物流成本的整体控制。物流成本控制最重要的原则是对总成本进行控制。物流是一个整体系统，这就要求将整个系统及各个辅助系统有机地结合起来进行整体控制。比如，航空运输比其他运输手段的运费高，但航空运输可以减少包装费，保管费几乎为零，而且没有时间上的损失。因此，从总成本的角度看，不应单看运输费用的削减与否。从一定意义上说，采取总成本控制比局部物流功能的成本控制更为合适。再比如，采取接受小批量订货、小批量发送的方针，交易额能够增加，销售费用也较便宜。但是，小批量会使发货次数增加，运输费用也会随之增加。因此，总成本的系统控制是决定物流现代化成败的决定性因素，物流成本控制应以降低物流总成本作为目标。

（三）全面控制与重点控制相结合

物流系统是一个多环节、多领域、多功能所构成的全方位的开放系统。物流系统的这一特点也从根本上要求我们进行成本控制时，必须遵循全面控制的原则。首先，无论产品设计、工艺准备、采购供应，还是生产制造、产品销售，抑或售后服务各项工作都会直接或间接地引起物流成本的升降变化。为此，要求对整个生产经营活动实施全过程控制。其次，物流成本的发生直接受制于企业供、产、销各部门的工作，为此要求实施物流成本的全部门和全员控制。再次，物流成本是各物流功能成本所构成的统一整体，各功能成本的高低直接影响物流总成本的升降。为此，还要求实施全功能的物流成本控制。最后，从构成物流成本的经济内容来看，物流成本主要由材料费、人工费、折旧费、委托物流费等因素构成。为此，要求实施物流成本的全因素控制。

需要指出的是，强调物流成本的全面控制，并非要将影响成本升降的所有因素事无巨细、一律平等地控制起来，而应按照例外管理的原则，实施重点控制，即要对物流活动及其经济效果有重要影响的项目或因素，如物流设备投资项目、贵重包装物、能源等或管理上有特殊规定的项目以及物流活动中那些数量多、金额大、连续出现的差异严加控制。

（四）经济控制与技术控制相结合

经济控制与技术控制相结合就是要求把物流成本日常控制系统与物流成本经济管理系统结合起来，进行物流成本的综合管理与控制。物流成本是一个经济范畴，实施物流成本管理，必须遵循经济规律，广泛地利用利息、奖金、定额、利润等经济范畴的概念和责任结算、绩效考核等经济手段。同时，物流管理又是一项技术性很强的管理工作。要降低物流成本，必须从物流技术的改善和物流管理水平的提高上下工夫。通过物流作业的机械化和自动化，以及运输管理、库存管理、配送管理等技术的充分利用，来提高物流效率，降低物流成本。

（五）专业控制与全员控制相结合

对于物流成本形成有关的部门（单位）进行物流成本控制是必要的，这也是这些部门（单位）的基本职责之一。如运输部门对运输成本的控制，仓储部门对仓储成本的控制，会计部门对所有成本的控制等。有了专业部门的物流成本控制，就能对物流成本的形成过程进行连续的全面的控制，这也是进行物流成本控制的一项必要工作。有了全员的成本控制，形成严密的物流成本控制网络，从而可以有效地把握物流成本形成过程的各个环节和各个方面，厉行节约、杜绝浪费、降低物流成本，保证物流合理化措施的顺利进行。

四、物流成本控制制度

物流成本控制制度是指在对影响物流成本有关因素的分析和研究的基础上，制定出一整套适合于本企业具体情况的成本控制方法和相应的规章制度。其关键是要通过企业内部设置的规章制度，针对不同的物流成本采用不同的成本控制方法，约束成本开支，预防偏差和杜绝浪费现象的发生。物流成本控制制度是企业内部控制制度的重要组成部分。

从目前国外成本控制的实践看，物流成本控制方法繁多，一般有目标成本控制法、预算控制法、标准成本控制法、相对成本控制法、责任成本控制法等。对于这些适应现代化大生产和市场经济创造出来的行之有效的成本控制方法，应结合我国企业的具体情况、物流成本控制对象和内容的不同而灵活加以运用。

企业物流的全部成本按成本习性可以分为变动成本和固定成本两类。变动成本主要是通过制定标准成本和编制弹性预算进行控制。直接材料和直接人工在运输、包装、流通加工中一般占有较大的比重，数额易于分割，用标准成本控制比较简便易行。而变动性制造费用通常由变动性的成本项目组成，金额分散，通过编制弹性预算控制较为适宜。对于固定成本，首先要根据其开支项目的性质和轻重缓急区别为约束性固定成本和酌量性固定成本，然后分别控制。对于约束性固定成本，控制关键在于做出长期投资决策之前的事前控制。因此，应根据相关的资本支出预算中的数据，分项目制定固定预算，作为事前控制的依据；而其他非约束性固定成本，则可以通过编制零基预算的方法来加强成本控制。另外在企业物流系统设计阶段则适合采取目标成本控制法来实施成本控制。

应该说明的是，标准成本控制与预算成本控制是兼容的，实质上等于预算控制，只是标准成本控制以标准成本为基础，按照成本项目反映单位产品的目标成本。而预算是企业总体规划的数量说明，无论对弹性预算或其他预算类型，以标准成本乘以业务量就可以得出预算总成本。采用标准成本可以使成本控制更加科学有效。

第二节 物流目标成本控制

一、物流目标成本控制的含义

物流目标成本控制是为了更有效地实现物流成本控制的目标，使客户需求得到最大程度的满足，从战略的高度分析，与战略目标相结合，使物流成本控制与企业经营管理全过程的资源消耗和资源配置协调起来，因而产生的成本控制方法。

物流目标成本是一种全过程、全方位、全人员的成本管理方法。全过程是指供应链产品生产到售后服务的一切活动，包括供应商、制造商、分销商在内的各个环节；全方位是指从生产过程管理到后勤保障、质量控制、企业战略、员工培训、财务监督等企业内部各职能部门各方面的工作以及企业竞争环境的评估、供应链管理、知识管理等；全人员是指从高层经理人员到中层管理人员、基层服务人员、一线生产员工。

与传统成本管理方法的明显差异在于，物流成本按目标成本法管理不是局限于企业内部来计算成本。因此，它需要更多的信息，如企业的竞争战略、产品战略以及供应链战略。一旦有了这些信息，企业就可以从产品开发、设计阶段到制造阶段，以及整个物流的各环节进行成本管理。在目标成本法引用的早期，通常企业首先通过市场调查来收集信息，了解客户愿意为这种产品所支付的价格，以及期望的功能、质量，同时还应掌握竞争对手所能提供的产品状况。公司根据市场调查得到的价格，扣除所需要得到的利润以及为继续开发产品所需的研究经费，这样计算出来的结果就是产品在制造、分销和产品加工处理过程中所允许的最大成本，即目标成本，用公式表示是：物流目标成本＝售价－利润。

一旦建立了目标成本，企业就应想方设法来实现目标成本。为此，要应用价值工程等方法，重新设计物流过程与分销物流服务体系。一旦企业寻找到在目标成本点满足客户需求的方法，或者企业产品被淘汰以后，目标成本法的工作流程也就宣告结束。目标成本法将客户需求置于企业制定和实施产品战略的中心地位，将满足和超越在产品品质、功能和价格等方面的客户需求作为实现和保持产品竞争优势的关键。

二、物流目标成本的制定

物流目标成本的制定程序会因企业物流活动内容的不同而不同，但大体上可以分为五个阶段，即物流目标成本的初步确定、物流目标成本可行性分析、物流目标成本分解、实现物流目标成本、物流目标成本的追踪考核与修订物流目标成本。

（一）初步确定物流目标成本

在这一过程中首先根据企业经营目标确定预计服务收入，其次是根据企业的物流经营决策确定目标利润，物流目标成本可以根据预计服务收入减去物流目标利润后的差额来确定，即：

物流目标成本＝预计服务收入－物流目标利润

预计物流目标利润的方法有：

1. 目标利润率法

目标利润率法是根据有关的目标利润率指标来测算企业的物流目标利润的一种方法，其计算公式为：

物流目标利润＝预计服务收入×同类企业平均服务利润率

或：物流目标利润＝本企业净资产×同类企业平均净资产利润率

或：物流目标利润＝本企业总资产×同类企业平均资产利润率

［**例6－1**］某企业物流运输的同业平均服务利润率为17.764％，预计本年服务量为408万吨/公里，服务的市场价格为1元/吨公里，则：

物流目标利润＝408×1×17.764％＝72.5（万元）

物流目标总成本＝408×1－72.5＝335.5（万元）

物流目标单位成本＝335.5/408＝0.82（元/吨公里）

采用目标利润率法的理由是：本企业必须达到同类企业的平均报酬水平，才能在竞争中生存。有的企业甚至使用同类企业先进水平的利润率来预计目标成本，其理由是别人能办到的事情我们也应该做到。

2. 上年利润基数法

上年利润基数法是指在上年利润的基础上计算物流目标利润，其计算公式为：

物流目标利润＝上年物流利润×利润增长率

采用上年利润基数法的理由是：未来是历史的继续，应考虑现有基础（上年利润）；未来不会重复历史，要预计未来的变化（利润增长率），包括环境的改变和自身的进步。有时候上级主管部门或董事会对利润增长率有明确的要求，也促使企业采用上年利润基数法。按上述方法计算出的物流目标成本，只是初步设想，提供了一个分析问题的合乎需要的起点。它不一定完全符合实际，还需要对其可行性进行分析。

（二）对物流目标成本进行可行性分析

物流目标成本的可行性分析，是指对初步测算得出的物流目标成本是否切实可行作出的分析和判断，包括分析预计服务收入、物流目标利润和目标成本。

企业分析预计服务收入可以通过市场调研，调查客户需要的物流服务功能和特色，也可以对竞争者进行分析，掌握竞争者物流服务的功能、价格、品质和服务水平等有关资料，并与本企业的资料进行对比。企业在进行客户需求研究、竞争者分析之后，可以通过比较确定自己的预计服务收入的可行性。企业分析物流目标利润应与企业的中长期目标及利润计划相配合，同时考虑销售、利润、投资回报、现金流量、物流服务的品质、成本结构、市场需求、销售政策等因素的影响。最后是企业根据自身实际成本的变化趋势、同类企业的成本水平，充分考虑成本节约的能力，分析物流目标成本的可行性。

（三）物流目标成本分解

所谓物流目标成本分解，是指设立的物流目标成本通过可行性分析后，将其自上而下按照企业的组织结构逐级分解，落实到有关的责任中心。物流目标成本的分解通常不是一次完成的，需要一定的循环，不断修订，有时甚至需要修改原来设立的目标。

物流目标成本分解的方法有以下几种：

（1）按管理层次分解。即将物流目标成本按总公司、分公司、部门、班组、个人进行分解。这是一种自上而下的过程，分解内容包括料、工、费三项。

（2）按管理职能分解。即将物流目标成本在同一管理层次按职能部门分解。例如，推广部门负责推广费用、配送部门负责配送费用、运输部门负责运输费用、劳资部门负责工资成本、后勤部门负责燃料和动力费用、行政部门负责办公费等。

（3）按服务结构分解。即把服务成本分成各种材料消耗成本或人工成本，分派给各责任中心。

（4）按服务形成过程分解。即按服务设计、服务材料采购、服务的提供、服务的推广过程分解成本，形成每一过程的目标成本。

（5）按成本的经济内容进行分解。即把服务成本分解成固定成本和变动成本；再将固定成本进一步分解成折旧费、日常费、办公费、差旅费、修理费等项目，把年度目标成本分解为季度或月份成本目标，甚至分解成旬或日的成本目标；把变动成本分解为直接材料、直接人工、各项变动费用。

上述方法，要根据企业物流组织结构和成本形成过程的具体情况选择采用。

（四）实现目标成本

实现目标成本，首先要通过企业目前的物流成本与目标成本相比较，计算出成本差距。然后通过运用价值工程、成本分析等方法寻求最佳的物流过程设计，用最低的成本达到客户需求的功能、安全性、品质等。如果此时计算出的最佳物流过程设计下的成本仍高于目标成本，则重复应用上述手段寻求最佳成本。

（五）物流目标成本的追踪考核与物流目标成本的修订

此项工作包括对企业物流活动的财务目标和非财务目标完成状况的追踪考核、调查客户的需求是否得到满足、市场变化对物流目标成本有何影响等事项，并根据上述各阶段物流目标成本的实现情况对其进行修订。

三、物流目标成本的控制

由于企业物流成本管理的多层次和物流过程的多环节，使物流成本控制涉及企业生产经营活动的各个领域，因而，必须建立纵横交错、责任分明、互相衔接和制约的目标成本控制体系。该体系以企业总体物流目标成本控制为核心，横向以各职能管理部门和物流单位为目标成本控制分中心，纵向以各物流活动环节目标成本控制为基础，实施“横向到边，纵向到底”的目标成本管理，使各责任成本中心的控制状态与企业总体控制目标产生互动与共振。

企业物流目标成本控制在实施时，应针对企业物流活动不同环节采取不同的控制策略与措施，以保证预期的目标成本的完成与实现。

（一）运输成本的控制

运输成本是运输物料、商品所消耗作业的费用，是影响物流成本的重要因素。运输成本控制的关键点主要在于运输方式、运输价格、运输时间、运输的准确性、运输的安全可靠性以及运输批量水平等方面。控制方式是加强运输的服务方式与价格的权衡，从而选择最佳的运输服务方式。

（二）仓储成本的控制

仓储成本是指货物在储存过程中所需要的费用。控制的关键点在于简化出入库手续、仓库的有效利用和缩短储存时间等。控制方式主要有强化仓储各种费用的核算与管理。

（三）包装成本的控制

包装是起到保护商品、方便储运、促进销售的作用的作业。包装成本控制的关键是包装的标准化和包装材料的耗费。控制方式有：选择包装材料时要进行经济效益分析；运用价值分析的方法优化包装的功能和成本；开展包装的回收和旧包装的再利用等；努力实现包装尺寸的标准化，包装作业的机械化；有条件时组织散装物流。

（四）装卸搬运成本的控制

装卸搬运成本是物品在装卸搬运过程中所支付费用的总和。装卸搬运活动是衔接物流各环节活动正常进行的关键，渗透到物流的各个领域。装卸搬运成本控制的关键点在于管理好储存物料与商品，减少装卸搬运过程中商品的损耗率、装卸搬运次数等。控制方法有：对装卸搬运设备的合理选择，防止机械设备的无效作业，合理规划装卸方式和装卸作业过程，如减少装卸次数、缩短操作距离、提高被装卸物品纯度等。

（五）流通加工成本的控制

商品进入流通领域后，按照客户的要求进行一定的加工活动，称为流通加工，由此而支付的费用为流通加工成本。不同的企业，流通加工成本是不同的。首先应选择反映流通加工特征的经济指标，如流通加工的速度，观察、测算这些指标，对标准值与观察值的差异，必要时进行适当的控制。控制方式有：合理确定流通加工的方式，合理确定加工能力和改进流通加工的生产管理。

四、物流目标成本的考核

物流目标成本完成情况的考核是建立物流目标成本控制体系的重要环节，考核目的在于充分调动职工的积极性，发挥激励机制的作用，将企业的兴衰同管理者和生产者的经济利益紧密挂钩，同时运用目标激励、榜样激励、参与管理激励、自我价值实现激励等精神激励作用，使全体职工的聪明才智和创造能力得到充分的体现。

物流目标成本完成情况考核分为两大部分：

其一，是对物流目标成本计划完成情况的考核。由于物流目标成本计划是按各物流部门和各物流活动环节纵横体制制定与分解下达的，因而目标成本考核同样按这一纵横体系设计，即公司对各职能部门实行归口成本指标考核，对物流单位则实行综合成本指标考核，同时，各职能管理部门又对物流单位实行分解分项归口成本指标考核，形成互相牵制、双重考核的体系。

其二，是对超额完成目标成本计划的考核。对于超额完成目标成本计划的部门、单位和职工个人，采取上不封顶的激励措施，按超额完成的情况，加大经济利益和精神奖励的力度，以充分肯定他们对企业效益和发展所做的贡献。

第三节　物流标准成本控制

一、物流标准成本的含义

物流标准成本是指经过调查分析和运用技术测定等科学方法制定的、在有效经营的条件下物流活动开展进行时应当发生的成本，是一种预定的目标成本。以此为基础，把成本的实际发生额区分为标准成本和成本差异两部分。成本差异是因实际成本脱离预定“目标”而向人们发出的一种“信号”，以此为线索进行分析研究，具体掌握差异形成的原因和责任，并采取相应的措施及时消除物流活动中各种不正常的、低效能的因素，就能避免各种“不利”差异的重新出现，以达到对物流成本进行有效控制的目的。

企业实施物流标准成本控制时，一般包括以下几个步骤：①制订单位物流作业的标准成本；②根据实际作业量和成本标准计算物流作业的标准成本；③汇总计算物流作业的实际成本；④计算标准成本和实际成本的差异；⑤分析成本差异发生的原因；⑥向成本负责人和单位管理者提供成本控制报告。

二、物流标准成本的制定

物流标准成本的制定是企业实施物流标准成本控制的第一步，也是计算标准成本差异、进行成本分析和提供成本控制报告的基础和先决条件。制定物流标准成本主要包括直接材料、直接人工和物流间接费用的标准成本。制定标准成本的程序是先确定直接材料和直接人工的标准成本，再确定物流间接费用的标准成本，最后确定单位物流作业的标准成本。在制定时，无论哪一个成本项目，都需要分别确定其用量标准和价格标准，两者相乘后得出成本标准。其中用量标准包括单位物流作业材料消耗量、单位物流作业直接人工工时等，主要由生产技术部门主持制定；价格标准包括原材料单价、小时工资率、小时间接费用分配率等，由会计部门和其他有关部门共同研究确定。无论用量标准还是价格标准，都可以是理想状态或正常状态的，下面主要讨论正常状态下的正常标准成本的制定。

（一）物流直接材料标准成本的制定

物流直接材料标准成本应根据物流直接材料的用量标准和物流直接材料的价格标准确定，其计算公式如下：

物流直接材料标准＝价格标准×用量标准

其中，用量标准即标准消耗量，是用统计方法、工业工程法和其他技术方法确定的，包括理想消耗和正常损失两部分；价格标准是预计下一年度实际需要支付的进料单位成本，包括发票价格、运费、检验费和正常损耗等成本。

（二）物流直接人工标准成本的制定

物流直接人工标准成本应根据物流直接人工的用量标准和物流直接人工的工资率标准确定，其计算公式如下：

$$物流直接人工标准成本=标准工资率\times工时标准$$

在制定物流直接人工标准成本时，如果是计件工资，标准工资率就是计件工资单价；如果是计时工资，标准工资率就是单位工时工资，可由标准工资总额除以标准总工时得到。对工时标准则需要根据现有物流运作技术条件，测算提供某项物流服务所需的时间，包括调整设备时间、直接服务操作时间、工间休息时间等。

（三）物流间接费用标准成本的制定

物流间接费用标准成本分为变动物流间接费用标准成本和固定物流间接费用标准成本。

1. 变动物流间接费用标准成本

变动物流间接费用标准成本可根据变动物流作业数量标准和变动物流作业价格标准确定。物流作业数量标准可采用单位物流作业直接人工工时标准、机械设备工时标准或其他标准，但需与变动物流间接费用之间存在较好的线性关系。价格标准即每小时变动物流间接费用的标准分配率，可根据变动物流间接费用预算除以数量标准总额得到。在采用单位物流作业直接人工工时标准时，变动物流间接费用标准成本的计算公式为：

$$\begin{matrix}变动物流间接\\费用标准成本\end{matrix}=\begin{matrix}单位物流作业直接\\人工标准工时\end{matrix}\times\begin{matrix}每小时变动物流间接\\费用标准分配率\end{matrix}$$

其中：

$$\begin{matrix}每小时变动物流间接\\费用标准分配率\end{matrix}=\frac{变动物流间接费用预算总额}{物流作业直接人工标准总工时}\times100\%$$

2. 固定物流间接费用标准成本

固定物流间接费用标准成本可根据固定物流作业数量标准和固定物流作业价格标准确定。物流作业数量和价格标准的确定与变动物流间接费用相同。

$$\begin{matrix}固定物流间接\\费用标准成本\end{matrix}=\begin{matrix}单位物流作业直接\\人工标准工时\end{matrix}\times\begin{matrix}每小时固定物流间接\\费用标准分配率\end{matrix}$$

其中：

$$\begin{matrix}每小时固定物流间接\\费用标准分配率\end{matrix}=\frac{固定物流间接费用预算总额}{物流作业直接人工标准总工时}\times100\%$$

将以上确定的物流直接材料、物流直接人工和物流间接费用的标准成本按物流作业加以汇总，就可确定有关物流作业全部的标准成本。

三、物流成本差异的计算与分析

所谓物流成本差异，是指企业物流的实际成本与标准成本之差。物流标准成本是由物流直接材料、物流直接人工和物流间接费用三大部分组成，物流成本差异也相应可分为物流直接材料成本差异、物流直接人工成本差异和物流间接费用成本差异三部分。

管理部门通过观察、分析物流成本差异，就可以了解物流各部门的效率，提高对物流经营活动的调控能力，并利用差异来评价物流各部门的业绩。导致物流成本差异的原因是多种多样的，总差异往往是多种因素综合作用的结果，但从计算的角度看，这些因素可归结为“用量因素”和“价格因素”两类，由这两种因素变动形成的差异分别称之为用量差异和价格差异。成本差异分析的基本方法就是将物流直接材料、物流直接人工和物流间接费用三部分差异分别分解为用量差异和价格差异。计算差异的通用模型为：

成本差异＝实际成本－标准成本

＝实际数量×实际价格－标准数量×标准价格

＝实际数量×实际价格－实际数量×标准价格＋实际数量×标准价格－标准数量×标准价格

＝实际数量×（实际价格－标准价格）＋（实际数量－标准数量）×标准价格

＝价格差异＋数量差异

在计算物流直接材料成本差异、物流直接人工成本差异和物流间接费用成本差异时可直接运用该模型公式。

（一）物流直接材料成本差异的计算与分析

物流直接材料成本差异是物流直接材料实际成本与标准成本之间的差额，其形成原因为：一是价格脱离标准；二是用量脱离标准。前者按实际用量计算，称为价格差异；后者按标准价格计算，称为用量差异。其计算公式如下：

物流直接材料价格差异＝材料实际用量×（材料实际价格－材料标准价格）

物流直接材料用量差异＝（材料实际用量－材料标准用量）×材料标准价格

计算出价格差异和用量差异后，应对此进行分析。一般地，材料价格差异是在采购过程中形成的，不应由耗用材料的操作部门负责，而应由采购部门作出解释。采购部门未能按标准价格进货的原因很多，如物价上涨、违反合同被罚款、采用了不必要的快速运输方式等，企业应针对各种原因确定合理的责任归属。而材料用量差异是在材料耗用过程中形成，反映操作部门的成本控制业绩。材料数量差异形成的具体原因有许多，如操作失误造成废品和废料增加、机器不适用造成用料增加等。有时多用料也不一定是操作部门的责任，如购入的材料质量低劣、规格不符等，故应具体问题具体分析，合理确定责任归属。

（二）物流直接人工成本差异的计算与分析

物流直接人工成本差异是指物流直接人工实际成本与标准成本之间的差额，它也可分为“价差”和“量差”两部分。价差是指实际工资率脱离标准工资率的差额，按实际工时计算确定，又称工资率差异；量差是指实际工时脱离标准工时的差额，按标准工资率计算确定，又称人工效率差异。其计算公式如下：

物流直接人工工资率差异＝实际工时×（实际工资率－标准工资率）

$$\text{物流直接人工人工效率差异}=(\text{实际工时}-\text{标准工时})\times\text{标准工资率}$$

计算出工资率差异和人工效率差异之后，应对此进行分析。一般地，工资率差异形成的原因包括直接操作工人升级或降级使用、奖励制度未产生实效、工资率调整、出勤率变化等，应归属于人事劳动部门管理，其差异的具体原因会涉及操作部门或其他部门；而直接人工效率差异形成的原因包括工作环境不良、劳动情绪不佳、作业计划安排不当、作业量太少无法发挥批量优势等，应主要由操作部门负责，但在实践中还需具体问题具体分析。

（三）物流间接费用成本差异的计算与分析

物流间接费用成本差异，可分为变动物流间接费用成本差异和固定物流间接费用成本差异。

1. 变动物流间接费用成本差异的计算与分析

变动物流间接费用差异是指实际变动物流间接费用与标准变动物流间接费用之间的差额，它也可分解为“价差”和“量差”两部分。价差是指变动物流间接费用的实际小时分配率脱离标准，按实际计算的差额，它反映耗费水平的高低，故称为变动物流间接费用耗费差异；量差是指实际工时脱离标准工时，按标准小时费用率计算确定的差额，它反映工作效率变化引起的费用节约或超支，故称为变动物流间接费用效率差异。其计算公式如下：

$$\begin{matrix}\text{变动物流间接}\\\text{费用效率差异}\end{matrix}=\left(\begin{matrix}\text{实际}\\\text{工时}\end{matrix}-\begin{matrix}\text{标准}\\\text{工时}\end{matrix}\right)\times\begin{matrix}\text{变动物流间接}\\\text{费用标准分配率}\end{matrix}$$

$$\begin{matrix}\text{变动物流间接}\\\text{费用耗费差异}\end{matrix}=\left(\begin{matrix}\text{变动物流间接费用}\\\text{实际分配率}\end{matrix}-\begin{matrix}\text{变动物流间接费用}\\\text{标准分配率}\end{matrix}\right)\times\text{实际工时}$$

引起变动物流间接费用效率差异的原因与引起物流直接人工效率差异的原因基本相同。变动物流间接费用耗费差异的形成往往是因为变动物流间接费用开支额或工时耗费发生变化，责任一般在物流操作部门。

2. 固定物流间接费用成本差异的计算与分析

固定物流间接费用成本差异由固定物流间接费用耗费差异、闲置能量差异和效率差异组成，其计算公式为：

$$\begin{matrix}\text{固定物流间接}\\\text{费用耗费差异}\end{matrix}=\begin{matrix}\text{固定物流间接}\\\text{费用实际成本}\end{matrix}-\begin{matrix}\text{固定物流间接}\\\text{费用标准成本}\end{matrix}$$

$$\begin{matrix}\text{固定物流间接费用}\\\text{闲置能量差异}\end{matrix}=\left(\begin{matrix}\text{计划物流作业量}\\\text{标准工时}\end{matrix}-\begin{matrix}\text{实际物流作业量}\\\text{实际工时}\end{matrix}\right)\times\begin{matrix}\text{标准费用}\\\text{分配率}\end{matrix}$$

$$\begin{matrix}\text{固定物流间接}\\\text{费用效率差异}\end{matrix}=\left(\begin{matrix}\text{实际物流作业量}\\\text{实际工时}\end{matrix}-\begin{matrix}\text{实际物流作业量}\\\text{标准工时}\end{matrix}\right)\times\begin{matrix}\text{标准费用}\\\text{分配率}\end{matrix}$$

固定物流间接费用效率差异产生的原因与人工效率差异的原因大致相同；导致闲置能量差异的原因往往是开工不足、车辆开动率和仓容利用率低，责任往往在管理部门；耗费差异的原因比较复杂，如成本制定得不切实际、实际物流服务量少于计划等。对这类差异要进行更深入分析，才能分清责任部门。

通过分析标准成本差异产生的原因，找到责任部门，就可以采取经济有效的措施，控制不恰当差异，降低物流成本。

［**例6-2**］假设某企业某项物流作业活动的标准成本和实际成本资料如表6-1、表6-2所示。

表6-1　物流标准成本资料　单位：元

成本项目	标准单价或标准分配率	标准用量	标准成本
物流直接材料	1（元/千克）	150（千克）	150
物流直接人工	5（元/工时）	10（工时）	50
变动物流间接费用	2（元/工时）	10（工时）	20
物流变动成本合计			220
固定物流间接费用	1（元/工时）	10（工时）	10
单位物流标准成本			230

表6-2　物流实际成本资料　单位：元

成本项目	实际单价或实际分配率	实际用量	实际成本
物流直接材料	1.10（元/千克）	148（千克）	162.8
物流直接人工	5.20（元/工时）	9.5（工时）	49.4
变动物流间接费用	1.80（元/工时）	9.5（工时）	17.1
物流变动成本合计			229.3
固定物流间接费用	1.20（元/工时）	9.5（工时）	11.4
单位物流标准成本			240.7

该项物流作业活动预计全月的计划物流作业量标准总工时为5000工时，计划提供物流服务500次，实际提供物流服务520次，购入直接材料80000千克。有关物流成本差异计算如下：

第一步，计算物流直接材料成本差异：

①直接材料价格差异以采购量为基础计算：

物流直接材料价格差异＝（1.1－1）×80000＝8000（元）

物流直接材料用量差异＝（148×520－150×520）×1＝－1040（元）

由于价格差异以采购量为基础计算，与实际耗用量不同，故无法计算实际成本与标准成本的总额。这一计算方法的优点在于能给管理部门及时提供材料采购的差异信息，在责任会计制度下，该方法有利于分清经济责任。

②直接材料价格差异以耗用量为基础计算：

物流直接材料价格差异＝［（1.1－1）×148］×520＝7696（元）

物流直接材料用量差异＝（148×520－150×520）×1＝－1040（元）

物流直接材料成本差异＝7696－1040＝6656（元）

物流直接材料价格差异以耗用量为基础计算，其优点在于它与用量差异以同一耗用量为基础计算，能给管理部门提供物流直接材料差异的信息。

第二步，计算物流直接人工成本差异：

物流直接人工工资率差异＝（5.2—5）×9.5×520＝988（元）

物流直接人工效率差异＝（9.5－10）×520×5＝－1300（元）

物流直接人工成本差异＝988－1300＝－312（元）

第三步，计算变动物流间接费用成本差异：

变动物流间接费用耗费差异＝（1.8－2）×9.5×520＝－988（元）

变动物流间接费用效率差异＝（9.5－10）×520×2＝－520（元）

变动物流间接费用成本差异＝－988－520＝－1508（元）

第四步，计算固定物流间接费用成本差异：

固定物流间接费用耗费差异＝1.2×9.5×520－1×10×500＝928（元）

固定物流间接费用闲置能量差异＝（10×520－9.5×520）×1＝60（元）

固定物流间接费用效率差异＝（9.5×520－10×520）×1＝－260（元）

固定物流间接费用成本差异＝928＋60－260＝728（元）

第四节 物流成本的日常控制

在实际工作中，物流成本的日常控制可以按照不同的对象进行，一般说来，物流成本的日常控制对象可以分为以下几种形式：

一是以运输、包装、仓储、装卸搬运、流通加工等物流功能作为控制对象，也就是通过对构成物流活动的各项功能进行技术改善和有效管理，从而降低其所消耗的物流责任成本费用。

二是以物流成本的形成过程为控制对象，即从物流系统（或企业）投资建立，产品设计（包括包装设计），材料物资采购和存储，产品制成入库和销售，一直到售后服务，凡是发生物流成本费用的各个环节，都要通过各种物流技术和物流管理方法，实施有效的成本控制。

除了以上两种成本控制对象划分形式之外，物流系统还可以按照各责任中心（运输车队、装卸班组、仓库等）、各成本发生项目（人工费、水电气费、折旧费、利息费、委托物流费等）进行日常成本控制，而这些日常成本控制的方式往往是建立在前面所述的物流成本管理系统的各种方法基础上的，需要与物流成本的经济管理技术有效结合起来运用。

一、物流运输成本的控制

运输是物流系统的核心功能。物流运输成本控制的目的，是使运输总成本最低，但又不影响运输的可靠性、安全性和快捷性要求。在实际工作中，影响运输成本的因素很多，因此，运输成本的控制要根据不同的情况采取不同的措施。

（一）合理选择运输方式

对于不同货物的形状、价格、运输批量、交货日期、到达地点等货物特点，都有与之相对应的适当的运输方式。运输方式的经济性与迅速性、安全性、便利性之间存在着相互制约的关系。因此，在目前多种运输方式并存的情况下，在控制运输成本时，必须注意根据不同货物的特点及对物流时效的要求，对运输方式所具有的特征进行综合评估，以便合理选择运输方式。表6-3为各种运输方式选择的一般原则。

表6-3　各种运输方式的选择原则

运输方式	技术经济特点	运输对象
铁路	初始投资大，运输容量大，成本低廉，占用的土地多，连续性强，可靠性好	适合于大宗货物的中长途运输
公路	机动灵活，适应性强，短途运输速度快，能源消耗大，成本高，空气污染严重，占用土地多	适合于短途、零担运输，门到门的运输
水路	运输能力大，成本低廉，速度慢，连续性差，能源消耗及土地占用较少	适合于中长途大宗货物运输，海运，国际货物运输
航空	速度快，成本高，空气和噪声污染严重	中长途及贵重货物运输，保鲜货物运输
管道	运输能力大，占用土地少，成本低廉，连续输送	适合于长期稳定的流体、气体和浆化固体货物运输

（二）合理确定拥有车辆的数量

车辆的拥有数量要根据发货量的多少来安排，当拥有辆数过少，发货量多时，难免出现车辆不足的现象，要从别处租车。相反，拥有辆数过多，发货量少时就会出现车辆闲置现象，造成浪费。因此，应综合考虑自备用车费用、自备用车闲置费用和租车费用等因素。

（三）通过合理装载，降低运输成本

在单位运输费用一定时，通过改善装载方式，提高装载水平，充分利用运输车辆的容积和额定载重量，可以使单位运输成本降低，最终减少运输总成本。合理的装载方式包括：

（1）拼装整车运输。由于整车运输和零担运输的运费差别较大，进行拼装整车运输可以减少部分运输费用。拼装整车运输的做法有：零担货物拼整车直达运输；零担货物拼整

接力直达运输；整车分卸、整装零担等。

(2) 轻重配载。将重量大、体积小的货物与重量小、体积大的货物组装，可以充分利用运输工具的装载空间和载重定额，提高运输工具的使用效率。

(3) 解体运输。对于体积大、笨重、不易装卸、易损坏的货物，可拆卸装车，分别包装。这样既缩小占据的空间，又易于装卸和搬运，可以提高运输效率。

(4) 多样堆码。根据运输工具的货位情况、所载货物的特点，采用不同的堆码方式，如多层装载等，以便提高运输工具的装载量。

(5) 利用组合运输，减少空载。运输中经常存在回程空载现象，这样，运输同一批货物到同一地点，就多花了一倍的费用。在运输工具回程前，通过各种方式安排好回程的货物，尽可能利用回程车辆进行运输，可以减少运输成本。

(四) 运用现代技术降低运输成本

各种新技术在物流实践中的推广使用，也可以使运输成本得到降低。

(1) 托盘化运输。全程以托盘作为单元货载进行运输，可以缩短中转时间、加快中转速度，同时可以提高实际操作的可靠性和机械化程度。

(2) 集装箱化运输。集装箱作为现代运输的重要载体，既是一种包装容器，又是一种有效的运输工具。通过集装箱运输可以提高装载效率、减轻劳动强度，另外还可以起到强大外包装的作用，节约大量商品包装费用和检验费用，并防止货损货差。

(3) 特殊运输工具和运输技术。新运输工具和运输技术的运用，解决了原先运输的许多难题。例如，专用散装罐车使粉状、液态状运输的损耗大、安全性差的问题得到解决；集装箱高速直达车船加快了运输速度。

(五) 开展直达运输降低运输成本

直达运输，就是在组织货物运输过程中，越过商业、物资仓库环节或铁路、交通中转环节，把货物从产地或起运地直接运到销地或用户，以减少运输中间环节，降低相关费用。

直达运输是追求运输合理化的重要形式，它对合理化的追求要点是通过减少中转换载，从而提高运输速度，节省装卸费用，降低中转货损。直达运输的优势尤其是在一次运输批量和客户一次需求量达到了一整车时表现最为突出。此外，在生产资料、生活资料运输中，通过直达，建立稳定的产销关系和运输系统，也有利于提高运输的计划水平，考虑用最有效的技术来实现这种稳定运输，从而达到提高运输效率的目的。特别需要一提的是，直达运输的合理性也是在一定条件下才会有所表现，不能绝对认为直达一定优于中转，这要根据客户的要求，从物流总体出发做综合判断。如果从客户需要量看，批量大到一定程度，直达是合理的。批量较小时中转则是合理的。

(六) 采用集运方式降低运输成本

在商品运输中，运输批量越大费率越低，这样企业通过采用大批量运输方式，即将小批量货物合并成大批量进行运输是降低单位运输成本的主要方法。集运一般有四个途径：

（1）库存合并，即形成库存以服务需求。这样做可以对大量的货物，甚至是整车物品进行运输，并转化为库存。这也是库存控制的根本要求。

（2）运输车辆合并。这是在拣取和送出的货物都达不到整车载重量的情况下，为提高运载效率可以安排同一车辆到多个地点取货或送货。为实现这种形式的规模经济就需要对行车路线和时间表进行整体规划。

（3）仓库合并。企业进行仓储的根本原因是可以远距离运送小批量货物。例如，用于拆装作业的仓库。

（4）时间合并。在这种情况下，企业将在一定时间内积累客户的订单，这样可以一次性发运大批量的货物，而不是多次小批量送货。通过对大批量的运输路径进行规划，使单位运输费率降低，企业可以获得运输中的规模经济效益。当然，由于没能在收到订单之后及时发货可能会造成服务水平的下降，因此我们还应在运输成本和对服务的影响之间寻求平衡。

二、物流仓储成本的控制

仓储成本具有经济上的合理性，因为它能平衡运输和生产采购成本。也就是说，储备一定数量的库存，企业常常可以调整经济生产批量和生产批次来降低生产运营成本。同时，储备库存也可以通过更大、更经济的运输批量来降低运输成本，保证运营总成本的节约。因此，企业在进行仓储成本控制时应权衡其利弊得失，合理确定控制的策略与措施。

（一）优化仓库布局，做到适度库存集中

库存集中是指利用储存规模优势，以适度集中储存来代替分散的小规模储存，以实现仓储成本的优化。目前，包括海尔在内的许多企业通过建立大规模的物流中心，把过去零星库存集中起来进行管理，并对一定范围内的用户进行直接配送，从而显著降低仓储成本。所以，进行适度库存集中，可以提高对单个用户的保证能力，有利于采取机械化、自动化方式，也有利于形成一定批量的干线运输，并有利于形成支线运输的始发点。但是，在进行仓库布局时注意仓库的减少与库存的集中，有可能会增加运输成本。因此，企业要在运输成本、仓储成本和配送成本综合平衡的基础上考虑仓库布局与集中储存，在总储费与运输费之间取得最优。

（二）合理选择适当的订货方式控制仓储成本

不同的企业，可以根据自身的特点，通过采用订货点控制法和订货批量控制法来安排货物的采购，以降低仓储成本。

1. 订货点控制法

订货点控制法是以固定订货点为基础的一种存货控制方法。即当存货库存量下降到预定的最低的库存数量（订货点）时，按规定数量进行订货补充的一种库存管理方式。

订货点控制法的重点在于确定订货批量和订货点，订货批量一般采用经济订货批量，

订货点的高低主要由三个因素决定：①订货提前期。这段时间主要由两部分组成，即货物在途时间和生产销售准备时间。②平均每日需要量。存货平均每日需要量有两种情况，一是平均每日正常需要量；二是平均每日最大需要量。③安全储备量。又称为保险储备，是为了应付产销量的突然扩大和采购货物不能按时到达所进行的储备。如前所述，在正常情况下，提前期时间是 7 天，但由于某种原因，采购的货物 10 天才到达，延迟了 3 天。在正常情况下，某种材料的正常需要量是 100 千克，但有时需要量达到 120 千克。为了应付这些情况的发生，就需要建立安全储备量。

由以上分析得知，订货点的计算有四种情况：

第一，每天销售量和进货期基本不变：

订货点＝某种存货的平均每日正常需要量×正常订货提前期

平均每日正常需要量＝年需要量/360

第二，日需要量不够稳定，但订货提前期基本稳定：

订货点＝平均每日正常需要量×正常订货提前期＋安全储备量

安全储备量＝（平均每日最大需要量－平均每日正常需要量）×正常订货提前期

第三，日需要量基本稳定，仅订货提前期不够稳定：

订货点＝平均每日正常需要量×正常订货提前期＋安全储备量

安全储备量＝平均每日正常需要量×（最长订货提前期－正常订货提前期）

第四，日需要量和订货提前期都不够稳定的情况：

订货点＝平均每日正常需要量×正常订货提前期＋安全储备量

安全储备量＝平均每日最大需要量×最长订货提前期－平均每日正常需要量×正常订货提前期

使用订货点控制法管理方便，订货时间和订货量不受人为因素影响，可以保证库存管理的准确性，便于按经济订货批量订货，节约库存成本。订货量确定后，便于按计划安排库内的作业活动，节约管理费用。但是也要注意使用该方法不便于对库存进行严格的管理，所以该方法适用于单价比较便宜、不便于少量订货的物品；或通用性强，需求总量比较稳定的物品；或消费量计算复杂，品种数量多，库存管理量大的商品。

2. 订货批量控制法

所谓订货批量是指一次订货所订的货物数量。订货批量是不能随意确定的，因为订货批量的高低直接影响库存量的高低，也直接影响货物供应的满足程度。订货批量过大，虽然可以较充分满足客户的需求，但将使库存量过高，成本升高；订货批量过低，库存量虽然可以降下来，但不一定能保证满足客户的需要，所以订货批量要确定得适当。

企业要降低库存成本，就要制订适当的订货策略，协调订货费用与保管费用的关系。订货批量的大小关系到订货费用与保管费用的高低。在一定时期内，物资的总需求量一定时，订货批量大，订货次数就会减少，订货费用就会降低，然而保管费用会提高；若订货批量小，保管费用就会降低，而订货次数就会增加，订货费用增加。

设企业一定时期内物资的总需求量为 D，每次订货费用为 K，单位物资在一定时期内的保管费用为 C，订货批量为 Q，则：

一定时期内的保管费用为：$\frac{Q}{2}\cdot C$

一定时期内的订货费用为：$\frac{D}{Q}\cdot K$

一定时期内的订货费用与保管费用总额为：$\frac{D}{Q}\cdot K+\frac{Q}{2}\cdot C$

由经济订货批量的含义可知，需找到能使总成本 TC 达到最小的每次订货数量 Q^*，Q^* 即为最佳订货批量。

以 Q 为变量，对 TC 求导，则有：

$$\frac{\mathrm{d}(TC)}{\mathrm{d}Q}=-\frac{D}{Q^2}K+\frac{C}{2}$$

令 $\frac{\mathrm{d}(TC)}{\mathrm{d}Q}=0$，又有 $\frac{\mathrm{d}(TC)^2}{\mathrm{d}Q^2}=\frac{2DK}{Q^3}>0$，

所以，对应的 Q^* 就是可以使总成本 TC 达到最小的经济订货批量，即：

$$Q^*=\sqrt{\frac{2DK}{C}}$$

［**例6-3**］某企业年需用的甲材料为720件，该材料的单位购置成本为20元/件，单位材料保管费用为4元/件，平均每次订货费用为40元/次。则材料的经济订货批量为：

$$Q^*=\sqrt{\frac{2DK}{C}}=\sqrt{2\times720\times\frac{40}{4}}=120\text{（件）}$$

（三）利用ABC分类法控制存货成本

ABC分类管理就是将库存物品按品种和占用资金的多少分为特别重要的库存（A类），一般重要的库存（B类）和不重要的库存（C类）三个等级，然后针对不同等级分别进行管理与控制。

经济学家帕累托在研究财富的社会分配时得出一个重要结论：80%的财富掌握在20%人的手中，即关键的少数和次要的多数规律。后来人们发现这一规律普遍存在于社会的各个领域，称为帕累托现象。帕累托现象也出现在企业经营管理中，表现为企业多数的利润由少数品种的产品贡献。因此，对这些少数产品管理的好坏就成为企业经营成败的关键，就有必要在实施库存管理时对各类产品分出主次，并根据不同情况分别对待、突出重点。

存货ABC分类的依据是库存物资所占总库存资金的比例和所占总库存物资品种数目的比例。A类商品指品种少而资金占用大的商品，即A类库存品种约占库存品种总数的5%～10%，其占用资金金额占库存金额的60%～70%。B类库存品种约占库存品种总数的20%～30%，其占用资金金额占库存总金额的20%左右。C类库存品种约占库存品种总数的60%～70%，其占用资金金额占库存总金额的15%以下。

［**例6-4**］某企业存货共有11800种，年占用资金8310万元，各类存货及资金占用见表5-4，要求列出ABC分类排列表，并说明管理方式。

表 6-4　　某企业存货品种及资金占用表

存货编号	存货品种	占用资金（万元）
201	505	5130
202	585	990
203	540	540
304	1350	108
205	1170	720
206	1260	225
207	270	20
208	2700	217
209	630	290
210	2790	70
合计	11800	8310

根据表 6-4 所列资料，对各类存货按其资金占用多少，从大到小排序。分别计算各编号的资金占存货总金额的百分比和每个品种占总品种数的百分比。根据以上两个百分比，将存货分为 ABC 三类，并绘制 ABC 分析表，如表 6-5 所示。

表 6-5　　企业存货 ABC 分析表

类别	存货编号	占用资金（万元）	品种比重（%）	资金比重（%）	类别比重（%）	类资金比重（%）
A	201	5130	4.28	61.73	9.24	73.64
	202	990	4.96	11.91		
B	205	720	9.92	8.66	14.50	15.16
	203	540	4.58	6.50		
C	209	290	5.34	3.49	76.26	11.20
	206	225	10.68	2.71		
	208	217	22.88	2.61		
	204	108	11.43	1.30		
	210	70	23.64	0.84		
	207	20	2.29	0.24		
合计		8310	100	100	100	100

在对库存进行ABC分类之后，要根据企业的经营策略对不同级别的库存进行不同的管理和控制。

A类库存物资数量虽少但对企业却最为重要，是最需要严格管理和控制的库存。企业必须对这类库存定时进行盘点，详细记录及经常检查分析物资使用、存量增减、品质维持等信息，加强进货、发货、运送管理，在满足企业内部需要和顾客需要的前提下维持尽可能低的经常库存量和安全库存量，加强与供应链上下游企业合作降低库存水平，加快库存周转率，最终达到控制库存成本的目的。

B类库存居于一般重要的库存，对这类库存的管理强度介于A类库存和C类库存之间，对B类库存一般进行正常的例行管理和控制即可。

C类库存物资数量最大但对企业的重要性最低，因而被视为不重要的库存。就库存成本控制而言，由于该类存货的价值不大，所以可以采取尽可能简单的管理方式，以节约库存成本，如减少这类库存的管理人员和设施。

三、物流包装成本的控制

一般说来，包装是企业生产环节的终点，又是销售物流的起点。企业在进行物流包装成本控制时，应注意以下几个方面：

（一）选择包装材料时，要进行成本效益分析

企业在包装某一商品时，如有数种材料可供选择，那么在其效果相同的情况下，则应选择价格较低的材料。同时，应不断地开发新材料，采用新工艺，以不断代替那些质次价高的旧材料。

（二）在设计包装形态时要有所区别

在设计包装形态时，外包装、内包装、个体包装应有明显的区别。外包装和内包装除设法降低形态本身的费用外，还必须考虑这种包装能否使运输费用和保管费用降低。

（三）发展包装机械化，降低包装费用

通过包装机械化降低包装费用主要表现在两个方面：一是可提高劳动生产率，从而有利于降低包装费用；二是可以大大降低劳动工资费用。例如，就瓦楞纸箱而言，分别有纸箱组装机、装箱机、贴封签机、钉合机等，将上述几种机器连接起来，组成全自动瓦楞纸箱机械系列，这样，可比原来节约70%的劳动力，生产效率可大幅度提高。

（四）实现包装规格的标准化

包装规格的标准化，不仅能促进包装工业生产的发展，而且可使包装成本大幅度下降，包装成本下降主要表现在包装材料单耗的下降。

（五）组织散装运输，降低包装费用

散装是现代物流中备受推崇的技术，也被称之为无包装运输。散装是指对水泥、谷物等颗粒状或粉末状的商品，在不进行包装的情况下，运用专门的散装设备（车或船）来实现商品的运输。从另一个角度上看，这种专用的散装设备，实际上本身是一种扩大了的包装。目前，美、日等物流发达国家水泥散装率（散装运输总量与全部运输量之比）超过了90%，而中国仅为15%左右。显然，理想的包装费用为零，在有条件的情况下，组织散装运输和无包装运输应引起经营者的高度重视并加以推广。

（六）包装物的回收和旧包装的利用

商品包装回收是将使用过的商品包装和其他辅助包装材料，通过各种渠道和各种方式收集起来，然后由有关部门进行修复、清洁、改造、再次使用的过程。包装物的回收使用可以相对地节约包装材料，节约加工劳动，节约因包装而造成的能源、电力的消耗等。

四、物流装卸搬运成本的控制

在企业物流过程中，装卸搬运活动是不断出现和反复进行的，它出现的频率高于其他各项物流活动。因此，在物流装卸搬运成本控制中，加强装卸搬运的组织设计和搬运机械的操作管理，对于提高物流速度、降低物流成本、减少物流过程损耗具有重要意义。

（一）减少搬运次数，缩短搬运距离

减少搬运次数，缩短搬运距离，也就意味着减少了装卸搬运的作业量，这样不但可以减少装卸搬运成本，而且还能加快物流速度。采取的措施是：装卸搬运设备的参数要和建筑物的参数、特点相匹配；配备适应性强的物流设备；提高装卸搬运作业的组织调度水平；做好车间、库房、铁路专用线、主要通道的布局，缩短作业距离。

（二）利用重力因素，实现装卸作业的省力化

充分利用重力和消除重力影响进行少消耗的装卸，即在装卸时考虑重力因素，可以利用货物本身的重量，进行有一定落差的装卸，以减少或根本不消耗装卸的动力，这是合理化装卸的重要方式。例如，从卡车、铁路货车卸货时，利用卡车与地面或小搬运车之间的高度差，使用溜槽、溜板之类的简单工具，可以依靠货物本身重量，从高处自动滑到低处，这就无须消耗动力。

在装卸时尽量消除或削弱重力的影响，也会取得减轻体力劳动及其他劳动消耗的效果。例如，在进行两种运输工具换装时，如采取落地装卸方式，即将货物从甲工具卸下并放到地上，一定时间之后或搬运一定距离之后再装到乙工具上，这样在“装”时要将货物举高，这就必须消耗动力。如果进行适当安排，将甲、乙两工具进行靠接，从而使货物平移，从甲工具转移到乙工具上，这样就能有效消除重力影响，实现合理化。总之，采取各种措施优化装卸搬运作业，可以提高装卸搬运作业效率，减少各种耗费，降低装卸搬运

成本。

（三）实现装卸作业的机械化、标准化

随着生产力的发展，装卸搬运的机械化程度将不断提高。此外，由于装卸搬运的机械化能把工人从繁重的体力劳动中解放出来，尤其对于危险品的装卸作业，机械化能保证人和货物的安全，这也是装卸搬运机械化程度不断提高的动力。

装卸搬运的标准化有利于节省装卸作业时间，提高作业效率。如货物的集装化中，托盘的使用标准、集装箱的使用标准等，都是为了使装卸搬运省力。

（四）充分利用机械，实现“规模装卸”

为了进一步降低单位装卸工作量的成本，对装卸机械来说，也有“规模”问题，装卸机械的能力达到一定规模，才会有最优效果。追求规模效益的方法，主要是通过各种集装，实现间断装卸时一次操作的最合理装卸量，从而使单位装卸成本降低，也可通过散装实现连续装卸的规模效益。

（五）合理规划装卸搬运作业过程

装卸搬运作业过程是指对整个装卸作业的连续性进行合理安排，以缩短运距和装卸次数。

装卸搬运作业现场的平面布置是直接关系到装卸、搬运距离的关键因素，装卸搬运机械要与货场长度、货位面积等相互协调。要有足够的场地集结货物，并满足装卸搬运机械工作面的要求，场内的道路布置要为装卸搬运创造良好的条件，有利于加速货位的周转。使装卸搬运距离达到最小的平面布置是减少装卸搬运距离的最理想的方法。

提高装卸搬运作业的连续性应做到：作业现场装卸搬运机械合理衔接；不同的装卸搬运作业在相互联结使用时，力求使其装卸搬运速率相等或接近；充分发挥装卸搬运调度人员的作用，一旦发生装卸搬运作业障碍或停滞状态，立即采取有力的措施补救。

（六）推广组合化装卸

在装卸搬运过程中，根据不同物品的种类、性质、形状、重量来确定不同的装卸作业方式。处理物品装卸搬运的方法有三种：普通包装的物品逐个进行装卸，叫作“分块处理”；颗粒状物品不加小包装而原样装卸，叫作“散装处理”；物品以托盘、集装箱、集装袋为单位进行组合后装卸，叫作“集装处理”。对于包装的物品，尽可能进行集装处理，实现单元化装卸搬运，可以充分利用机械作业。

（七）减少装卸搬运损失

装卸搬运是比较容易发生货损和事故的环节。对装卸搬运作业的安全管理，既可以防止和消除货物损坏、人员伤亡事故，又可以减少装卸搬运的事故损失成本。

五、物流流通加工成本的控制

（一）确定合理的流通加工方式

物流部门的流通加工是以满足用户的需要而设定的。流通加工的方式很多，加工方式又与流通加工成本之间存在一定的联系。流通加工作业应根据服务对象，选择适当的加工方法和加工深度，因为不同的加工方法和加工深度的成本支出是不同的，所以在确定加工方式时必须进行经济核算和可行性研究，合理确定加工成本的支出。

（二）确定合理的加工能力

流通加工成本与加工批量、加工数量存在正比关系，即加工批量越大，加工数量越多，流通加工成本也相应增加。但是，加工批量是否均衡，加工数量是否稳定，会给加工带来很大的影响。当被加工的批量和数量大于加工能力时，表现为加工能力不足；反之，则表现为加工能力过剩。前者会因加工能力不足而失去获得加工利润的机会；后者会因加工能力过剩而造成加工设备、加工人员的闲置，即成本损失。因此，应根据物流需要和加工者的实际能力来确定加工批量和数量。

（三）加强流通加工的生产管理

流通加工的生产管理与流通加工成本之间的联系十分密切。一般说来，生产管理的水平越高，其成本水平越低。流通加工生产管理的内容很多，如劳动力、设备、动力、物资等方面的管理，无一不与流通加工成本密切相关。例如套裁型流通加工，其最有特殊性的管理是出材率管理，当加工出材率高，物资利用率高时，流通加工成本相对下降，从而经济效益好。由此涉及的消耗定额管理、套裁规划设计等，都非常重要。

（四）制定相应的经济指标

流通加工的对象是已经成为商品的产品，因而它不同于生产过程中的加工，它是对生产加工的一种辅助和补充。为了更好地反映流通加工的经济效益，应制定能反映流通加工特征的经济指标，如利用反映流通加工后单位产品的增值程度的增值率、反映流通加工在材料利用方面的材料出材率、利用率等指标来进行考核。

本章小结

在企业日常的物流运营过程中，需要通过各种物流管理技术和方法的应用来提高物流效率，达到降低物流成本的目的。物流成本控制是全过程、全方位和全员性的控制活动。

物流目标成本控制是为了更有效地实现物流成本控制的目标，使客户需求得到最大程度的满足，从战略的高度分析，与战略目标相结合而产生的成本控制方法。物流目标成本控制一般可分为物流目标成本的初步确定、物流目标成本可行性分析、物流目标成本分解、实现物流目标成本、物流目标成本的追踪考核与修订物流目标成本五个阶段。

企业实施物流标准成本控制时，一般包括以下几个步骤：①制订单位物流作业的标准成本；②根据实际作业量和成本标准计算物流作业的标准成本；③汇总计算物流作业的实际成本；④计算标准成本和实际成本的差异；⑤分析成本差异发生的原因；⑥向成本负责人和单位管理者提供成本控制报告。

物流成本日常控制可以按包装、运输、仓储、装卸搬运、流通加工等物流功能作为控制对象进行分析，也可以按物流成本的形成过程作为控制对象进行分析。物流成本日常控制的方式往往是建立在物流成本管理系统的基础上的，需要与物流成本的经济管理技术有效结合起来运用。

讨论题

从物流成本效益背反角度讨论，在各项物流成本功能控制中，如何协调运输成本、仓储成本、包装成本控制之间的相互关系？

思考题

1. 物流成本控制应遵循的原则有哪些？
2. 企业物流目标成本制定时应注意哪些问题？如何对企业的物流目标成本进行分解？
3. 物流标准成本可分为哪几种形式？如何制定企业的物流标准成本？
4. 如何计算和分析物流成本差异？
5. 物流成本日常控制的策略和方法有哪些？
6. 如何理解物流成本控制的全过程控制观念？

案例分析

斯美特物流成本控制

斯美特作为制面行业的一颗新星，已走过了她漫长的岁月，如今，物流成本的控制已促使其快速地向前发展。

在实际工作中，物流成本的控制可以按照不同的对象进行。其一就是以物流成本的形成过程为控制对象，即从物流系统（或企业）投资建立、产品设计（包括包装设计）、物资采购存储和销售，直到售后服务，凡是发生物流成本费用的环节，都要通过各种物流技术和物流管理方法，实施有效的成本控制。这种成本控制就是物流成本的纵向控制。

投资阶段的物流成本控制

投资阶段的物流成本控制主要是指企业在厂址选择、物流系统布局规划、设备购置等过程中对物流成本进行的控制。其内容包括：

(1) 合理选择厂址。厂址选择合理与否，往往在很大程度上决定了以后物流成本的高低。长春斯美特把廉价的土地使用费、廉价的劳动力和良好的外部环境作为选择厂址的第一要素，在远离原料（面粉、纸箱、棕榈油、蔬菜食品等）地点选点建厂（德惠），这造成物流（配送、运输、采购、设备维护等）成本的上升。同时其竞争对手（榆树的锦丰、四平的白象、双城的华丰及未来长春的康师傅）的存在，使长春斯美特在此方面物流成本上的优势显得很黯淡。

(2) 合理设计物流系统格局。如何选择物流中心和配送中心（分公司）的位置、如何规划运输和配送系统、如何设计物流运营流程等，对于整个系统投入运营后的成本耗费有着决定性的影响。长春斯美特公司既是物流中心又是配送中心，配送运输辐射东北三省及内蒙古，公司设计出了较完备的运营流程，走出了过去的投资性怪圈，逐渐形成了自己独特的以资本为纽带的第三方运输配送和以业务推进为基础的流程机制。

(3) 优化物流设备的购置。物流设备投资是为了提高物流工作效率和降低物流成本。企业发展到一定阶段往往需要购置一些物流设备，采用一些机械化、自动化的措施（叉车、自动流程传送、托盘等)。但在进行设备投资时，一定要注意投资的经济性，要研究机械化、自动化的经济临界点。长春斯美特在成立初期，因其规模和生产能力的限制，没有购进必要的物流设备，随着企业的进一步发展，公司配置了与其规模和生产能力相匹配的叉车、托盘、网络仓库等物流设备，这避免了设备的持有成本，降低了物流成本。

产品设计阶段的物流成本控制

物流过程中发生的成本大小，与物流系统中所服务产品的形状、体积和重量等密切相关，同时还与这些产品的组合、包装形式、重量及大小有关。特别是对于制造业来说，产品设计对物流成本的重要性尤为明显。具体地说，产品设计阶段的物流成本控制主要包括以下几方面的内容。

(1) 产品体积和形态的优化组合。产品体积和形态对物流成本有着直接的影响，如方便面规格和包数的不同，直接影响了纸箱成本的核算，改变了生产的批量，同时对运输工具也提出了较高的要求，进而影响到物流成本控制。因此，我们在设计产品的形态和体积的时候，还必须考虑如何降低纸箱的成本，如何扩大生产批量，如何减小运输成本等后续影响。

(2) 产品批量的合理化。当把数个产品集合成一个批量保管或发货时，就要考虑到物流过程中比较优化的容器容量，例如长春斯美特根据产品的批量化要求，设计出符合公司要求的托盘（1.2m×1.2m)，组织了适合公司要求的集装货车（7.2m、9.6m的高栏车和12m集装箱车等)。

(3) 成品损耗率。企业在设计产品时，还必须考虑产品的包装材料、耐压力、搬运、装卸、运输途中的损耗对产品设计的影响。

供应阶段的成本控制

供应与销售阶段是物流费用发生的直接阶段，这也是物流成本控制的重要环节。供应阶段的物流成本控制主要包括以下内容：

(1) 优化供应商。企业进货和采购的对象很多，每个供应商的供货价格、服务水平、供货地点、运输距离等都会有所区别，其物流成本也就会受到影响。企业应该在多个供应商中考虑供货质量、服务水平和供货价格的基础上，充分考虑其供货方式、运输距离等对企业物流成本的综合影响，从多个供货对象中选取综合成本较低的供货厂家，以有效地降低企业的物流成本。

(2) 运营现代化的采购管理方式。JIT（及时制）采购和供应是一种有效的降低物流成本的物流管理方式，它可以减少供应库存量，降低库存的持有成本，而库存持有成本是供应物流成本的一个重要组成部分。另外，MRP采购、供应链采购、招标采购、全球采购等采购管理方式的运用，也可以有效地加强采购供应管理工作。对于斯美特来说，集中采购也是一种有效的采购管理模式。例如，有些体积小重量小的物品可以通过总公司的规模化批量采购来降低成本，进而实现分公司的批量低成本调拨。

(3) 控制采购批量和再订货点。每次采购批量的大小，对订货成本与库存持有成本有着重要的影响。采购批量大，则采购次数减少，总的订货成本就可以降低，但会引起库存持有成本的增加；反之亦然。因此，在采购管理中，对订货批量的控制是很重要的。我们可以通过相关数据分析，计算其主要采购物资的最佳经济订货批量点和再订货点，从而使得订货成本与库存持有成本之和最小。

(4) 供应物流作业的效率化。企业进货采购对象及其品种很多，接货设施和业务处理讲求效率。例如，斯美特公司的各分公司需购多种不同物料时，可以分别购买、各自订货，也可由总公司根据各分公司进货要求，由总公司统一负责采购和仓储的集中管理，在各分公司有用料需要时，由总公司仓储部门按照固定的线路，把货物集中配送到各分公司。这种有组织的采购、库存管理和配送管理，可使公司物流批量化，减少繁杂的采购流程，提高配送车辆和各分公司进货工作效率。

(5) 采购损耗的最小化。供应采购过程中往往会发生一些途中损耗，运输途耗也是构成企业供应物流成本的一个组成部分。运输中应采取严格的预防保护措施尽量减少途耗，避免损失、浪费，降低物流成本。

(6) 销售、供应物流互补化。销售和供应物流经常发生交叉，这样可以采取共同装货、集中发货的方式，把销售商品的运输与外地采购的物流结合起来，利用回程车辆运输的方法，提高货物运输车辆的使用效率，降低运输成本。同时，还有利于解决交通混乱，促使发货、订货业务集中化、简单化，促进搬运工具、物流设施和物流业务的效率化。

生产时的物流成本控制

生产物流的组织与企业生产的产品类型、生产业务流程以及生产组织方式等密切相关，因此生产物流成本的控制是与企业的生产管理方式不可分割的。在生产过程中有效控制物流成本的方法主要包括：

(1) 生产工艺流程的合理布局。企业生产工艺流程的合理布局对生产起着非常重要的作用，布局的合理与否直接关系着产品成本的高低，同时对减少工作环节、提高工作效率、增强员工的责任心等方面有重要的作用，对于斯美特公司制面来说，就必须按照制面的工艺流程来工作。

(2) 合理安排生产进度。企业的生产进度与采购、销售、仓库、消费、成品率等息息相关，生产进度的加快，原材料的采购进度就要提速，成品率就会降低，仓库持有成本就会上升，同时预示着销售周期的缩短，消费数量的增加。减少半成品和产品库存，产品库存量的大小直接影响着库存持有成本的高低，同时影响着产品的销售风险。

(3) 物料领用控制。对于斯美特制面来说，必须严格实施物料领用的控制，生产的批量与领用物料的批量相对称，多领用的原材料必须在第一时间内回归仓库，这样降低了原料的损耗，使生产与采购、调拨、销售的信息对称，减少了库存，盘活了公司的流动资金。

(4) 节约物料使用。勤俭节约是中华民族的传统美德，也是我们每一个人的优良作风。勤俭节约不仅是斯美特公司的企业文化，更是斯美特人的立家之本。

销售物流阶段的成本控制

销售物流活动作为企业市场销售战略的重要组成部分，不仅要考虑提高物流效率、降低物流成本，而且还要考虑企业销售政策和服务水平。在保证客户服务质量的前提下，通过有效的措施，推行销售物流的合理化，以降低销售阶段的物流成本，主要措施包括：

(1) 加强订单管理，与物流相协调。订单的重要特征表现在订单的大小、订单的完成效率等要素上。订单的大小和完成效率往往会有很大的区别，在有些企业中，很多小批量多次数订单（自提订单）往往会在数量上占订单总数的大部分，它们对物流和整个物流系统的影响有时会很大。因此，为了提高物流效率、降低物流成本，在订单上必须充分考虑商品的特征和订单周期及其他经营管理要素的需要。

(2) 销售物流的大量化。这主要通过延长备货时间，以增加运输量，提高运输效率，减少运输总成本。例如，公司把产品销售配送从“一日配送”改为“三日配送”或“周指定配送”就属于这一类。这样可以更好地掌握货物配送数量，大幅度提高配货满载率。为了鼓励运输大量化，在满足可续货物需求的前提下，我们可以采取一种增大一次订购批量折扣或给予更多的促销的办法，促进销售，降低小批量手续费，节约的成本由双方分享。

(3) 商流与物流相分离。现在，商流与物流分离的做法已经被越来越多的企业所采纳。其具体做法是订货活动与配送活动相分离，由销售系统负责订单的签约，而由物流系统负责货物的运输和配送。运输和配送的具体作业，可以由自备车队完成，也可以通过委托运输的方式来实现，这样可以提高运输效率，节省运输费用。此外，还可以把销售设施与物流设施分离开来，如把企业所属的各销售网点（分公司）的库存实行集中统一管理，在最理想的物流地点设立仓库，集中发货，以压缩物流库存，解决交叉运输，减少中转环节。这种“商物分流”的做法，把企业的商品交易从大量的物流活动中分离出来，有利于销售部门集中精力搞销售。而物流部门也可以实现专业化的物流管理，甚至面向社会提供物流服务，以提高物流的整体效率。

(4) 增强销售物流的计划性。以销售计划为基础，通过一定的渠道把一定量的货物送到指定地点。方便面属季节性消费品，随着季节的变化可能会出现运输车辆过剩或不足，或装载效率下降等现象。为了调整这种波动性，可事先同客户商定时间和数量，制订出运输和配送计划，使公司按计划供货。

(5) 物流共同化。物流已是一个社会化的行业，它的规模效应已初现端倪，企业的单个物流必须融入到社会物流之中，从而享受社会物流带来的规模效益。

资料来源：2008年02月29日10：06，物流杂志网。

全能五金供应公司物流库存成本控制

全能五金供应公司（CHS）的总部坐落在俄亥俄州的克利夫兰，蒂姆先生是该公司分销部经理。CHS最近被一家控股公司——统一公司收购。统一公司的管理人员坚持认为要制定严格的管理制度来限制CHS的库存投资。

CHS向俄亥俄州东北部地区的地方五金店分销各种五金制品。公司从全国各地的供应商那里采购种类繁多的五金制品。

五金店的订单由CHS在克利夫兰的仓库履行。以前，蒂姆使用再订货点法确定向供应商再次订购的数量，并控制库存水平。

为解决新的库存资金限额问题，蒂姆从500种产品中选择了30种具有代表性的产品进行分析。他收集的关于需求、产品价值和提前期的数据如表6-6所示。

表6-6　产品需求、产品价值和提前期

产品序号	周需求预测	周需求预测误差① 标准差	单价② （美元）	提前期③ （天）
1	18	6	37.93	10.5
2	9	2	85.06	10.5
3	113	30	1.32	10.5
4	20	5	2.41	9.5
5	7	2	5.19	10.5
6	490	101	0.51	9.5
7	44	11	2.36	10.0
8	68	23	1.30	10.0
9	48	15	7.38	10.0
10	7	1	9.69	10.0
11	6	2	1.38	10.0
12	4	1	3.25	10.0
13	90	22	7.79	9.5
14	5	1	5.48	16.9
15	3	1	19.04	16.9
16	7	2	2.03	16.9
17	6	2	68.97	13.0

续 表

产品序号	周需求预测	周需求预测误差[①] 标准差	单价[②]（美元）	提前期[③]（天）
18	3	1	21.65	16.9
19	14	4	56.28	11.4
20	5	1	19.85	10.0

注：①预测误差近似服从于正态分布。

②含到克利夫兰的运输费用，平均为5%。

③提前期是工作日平均天数，设每周五天工作制。

企业准备和传输一份采购订单的成本是15美元，企业的年库存持有成本是25%。现在，蒂姆将提前期内的现货供应比例设定为98%，来控制客户服务水平，该比例是在征求销售人员意见后设定的。

这30种产品来自全国各地的供应商，起运地如表6－7所示。

表6－7　产品供应商起运地及到CHS的距离

产品号	供应商起运地	到CHS的距离（英里）
1、2、3、5、22、23	纽约州纽约市	471
4、6、13	俄亥俄州克利夫兰	25
7、8、9、10、11、12、20、30	伊利诺依州芝加哥	348
19、24、29	佐治亚州亚特兰大	728
14、15、16、18、25、26、27、28	加利福尼亚州洛杉矶	2382
17、21	得克萨斯州达拉斯	1189

补货的提前期由三个部分组成：①准备和传输订单的时间；②供应商履行订单的时间；③将货物运送到克利夫兰的时间。目前，订单是手工准备的，经邮寄到达供应商处。准备订单需要2天的时间，邮寄需要2天的时间。货物用卡车送到CHS。每运送300英里大约需要1天。供应商履行订单需要5个工作日。

将统一公司的资金限额分摊到所有产品上，这30种产品的总资金不能超过18000美元。但蒂姆认为，要保持收入不变，每年的缺货比率不能高于现在。

身处困境，蒂姆面临的问题是采取以下哪些措施来降低库存水平：

(1) 更快地传输订单。

(2) 要求供应商使用更快的运输方式。

(3) 降低预测误差。

(4) 牺牲一定的客户服务水平。

蒂姆可以购买一台价值1500美元的传真机（寿命5年），使订单传输时间缩短为几秒。不过，他估计，采购订单的成本将由于电话费用从15美元涨到17美元。如果与联合包裹服务公司UPS签订特殊协议，可以保证到美国各地的递送服务在2天时间之内完成。这将对运距在600英里以上的货物产生影响，产品价格会增加5%。

最后，蒂姆还可以购买价值50000美元的新型预测软件。他希望软件被应用后，预测误差能降低30%。

资料来源：杨文安．管理会计原理与个案［M］．上海财经大学出版社，2002.

第七章　物流成本分析

学习目的

物流成本分析既是对企业过去物流成本管理工作的总结，又为企业未来开展物流成本预测与决策提供参考资料，因此在企业物流成本管理中起着承上启下的作用。通过本章的学习，了解企业物流成本分析的目的与方法；掌握物流成本计划完成情况分析的内容和方法；了解物流成本效益分析的各项财务比率指标的含义、计算及计算结果的评价；理解物流效率分析的基本原理及在物流成本分析中的作用。

第一节　物流成本分析概述

一、物流成本分析的含义与内容

分析是人们认识客观事物本质特征及其发展规律的一种逻辑思维方法。物流成本分析就是根据物流成本预算、物流成本核算资料和其他有关资料，分析物流成本水平与构成变动的变动情况，研究影响物流成本升降的各种因素及其变动原因，寻找降低物流成本的途径。

物流成本分析贯穿于企业物流成本管理工作的始终，包含内容复杂，表现形式多样，其内容可以按不同的标准进行分类。

（一）按成本分析的内容不同分类

物流成本分析按内容不同，可分为物流成本计划完成情况分析、物流成本效益分析和物流成本技术经济分析。

物流成本计划完成情况分析是对企业在物流活动开展中所发生的物流成本，按照物流活动成本项目和支付形态，对其成本计划执行情况、物流成本结构和物流成本增减变化情况进行分析和评价。物流成本效益分析主要是对反映企业物流成本效益的物流成本率、物流成本比率、物流成本的营业费用比率、产值物流成本率、物流成本利润率等指标进行的分析。成本技术经济分析是对企业物流业务量等主要技术经济指标对物流成本的影响所进行的分析。

（二）按成本分析的时间不同分类

物流成本分析按时间不同，可分为定期分析和不定期分析。

定期分析是指在一个年度、一个季度和每月终了后进行的分析。它比较系统地、全面地分析年、季、月物流成本计划的完成情况，并针对所存在的问题，提出解决办法，以保证物流成本计划的完成。不定期分析是指根据物流成本管理的需要随时进行的分析。例如，物流活动过程中出现某些突出问题，严重影响物流成本计划完成时所进行的分析，以及对物流成本进行同行业的对比分析，都属于不定期分析。

（三）按成本分析的范围不同分类

物流成本分析按范围不同，可分为全面分析和专题分析。

全面分析也称综合分析，是指对企业物流成本计划完成情况进行比较完整系统的综合分析，从成本角度抓住物流活动过程中带有普遍性和关键性的问题并做出评价，指明降低物流成本的途径。专题分析是对物流活动过程中影响物流成本降低的某些突出问题进行的深入分析，它是全面分析的继续，但有时也可以根据日常发现的物流成本问题随时进行，分析结果为全面分析提供资料。

（四）按成本分析的人员不同分类

物流成本分析按人员不同，可分为专业分析和群众分析。

专业分析是指由企业成本核算和管理人员所进行的分析，有较强的专业技术性，是最基本的分析。群众分析是指按物流成本指标归口分级管理的要求，发动其他职能部门和班组有关人员，结合本职工作对物流成本相关指标所进行的分析。

二、物流成本分析的目的

企业物流成本分析的基本功能是将大量的物流成本报表数据转换成对特定物流成本管理决策有用的信息，减少决策的不确定性。从本质上说，物流成本计算的目的就是为物流成本分析提供数据依据，物流成本计算结果是物流成本分析的基础。一般来说，物流成本分析的目的包括：

（一）分析企业物流成本计划执行情况

健全的物流成本管理通常会事先按物流成本构成内容制订企业物流成本计划，期末计算出各项物流成本后，通过物流成本的实际消耗与计划水平的比较，分析实际成本脱离计划的水平，进而评价企业物流成本计划执行的好坏。同时，根据实际成本脱离计划的偏差，还可进一步分析计划制订是否科学合理，计划执行环节是否有疏漏，从而为提高计划制订水平和计划执行力度提供依据。

（二）分析企业物流成本升降的原因

通过对物流成本进行横向比较，例如不同企业的比较，以及纵向比较，例如不同时期的比较，可以明确企业物流成本比其他企业和以前年度是上升还是下降了，并通过企业物流成本内部结构的分析，进一步明确影响物流成本升降的具体成本项目有哪些，从更深层次探寻企业物流成本升降的原因，为企业控制和降低物流成本提供依据。

（三）寻求进一步降低企业物流成本的途径和方法

企业的经营管理和物流活动总是处于动态变化的过程，在对物流成本进行分析和评价的过程中，可以了解企业与上年度、与其他企业比较的情况，以及企业物流总成本和具体物流成本的增减情况，对增幅较大的物流成本项目进一步做深层次的分析，从而明确较大增幅的物流成本是否带来了较多的物流收益或提供了较高水平的物流服务。如果没有，则应详细分析物流成本增长的原因，并对增幅较大的物流成本，有针对性地采取降低成本的方法和措施；同时，对于负增长的物流成本，也并不意味着物流成本没有下降的潜力，对于这部分成本，同样需要分析物流成本和物流收益及物流服务水平之间的关系，并在此基础上采取相应的举措。总之，物流成本的分析绝不仅仅是表面层次的分析和评价，做趋势和比较分析时，物流成本是不变、上升或是下降，不论哪些情形，其背后都可能隐藏着物流成本进一步降低的潜力，都应做进一步的分析，积极寻求进一步降低物流成本的方法和途径。

三、物流成本分析的方法

企业进行成本分析，需要运用一定的专门技术方法，也称数量分析方法。在实际工作中，通常采用的成本分析方法有：对比分析法、比率分析法、因素分析法等，这些方法同样可以用于企业的物流成本分析。

（一）对比分析法

对比分析法也称比较分析法，它是通过实际数与基数的对比来揭示实际数与基数之间的差异，借以了解经济活动的成绩和问题的一种分析方法。它是成本分析最基本的方法。

采用对比分析法开展分析时，对比的基数由于分析目的的不同而有所不同，一般有计划数、定额数、前期实际数、以前年度同期实际数以及本企业历史先进水平和国内外同行业的先进水平。

对比分析法只适用于同质指标的数量对比，例如实际物流成本与计划物流成本对比、本期实际物流成本与前期实际物流成本对比等。在采用这种分析方法时，应注意所对比指标的可比性，在经济内容、计算方法、计算期和影响指标形成的客观条件等方面，应有可比的共同基础。如果相比较的指标之间有不可比因素，应先按可比的口径进行调整，然后再进行对比。

（二）比率分析法

比率分析法是通过计算有关指标之间的相对数，即比率，借以考察经济业务相对效益的一种分析方法。比率分析法主要有相关比率分析、构成比率分析和趋势比率分析等形式。

（1）相关比率分析。相关比率分析是计算两个性质不同但又相关的指标的比率进行数量分析的方法。在实际运作中，由于企业规模不同等原因，单纯地对比绝对数指标，有时不能起到对比的作用，如果计算相对数指标，如物流成本率、物流成本利润率等，则可以反映企业物流活动经济效益的高低。

（2）构成比率分析。构成比率分析是计算某项指标的各个组成部分占总体的比重，即部分与全部的比率进行数量分析的方法。如将各物流功能成本分别与物流总成本相比，计算物流成本的构成比率。通过这种分析，可以反映成本或费用的构成是否合理。

（3）趋势比率分析。趋势比率分析是将几个时期同类指标的数字进行对比，求出比率，分析该项指标增减速度和发展趋势，用以对企业物流活动的情况进行评判。按照对比标准不同，趋势比率指标又可分为基期指数指标和环比指数指标。

利用比率分析法进行成本分析，指标计算简便，而且对其结果也比较容易判断；可以使某些指标在不同规模的企业之间进行比较，甚至在一定程度上超越行业间的差别进行比较。但是，比率分析法也存在一定不足：一是比率分析所用的都是历史资料，不能作为判断未来经济状况的可靠依据；二是当企业一些物流业务采用不同的处理方法时，企业之间比率的可比性会受到影响；三是比率分析法仅能发现指标的实际数与标准数的差异，无法查明指标变动的原因及其对指标的影响程度。

为了克服比率分析法的局限性，在应用比率分析法时，应注意以下几点：①在对各种比率指标进行分析时，应制定出相应的标准，据以评价实际完成情况，以达到指导企业物流活动的目的。这些标准一般有公认标准、行业标准、本企业历史标准和本企业制订的目标标准等。②计算比率的两个项目要具有相关性，其计算口径也要一致。③在不同企业之间进行对比分析时，要剔除不可比因素。

（三）因素分析法

因素分析法是根据分析指标与其影响因素之间的数量关系，按照一定的程序和要求，从数值上测定各因素对分析指标影响程度的一种分析方法。因素分析法又可分为连环替代法和差额计算法两种形式。

1. 连环替代法

连环替代法是因素分析法的基本形式，它是顺序用各因素的实际数替换基数，借以计算各因素影响程度的一种分析方法。

单纯采用对比分析法和比率分析法只能反映实际数与基数之间的差异，而不能揭示产生差异的因素和各因素的影响程度。采用连环替代法则可以解决这一问题。其计算程序是：①根据分析指标的计算公式确定影响指标变动的各项因素；②排列各项因素的顺序；③按排定的因素顺序和各项因素的基数进行计算；④顺序将前面一项因素的基数替换为实际数，有几项因素就替换几次；⑤将每次替换后的计算结果与前一次替换后的计算结果进行比较，二者的差额即为该次替换因素对指标的影响数额；⑥将各项因素的影响程度的代数和与分析指标变动的差异总额核对相符。

［例7-1］假设某企业20××年甲产品包装物流作业活动中有关包装材料费用分析资料如表7-1所示。

表 7－1　　甲产品包装材料费用计划与实际资料

项　目	计量单位	计划数	实际数
产品数量	件	10000	11000
单位产品包装材料消耗量	千克	8	7
材料单价	元	5	6
包装材料费用总额	元	400000	462000

根据以上资料，采用连环替代法分析步骤及结果如下：

分析对象：462000－400000＝＋62000（元）

计划指标：10000×8×5＝400000（元）　(1)

第一次替换：11000×8×5＝440000（元）　(2)

第二次替换：11000×7×5＝385000（元）　(3)

第三次替换：11000×7×6＝462000（元）　(4)

(2) － (1) ＝440000－400000＝＋40000（元）（数量增加的影响额）

(3) － (2) ＝385000－440000＝－55000（元）（材料消耗节约的影响额）

(4) － (3) ＝462000－385000＝＋77000（元）（材料价格提高的影响额）

各影响因素的代数和＝40000－55000＋77000＝＋62000（元）

从上例中可以看出，计算某项因素变动的影响程度时，假定其他因素不变（这样才能计算出该项因素变动的影响程度），同时假定前面的因素已经变动，后面的因素尚未变动。因此，在运用这种方法时必须合理排列各因素的顺序。

确定各因素排列顺序的一般原则是：如果既有数量因素又有质量因素，先计算数量因素变动的影响，后计算质量因素变动的影响；如果既有实物量因素又有价值量因素，先计算实物量因素变动的影响，后计算价值量因素变动的影响；如果有几个数量因素或质量因素，还应区分主要因素和次要因素，先计算主要因素变动的影响，后计算次要因素变动的影响。

2. 差额计算法

差额计算法是根据各项因素的实际数与基数的差额来计算各项因素影响程度的方法，它是连环替代法的一种简化的计算方法。

上述连环替代法的计算原理，可按下列公式表示：

第 1 项因素的影响程度＝（第 1 项因素实际数×第 2 项因素基数×第 3 项因素基数）－（第 1 项因素基数×第 2 项因素基数×第 3 项因素基数）＝（第 1 项因素实际数－第 1 项因素基数）×第 2 项因素基数×第 3 项因素基数

第 2 项因素的影响程度＝（第 1 项因素实际数×第 2 项因素实际数×第 3 项因素基数）－（第 1 项因素实际数×第 2 项因素基数×第 3 项因素基数）＝（第 2 项因素实际数－第 2 项因素基数）×第 1 项因素实际数×第 3 项因素基数

第 3 项因素的影响程度＝（第 1 项因素实际数×第 2 项因素实际数×第 3 项因素实际数）－（第 1 项因素实际数×第 2 项因素实际数×第 3 项因素基数）＝（第 3 项因素实际

数一第3项因素基数）×第1项因素实际数×第2项因素实际数

由此可得，在差额计算法下计算某因素变动对分析指标的影响程度时，其计算公式如下：

$$\text{某因素变动的影响程度}=\left(\text{该因素实际数}-\text{该因素基数}\right)\times\text{排列在前因素的实际数}\times\text{排列在后因素的基数}$$

［例7-2］ 仍以例［7-1］中的数据资料为例，采用差额计算法确定各因素变动对材料费用影响程度如下：

（1）数量增加对材料费用的影响：（11000－10000）×8×5＝＋40000（元）

（2）材料消耗节约对材料费用的影响：（7－8）×11000×5＝－55000（元）

（3）材料价格提高对材料费用的影响：（6－5）×11000×7－＋77000（元）

各影响因素的代数和＝40000－55000＋77000＝＋62000（元）

第二节　物流成本计划完成情况分析

物流成本计划完成情况分析是物流成本分析的一项重要内容，其目的是全面考察企业物流成本计划完成情况、物流成本结构和增减变动情况，揭示影响物流成本计划完成和变化的因素，并测定其影响程度，为进一步降低成本指明方向；同时，还要与上期实际平均成本比较，以衡量报告期物流技术、物流组织以及物流管理工作的改进情况。

由于企业物流成本的核算主要是按照物流活动成本项目和支付形态进行的，因此，物流成本计划完成情况分析也应分别按物流活动成本项目和支付形态两方面来进行。

一、物流活动成本项目分析

物流活动成本项目分析，就是按物流活动的成本项目将本期实际成本与本期计划成本和上期实际成本进行比较，确定其差异额和差异率，以及这些差异对物流总成本的影响程度，并对各物流成本项目的构成和增减变动情况进行评价。

［例7-3］ 假设201×年T公司根据物流成本计算的结果，其物流成本信息资料如表7-2所示。

表7-2　　T公司物流成本信息表　　单位：元

成本项目		本年实际	上年实际	本年计划
物流功能成本	运输成本	200000	180000	160000
	仓储成本	100000	110000	120000
	包装成本	60000	60000	70000
	装卸搬运成本	110000	90000	120000
	流通加工成本	80000	70000	80000
	物流信息成本	90000	80000	110000
	物流管理成本	120000	100000	100000
	小计	760000	690000	760000

续　表

成本项目		本年实际	上年实际	本年计划
存货相关成本	流动资金占用成本	60000	70000	50000
	存货风险成本	20000	30000	20000
	存货保险成本	30000	30000	20000
	小计	110000	130000	90000
物流成本合计		870000	820000	850000

该公司的物流成本计划完成情况分析应从以下几个方面进行。

1. 公司本年物流成本计划完成情况分析

根据表 7－2 资料，编制该公司本年物流成本计划完成情况分析表，如表 7－3 所示。

表 7－3　　T 公司物流成本计划完成及增减变动情况分析表　　单位：元

成本项目		实际比计划			实际比上年	
		差异额	差异率（%）	对总成本影响（%）	增长额	增长率（%）
物流功能成本	运输成本	40000	25.0	4.7	20000	11.10
	仓储成本	－20000	－16.6	－2.4	－10000	－9.09
	包装成本	－10000	－14.3	－1.2	0	0
	装卸搬运成本	－10000	－8.3	－1.2	20000	22.22
	流通加工成本	0	0	0	10000	14.29
	物流信息成本	－20000	－18.2	－2.4	10000	12.50
	物流管理成本	20000	20.0	2.4	20000	20.00
	小计	0	0	0	70000	10.14
存货相关成本	流动资金占用成本	10000	20.0	1.2	－10000	－14.29
	存货风险成本	0	0	0	－10000	－33.30
	存货保险成本	10000	50.0	1.2	0	0
	小计	20000	22.2	2.4	－20000	－15.38
物流成本合计		20000	2.40	2.4	50000	6.10

根据表 7－3 所示，可做如下分析：

（1）公司本年物流总成本比计划超支了 20000 元，超支率为 2.4%，与上年物流成本相比较增加 50000 元。其中物流功能成本虽然比上年增加，但完成了计划任务，超支主要是由存货相关成本引起的。

（2）物流功能成本虽完成了计划任务，但各项目很不均衡，其中运输成本和物流管理成本超出预算幅度较大，达20%以上，应做进一步的具体分析。而仓储成本、包装成本和物流信息成本预算完成情况较好。

（3）存货相关成本超预算幅度较大，主要是由存货保险成本所引起的，超出预算高达50%，应做进一步的具体分析。

2. 公司本年物流成本构成情况分析

根据表7-2资料，编制该公司本年物流成本构成情况分析表，如表7-4所示。

表7-4　T公司物流成本构成情况分析表　单位：%

成本项目		本年实际	上年实际	本年计划
物流功能成本	运输成本	22.90	21.95	18.82
	仓储成本	11.50	13.41	14.12
	包装成本	6.89	7.32	8.23
	装卸搬运成本	12.64	10.98	14.12
	流通加工成本	9.20	8.53	9.41
	物流信息成本	10.34	9.75	12.94
	物流管理成本	13.79	12.20	11.77
	小计	87.35	84.14	89.41
存货相关成本	流动资金占用成本	6.90	8.54	5.89
	存货风险成本	2.30	3.66	2.35
	存货保险成本	3.45	3.66	2.35
	小计	12.65	15.86	10.59
物流成本合计		100	100	100

根据表7-4所示，可做如下分析：

（1）该公司本年物流功能成本中运输成本所占比重最大，为22.9%，其次为物流管理成本、装卸搬运成本和仓储成本，其比重分别为13.79%、12.64%和11.5%，上述四项成本合计占物流功能成本的60.83%，因此有必要对上述四项成本从支付形态方面做进一步分析。

（2）与上年相比，该公司本年各成本项目占物流功能成本的比重差异不大，说明物流功能成本结构相对稳定，比重变化不明显。

（3）该公司本年实际与预算相比，除运输成本和物流信息成本在物流功能成本中所占比重有一定差异，其他各项成本所占比重差异不大，其中运输成本所占比重比预算高4.08个百分点，物流信息成本所占比重比预算低2.6个百分点，说明进一步分析运输成本的构成及产生原因极为必要。另外，公司物流信息成本比重降低，可能有两个原因：一是公司物流信息成本控制较好；二是公司运用信息化手段进行物流成本管理程度低，所以要结合公司实际情况做具体分析。

3. 公司本年物流成本增减情况分析

根据表 7－2 资料，编制该公司本年物流成本增减情况分析表，如表 7－3 所示。

（1）公司本年物流总成本比上年增长 6.1%，其中物流功能成本增长 10.14%；而存货相关成本则呈下降趋势，降低 15.38%。因此，物流总成本的增长是否合理，还应结合收益的增长情况做进一步的分析。

（2）在物流功能成本中，本年与上年相比，除仓储成本下降了 9.09%，包装成本持平外，其他各项物流功能成本均大幅度增长，增长幅度在 10%以上。尤其是运输成本和物流管理成本，增长幅度大、预算完成情况差，因此这两个项目应为进一步分析的重点。

（3）在存货相关成本中，本年与上年相比，除存货保险成本持平，流动资金占用成本和存货风险成本均大幅下降，说明该公司本年资金和存货管理水平有所提高，但预算完成情况较差，资金和存货管理水平有进一步提升的潜力。

二、物流成本支付形态分析

物流成本按支付形态可分为自营物流成本和委托物流成本，其中自营物流成本又可分为材料费、人工费、维护费、一般经费和特别经费。物流成本支付形态分析就是要分析各支付形态成本在物流总成本中所占的比重及变化趋势，为降低物流成本提供依据。

［例 7－4］ 假设 201×年 A 公司根据物流成本计算的结果，其物流成本信息资料如表 7－5 所示。

表 7－5　　A 公司物流成本信息表　　单位：元

物流支付形态成本		本年实际	上年实际	本年计划
自营物流成本	材料费	15000	10000	10000
	人工费	130000	120000	100000
	维护费	170000	180000	150000
	一般经费	55000	50000	60000
	特别经费	30000	20000	30000
	小计	400000	380000	350000
委托物流成本				
物流成本合计		400000	380000	350000

根据表 7－5 的资料，编制 A 公司物流成本支付形态结构表，如表 7－6 所示。

表7-6　　A公司物流支付形态成本结构表　　单位:%

物流支付形态成本		本年实际	上年实际	本年计划
自营物流成本	材料费	3.75	2.63	2.86
	人工费	32.50	31.58	28.57
	维护费	42.50	47.37	42.86
	一般经费	13.75	13.16	17.14
	特别经费	7.50	5.26	8.57
委托物流成本				
物流成本合计		100	100	100

根据表7-6的资料，可做如下分析：

（1）公司本年自营物流成本中，维护费和人工费支出比重最大，分别为42.5%和32.5%；其次为一般经费和特别经费，其支出比重分别为13.75%和7.5%。公司应根据实际情况对维护费和人工费做进一步的分析。

（2）与上年相比，公司本年除维护费比重有所下降外，其他支付形态成本比重变化不大，说明自营物流成本各支付形态结构相对稳定。

（3）与公司预算相比，本年人工费支出比重略有上升，一般经费支出比重略有下降，这两种形态费用的此消彼长是否合理，还需做进一步分析。但总体来说，相比公司本年支付形态比重差异不大，说明支付形态结构相对合理。

根据前面的分析结果，公司在物流支付形态成本分析中应对所占比重比较大的维护费和人工费做进一步的分析。根据公司物流成本的计算结果，维护费和人工费成本资料如表7-7所示。

表7-7　　A公司维护费、人工费成本信息表　　单位：元

物流支付形态成本		本年实际	上年实际	本年计划
维护费	运输成本	40000	40000	40000
	仓储成本	80000	100000	70000
	包装成本	5000	10000	5000
	装卸搬运成本	15000	10000	10000
	流通加工成本	10000	10000	5000
	物流信息成本	20000	10000	20000
	合计	170000	180000	150000
人工费	运输成本	30000	20000	20000
	仓储成本	15000	20000	15000
	包装成本	20000	20000	15000

续　表

物流支付形态成本		本年实际	上年实际	本年计划
人工费	装卸搬运成本	30000	25000	25000
	流通加工成本	10000	10000	5000
	物流信息成本	15000	15000	10000
	物流管理成本	10000	10000	10000
	合计	130000	120000	100000

根据表 7－7 的有关资料，编制公司维护费成本项目结构一览表，如表 7－8 所示。

表 7－8　　A 公司维护费成本项目结构一览表　　单位:%

维护费项目成本	本年实际	上年实际	本年计划
运输成本	23.53	22.22	26.67
仓储成本	47.06	55.56	46.67
包装成本	2.94	5.56	3.33
装卸搬运成本	8.82	5.56	6.67
流通加工成本	5.88	5.56	3.33
物流信息成本	11.77	5.56	13.33
合计	100	100	100

根据表 7－8 的计算结果，可做如下分析：

(1) 公司本年维护费总额中，仓储成本和运输成本所占比重最大，分别为 47.06%和 23.53%，其次依次为物流信息成本、装卸搬运成本、流通加工成本和包装成本。因维护费的具体构成又包括维修费、折旧费、租赁费等内容，所以有必要对支出比重比较大的仓储和运输成本按维护费的支出细目逐一进行分析，明确各项支出是否合理。

(2) 与上年相比较，公司本年各项目成本占维护费的比重中，仓储成本比重下降了 8.5 个百分点，应进一步分析企业上年是否对仓库进行了大修；物流信息成本比重上升了 6.23 个百分点，应进一步分析公司本年是否投入了新的物流信息软件及设施；其他项目成本占维护费的比重差异不大，支出结构相对稳定。

(3) 与预算相比，公司本年维护费中各项目成本所占比重差异不大，说明这种支出结构相对合理。

根据表 7－7 的有关资料，编制公司人工费成本项目结构一览表，如表 7－9 所示。

表7-9　　**A公司人工费成本项目结构一览表**　　单位：%

人工费项目成本	本年实际	上年实际	本年计划
运输成本	23.08	16.67	20
仓储成本	11.54	16.67	15
包装成本	15.38	16.67	15
装卸搬运成本	23.08	20.83	25
流通加工成本	7.69	8.33	5
物流信息成本	11.54	12.50	10
物流管理成本	7.69	8.33	10
合计	100	100	100

根据表7-9的计算结果，可做如下分析：

（1）公司本年人工费支出总额中，运输成本和装卸搬运成本所占比重最大，均为23.08%；另外，包装成本、仓储成本、物流信息成本所占比重均在10%以上。就整个支出结构而言，各成本项目支出较为均衡。当然，不同项目成本中，人工费对应的人数相差较大，人均人工费支出也有较大差异。各项支出是否合理，还应结合以前年度情况做进一步分析。

（2）与上年相比，公司本年人工费支出中，运输成本比重上升了6.41个百分点，仓储成本下降了5.13个百分点，其他项目成本比重变化不大。初步分析，公司本年增加了司机人数和提高了司机人工费支出标准，同时减少了仓库保管人员。这种调整是否合理，应作进一步分析。

（3）与预算相比，公司本年人工费支出中，各成本项目结构差异不大，说明这种支出结构相对合理。

三、主要物流活动单位成本分析

物流成本总额都是以单位成本作为计算基础的，因此对单位成本的分析可以揭示各种物流活动单位成本及其构成的超支或节约的情况，找出成本升降的具体原因。同时，只有对物流活动单位成本分析后，才能查明物流成本计划完成情况分析中成本差异的具体原因。另外，通过单位成本分析，还可以从影响成本升降的各种具体原因中寻找降低物流成本的途径，制定改进措施，以促使物流成本的不断降低。

物流活动单位成本分析，一般是先检查单位成本及其各个成本项目的实际比计划、实际比上期、实际比历史先进水平的增减变动情况。然后按照材料费、人工费、维护费、一般经费等支付形态项目进行分析，查明单位成本增减变动的具体原因。

（一）主要物流活动单位成本的比较分析

主要物流活动单位成本的比较分析，是选择物流成本计划完成情况分析中成本结构较大或本年与上年相比变化较大或成本预算完成不好的物流功能活动，根据企业内部物流成本计算的具体资料，利用对比分析法，分析本期比上年或比计划的成本升降情况。

［**例 7－5**］假定某公司 201×年×月根据物流成本计算结果进行物流成本计划完成情况分析，发现运输成本在公司物流总成本中所占比重最大，且预算超支幅度最高，需对其做进一步的单位成本分析。其单位成本资料如表 7－10 所示。

表 7－10　　物流运输单位成本资料　　单位：元/吨公里

成本项目	历史先进水平	上年实际平均	本年计划	本月实际	本年累计实际平均
	1	2	3	4	5
维护费			212	219	224
人工费			119	115	117
一般经费			89	97	99
合计			420	431	440
主要技术经济指标	用量	用量	用量	用量	用量
1. 燃油			38	38	40
2. 机油			9	10	10
3. 工时			140	146	150

根据表 7－10 资料，可以对物流运输单位成本进行比较分析，以了解单位成本升降情况及其原因，如表 7－11 所示。

表 7－11　　物流运输单位成本比较分析表

成本项目	计划成本	实际成本	差异		各项目差异对单位成本的影响%
			金额	%	
维护费	212	224	＋12	＋5.66	＋2.86
人工费	119	117	－2	－1.68	－0.48
一般经费	89	99	＋10	＋11.24	＋2.38
合计	420	440	＋20	＋15.22	＋4.76

从比较分析的结果看，运输活动单位成本实际比计划上升 20 元，超支率为 15.22%，其主要是维护费和一般经费项目成本上升的结果，这就需要进一步分析其具体原因。

（二）主要物流活动单位成本分项目分析

1. 维护费项目的分析

运输成本中的维护费主要为车辆燃油、机油费，在运输成本构成中，一般都占很大的比重，其增减变动对运输成本水平有着重大影响。所以维护费成本项目分析，是运输单位成本分析的重点。

在分析维护费项目变动情况时，首先应将各种油料费的实际成本与计划成本相比较，查明哪些成本的差异额较大；然后分析维护费升降的原因，一般说来，吨公里油料费取决于吨公里油料消耗量和油料单价两个因素，其对维护费成本影响的计算方法如下：

$$\text{油料消耗量差异的影响}=\left(\text{吨公里油料实际消耗量}-\text{吨公里油料计划消耗量}\right)\times\text{油料计划单价}$$

$$\text{油料价格差异的影响}=\text{吨公里油料实际消耗量}\times\left(\text{油料实际单价}-\text{油料计划单价}\right)$$

［**例7-6**］以例［7-5］中运输活动为例，根据其成本计划和成本核算资料，经整理可编制运输维护费成本差异明细表，如表7-12所示。

表7-12　运输维护费成本差异明细表

材料名称	计量单位	吨公里消耗量		油料单价		维护费成本		差异
		计划	实际	计划	实际	计划	实际	
燃油	升	38	40	2.5	2.5	95	100	+5
机油	千克	9	10	13	12.4	117	124	+7
合计						212	224	+12

根据表7-12，可以计算运输维护费成本变动的原因是：

油料消耗量差异的影响＝（40－38）×2.5＋（10－9）×13＝＋18（元）

油料价格差异的影响＝（12.4－13）×10＝－6（元）

由此可见，运输维护费成本提高主要是油料消耗量上升的结果，此外，又因油料单价降低，使油料成本降低6元。

分析单位维护费用，在上述分析的基础上，还应进一步分析油料消耗量和油料价格变动的原因。一般说来，影响油料消耗量变动的原因有：油料材质的变化、运输路线的变化、管理考核制度等。影响材料单价变动的原因有：油料买价、运费、运输途中的合理损耗等。

2. 人工费项目的分析

人工费成本包括企业直接从事运输人员的职工薪酬等。如果企业从事多种物流服务项目，人工费成本一般应按工时消耗分配计入各物流服务项目成本，因此，人工费成本取决于吨公里所耗工时（效率指标）和小时工资率（分配率指标）两个因素，其对人工费成本影响的计算方法如下：

$$\text{效率差异的影响}=\left(\text{吨公里实际耗用工时}-\text{吨公里计划耗用工时}\right)\times\text{计划小时工资率}$$

$$\begin{matrix}\text{分配率差异}\\\text{的影响}\end{matrix}=\begin{matrix}\text{吨公里实际}\\\text{耗用工时}\end{matrix}\times\left(\begin{matrix}\text{实际小时}\\\text{工资率}\end{matrix}-\begin{matrix}\text{计划小时}\\\text{工资率}\end{matrix}\right)$$

[例 7-7] 以例 [7-5] 中运输活动有关资料为例，人工费成本项目变动的原因为：

$$\text{效率差异的影响}=(150-140)\times\frac{119}{140}=+8.5\text{（元）}$$

$$\text{分配率差异的影响}=150\times\left(\frac{117}{150}-\frac{119}{140}\right)=-10.5\text{（元）}$$

即由于生产效率下降，吨公里实际耗用工时增加，使吨公里人工费成本增加 8.5 元；由于小时工资率降低，使吨公里人工费成本下降 10.5 元，二者共同作用的结果，即是单位人工费的总差异 2 元。

效率指标的变动，反映了劳动生产率水平的高低，而劳动效率差异的原因，一般有车辆设备性能、油料质量和生产工艺以及运输路线改变等客观原因；也有人员的技术熟练程度、劳动纪律和劳动态度等客观原因。

小时工资率是人工费成本总额与耗用工时消耗总额的比率，因此小时工资率的大小受两方面因素的影响，一方面受人工费成本的影响，其变动原因如上所述；另一方面受耗用工时总额变动的影响，它则主要取决于出勤率和工时利用率的高低。

3. 一般经费项目的分析

一般经费项目包括企业各生产单位为组织和管理物流活动所发生的支出。该费用项目的分析类似于人工费项目的分析，用公式可表示如下：

$$\begin{matrix}\text{效率差异}\\\text{的影响}\end{matrix}=\left(\begin{matrix}\text{吨公里实际}\\\text{耗用工时}\end{matrix}-\begin{matrix}\text{吨公里计划}\\\text{耗用工时}\end{matrix}\right)\times\begin{matrix}\text{计划小时}\\\text{费用率}\end{matrix}$$

$$\begin{matrix}\text{分配率差异}\\\text{的影响}\end{matrix}=\begin{matrix}\text{吨公里实际}\\\text{耗用工时}\end{matrix}\times\left(\begin{matrix}\text{实际小时}\\\text{费用率}\end{matrix}-\begin{matrix}\text{计划小时}\\\text{费用率}\end{matrix}\right)$$

[例 7-8] 以例 [7-5] 中运输活动有关资料为例，一般经费成本项目变动的原因为：

$$\text{效率差异的影响}=(150-140)\times\frac{89}{140}=+6.36\text{（元）}$$

$$\text{分配率差异的影响}=150\times\left(\frac{99}{150}-\frac{89}{140}\right)=+3.64\text{（元）}$$

为了进一步了解一般经费变动的原因，提出改进措施，降低单位物流成本，还应对一般经费按费用项目进行逐项分析。在将一般经费划分为变动性费用和固定性费用的情况下，对变动性费用应将其预算数按照实际业务量加以调整后，再与实际数对比，以确定其相对差异数；对于固定性费用，则用实际支出数直接与预算数相比较，查明其绝对差异数。在此基础上，还应结合各生产环节的具体资料，联系责任单位和责任人具体查明各项一般经费超支或节约的原因。对于某些一般经费项目的支出，如差旅费、通信费、劳动保护费等，不应简单片面地理解开支数降低就是成绩，而是应将其开支与所取得的效果相比较，以做出正确的评判。

第三节 物流成本效益分析

企业计算出物流成本之后，可以计算出各种比率，再用这些比率同企业以前时期比较来考察物流成本的实际状况，还可以与同行业其他企业比较，或者与其他行业比较来发现问题，找出差距，为企业未来改进物流系统设计，提高物流效益提供依据。

一、用于物流成本效益分析的财务指标

根据有关财务数据计算物流成本效益分析中的各种比率指标，是企业物流成本效益分析的主要方法和手段。这些财务指标包括：物流成本率、物流成本比率、物流成本的营业费用比率、产值物流成本率、物流成本利润率等。

（一）物流成本率

物流成本率是用于反映每单位销售额需要支出的物流成本的指标。其计算公式为：

$$物流成本率=\frac{物流成本}{销售额}\times100\%$$

在运用本指标进行成本分析的时候，我们可以把物流部门作为独立利润中心进行考核，物流成本更为直接地与产品事业部或销售部门经营业绩挂钩，考核产品事业部或销售部门所发生的物流成本。

这里的物流成本是完成特定物流活动所发生的真实成本。在企业统计中的物流成本是运输成本、仓储成本、装卸搬运成本和包装成本等，由于没有统计和成本划分的标准，很多隐性的物流成本被划入生产成本和销售成本。科学的物流成本应该是以物流活动为基础的，所有与完成物流功能有关的成本都应该包括在以活动为基础的成本分类中。

根据该指标在进行物流成本效益分析时，该比率越高则其对价格的弹性越低，说明企业单位销售额需要支出的物流成本越高，从企业历年的数据中，大体可以了解其动向。另外，通过与同行业和行业外进行比较，可以进一步了解企业的物流成本水平。

该比率受价格变动和交易条件变化的影响较大，因此作为考核指标还存在一定的缺陷。

（二）物流成本比率

物流成本比率是用于反映企业物流成本占企业总成本的比重的指标。其计算公式为：

$$物流成本比率=\frac{物流成本}{企业总成本}\times100\%$$

在用该指标进行分析时，我们把物流部门作为一个成本中心来考核，物流成本仍然以统计的企业物流活动的全部成本为依据。

在物流成本分析中，该指标一般作为考核企业内部的物流合理化或检查企业是否达到合理化目标的指标来使用。该指标越大，说明物流成本在企业总支出的比重越大，应分析

原因，找出改进的方法。

（三）物流成本的营业费用比率

物流成本的营业费用比率是用于反映企业物流成本占营业费用的比重的指标。其计算公式为：

$$物流成本的营业费用比率=\frac{物流成本}{销售费用+一般管理费用}\times 100\%$$

在该指标中，物流成本还是以统计的企业物流活动的全部成本为依据，销售费用指企业销售过程中发生的全部支出，一般管理费指企业日常经营过程中发生的支出。

通过物流成本占营业费用的比率，可以判断企业物流成本的比重，而且，这个比率不受进货成本变动的影响，得出的数值比较稳定，因此，适合于作为企业物流过程物流合理化的评价指标。

（四）物流功能成本率

物流功能成本率是用于反映企业物流各功能占物流总成本比例的指标。其计算公式为：

$$物流功能成本率=\frac{物流成本}{企业总成本}\times 100\%$$

该指标可以明确包装成本、运输成本、仓储成本、装卸搬运成本、流通加工成本、物流信息成本、物流管理成本等物流功能成本占企业物流总成本的比率，为企业进行物流成本的控制提供依据。

在采用该指标进行成本分析时，企业应合理划分物流职能，采用科学可行的方法统计和计算各项物流的功能成本，为提高物流过程的管理水平提供依据。

（五）产值物流成本率

产值物流成本率是用于反映企业创造单位产值需要支出的物流成本的指标。其计算公式为：

$$产值物流成本率=\frac{物流成本}{企业总产值}\times 100\%$$

一定时期的产值物流成本率反映了该时期物流过程耗费的经济效果，企业投入产出率高，物流成本耗费低，产值物流成本率也低。通过与不同时期或与计划指标的比较，可以说明企业生产耗费经济效果变动情况。

（六）物流成本利润率

物流成本利润率是用于反映一定时期生产和销售一定数量产品所发生的物流成本的总和与获得的利润总额的比率的指标。其计算公式为：

$$物流成本利润率=\frac{利润总额}{物流成本}\times 100\%$$

该指标表明在物流活动中，耗费一定量的资金，所获得经济利益的能力。一般说来，物流效率高，市场竞争能力强，产品成本水平低，则盈利能力增强，该指标也相应提高。通过不同时期或与计划指标的比较，可以说明企业资金耗费经济效益的状况。

该指标受到众多复杂因素的影响。主要有：各功能物流成本的大小，生产和销售产品的结构，销售产品价格，产品销售数量，产品销售税金以及其他销售收支和营业外收支的情况。

值得指出的是，物流成本的变动，不仅影响该指标的分母，同时也影响该指标的分子，且影响的性质相反，因而该指标对于企业物流成本水平的变化反应是十分敏感的。另外，由于企业生产的连续性以及产销平衡关系协调性，本期销售的产品并不一定全部是本期的劳动成果，本期获得的利润总额也不一定完全是本期生产经营的经济利益，同样，物流成本也不一定完全是本期发生的资金耗费，因而，不能把该指标的变动完全归结为本期资金耗费经济效益的体现。

（七）物流部门收益分析指标

该指标是将各物流部门作为一个利润中心，分析其物流成本和物流销售收益的关系。其计算公式如下：

$$\text{物流部门毛收益}=\text{年物流收益总额}-\text{年物流成本总额}$$

$$\text{物流部门收益额}=(\text{物流部门毛收益}-\text{管理费用})\times\text{物流费用率权重}$$

虽然物流部门是一个利润中心，其利润贡献的最直接衡量指标是销售收益，但为了达到降低物流成本的目的，物流销售收益必须是一定物流费用率下的收益，超过规定物流费用率，部门收益需要打折扣（这里的物流费用只包括运输费用、仓储费用、管理费用，不包括存货成本等）。

如果实际物流费用率比标准费用率高出很多，超过权重上限，则部门收益为零，甚至为负数。物流费用率标准的制定采用目标期望法，为达到费用率逐年降低的目标，可依据上一年的物流费用率为本年度物流费用率，同时排除能源、劳动力的价格上涨或下跌及交通法规等变化的影响。

（八）物流效用增长率

物流效用增长率是用于反映企业物流成本变化和销售额变化之间关系的指标。其计算公式为：

$$\text{物流效用增长率}=\frac{\text{物流成本本年比上年增长率}}{\text{销售额本年比上年增长率}}\times 100\%$$

该指标用来说明物流成本随销售额的变化而变化的水平。该指标合理的比率应该小于1，如果大于1，说明物流成本增加的速度超过销售额的增加速度，应引起企业的重视，考核物流费用控制具有的降低的空间。

二、用于物流成本效益分析的非财务指标

传统上，财务评价指标一直在物流成本分析中占主导地位，在各类企业中被广泛应

用。但是以会计计量为基础的多数财务指标存在着自身的局限性，除了由于会计数据计量方面存在难以克服的局限性，导致财务数据并不总是能准确地反映企业的经营成果和财务状况，导致影响业绩评价结果外，还有其他方面不利于企业业绩进行评估的因素：①多数财务指标只是一种短期业绩的计量，这样会使管理者过分注重取得和维持短期财务成果，不利于企业的长期战略目标的实现；②有些因素难以用财务指标加以衡量，如物流服务的质量水平、市场占有率、创新和服务、员工的努力程度等，而这些因素在竞争日益激烈的信息时代，往往会成为企业关键成功因素中的重要方面；③财务指标着眼于过去，不能反映当前状况，对变动的反应比较迟缓，依赖于会计惯例，并且不能报告物流的重要方面。所以仅仅以财务指标进行物流成本的分析是不全面的，为此，在实务中还常常需要采取一些非财务指标作为辅助及补充指标。

由于不同企业的物流规模不同，所面临的市场环境不同，所涉及的行业不同，所采用的生产技术与管理技术不同，各企业采用的非财务指标相差很大，而且种类繁多。最常用的非财务指标是劳动生产率和客户满意度。

（一）劳动生产率

劳动生产率是使用最广泛的物流业绩评价指标。企业物流劳动生产率可以从不同的角度衡量，最常采用的是物流总劳动生产率，它把企业物流的吞吐量和资源使用量联系起来。用公式表示如下：

物流总劳动生产率＝物流总吞吐量/资源使用总量

但这个指标在操作上有一定困难。首先，吞吐量和资源必须要使用统一单位，一般使用的是货币单位。然而货币数量依赖于所采用的会计处理惯例自身的局限性，会导致指标的不客观。另外，当确定所有的投入量和产出量时，对那些无形的投入（如光照、环境等）和产出（如污染、废品、声誉等）的量化比较困难。基于上述原因，几乎没有哪个组织使用总劳动生产率，而使用局部劳动生产率或单因素劳动生产率。局部劳动生产率用公式表示如下：

物流局部劳动生产率＝物流总吞吐量/某种资源的使用量

一般常用的局部劳动生产率指标有四类，将物流吞吐量和不同类型的资源相联系：①设备生产率，如每辆客车可载人数、每辆铲车可移动的货物重量、每架飞机的可飞行距离等；②劳动生产率，如每人的送货次数、每班工人所移动的货物吨数、每小时处理的订单份数等；③资本生产率，如每元投资所购买的存货量、每单位资本所支付的交货量或投资于机器设备的一元钱所得到的产量；④能源生产率，如每公升燃料可行驶的距离、每千瓦时电的存量或每一元钱能源所带来的附加值。

［**例 7－9**］某公司经营几个仓库。他们收集了过去两年关于物流的数据资料，吞吐量使用标准单位，货币单位为万元，有关资料如表 7－13 所示。

表 7-13　　某公司物流的数据资料

项　　目	2012 年	2013 年
移动物流重量（千克）	1000	1200
销售价格（万元）	100	100
原材料使用量（千克）	5100	5800
原材料成本（万元）	20500	25500
工时（小时）	4300	4500
直接劳动成本（万元）	52000	58000
能源耗费量（千瓦时）	10000	14000
能源成本（万元）	1000	1500
其他成本（万元）	10000	10000

试描述该公司的劳动生产率状况。

根据上述资料，我们可以使用若干劳动生产率指标：

2012 年物流总劳动生产率＝总吞吐量/资源使用总量＝（100×1000）/（20500＋52000＋1000＋10000）＝1.2，到 2013 年，该指标已上升到 120000/95000＝1.26，提高了 5%，其他一些指标的计算如表 7-14 所示。

表 7-14　　某公司劳动生产率指标

指标	2012 年	2013 年	提高百分比（%）
总生产率（%）	1.2	1.26	5.0
总吞吐量/原材料（公斤）	0.196	0.207	5.6
总吞吐量/原材料（万元）	0.049	0.047	−4.1
总吞吐量/工时（小时）	0.233	0.267	14.6
总吞吐量/劳动力（万元）	0.019	0.021	10.5
总吞吐量/能源（千瓦时）	0.1	0.086	−14.0
总吞吐量/能源（万元）	1.0	0.8	−20.0

（二）客户满意度

客户满意度是指客户接受产品和服务的实际感受与其期望值比较的程度，即客户期望值与最终获得值之间的匹配程度。客户的期望值与其付出的成本相关，付出的成本越高，期望值越高。提高客户的满意度首先需要了解客户的需求，也就是对客户的满意度进行一定的分析和归纳，以方便企业有针对性地作出相应的战略改变。客户满意度有两种含义：

即行为意义上的客户满意度和经济意义上的客户满意度。从行为角度来讲，满意度是客户经过长期沉淀而形成的情感诉求，它是客户在历次交易活动中状态的积累，是一种不仅仅限于"满意"和"不满意"两种状态的总体感觉。从经济角度来讲，客户满意度显得更为重要。企业的客户服务处于一般水平时，客户的反应不大；一旦其服务质量提高或降低一定程度，客户的赞誉或抱怨就会呈指数倍地增多。根据美国《财富》杂志对"全球 500 强企业"的跟踪调查发现，企业的客户满意度指数若每年提升一个点，则 5 年后该企业的平均资产收益率将提高 11.33%。但无论从哪个角度看，客户满意度都是个难以量化的主观品质。但是该指标又如此重要，我们可以通过受到客户的投诉次数来衡量客户的满意度，也可以通过下面的公式来计算：

客户满意度＝客户满意次数/客户服务总次数

客户满意度＝实际产品价格/客户期望的产品价格

客户满意度数据的收集大多是通过调查方法进行的。调查可以是书面或口头问卷、电话或面对面的访谈，以及专题小组和拦截衡量。可以使用多种形式和设计方案进行调查，关键是使接受调查的人觉得"轻松友好"、容易理解和容易回答。同时，不要把调查做得太长，因为人们在宽泛的调查中会失去兴趣。此外还可以使用包括座谈会、探访、客户投诉文件分析等定性分析法。

第四节　物流效率分析

我们知道，物流成本管理的最终目的是提高物流效益，为企业创造更多的利润。毫无疑问，通过上一节所介绍的各种方法可以达到这样的目的。成本效益分析从价值量的角度来设计各个环节和方法。我们还可以通过分析物流实施过程中的生产效率来找到提高效益的途径。

目前来看，国内企业物流与欧、美、日等国的水平仍有差距，其落后原因很多，物流过程效率低下导致经营效率不佳、员工缺乏成本意识、生产管理方法不善、销售方式不当等都是原因。其中物流过程效率不佳是重要的原因。因而应对物流过程深入研究，切入关键点评估其效率，找出病因或发现企业物流较弱的环节，以便进一步达到提高企业物流效益的目标。

在物流运作中，许多先进的技术已经得到了应用，但若无正确有效率的系统规划配合，则不管多先进的设备也无法发挥最大功效，这也是经营合理化的重点。事实上不论何种行业与规模，提高效率都能阻止人员不断地增加及抑制固定费用的增大，从而提高经济效益。尤其在物流业界，如今已进入强者生存、弱者淘汰的高竞争时期，厂商不能总像以往一样，一味地以扩大生产、增加销售来弥补人工费用的上涨与各项费用的增加，因此，必然要实行能削减固定费用、提高附加值，或提升物流过程效率的办法来降低公司的损益平衡点比率，这样才能独得先机。所以，企业物流效率的分析实在是不可忽视的问题，也是企业实现提高经济效益目标的必要手段。

一、物流效率分析的基本原则

进行物流效率分析，首先要建立物流效率分析的基本原则，为进行物流分析打好理论基础。

第一，以各部门或各物流过程为单位来评价物流营运过程的实绩，以促进其责任意识及完成企业下达的任务的意识，提高公司整体的业绩。

第二，通过公正的效率分析方式，整合公司目标与员工个人的目标，以提高员工的干劲。

第三，进行效率分析时，首先必须明确经营方针及计划目标，以便由公司的发展方向来判断效率的好坏。

第四，要建立完善的评估制度，应确立公司内每一部门的分析体制，也就是要设定各部门所考核的评估项目或基准值；同时，应让员工了解对实绩资料以及分析结果的看法及分析方式。

在实施分析前，须向有关人员说明分析的内容及目的，征询他们的意见，以建立上下层之间的信赖关系。若未能建立信赖关系，效率分析将难以发挥成效。

第五，为能不断提高效率，应以分析结果评价实绩，并迅速采取对策。

二、物流效率分析的基本原理

由于传统业者不重视客观数据，且用非量化的方法来管理的主观意识较强，较不易让人信服，再则，物流流通速度极快，更应掌握能快速反映现状的量化指标，因此，物流效率分析就是将各项物流过程进行的状况予以量化，再进一步加以分析检讨。虽然要掌握一个企业的物流状况，无法完全以量化指标来表示质的特征，如产品的成长潜力、研究开发能力、员工的积极性、劳资关系等。但如能掌握可以量化的资料，经详细的分析推敲，将能使物流的效率评估结果更客观、正确，对增进企业的经营能力很有益处。

（一）物流效率评估指标设置的基本原理

效率分析的基本原理是对产出量和投入量的评价，即衡量每一项投入资源能获得多少产出成果。然而，有些事物的分析以“每一项产出，须投入多少资源”较“每一项投入资源能得到多少产出”来得更让人印象深刻，也较能反映现状，因而投入量、产出量是一项主要的分析指标。

此外，物流过程中，光是观察产出、投入之比并不足以反映全貌，必须进一步找出投入和投入之间的比率，以确定投入与投入间的关系是否合理。例如：存货管理费率＝存货管理费用/存货数量，即观察每一单位投入的存货数量需花费多少管理费用。另外，也有些物流过程要分析其绩效，需要掌握产出和产出即两两产出量间的比率，以衡量产出与产出间的相关程度是否令人满意。例如：客户单位收益＝销货收入/订单数量，即观察在现行销售情况下，获得每张订单能够赚得（产出）多少收益。

综合上述，我们在进行物流效率评估时，所设置的指标应包括产出/投入、投入/产出、投入/投入、产出/产出四项。

（二）设置分析指标的原则

由前述产出/投入、投入/产出、投入/投入、产出/产出等分析形式必然能推导出不少分析指标，然而导出的指标如不能反映企业现状，对公司营运的改善没有帮助的话，则这一指标就没有存在的必要。因此，对分析指标的选择，应满足以下原则：

第一，选出的指标能反映组织整体或个别物流过程单位的效率。

第二，选出的指标确实能反映负责人或经理人的努力程度，对于非其所能控制的因素也应该能适当显示。

第三，选出的指标要有助于问题点的分析，能协助企业找到加强改善的方向。

因此，我们所推导的指标将包含物流整体及个别物流过程的部分，如果一味追求个别物流过程的细节可能会导致出现个别物流过程绩效高但对于整体利益反而有害的情况；同样的，若只集中于整体企业效率的分析，则可能无法找出个别物流过程的潜在问题，而使得企业逐渐走下坡路。另外，对于人员努力度的掌握，将由各个物流过程切入。

三、物流效率指标的推导步骤

在物流的运作中，几乎每一物流过程都有其不同的人力与设备，且每一物流过程的重点考虑均不相同，有些物流过程集中在劳力的付出，有些物流过程取决于管理决策，而有些物流过程则与设备的多寡、设施的大小有密切关联。因此，我们应先针对各项物流过程的内容，推导出详尽的具体指标，才能根据这些指标分析出问题的症结，决定从哪一物流过程、哪一要素着手改善，最能有效快速地提升企业的效率，而后再配合管理人员来一起观察公司整体的绩效。而为确切掌握每一物流过程的关键点，我们将依阶段性程序来推导出各物流过程的量化指标，并概略地介绍每一指标的内容与意义。

（一）第一阶段：划分物流分析的物流过程项目

既然前文已提及我们要针对各物流过程来进行效率评估，第一阶段便划分物流活动过程的各项职能。虽然特性或规模不同的企业，其经营的物流过程管理方式不完全相同，但我们大致可将物流活动划分为进出货、储存、盘点、订单处理、拣货、配送、采购及整体评估八部分。

（二）第二阶段：针对每一物流过程设定分析指标

我们将物流划分成上述八部分后，接下来的步骤就是选定各物流过程与分析的要素，也就是每一物流过程的不同重点。因此，针对每一项物流过程，究竟应掌握哪些资源的耗费？哪些资源才是此项物流过程分析的重点？对于大多数物流过程而言，设定分析指标不外乎以下几点：设施空间生产力——衡量整个厂房空间设施是否已充分利用；人员生产力——衡量每一人员有无尽到自己最大能力；设备生产力——衡量资产设备有无发挥最大效能；货物、订单效益——衡量货物销售贡献是否达到预定目标；物流过程规划管理力——衡量目前管理阶层所做的决策规划是否适合；时间生产力——衡量每一物流过程有无掌握最佳时间；成本力——衡量此项物流过程的成本费用耗费大小；品质力——衡量产品及服务品质有无达到客户满意的水准。

这些评估指标间的关系可以这样来概括：物流必须先要有设施空间、人员、设备、货物才能准备营运，而后管理者对这些资源做规划管理，营运后，由营运结果才产出时间、成本、品质三个评估要素。

（三）第三阶段：设定各物流过程效率评估的要素

要针对物流的各项物流过程选定效率评估要素，了解各项物流过程的涵盖范围及其重点考核过程。我们可以依进出货物流过程→储存物流过程→盘点物流过程→订单处理物流过程→拣货物流过程→配送物流过程→采购物流过程→整体物流过程的评价顺序，由各物流过程的运作内容来选择主要的效率评估要素。

1. 进出货物流过程

进出货物流过程最主要的工作在于将进货由进货卡车卸至码头后检查入库，然后将客户订购品点数后由码头装上配送车。因此对于进出货，管理者主要在于想知道进出货人员的负担是否合理、进出货装卸设备如今利用率如何，另外由于物流过程通常都是进出货共用码头，停车空间有限，因而对于码头月台空间使用程度，以及供应商进货时间及客户要求交货时间也应特别掌握；所以，我们将以设施空间、人员、设备、时间作为在进出货物流过程中主要的评估要素来导出进出货的效率指标。

进出货物流过程效率评估指标：空间利用（设施空间生产力）、人员负担（人员生产力）、设备利用（设备生产力）、时间耗费（时间生产力）。

2. 储存物流过程

储存物流过程主要责任在于把将来要使用或者要出货的产品做妥善保存，不仅善用空间，也要注意存量的控制。由于国内现今土地成本很高，因此对于储存物流过程的要求主要在于厂房的每一寸空间都应有效利用，存货在库量也要控制得宜，以符合投资效益，不致造成资金积压。另外，对于库内存货的管理，是否可以用最低的成本获得最妥善的保存，且不会导致过多的呆废料出现，都是管理者关心的重点。因而，对于储存物流过程，我们将集中在设施空间、存货、成本及品质等要素的评估考核。

储存物流过程效率评估指标：设施空间利用度（设施空间生产力）、存货效益（货物、订单效益）、成本（成本力）、呆废料情况（品质力）。

3. 盘点物流过程

对于企业的存货，经常定期或不定期做检查，及早发现问题，以免造成日后出现更大的损失，这就是进行盘点的目的。因此，我们将在盘点过程中所发现存货数量不符（在计算机记忆中有库存，但仓库中却无现品，或在计算机中记录无库存，但仓库中却有现品）的情况作为主要评估方向。

4. 订单处理物流过程

由接到客户订货开始至准备着手拣货之间的物流过程阶段称为订单处理，包括接单、客户的资料确认、存货查询、单据处理等。此外，订单处理可以说是与客户接触最频繁的工作，对于客户的多寡、订单的数量及客户对公司品质满意度的情况最为了解，管理者可由此部门得知客户订货情形及客户对交货物品质、服务品质的看法。因此，我们以订单、品质两个要素来衡量公司对客户订单负责的程度。

订单处理物流过程效率评估指标：订单效益（货物、订单效益）、客户服务品质（品质力）。

5. 拣货物流过程

每张客户订单都至少包含一项以上的商品，必须将这些不同种类数量的商品取出集中在一起，即所谓的拣货物流过程。由于拣货物流过程除了少数自动化设备逐渐被开发应用外，多是靠人工配合简单机械化设备的劳力密集物流过程。因此管理者对于拣货人员效率的评估甚为重视。此外，拣货的过程及拣货的运用策略接单出货时间长短是最主要的决定因素，而拣货的精确度更是影响出货物质的重要环节。另外，拣货算得上是最复杂的物流过程，其耗费成本比例不少，因而拣货成本也是管理者关心重点。所以我们在拣货物流过程的评估内容即包含对于人员、设备、规划、时间、成本、品质等要素的探讨。

拣货物流过程分析指标：人员效率（人员生产力）、设备利用（设备生产力）、拣货策略（物流过程规划管理力）、时间效率（时间生产力）、成本耗费（成本力）、拣货物质（品质力）。

6. 配送物流过程

简而言之，配送是从物流中心将货物送达客户处的活动。听起来虽然简单，但如何有效率的配送却要适量的配送人员、适合的配送车辆及每趟车最佳运行路径（配送量大、装载率高、产能负荷适中）来一一配合才能达到。因此，人员、车辆及配送时间、规划方式都是管理者在配送方面的考核重点。此外，因配送造成的成本费用支出及因配送路途耽搁引起的交货延迟，也是必须注重的因素。因此，人员、设备（车辆）、决策规划、时间、成本、品质都是我们在配送物流过程中要讨论的评估要素。

配送物流过程效率分析指标：人员负担（人员生产力）、车辆负荷（设备生产力）、配送规划（物流过程规划管理力）、时间效益（时间生产力）、配送成本（成本力）。

7. 采购物流过程

由于出货使在库量逐次减少，当在库量达到一定点时，即应马上采购补充货物。然而，应采用何种订购方式，是少量多次采购以减少资金积压较好，还是多量少次采购以降低货物购入成本及物流过程费用较好？企业应做最合理的选择。此外，在采购时便应考虑供应商的信用及其货物品质，以防止进货发生延迟、短缺，造成整个后续物流过程的困难。因而在采购物流过程方面，我们主要观察其成本、费用、供应商品质的状况。

采购物流过程效率分析指标：采购成本（成本力）、进货采购品质（品质力）。

8. 物流过程整体效率评价

虽然由个别物流过程一一探讨能掌握物流中心内部各个细节，但有时仅衡量个别物流过程，仍会忽略某些整体性的信息，无法反映物流整体的效益，像整个厂区空间的投入效用、包含管理人员的全体人员贡献、所有固定资产的使用效率、货物的进出情况及物流中心总营运支出等，都是能看出物流中心整体营运好坏的指标。因此，我们在整体评价部分，将由设施空间、人员、设备、货物、时间及总成本上来观察整体面的效果。

物流过程整体效率评价要素：空间效益（设施空间生产力）、全体人员情况（人员生产力）、资产装备投资效益（设备生产力）、货物效益（订单、货物效益）、时间效益（时间生产力）、营运收支状况（成本力）。

（四）第四阶段：建立基本资料

基本资料是指企业营运的成果数据及各项资源的运用情形。因为不论我们建立何种分析模式，或是选择哪些分析指标，都要有公司的一些基本资料来配合，如出货量、销售金额、成本、收益、薪酬、员工投入量等；公司能收集到的资料越多，对于企业的分析就越详尽。

为方便起见，可以将基本资料划分为仓管资料、运输资料、会计财务资料、订货验收资料、人事资料五个部分来分别收集，以最短时间收集到完整的资料。此外，由于有些资料量是会随着时间（每月、季、年）改变，但有些资料在短期间内（两三年）并不会变动，因此，将基本资料划分为固定资料与变动资料两大类，以减少基本资料填写的数量。

（五）第五阶段：导出各物流过程生产力量化指标

划分了物流过程，也选定了效率分析指标，依照所收集的厂家营运基本资料，接下来便是由四种效率指标运算方式（产出—投入、投入—产出、投入—投入、产出—产出）来导出各物流过程效率分析的量化指标。经过详细分析物流过程与问题点后，拟出基本指标来对物流过程进行分析。在进出货、储存、盘点、订单处理、拣取、配送、采购及物流整体过程评价等方面拟定分析指标。而这些指标对经营者的帮助在于：

（1）能掌握资料投入与产出之量化数值比率，让企业可用的资源发挥最有效功能。

（2）辅助业者对自身产业做评估，让业者能由这些细化指标了解整体营运物流过程生产力状况。

（3）希望借助于生产力指标来突出企业较弱的环节，以便进一步辅助厂商实现经营合理化的目标。

（4）能借助于与其他公司愿意提供之指标数据间的比较，来了解并预期企业本身能再进一步发展的空间。

四、具体指标及评价

以下我们依据进出货物流过程、储存物流过程、盘点物流过程、订单处理物流过程、拣货物流过程、配送物流过程、采购物流过程及整体物流过程的分析顺序，提出各个效率分析指标并给出评价标准。

（一）进出货物流过程分析指标

进货是货物进入物流中心的第一阶段，而出货则是货物准备移出物流中心的最后阶段物流过程。一进一出的运作是否正确有效率，关系到其他物流过程的进行。因此，对于入、出库货物资料的掌握特别重要。

1. 每人时处理进出货量

$$每人时处理进货量=\frac{进货量}{进货人员数}\times 每日进货时间\times 工作天数$$

$$每人时处理出货量=\frac{出货量}{出货人员数}\times 每日出货时间\times 工作天数$$

$$进货时间率=\frac{每日进货时间}{每日工作时数}\times 100\%$$

$$出货时间数=\frac{每日出货时间}{每日工作时数}\times 100\%$$

若进出货人员共用，则以上指标应将进出货量、时间合并加总。

每人时处理进出货量 =（进货量＋出货量）/进出货人员数×每日进出货时间×工作天数

进出货时间率=（每日进货时间＋每日出货时间）/每日工作时数

2. 每台进出货设备的装卸货量

该指标用来评价每台进出货设备的工作量。

$$每台进出货设备的装卸货量=\frac{进货量+出货量}{装卸设备数}\times 工作天数$$

3. 每台进出货设备每小时的装卸货量

该指标用来评价每台进出货设备的工作效率。

$$每台进出货设备每小时的装卸货量=\frac{进货量+出货量}{装卸设备数}\times 工作天数\times 每日进出货时数$$

（二）储存物流过程效率分析

1. 储区面积率

储区是物流过程不可缺少的部分，该指标用来衡量厂房空间的利用率是否适当。

$$储区面积率=\frac{储区面积}{物流中心建筑面积}\times 100\%$$

2. 可供保管面积率

该指标用来判断储区内的通道规划是否合理。

$$可供保管面积率=\frac{可供保管面积}{储区面积}\times 100\%$$

3. 储位容积使用率和单位面积保管量

该指标用以判断储位规划及使用的料架是否适当，以有效利用储位空间。

$$储位容积使用率=\frac{存货总体积}{储位总容积}\times 100\%$$

$$单位面积保管率=\frac{平均库存量}{可保管面积}\times 100\%$$

4. 库存周转率

该指标可用来检查公司的营运绩效和衡量当前存货是否得当。

$$库存周转率=\frac{出货量}{平均库存量}\times 100\%$$

或者

$$库存周转率=\frac{营业额}{平均库存金额}\times 100\%$$

5. 库存掌握程度

该指标作为设定产品标准库存的比率依据。

$$库存掌握程度=\frac{实际库存量}{标准库存量}\times 100\%$$

6. 库存管理费率

该指标用来衡量每单位存货的库存管理费用。

$$库存管理费率=\frac{库存管理费用}{平均库存量}\times 100\%$$

7. 呆废料率

该指标用来衡量物料耗损对资金积压的影响情况。

$$呆废料率=\frac{呆废料件数}{平均库存量}\times 100\%$$

或者

$$呆废料率=\frac{呆废料金额}{平均库存金额}\times 100\%$$

（三）盘点作业效率分析

1. 盘点数量误差率

该指标用来衡量库存管理优劣，作为是否加强盘点或改变管理方式的依据，以降低公司的损失机会。

$$盘点数量误差率=\frac{盘点误差量}{盘点总量}\times 100\%$$

2. 盘点品种误差率

该指标是衡量由盘点误差品种数据的多少，来检讨盘点误差主要的发生原因。

$$盘点品种误差率=\frac{盘点误差品种数}{盘点实施品种数}\times 100\%$$

（四）物流订单作业效率评价

以下四个指标是用来观察每天的订单变化情况，据以研究拟定客户管理策略及业务发展状况。

1. 平均每日来单数

$$平均每日来单数=\frac{订单数量}{工作天数}$$

2. 平均客户订单数

$$平均客户订单数=\frac{订单数量}{下游客户数}$$

3. 平均每订单包含货物件数

$$平均每订单包含货物件数=\frac{出货量}{订单数量}$$

4. 平均客户订单价值

$$平均客户订单价值=\frac{营业额}{订单数量}$$

5. 订单延迟率

该指标是用来衡量交货的延迟情况。

$$订单延迟率=\frac{延迟交货订单数}{订货数量}\times 100\%$$

6. 订单货件延迟率

该指标是用来衡量公司是否应实施客户重点管理。

$$订单货件延迟率=\frac{延迟交货量}{出货量}\times 100\%$$

7. 缺货率

该指标是用来反映存货控制决策是否适宜，应否调整订购点与订购量的基准。

$$缺货率=\frac{接单缺货率}{出货量}\times 100\%$$

8. 短缺率

该指标是用来反映出货作业的精确度。

$$短缺率=\frac{出货品短缺数}{出货量}\times 100\%$$

（五）拣货作业效率分析

以下两个指标是衡量公司对拣货作业的投资程度，以及检查有无相对贡献的产出情况。

1. 拣货人员装备率

$$拣货人员装备率=\frac{拣货设备成本}{拣货人员数}\times 100\%$$

2. 拣货设备成本产出

$$拣货设备成本产出=\frac{出货品体积数}{拣货设备成本}$$

以下四个指标是用来评价运用拣货成本与产出的拣货效益做比较，以控制拣货成本，提高拣取效益。

3. 每订单投入拣货成本

$$每订单投入拣货成本=\frac{拣货投入成本}{订单数量}$$

4. 每订单笔数投入拣货成本

$$每订单笔数投入拣货成本=\frac{拣货投入成本}{订单总笔数}$$

5. 每取货次数投入拣货成本

$$每取货次数投入拣货成本=\frac{拣货投入成本}{拣货单位累计总件数}$$

6. 单位体积投入拣货成本

$$单位体积投入拣货成本=\frac{拣货投入成本}{出货品体积数}$$

（六）配送作业效率评价指标

以下四个指标是用来评估配送人员的工作分摊（距离、重量、车次）及其物流过程贡献度（配送量），以衡量配送人员的能力负荷与物流过程绩效，判断是否需要增减配送人员人数。

1. 平均每人的配送量

$$平均每人的配送量=\frac{出货量}{配送人员数}$$

2. 平均每人的配送距离

$$平均每人的配送距离=\frac{配送总距离}{配送人员数}$$

3. 平均每人的配送重量

$$平均每人的配送重量=\frac{配送总重量}{配送人员数}$$

4. 平均每人的配送车次

$$平均每人的配送车次=\frac{配送总车次}{配送人员数}$$

以下三个指标是用来评估车辆的负荷，以判断是否需要增减配送车数量。

5. 平均每辆车的吨公里数

$$平均每辆车的吨公里数=\frac{配送总距离\times配送总重量}{自车数量+外车数量}$$

6. 平均每辆车的配送距离

$$平均每辆车的配送距离=\frac{配送总距离}{自车数量+外车数量}$$

7. 平均每辆车的配送重量

$$平均每辆车的配送重量=\frac{配送总重量}{自车数量+外车数量}$$

以下五个指标用来评价配送成本花费的多寡。

8. 配送成本比率

$$配送成本比率=\frac{自车配送成本+外车配送成本}{物流总费用}\times100\%$$

9. 单位配送成本

$$单位配送成本=\frac{自车配送成本+外车配送成本}{配送总量}$$

10. 每体积配送成本

$$每体积配送成本=\frac{自车配送成本+外车配送成本}{出货物体体积}$$

11. 每车次配送成本

$$每车次配送成本=\frac{自车配送成本+外车配送成本}{配送总车次}$$

12. 每千米配送成本

$$每千米配送成本=\frac{自车配送成本+外车配送成本}{配送总距离}$$

（七）采购作业过程效率分析

1. 采购成本占营业额的比率

该指标是用来衡量采购成本的合理性。

$$采购成本占营业额的比率=\frac{采购成本}{营业额}\times 100\%$$

2. 货物采购及管理总费用

该指标用来衡量采购和库存政策的合理性。

货物采购及管理总费用=采购物流过程费用+库存管理费用

以下三个指标是用来评价进货的准确度及有效度，以配合调整安全库存。

3. 进货数量误差率

$$进货数量误差率=\frac{进货误差量}{进货量}\times 100\%$$

4. 进货不良品率

$$进货不良品率=\frac{进货不合格数量}{进货量}\times 100\%$$

5. 进货延迟率

$$进货延迟率=\frac{延迟进货数量}{进货量}\times 100\%$$

（八）物流作业整体效率分析

1. 人员生产量

$$人员生产量=\frac{出货量}{公司总人数}\times 100\%$$

2. 人员生产率

$$人员生产率=\frac{营业额}{公司总人数}\times 100\%$$

使用以上两个指标可以了解人员对公司的营运贡献是否合理及观察公司商品价格的趋

势情况。

3. 固定资产周转率

该指标是用来衡量固定资产的运作绩效，评估所投资的资产是否充分发挥效用。

$$固定资产周转率=\frac{营业额}{固定资产总额}\times 100\%$$

4. 产出与投入平衡

该指标是用来衡量是否维持低库存量，与零库存差距多少。

$$产出与投入平衡=\frac{出货量}{进货量}$$

5. 每天营运金额

该指标是用来衡量公司营运物流过程的稳定性。

$$每天营运金额=\frac{营业额}{工作天数}$$

6. 营业成本占营业额比率

该指标是用来衡量营业支出占营业额比率是否过高，测定营业成本费用与负担对该期损益影响的程度。

$$营业成本占营业额比率=\frac{营业成本}{营业额}\times 100\%$$

五、判断物流效率分析指标优劣的标准设定

（一）效率指标的判断方式

我们已经给出了物流效率分析评估的指标，然而，针对这些指标，我们如何判断其数据是好是坏，要确实改善物流效率，就必须有判断良莠的基准。而比较的基准有三条：

1. 同业其他公司的状况或同业之平均值

此即竞争的比较。一般来讲，竞争对象清楚的企业，如能和同业其他公司的状况做比较，就能判断本身的好坏。企业经营原本就是谋求企业间的竞争，因此是否优于竞争对象极为重要，各方面都无法胜过竞争者的企业，更不能提如何获利。而在物流业中，性质相仿的公司不少，即使不是直接竞争的公司，只要规模、物流过程性质差不多，也可作为比较学习的对象。但这种竞争性的比较资料收集较不易，除了一些属于一般性的财务资料可由评鉴之类的刊物中获得外，较详细的资料则需通过参观、沟通来取得，不过在国内目前各公司资料不全与极端保密的情形下，要做到此点并不容易。

2. 企业过去的状况

这是趋势的比较。除了与同业其他公司比较了解别人怎样做、做得如何外，将企业本身前后期的营运物流过程情况作比较可清楚知道企业如今是处于成长或衰退的状况。例如，本期算出人员生产力为100000，但此100000的数据究竟较过去变好或变坏，就必须经比较才能下结论，成长的100000与衰退的100000代表的意义完全不同。而且，即使与A公司比较此“100000”的数据稍差，若A公司营运正逐渐恶化，但本公司人员生产力

有逐渐提升的趋势，这也是一项不错的信息。所以，进行企业本身若干期资料的比较，注意其倾向趋势是绝对必要且有效的。

3. 目标或预算

此即目标的比较。自我公司的分析，除注意趋势的变化外，若公司已有针对营运状况设定好目标或预算值，则应进一步与目标或预算值比较，以了解公司运作水准是否达到预期的程度，是已过之或仍不及，其结果可作为管理者今后计划的方向或重新设定新目标值的参考。

（二）效率指标的分析检查

在得到物流营运过程所有的各项效率评估指标，通过比较基准判断指标数据的良莠后，接下来就是依照指标反映的状况进行分析检查。所谓分析检查，是为了解事情真相并清楚找出问题症结而对全体所做的详尽的探讨。因此，效率的分析检查，是指基于实际数所呈现出的资料一一加以分析、发掘问题点，把每一生产要素所须采取的行动整理出来，以决定改善对策。其分析检查步骤如下：

对于问题的发现，应不厌其烦地加以确认，找出真正的问题点，且对于拟改善的问题点，从其营运物流过程的机能以及各种角度上检查其发生原因，进而想出解决方案并予以改善。

然而，有时问题点并非由单一指标即可明显看出，必须配合两三个不同项目指标才能找出真正问题，因而对于指标数据的分析，应从两方面来进行。

1. 单一指标分析法

对单一生产力指标过高或过低的结果分析可能原因，即以单一指标来评估营运生产力。

问题点：有些指标在单独使用时，往往会忽略另一些重要的层面。

2. 多元指标分析法

找出互有关系性的指标，由多个相关性指标一一分析公司现况及可能原因，即同时以多个指标来评估生产力。

问题点：①各种指标在评估过程中究竟应占多大比重？②多元指标相互间并不一定是周延的（所谓周延是指指标间的配合掌握完全没有遗漏）。

既然这两种方法各有其问题点，究竟什么时候该使用何种方式分析，需小心判定，以做出对公司最有助益的分析。

（三）改善效率的步骤及要点

所谓改善，就是要打破现状，使事情做得更好，因此，一旦把问题找出并加以检讨之后，必定会产生改善构想，而这种改善原则应是以科学（客观）的观点配合企业所追求的目的，选取当时认为最佳的方式。改善现有状况可根据以往的或别人所采用的方法进行模仿，或依改善构想要点作为改善基准，当然也有以创意而获得良好改善成果的。不论是采用何种改善方式，我们都应依基本的改善步骤来进行现况改善：

步骤一，进行问题的评估，也就是预测每一问题对公司未来营运绩效的影响程度，并依程度的不同安排先后解决的时机。问题经评估后，其重要性通常可区分为下列四级：①错误的警示，对公司影响程度很小的问题，应予以摒弃；②非紧急性，对将来可能会有影响，但是仍无立即刻考的问题，可先延后至将来再解决；③些微的紧急性，指必须在下一规划周期之前解决的问题，欲改善的计划及日期应于此阶段中订出；④紧急的问题，指必须立即处理的问题。

步骤二，收集事实，调查比较各个事实间的相互关系，确定改善目标。

步骤三，希望全体员工集思广益，为达到轻松（疲劳的减轻、熟练的移转）、良好（品质的维持、提升）、迅速（物流过程时间的缩短）、低廉（成本的抑减）、安全（灾害事故的防止）的改善目标来寻求改善方案。

步骤四，将构想出的改善方案向上报告，并做好实施的准备计划。

步骤五，即先试行改善，且详细追踪记录实施结果。

步骤六，检查改善效果是否确实较改善前的情况有所进步，若是，则考虑将改善后的方式标准化，以作为往后的依据。而在最后的步骤，即要针对新的物流过程方式拟定日后管理制度以便追踪衡量，以确定长期的改善效果。

步骤七，设定管理的标准并在实践中贯彻实施。

本章小结

物流成本分析就是利用物流成本核算结果及其他有关资料，分析物流成本水平与构成变动的变动情况，研究影响物流成本升降的各种因素及其变动原因，寻找降低物流成本的途径。

物流成本计划完成情况分析可以从定性分析和定量分析两方面进行。定性分析是定量分析的基础，定量分析是定性分析的深化。仅有定量分析结果而无定性分析说明，或者仅有定性的说明而无定量分析资料作依据，都不可能发挥成本分析应有的作用。因而，定性分析与定量分析是相辅相成、互为补充的。

物流成本效益分析主要是采用比率分析法，通过计算有关的财务比率指标来对企业物流成本效益进行分析和评价，其中主要的财务比率指标有：物流成本率、物流成本比率、物流成本的营业费用比率、产值物流成本率、物流成本利润率等。

讨论题

企业物流成本分析包括财务指标分析和非财务指标分析，你认为财务分析指标存在哪些缺陷和不足？非财务分析指标除了劳动生产率、客户满意率外还可以有哪些？

思考题

1. 企业物流成本分析的基本方法有哪些?

2. 企业应该从哪些方面对物流成本计划完成情况进行分析?

3. 什么是因素分析法? 如何运用因素分析法对主要物流活动的单位成本进行分析?

4. 企业进行物流成本效益分析都可以通过计算哪些财务比率指标来分析和评价? 各项指标如何计算?

5. 非财务指标在物流成本效益分析中有何作用?

6. 如何理解物流效率分析与物流成本分析之间的相互关系?

7. 物流效率分析的基本步骤有哪些?

案例分析

有待进一步挖掘的"第三利润源泉"
——Y速运集团的物流成本分析

Y速运(集团)有限公司成立于1993年3月,是一家主要经营国际、国内速递及报关、报检等业务的民营速递企业,总部设在深圳。在国内包括香港、台湾地区建立了庞大的信息采集、市场开发、物流配送、快件收派等业务机构,为广大客户提供快速、准确、安全、经济、优质的专业物流服务。

一、公司物流成本分类概况

按作业环节划分,成本包括客服成本、材料成本、收件成本、输单成本、中转成本、航空运输成本、水陆运输成本、派件成本、关务成本和理赔成本等部分。

在会计核算中,成本(费用)按其性质分为主营业务成本、操作费用、管理费用和销售费用四大类:①主营业务成本包括收派员提成、补贴及其他人工费、包装材料、营运车辆费用、水陆运输费用、航空运输费和关务费等;②操作费用包括分部、点部、中转场、关务组、航空组和客户部门的日常费用及资产类费用;③管理费用包括部分税金、业务招待费、专业费、人事招聘费、地方规费、保险费、董事费、证照费、协会会费、董事薪金、总部及各经营本部所有部门(含区部、分拨区、直辖分部、管理型分部等)的人员薪酬及费用;④销售费用包括宣传费用、所有部门客户人员费用。

其中,包装材料成本、收件提成、派件提成、航空运输成本(散航)、营业税金等属于变动成本。对于变动成本,一般通过制定标准作业成本以及对不同区域同一作业环节成本排名并根据排名奖惩等手段提升成本管控力度,达到控制成本的目的。管理人员工资、奖金等,以及各种专业费、董事费、业务招待费等大部分与管理人员相关的费用属于固定成本。对于固定成本,一般通过控制管理人员人数及提升管理人员工作效率等方式使管理费用相对固定,随着业务不断增长逐渐体现出规模效益,使单票分摊的固定成本呈递减趋势。

混合成本主要包括输单成本、客服成本和中转分拨成本等操作类成本，它们与业务量密切相关，但并非完全线性相关，需要对该部分成本进行细分并主要针对其变动部分制定成本控制措施，使其固定成本部分显出规模效益。以输单成本为例，输单员工资由固定底薪加输单提成两部分组成。假设某分部月输单量50000票，现有5名输单员，每人底薪500元/月，每票输单提成0.2元，则该分部月输单成本为50000×0.2＋500×5＝12500元，人均工资2500元/月；若能提升输单效率，由4名输单员完成同样的工作量，则该分部月输单成本为50000×0.2＋500×4＝12000元，节省输单成本500元，而人均工资为3000元/月。

二、A分部某年度的成本、利润和业务量

公司A分部某年产品收费标准、业务量、成本、利润数据如表7－15、表7－16、表7－17所示。

表7－15　　产品收费标准　　单位：元

产品收费标准	首重	续重									
		Ⅰ区	Ⅱ区	Ⅲ区	Ⅳ区	Ⅴ区	Ⅵ区	Ⅶ区	Ⅷ区	Ⅸ区	Ⅹ区
省外件	20	2	4	6	8	10	12	13	14	16	18
香港件	30	12									
市区件	10	2									
省内件	12	2									

表7－16　　A分部某年度业务量趋势表　　单位：件

产品	1月	2月	3月	4月	5月	6月	7月	8月	9月	10月	11月	12月
收件票数	13045	14718	19013	18025	17767	19135	19654	19427	21106	18993	21640	22339
其中：省外件	9093	10507	13709	13646	13399	14402	14833	14743	15512	14429	16489	16789
省内件	1758	1964	2455	2407	2368	2564	2619	2582	2860	2519	2793	2987
市区件	2025	2046	2599	1721	1754	1906	1934	1853	2463	1807	2062	2236
香港件	169	210	250	250	246	263	267	249	271	238	296	327
派件票数	16971	21009	26789	24876	25008	26432	26456	26689	30987	31098	31009	23244
其中：省外件	13009	13987	15958	15987	15998	16608	16789	16879	17098	16576	17890	17689
省内件	1758	1964	2455	2407	2368	2564	2619	2582	2860	2519	2793	2987
市区件	2025	2046	2599	1721	1754	1906	1934	1853	2463	1807	2062	2236
香港件	179	235	268	256	258	276	269	258	246	237	289	332

表 7-17　　A 分部某年度利润表　　单位:元

项目	1月	2月	3月	4月	5月	6月	7月	8月	9月	10月	11月	12月
主营业务收入	347876	372532	488476	499836	480220	517999	533359	534078	595679	540216	631258	629876
主营业务成本	428458	421229	480039	481590	491271	490603	502477	510976	561943	508318	586473	583829
人工成本	102850	100486	107235	108586	111027	113233	114523	115283	131229	119762	130012	135279
专机空运费	42827	46395	81424	74478	82076	78528	84925	86389	81425	65780	86594	72357
散航费用	46249	49928	43340	41726	42643	42326	43340	45141	56479	50943	61476	70469
车辆成本	29520	28480	33737	34657	36527	29927	30931	31406	32961	30945	36921	35086
材料成本	16202	13696	16548	16067	16740	17255	17424	18298	21542	19158	22752	22009
操作费用	76551	71226	77229	83388	80700	85402	82385	84080	95372	89779	106083	101005
管理费用	90749	86053	89320	90461	90560	90877	96274	97071	105151	98461	104947	111114
销售费用	12008	12796	13868	13896	13984	14356	14594	14673	15009	14563	15794	15690
营业税金及附加	11501	12168	17340	18330	17014	18700	18081	18635	22776	18927	21895	20819
税前利润	−80582	−48697	8437	18246	−11051	27395	30882	23101	33736	31898	44785	46047
税前利润率	−23.16%	−13.07%	1.73%	3.65%	−2.30%	5.29%	5.79%	4.33%	5.66%	5.90%	7.09%	7.31%

财务部在分析报告中指出：第一，A分部各项成本费用占收入比在一年中逐渐下降，其中尤以管理费用最为明显，这是因为管理费用主要属于固定成本，与业务量无直接相关关系，随着业务量的增长，固定成本被不断摊薄；第二，车辆成本波动较大且与业务量的发展不呈一致性，结合外部环境分析，主要原因可能为油价波动的影响；第三，A分部收派比在一年之中不断增长，逐渐趋近于1，说明A区属于发展中地区，随着业务的增长以及收派逐渐趋于均衡，利润也显著上升，这一方面是因为业务的增长带来规模效益，另一方面因为收派趋于均衡，以较少的收件收入弥补较大的收件及派件成本的情况得到改善；第四，A区收件产品中，市区件占比不断下降，省外件及省内件、香港件占比均不断上升，票件结构的改善，也使得票均收入上升，而部分作业环节成本如客服成本、输单成本、收件提成、派件提成、中转成本等都与收件量线性相关，因此票均收入上升也一定程度上导致了利润的增加。

A分部进一步表示，在积累了足够的成本、业务量和利润信息之后，他们有必要建立产品成本函数和收入函数，以便于进行保本点分析和敏感分析，并在此基础上提出成本控制的基本思路和具体措施。

三、A分部与B分部的成本和利润比较

由于不同分部的具体情况不同，各分部经营相同产品时在同一作业环节产生的成本也就不同。同时，各分部必须严格执行集团下达的全国统一定价标准，从而形成了分部间的单票利润差异。表7-18至表7-21为公司A分部与B分部某年度的成本、利润、业务量比较。

表7-18　　某年度A分部与B分部成本和利润比较表

项目	发生额（元）		成本占收入比重（%）	
	A分部	B分部	A分部	B分部
主营业务收入	6171404	6897651		
主营业务成本	6047208	7379452	97.99	106.99
人工成本	1389507	1938905	22.52	28.11
专机空运费	883198	956094	14.31	13.86
散航费用	594060	661832	9.63	9.60
车辆成本	391098	588674	6.34	8.53
材料成本	217691	235653	3.53	3.42
操作费用	1033199	1167436	16.74	16.93
管理费用	1151038	1398569	18.65	20.28
销售费用	171231	190663	2.77	2.76
营业税金及附加	216185	241626	3.50	3.50
税前利润	124197	−481801	2.01	−6.99

表 7－19　　A 分部与 B 分部市区件单票作业成本与利润比较　　单位：元

项目	收派成本	客服成本	输单成本	材料成本	管理成本	中转成本	运输成本	成本合计	单票收入	单票利润
A 分部	4.50	0.76	0.20	0.97	4.30	1.04	0.73	12.50	12.56	0.06
B 分部	5.40	0.79	0.23	0.97	4.46	1.15	0.94	13.94	12.68	−1.24

表 7－20　　某年度 A 分部与 B 分部业务量比较表　　单位：件

产品	A 分部	B 分部
收件票数	224862	242523
其中：省外件	167552	182169
省内件	29876	33269
市区件	24407	24098
香港件	3027	2987
派件票数	310568	385084
其中：省外件	194468	325622
省内件	29875	33269
市区件	24407	24098
香港件	3103	2095

表 7－21　　某年度 A 分部与 B 分部车辆成本比较表　　单位：元

项目	A 分部	B 分部
车辆折旧	79837	116979
油料费	169563	248549
保险费	8056	12009
路桥费	66758	104543
轮胎费	16908	30065
配件及维修费	16774	26553
其他费用	33202	49976
车辆成本合计	391098	588674

财务部认为，A 分部与 B 分部各项成本费用中，散航成本、材料成本、操作费用、销售费用等占收入比都很接近，在一定程度上说明两个分部的管理水平相当；两分部的收入及收件量相差不大，基本处于同一水平，但是 B 分部的收派比较小，说明 B 区相对 A 区

是新兴区；两分部的市区件及省内件收派数量相同，说明两分部的区域范围都是一个省。

对于A分部与B分部在车辆成本和人工成本方面存在的较大差异，财务部在分析报告中指出，B分部的车辆折旧、油料费和路桥费等都明显高于A分部，是因为B区营运车辆多于A区，其营业网点分布较为分散，因此车均装载率相对A区较低，票均车辆成本相对A区较高；同时，由于B区网点分散，需要安排更多的收派员，且每一收派人员所负责的区域更大，单票收派所需时间更长，导致B区人均收派效能低于A区，每票快件要负担更高的人工成本。

四、有待讨论的问题

产品价格、目标利润和产品成本之间存在着必然联系。用于定价的产品成本是过去若干经营年度内形成的历史数据，随着时间的推移将不断发生变化，而产品价格则需要在未来一定时期内维持其稳定性。因此，构建一个具有可操作性的产品定价模型，一直是Y速运（集团）考虑的重大课题。同时，集团对分部的业绩考核主要以收件收入为基础。如果各分部的收派比均为1，则各分部的跨区域件收件收入与承担的其他分部的跨区域件派件成本是基本对应的。事实上，这种情形几乎并不存在，“苦乐不均”成为一种必然。有没有必要在各分部之间摊配跨区域件的收入和成本？如何摊配？

资料来源：“顺丰杯”第三届全国大学生物流设计大赛，吴可夫。

第八章　物流业绩评价

学习目的

物流业绩评价是以企业物流成本数据资料为基础，对企业各物流部门的经营业绩进行核算、考核和控制的一项重要工作。通过本章的学习，熟悉物流业绩评价的基础和条件；掌握物流责任中心的划分及各类物流责任中的基本特征与业绩评价的方法；熟悉各类物流责任中心的责任预算编制、责任报告提供与业绩考核的工作程序与方法；掌握各物流部门之间的内部转移价格的制定方法；了解平衡计分法在企业物流业绩评价中的应用。

第一节　物流业绩评价的基础和条件

物流业绩评价是以对物流活动实施分权管理为基础，将企业整个物流过程划分为各种不同形式的责任中心，对每个责任中心明确其权力、责任及其业绩计量和评价方式，建立起一种以责任中心为主体，责、权、利相统一的机制，通过信息的积累、加工、反馈而形成的物流系统内部的一种严密控制系统。

进行物流业绩评价需具备一些基本的基础和条件，主要包括以下方面：

一、合理划分责任中心，明确规定权责范围

实施物流业绩评价制度，首先要按照分工明确、责任分明、成绩便于考核的原则，合理划分物流责任中心。其次必须依据各个物流责任中心的特点，明确规定其权、责范围，使每个物流责任中心在其权限范围内，独立自主履行其职责。

二、编制责任预算，明确各物流责任中心的考核标准

编制责任预算，使物流活动的总体目标按各物流责任中心进行分解、落实和具体化，并以此作为它们开展日常物流经营活动的准则和评价其工作成果的基本标准。业绩考核标准应当具有可控性、可计量性和协调性等特征，即其考核内容只应为物流责任中心能够控制的因素；考核指标的实际执行情况，要能比较准确地计量和报告，并能使各个物流责任中心在完成物流活动总目标的过程中，明确各自的目标和任务，以实现局部与整体的统一。

三、区分各个物流责任中心的可控与不可控费用

对各个物流责任中心工作成果的评价与考核，应仅限于能为其工作好坏所影响的可控

项目，不能把不应由它负责的不可控项目（如运输线路中断）列为考核项目。为此，要对企业所发生的全部物流费用一一判别责任归属，分别落实到各个物流责任中心，并根据可控费用来科学地评价各物流责任中心的成绩。

四、合理制定内部转移价格

为了分清经济责任，便于正确评价各个物流责任中心的工作成果，各物流责任中心之间相互提供的产品、劳务或服务，应该根据各物流责任中心经营活动的特点，合理地制定内部转移价格，并据此计价结算。企业所制定的内部转移价格，必须既有利于调动各方面开展物流活动的主动性、积极性，又有助于实现局部和整体之间的目标一致。

五、建立、健全严密的记录、报告系统

要建立一套完整的日常记录、计算和考核有关责任预算执行情况的信息系统，以便为计量和考核各物流责任中心的实际经营业绩提供可靠的依据，并能对实现各物流责任中心的实际工作业绩起反馈作用。一个良好的报告系统，应当具有相关性、适时性和准确性等特征，也即报告的内容要能适应各级管理人员的不同需要，只列示其可控范围内的有关信息；报告的时间要适合报告使用者的需要；报告的信息要有足够的准确性，保证评价和考核的正确合理性。

六、制定合理而有效的奖惩制度

对每个物流责任中心制定一套既完整又合理有效的奖惩制度，根据其实际工作成果的好坏进行奖惩，做到功过分明，奖惩有据。奖惩制度及其执行包括以下内容：①奖惩制度必须结合各物流责任中心的预算责任目标制定，体现公平、合理、有效的原则；②要形成严格的考评机制，包括建立考评机构、确定考评程序、审查考评数据、依照制度进行考评和执行考评结果；③要把过程考核与结果考核结合起来，即把即时奖惩与期间奖惩结合起来，这一方面要求在业绩评价过程中随时考核各物流责任中心的责任目标和执行情况，并根据考核结果当即奖惩；另一方面要求一定时期终了，根据预算的执行结果，对各物流责任中心进行全面考评，并进行相应奖惩。

七、评价和考核实际工作业绩

根据原定的业绩考核标准对各物流责任中心的实际工作成绩进行比较，据以找出差距，分析原因，判明责任，采取有效措施，巩固成绩，改正缺点，及时通过信息反馈来保证物流活动沿着预定的目标前进。

八、定期编制业绩报告

通过定期编制业绩报告，对各物流责任中心的工作情况进行全面的分析和评价，并以此为依据实行奖惩，以促使各物流责任中心相互协调并卓有成效地开展物流活动，共同为最大限度降低物流费用水平、提高物流经济效益而努力。

第二节 物流责任中心

一、物流责任中心的含义与特征

为了对企业的物流活动实行有效的业绩评价，通常按照统一领导、分级管理的原则，将企业的物流经营过程划分为若干责任单位，明确各责任单位应承担的经济责任、应有的权力和利益，促使各责任单位尽其职责协同配合。物流责任中心就是承担一定经济责任，并享有一定权力和利益的各级物流组织和各个物流管理层次。

企业为了保证预算的贯彻执行和最终实现，必须把总预算中确定的目标和任务，按照物流责任中心逐层进行指标分解，形成物流责任预算，以此对各物流责任中心的预算执行情况进行检查并完成业绩的评价。由此可见，建立物流责任中心是进行物流业绩评价的基础。

物流责任中心通常具有以下特征：

第一，物流责任中心是一个责权利相结合的实体。它意味着每个物流责任中心都要对一定的财务指标承担完成的责任；同时，赋予物流责任中心与其所承担责任的范围和大小相适应的权力，并规定出相应的业绩考核标准和利益分配标准。

第二，物流责任中心具有承担经济责任的条件。它包括两方面的含义：一是物流责任中心具有履行经济责任中各条款的行为能力；二是物流责任中心一旦不能履行其经济责任，能对其后果承担责任。

第三，物流责任中心所承担的责任和行使的权力都应是可控的，每个物流责任中心只能对其责权范围内可控的成本、收入、利润和投资负责，在物流责任预算和业绩考核评价中也只应包括他们能控制的项目。可控是相对于不可控而言的，不同的责任层次，其可控的范围并不一样。一般而言，责任层次越高，其可控范围越大。

第四，物流责任中心具有相对独立的经营业务和财务收支活动。它是确定经济责任的客观对象，是物流责任中心得以存在的前提条件。

第五，物流责任中心便于进行单独核算。物流责任中心不仅要划清责任而且要能单独核算，划清责任是前提，单独核算是保证。只有既划清责任又能单独核算的物流内部单位，才能作为一个物流责任中心。

二、物流责任中心的类型

根据企业内部各物流责任中心的权责范围及业务活动的特点不同，物流责任中心可以分为物流成本中心、物流利润中心和物流投资中心三大类。

（一）物流成本中心

物流成本中心是指对成本或费用承担责任的责任中心。它不会形成可以用货币计量的收入，因而不对收入、利润或投资负责。物流成本中心一般包括企业内部从事物流活动的采购、仓储、流通加工、配送和运输等部门以及给予一定费用指标的物流管理部门。

物流成本中心的应用范围最广，从一般意义出发，在企业的物流活动过程中凡有成本费用发生，需要对成本费用负责，并能实施成本费用控制的单位，都可以成为一个物流成本中心。物流成本中心的规模不一，各个较小的物流成本中心共同组成一个较大的物流成本中心，各个较大的物流成本中心又共同构成一个更大的物流成本中心。从而，在企业形成一个逐级控制并层层负责的物流成本中心体系。

企业的物流成本中心可分为技术性物流成本中心和酌量性物流成本中心。技术性物流成本中心是指其成本发生的数额可以通过技术分析相对可靠地估算出来。如商品在包装和流通加工过程中发生的直接材料、直接人工、间接制造费用等。其特点是这种成本的发生可以为企业提供一定的物质成果，在技术上投入量与产出量之间有着密切的联系。技术性成本可以通过弹性预算予以控制。

酌量性物流成本中心是指其成本是否发生以及发生数额的多少是由管理人员决定的，主要包括各种物流管理费用和某些间接成本项目，如商品的研发费用、物流信息系统费用等。这些费用的发生主要是为企业物流活动提供一定的专业服务，一般不能产生可以用货币计量的成果，在技术上，投入量与产出量之间没有直接关系。酌量性成本的控制应着重于预算总额的审批上。

由于物流业绩评价是围绕物流责任中心来组织，以各物流责任中心为对象进行有关资料的收集、整理和分析对比，因而，物流成本中心的成本与在完全成本法下所计算的成本有很大的不同。其主要特点如下：

1. 不是传统的物流成本，而是责任成本

传统的物流成本是按照费用承担的客体进行收集、核算，其原则是“谁收益，谁承担”，而物流成本中心的成本是以物流责任中心为对象进行成本的收集、核算，其原则是“谁负责，谁承担”。两者既有区别又有联系。两者的区别是：①成本的收集对象不同。传统物流成本是按费用承担的客体（如产品、物流服务方式等）收集，而责任成本则按物流责任中心收集。②目的不同。计算责任成本的目的在于对各物流责任中心的业绩进行评价和考核，因而要将成本划分为可控成本与不可控成本两部分，而传统的物流成本则不必这样划分。两者的联系则表现为：在一定的期间内，责任成本与传统的物流成本的成本发生额是相同的。

2. 作为物流成本中心，其所需要计量与考核的成本是可控成本，而不是应归属于各个中心的全部成本

所谓可控成本是指可以预先知道的、有办法计量的、能为该物流成本中心所控制、为其工作好坏所影响的成本。成本的可控性是就特定的责任中心、特定的期间和特定的权限而言的。首先，某项物流成本对某个物流责任中心是可控的，而对另一个物流责任中心却是不可控的。例如，包装材料的耗用量，从产品包装部门来看是可控的，而对于采购部门来说，则是不可控的；而包装材料的价格则相反，从采购部门来看是可控的，但对于产品包装部门来说，则是不可控的。其次，正如经济学家所指出的，就长期而言，所有成本都是可控的；而就短期而言，则所有成本都是不可控的。例如，企业的物流中心在布局时，

管理部门可以决定物流中心规模的大小、成本的多少，因而，此时物流中心构造的成本是可控的；但物流中心一旦构建完成，则其所发生的构造成本就成为不可控成本。又如运输部门的保险费，一般的保险期为一年，因此，如果就期限为一年而言，运输部门有权决定投保与否，因而对其而言是可控的；但一旦投保，则月度或周的保险费就成为不可控成本。另外，可控性还与特定的权限有关。有些费用，就基层单位来说是不可控的，但对高层管理部门来说，则是可控的。例如，流通加工设备的租赁费，对流通加工部门来说，是不可控的，因为其无权购进新设备来替代租用的旧设备；但就部门经理而言，则是可控的，因为他有权决定是否购进新设备以取代目前从外界租用的旧设备。

由此可见，某个物流成本中心的责任成本，即为属于该中心的各项可控成本之和，因而，对物流成本中心的业绩评价与考核应以其可控成本作为主要依据，不可控成本仅作为参考。各个物流成本中心的责任成本又可分为预算责任成本和实际责任成本，前者是指由预算分解确定的各个物流成本中心应承担的责任成本，后者是指各物流成本中心从事物流活动实际发生的责任成本。对各物流中心业绩进行评价与考核，应以各物流成本中心的预算责任成本为依据，检查实际成本是否完成预算规定的任务，通过二者的比较，确定其成本控制的绩效，并采取相应的奖惩措施。

（二）物流利润中心

物流利润中心是指既能控制成本，又能控制销售收入的物流责任中心。它不但有成本发生，而且还有收入发生，因此，它不但要对收入、成本负责，而且也要对收入与成本的差额即利润负责。这类责任中心一般是指在物流活动开展中有独立经营决策权的物流组织和部门。

物流利润中心一般有两种形式：一是自然物流利润中心。这种利润中心虽然是企业内部的一个责任单位，但它既可以向企业内部其他物流责任单位提供劳务或服务，也可像一个独立经营的单位那样，直接向外界市场提供劳务或服务。即其功能与独立企业相近，如企业内实现独立核算的运输、配送等物流部门。二是人为物流利润中心。这种利润中心仅对本企业提供各种物流服务，不面向市场开展业务。成为人为物流利润中心应具备两个条件：首先该中心可以向其他责任中心提供劳务或服务；其次能为该中心的劳务或服务确定合理的内部转移价格，以实现公平交易、等价交换。企业物流活动开展中的许多物流部门都可以转化为人为物流利润中心。人为物流利润中心一般也应具备相对独立的经营权，即能自主决定本中心的劳务或服务的种类、数量和质量、作业方法、人员调配资金使用等。

物流利润中心业绩的考核和评价，主要是通过一定期间实际实现的利润同“责任预算”所确定的预计的利润数进行比较，并进而对差异形成的原因和责任进行具体分析，借以对其在经营上的得失和有关人员的功过作出全面而正确的评估。物流利润中心通常以“贡献毛益”作为业绩评价指标，其计算公式为：

贡献毛益＝销售收入总额－变动成本总额

对物流利润中心进行业绩评价时，必须正确区分部门经理业绩与部门业绩。因此贡献毛益指标用于物流利润中心业绩评价时，可引申出分部经理毛益和分部毛益两种。

1. 分部经理毛益

衡量分部经理业绩的分部经理毛益的计算公式为：

销售收入
减：变动成本
贡献毛益
减：经理人员可控的可追溯固定成本
分部经理毛益

即：分部经理毛益=销售收入-经理人员可控的可追溯的成本 (8-1)

2. 分部毛益

衡量分部业绩的分部毛益的计算公式为：

销售收入
减：变动成本
贡献毛益
减：分部经理可控的可追溯的固定成本
分部经理毛益
减：分部经理不可控但高层管理部门可控的可追溯的固定成本
分部毛益

即：分部毛益=销售收入-经理人员可追溯的成本 (8-2)

式（8-1）和式（8-2）可看作严格意义上的贡献毛益在物流利润中心业绩评价中的自然延伸，是可控性原则的具体体现。式（8-1）主要用于评价责任中心（分部）负责人的经营业绩，因而必须就经理人员的可控成本进行评价、考核。为此，必须在各分部可追溯性固定成本的基础上，进一步将之区分为分部经理可控成本和不可控成本，并就经理人员可控成本进行业绩评价、考核。这是因为，有些成本尽管可以追溯到分部，却不为分部经理所控制。例如，折旧费、保险费等。分部经理毛益所反映的是，分部经理对其控制的资源有效利用程度。而式（8-2）则主要用于对责任中心（分部）的业绩评价和考核，因而仅将分部可控制的可追溯固定成本从贡献毛益中扣除，其所反映的是分部补偿共同性固定成本后为企业利润总额所作的贡献。

（三）物流投资中心

物流投资中心是指既对收入、成本和利润负责，又对投资效果负责的物流责任中心。它与物流利润中心相比较，区别有二：一是权力不同。物流利润中心没有投资决策权，它只是在企业物流投资形成后进行具体的经营；而物流投资中心则不仅在经营管理上享有较大的自主权，而且能相对独立地运用所掌握的资产，有权购建或处理固定资产，扩大或缩减现有的经营能力。二是考核办法不同。考核物流利润中心业绩时，不联系投资多少或占用资产的多少，即不进行投入产出比较；相反，考核物流投资中心业绩时，必须将所获得的利润与所占用的资产进行比较。

物流投资中心是最高层次的责任中心，它具有最大的决策权，也承担最大的责任，投资中心的管理特征是较高程度的分权管理。一般而言，大型企业集团中承担母公司物流业务的物流子公司往往都属于物流投资中心。

为了准确地计算各物流投资中心的经济效益，应对各物流投资中心共同使用的资产划定界限；对共同发生的成本按适当的标准进行分配；各物流投资中心之间相互调剂使用的资金、存货、固定资产等，均应计息清偿，实行有偿使用。在此基础上，根据物流投资中心应按投入产出之比进行业绩评价与考核的要求，除考核利润指标外，更需要计算、分析利润与投资额的关系性指标，即投资利润率和剩余收益。

1. 投资利润率

投资利润率又称投资报酬率，是指物流投资中心所获得的利润与投资额之间的比率。计算公式可以表述为：

投资利润率＝利润/投资额×100％

投资利润率这一指标，还可以进一步展开：

投资利润率＝资本周转率×销售成本率×成本费用利润率

以上公式中投资额是指物流投资中心的总资产扣除负债后的余额，即物流投资中心的净资产。所以，该指标也可以称为净资产利润率，它主要说明物流投资中心运用“公司产权”供应的每一元资产对整体利润贡献的大小，或物流投资中心对所有者权益的贡献程度。

为了考核物流投资中心的总资产运用状况，也可以计算物流投资中心的总资产息税前利润率。它是物流投资中心的息税前利润除以总资产占用额。总资产是指物流经营中占用的全部资产。因资金来源中包含了负债，相应分子也要采取息税前利润，它是利息加利润总额。投资利润率总资产占用额计算，主要用于评价和考核由物流投资中心掌握、使用的全部资产的赢利能力。值得说明的是，由于利息或息税前利润是期间性指标，故上述投资额或总资产占用额应按平均投资额或平均占用额计算。

投资利润率是广泛采用的评价物流投资中心业绩的指标，优点如下：

(1) 投资利润率能反映物流投资中心的综合赢利能力。从投资利润率的分解公式可以看出，投资利润率的高低与收入、成本、投资额和周转能力有关，提高投资利润率应通过增收节支、加速周转，减少其他投入来实现。

(2) 投资利润率具有横向可比性。投资利润率将各物流投资中心的投入与产出进行比较，剔除了因投资额不同而导致的利润差异的不可比因素，有利于进行各物流投资中心经营业绩的比较。

(3) 投资利润率可以作为选择投资机会的依据，有利于调整资产的存量，优化资源配置。

(4) 以投资利润率作为评价物流投资中心经营业绩的尺度，可以正确引导物流投资中心的经营管理行为，使其行为长期化。由于该指标反映了物流投资中心运用资产并使资产增值的能力，如果物流投资中心资产运用不当，会增加资产或投资占用规模，也会降低利润。因此，以投资利润率作为评价和考核的尺度，将促使各物流投资中心盘活闲置资产，减少不合理的资产占用，及时处理过时、变质、毁损资产等。

总的说来，投资利润率的主要优点是能促使管理者像控制费用一样地控制资产占用或投资额的多少，综合反映一个物流投资中心全部经营成果。但是，该指标也有其局限性。一是在通货膨胀的情况下，使企业资产账面价值失真、失实，以致相应的折旧少计，利润多计，使计算的投资利润率无法揭示各物流投资中心的实际经营能力。二是使用投资利润率往往会使各物流投资中心只顾本身利益而放弃对整个企业有利的投资项目，造成物流投资中心的近期目标与整个企业的长远目标的背离。三是投资利润率的计算与资本支出预算所运用的现金流量分析方法不一致，不便于项目建成运营后与原定目标的比较。四是从控制角度看，由于一些共同费用无法为各物流投资中心所控制，投资利润率的计量不全是投资中心所能控制的。为了克服投资利润率的某些缺陷，应采用剩余收益作为各物流投资中心的业绩评价指标。

2. 剩余收益

剩余收益是一个绝对数指标，是指各物流投资中心所获得的利润扣减其最低投资收益后的余额。最低投资收益率是物流投资中心的投资额（或资产占用额）按规定或预期的最低报酬率计算的收益。其计算公式如下：

剩余收益＝利润－投资额×规定或预期的最低投资报酬率

以剩余收益作为物流投资中心经营业绩评价指标，各物流投资中心只要投资利润率大于规定或预期的最低投资报酬率，该项投资（或资产占用）便是可行的。剩余收益指标有两个特点：

（1）体现投入产出关系。由于减少投资（或降低资产占用）同样可以达到增加剩余收益的目的，因而与投资利润率一样，该指标也可以用于全面评价与考核物流投资中心的业绩。

（2）避免本位主义。剩余收益指标避免了各物流投资中心的狭隘本位倾向，即单纯追求投资利润而放弃一些有利可图的投资项目。这是因为以剩余收益作为衡量各物流投资中心工作成果的尺度，各物流投资中心将尽力提高剩余收益，也即只要有利于增加剩余收益的绝对额，投资行为就是可取的，而不是尽量提高投资利润率。两个指标的差异，可以举例说明如下：

［**例8-1**］某公司下设A、B两个物流配送中心，具有独立的经营权和投资决策权，该公司加权平均最低投资利润率为10%，现两中心追加投资，有关资料如表8-1所示。

表8-1　物流投资中心指标计算表　单位：万元

项　目		投资额	利润额	投资利润率（%）	剩余收益
追加投资前	A	20	1.0	5.0	1－20×10%＝－1
	B	30	4.5	15.0	4.5－30×10%＝＋1.5
	Σ	50	5.5	11.0	5.5－50×10%＝＋0.5
A中心追加投资10万元	A	30	1.8	6.0	1.8－30×10%＝－1.2
	B	30	4.5	15.0	4.5－30×10%＝＋1.5
	Σ	60	6.3	10.5	6.3－60×10%＝＋0.3

续 表

项 目		投资额	利润额	投资利润率（%）	剩余收益
B中心追加投资20万元	A	20	1.0	5.0	1－20×10%＝－1
	B	50	7.4	14.8	7.4－50×10%＝＋2.4
	Σ	70	8.4	12.0	8.4－70×10%＝＋1.4

根据表8－1中资料评价A、B两个物流投资中心的经营业绩可知，如果以投资利润率为考核指标，追加投资后A的利润率由5%提高到了6%，B的利润率由15%下降到了14.8%，则向A投资比向B投资好；但以剩余收益作为考核指标，A的剩余收益由原来的－1万元变成了－1.2万元，B的剩余收益由原来的1.5万元增加到2.4万元，应当向B投资。如果从整个公司角度进行评价，就会发现A追加投资时全公司总体投资利润率由11%下降到10.5%，剩余收益由0.5万元下降到0.3万元；B追加投资后，全公司整体投资利润率由11%上升到12%，剩余收益由0.5万元上升到1.4万元，这和以剩余收益指标评价各物流投资中心的业绩的结果一样。所以，以剩余收益作为评价指标可以保持各物流投资中心获利目标与公司总的获利目标达成一致。

第三节 物流责任预算、责任报告和业绩考核

一、物流责任预算

（一）物流责任预算的含义

物流责任预算是以物流责任中心为主体，以其可控成本、收入、利润和投资等为对象编制的预算。通过编制物流责任预算可以明确各物流责任中心的责任，并通过与物流总预算的一致性，以确保其实现。通过编制物流责任预算也为控制和考核物流责任中心经营管理活动提供了依据，物流责任预算是物流总预算的补充和具体化。

物流责任预算是由各种责任指标组成的，这些指标分为主要责任指标和其他责任指标。在上述物流责任中心中所提及的各物流责任中心的考核指标都是主要指标，也是必须保证实现的指标，这些指标反映了各种不同类型的物流责任中心之间的责任和相应的权利区别。其他责任指标是根据物流其他总奋斗目标分解而得到的或为保证主要责任指标完成而确定的责任指标，这些指标有劳动生产率、设备完好率、出勤率、材料消耗率和职工培训等。

（二）物流责任预算的编制

物流责任预算的编制程序有两种：一是以物流责任中心为主体，将物流总预算在各物流责任中心之间层层分解而形成的各物流责任中心的预算。它实质上是由上而下实现物流

总预算目标。这种自上而下、层层分解指标的方式是一种常用的预算编制程序。其优点是使整个物流活动浑然一体，便于统一指挥和调度。不足之处是可能会遏止各物流责任中心的积极性和创造性。二是各物流责任中心自行列示各自的预算指标、层层汇总，最后由企业专门机构或人员进行汇总和调整，确定企业的物流总预算。这是一种由下而上，层层汇总、协调的预算编制程序。其优点是有利于发挥各物流责任中心的积极性，但往往各物流责任中心只注意本中心的具体情况或多从自身利益角度考虑，容易造成彼此协调困难、互相支持少、以致冲击物流的总体目标。而且，层层汇总、协调，工作量大、协调难度大，影响预算质量和编制时效。

物流责任预算的编制程序与企业组织机构设置和经营管理方式有着密切关系。因此，在集权组织结构形式下，公司的总经理大权独揽，对企业所有的成本、收入、利润和投资负责。他既是利润中心，也是投资中心，而公司下属的各部门（包括物流部门）都是成本中心，它们只对其权责范围内控制的成本负责。因此，在集权组织结构形式下，首先要按照各物流责任中心的层次，从上至下把公司的物流总预算逐层向下分解，形成各物流责任中心的物流责任预算；然后建立物流责任预算执行情况的跟踪体系，记录预算执行的实际情况，并定期由下至上把物流责任预算的实际执行数据逐层汇总，直到最高管理层次。

在分权组织结构形式下，物流经营管理权分散在各物流责任中心，企业的物流部门与公司自身一样，可以都是利润中心或投资中心，它们既要控制成本、收入、利润，也要对所占用的全部资产负责。而在其之下还有许多物流成本中心，只对它们所控制的成本负责。在分权组织结构形式下，首先也应按各物流责任中心的层次，将公司的物流总预算由最高层向最底层逐级分解，形成各物流责任单位的责任预算。然后建立物流责任预算的跟踪系统，记录预算的实际执行情况，并定期从最基层物流责任中心把物流责任成本的实际数，以及销售收入的实际数，通过编制业绩报告逐层向上汇总，一直到达最高管理层次。

现举例说明物流责任预算的编制过程。

［**例8-2**］某公司物流组织结构形式如图8-1所示。

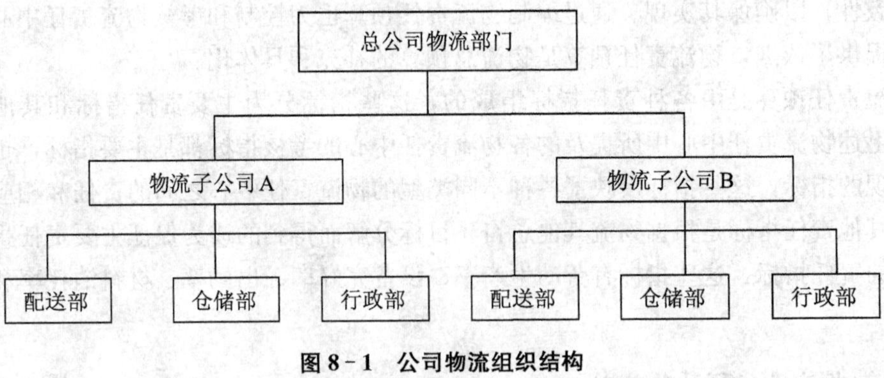

图8-1　公司物流组织结构

假设该公司采取分权组织结构形式，各物流成本中心发生的成本费用均为可控成本，则该公司物流责任预算的简化形式如表8-2、表8-3、表8-4、表8-5、表8-6所示。

表 8-2　**某公司物流责任预算**

201×年　　单位：万元

责任中心类型	项　目	责任预算	责任人
利润中心	A 子公司物流利润	2000	A 子公司经理
利润中心	B 子公司物流利润	1500	B 子公司经理
利润中心	合计	3500	公司物流经理

表 8-3　**A 子公司物流责任预算**

201×年　　单位：万元

责任中心类型	项　目	责任预算	责任人
收入中心	物流服务收入	4600	A 子公司经理
成本中心	配送部门可控成本	400	配送部门经理
	仓储部门可控成本	1900	仓储部门经理
	行政管理部门可控成本	300	行政管理部门经理
	合计	2600	A 子公司经理
利润中心	物流利润	2000	A 子公司经理

表 8-4　**A 子公司物流收入责任预算**

201×年　　单位：万元

责任中心类型	项　目	责任预算	责任人
收入中心	东北地区收入	800	责任人 A
收入中心	中南地区收入	1000	责任人 B
收入中心	西北地区收入	500	责任人 C
收入中心	东南地区收入	1100	责任人 D
收入中心	西南地区收入	700	责任人 E
收入中心	出口地区收入	500	责任人 F
收入中心	收入合计	4600	A 子公司经理

表8-5 **A子公司仓储部门责任预算**

201×年 单位：万元

成本中心	项 目	责任预算	责任人
流通加工组	变动成本		流通加工组负责人
	直接材料	500	
	直接人工	300	
	变动制造费用	100	
	小计	900	
	固定成本		
	固定制造费用	100	
	成本合计	1000	
包装组	变动成本		包装组负责人
	直接材料	400	
	直接人工	250	
	变动制造费用	100	
	小计	750	
	固定成本		
	固定制造费用	100	
	成本合计	850	
库管组	储存成本	50	仓库负责人
	成本费用合计	1900	仓储部门经理

表8-6 **A子公司配送及行管部门责任预算**

201×年 单位：万元

成本中心	项 目	责任预算	责任人
行政管理部	人员薪酬	150	行政管理部经理
	折 旧	100	
	办 公 费	20	
	保 险 费	30	
	费用合计	300	
配送部门	人员薪酬	200	配送部门经理
	办 公 费	50	
	折 旧	120	
	保 险 费	30	
	费用合计	400	

不难看出，上述各表的预算数据之间存在着内在的相互关联关系。随着预算数据的逐级分解，预算的物流责任中心的层次越来越低，预算项目越来越具体。这意味着公司的物流总预算被真正落实到具体的责任单位或个人，使预算的实现有了可靠的组织保证，也意味着公司物流总预算被分解到了具体的项目上，使预算的实现有了客观的依据。

二、物流责任报告

物流业绩评价是以物流责任预算为基础，对物流责任预算的执行情况进行系统的反映，以实际的完成情况同预算目标对比，可以评价和考核各个物流责任中心的工作成果。物流责任中心的业绩评价和考核应通过编制物流责任报告来完成。物流责任报告也称业绩报告，它是根据会计记录编制的反映物流责任预算实际执行情况，揭示物流责任预算与实际执行差异的内部会计报告。

物流责任报告的形式主要有报表、数据分析和文字说明等，将物流责任预算、实际执行结果及其差异用报表予以列示是物流责任报告的基本形式。在揭示差异时，还必须对重大差异予以定量分析和定性分析。定量分析旨在分析差异产生的原因，并根据这些原因提出改进建议。

在企业物流的不同管理层次上，物流责任报告的侧重点应有所不同。最低层次的物流责任中心的物流责任报告应当最详细，随着层次的升高，物流责任报告的内容应以更为概括的形式来表现。这一点与物流责任预算的由上至下分解过程不同，物流责任预算是由总括到具体，物流责任报告是由具体到总括。物流责任报告应能突出产生差异的重要影响因素。为此，应遵循“例外管理”原则，突出重点，使报告的使用者能把注意力集中到少数严重脱离预算的因素或项目上来。

物流责任报告是对各个物流责任中心执行物流责任预算情况的系统概括和总结。根据物流责任预算，可进一步对物流责任预算执行差异的原因和责任进行具体分析，以充分发挥反馈作用，以使上层物流责任中心和本层中心对有关物流活动实行有效的控制和调节，促使各个物流责任中心根据自身特点，卓有成效地开展有关活动以实现物流责任预算。我们可以把物流责任报告与物流责任预算进行比较、进行反馈控制的过程用图8-2说明。

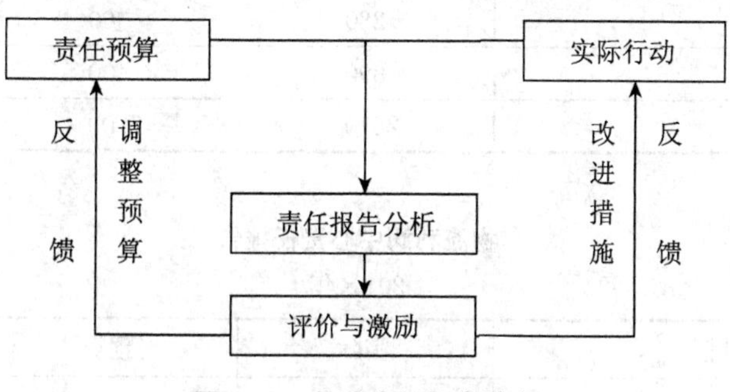

图8-2　物流责任报告流程

物流责任中心是逐级设置的，物流责任报告也应自下而上逐级编报，先以前述某公司为例，将其物流责任报告的简略形式列表，如表8-7和表8-8所示。

表8-7　物流成本中心责任报告

201×年　单位：万元

项　目	实际	预算	差异
A子公司流通加工组可控成本			
变动成本			
直接材料	550	500	50
直接人工	270	300	—30
变动制造费用	110	100	10
变动成本小计	930	900	30
固定成本			
固定制造费用	95	100	(5)
合计	1025	1000	25
A子公司仓储部门可控成本			
流通加工组			
变动成本	930	900	30
固定成本	95	100	(5)
小计	1025	1000	25
包装组			
变动成本	760	750	10
固定成本	95	100	—5
小计	855	850	5
库管组	60	50	10
合计	1940	1900	40
A子公司可控成本			
仓储部门	1940	1900	40
行政管理部门	280	300	(20)
配送部门	390	400	(10)
总计	2610	2600	10

表8-8　物流利润中心责任报告

201×年　单位：万元

项　目	实际	预算	差异
A子公司物流收入			
东北地区	900	800	100

续 表

项 目	实际	预算	差异
中南地区	1200	1000	200
西北地区	490	500	(10)
东南地区	1000	1100	(100)
西南地区	710	750	10
出口地区	600	500	100
小计	4900	4600	300
A子公司变动成本			
流通加工组	930	900	30
包装组	760	750	10
小计	1690	1650	40
A子公司贡献毛益总额	3210	2950	260
A子公司固定成本			
仓储部门			
流通加工组	95	100	(5)
包装组	95	100	(5)
库管组	60	50	10
小计	250	250	0
行政管理部门	280	300	(20)
配送部门	450	400	50
小计	980	950	30
A子公司物流利润	2230	2000	230
总公司物流利润			
A子公司物流利润	2230	2000	230
B子公司物流利润	1600	1500	100
合计	3830	3500	330

为了编制各物流责任中心的物流责任报告，必须进行相应的责任会计核算，即要以物流责任中心为对象组织会计核算工作，具体做法有两种：一是由各物流责任中心指定专人把各中心发生的成本、收入以及各中心之间的结算和转账业务计入单独设置的责任会计的编号账户内。然后根据管理的需要，定期计算盈亏。因其与财务会计分开核算，故称为“双轨制”。二是简化日常核算，不另外设置专门的责任会计账户，而是在传统财务会计的各明细账户内，为各物流责任中心分别设户进行登记、核算，这称为“单轨制”。

三、物流业绩考核

物流业绩考核是以物流责任报告为依据，分析、评价各物流责任中心责任预算的实际执行情况，找出差距，查明原因，借以考核各物流责任中心工作成果，实施奖惩，促使各物流责任中心积极纠正行为偏差，完成物流责任预算的过程。

物流责任中心的业绩考核有狭义和广义之分。狭义的业绩考核仅对各物流责任中心的价值指标，如成本、收入、利润以及资产占用等责任指标的完成情况进行考评。广义的业绩考核除这些价值指标外，还包括对各物流责任中心的非价值责任指标的完成情况进行考核。物流责任中心的业绩考核可以分为年终考核和日常考核。年终考核通常是指一个年度终了（或预算期终了）对物流责任预算执行结果的考评，旨在进行奖惩和为下年（或下一个预算期）的预算提供依据。日常考核通常是指在年度内（或预算期内）对物流责任预算执行过程的考评，旨在通过信息反馈，调节和控制物流责任预算的执行偏差，确保物流责任预算的最终实现。物流业绩考核可根据不同物流责任中心的特点进行。

（一）物流成本中心业绩考核

物流成本中心没有收入来源，只对成本负责，因而也只考核其物流责任成本。由于不同层次成本费用控制的范围不同，计算和考评成本费用的指标也不尽相同，越往上一层次计算和考评的指标越多，考核内容也越多。

物流成本中心业绩考核是以物流责任报告为依据，将实际成本与预算成本或责任成本进行比较，确定两者差异的性质、数额以及形成的原因，并根据差异分析的结果，对各物流成本中心进行奖惩，以督促各物流成本中心努力降低成本。

（二）物流利润中心业绩考核

物流利润中心既对成本负责，又对收入和利润负责，在进行考核时，应以物流收入、贡献毛益和息税前利润为重点进行分析、评价，特别是应通过一定期间实际利润与预算利润进行对比，分析差异及其形成的原因，明确责任，借以对各物流责任中心的经营得失和有关人员的功过做出正确的评价和奖惩。

在考核物流利润中心业绩时，也只是计算和考评本物流利润中心权责范围内的收入和成本。凡不属于本物流利润中心权责范围内的收入和成本，尽管已由本物流利润中心实际收进或支付，仍应予以剔除，不能作为本物流利润中心的考核依据。

（三）物流投资中心业绩考核

物流投资中心不仅要对成本、收入和利润负责，还要对投资效果负责。因此，物流投资中心业绩考核，除收入、成本和利润指标外，考核重点应放在投资利润率和剩余收益两项指标上。

从管理层次看，物流投资中心是最高一级的责任中心，业绩考核的内容或指标涉及各个方面，是一种较为全面的考核。考核时通过将实际数与预算数进行比较，找出差异，进行差异分析，查明差异的成因和性质，并据此进行奖惩。由于物流投资中心层次高、涉及的管理控制范围广，内容复杂，考核时应力求原因分析深入、依据确凿、责任落实具体，这样才可以达到考核的效果。

第四节　内部转移价格

企业内部各物流责任中心在物流活动开展过程中既相互联系，又相互独立地开展各自的业务，它们之间会经常相互提供劳务或服务。为了正确评价各物流责任中心的工作成果，区分各自的经济责任，有效调动各自的经营积极性，必须制定科学合理、能客观反映各责任中心工作业绩的内部转移价格。

内部转移价格的制定，理论上必须同时满足下列三个标准：一是对经营业绩的评价提供合理的基准；二是激励基层经理更好地经营；三是促进各分权单位与企业整体之间的目标一致性。但上述标准在实际当中可能会有矛盾，一组适合于评价各物流责任中心业绩的转移价格可能会使其损害企业整体利益，也可能一组使某个物流责任中心长期对整个企业有重大贡献的正确激励转移价格，却令该中心的业绩报告出现赤字。所以，应该特别注意，不同的内部转移价格适用于不同的情况和条件，没有一种适合各种使用目的、最佳的内部转移价格，即使在同一企业内，对于不同的物流责任中心也可能要采用不同的内部转移价格。

下面将就各种内部转移价格的使用范围、条件及其所引起的行为反应进行讨论。

一、市场价格

以市场价格作为内部转移价格，是基于企业内部各物流责任中心都可以独立自主经营，它们可以自由决定对内部或外部提供物流服务，同时，其服务有市场竞争，这些服务之间的差别极小且有一个客观的市场价格可供利用。

以正常市价作为内部转移价格的显著优点，就是供需双方部门都能按市价买卖它们的供需服务或劳务，内部转移交易时同外部交易一样。另一个优点是企业内两个物流责任中心相互交易，不论市场上是否存在同样的服务或劳务，内部交易都能控制交易的服务或劳务质量、数量、交货时间等，也可以节省谈判成本，提高资金的使用效率。因此，企业管理当局为了公司的整体利益，都会鼓励进行内部交易，除非物流责任中心有充分理由说明外部交易（如价格）更有利，否则各物流责任中心之间都应当进行内部交易。以市场价格作为内部转移价格，能正确评价各个物流责任中心的经营成果，并能更好地发挥物流经营活动的主动性和积极性。应注意的是，当外购表面上比内购更为“有利”时，管理当局应当考虑外购是否会使部分经营能力闲置，外购收益能否抵补可能出现的经营能力闲置的综合损失。如果能抵补，则允许从外部购入，否则次优方案须服从最优方案。

直接以市场价格作为内部转移价格的主要困难在于，各物流责任中心之间提供的服务或劳务经常难以确定其市价，且往往变化较大或无代表性。而从业绩评价的角度来看，用市价作为内部转移价格，则对服务或劳务的售出方极为有利，因为其服务或劳务供应于企业内部，可以节省许多销售、商业信用等的费用，这些节约的费用便直接成为其工作成果，但服务或劳务买入的物流责任中心却得不到任何好处而易引致不满。另外，企业在进行物流成本决策时，用市场价格作为内部转移价格几乎无用，因为从企业整体观点来看，该决策应以边际成本或差量成本为基础来进行。

尽管以市价作为内部转移价格有各种缺陷，但它适用于物流利润中心和投资中心组织，且较有利于每个物流责任中心的业绩评价，所以在某项物流服务或劳务有外部市场，供需双方可以自由对外购销的情况下，以市场价格作为内部转移价格不失为一种有效的方法。

二、以成本作为内部转移价格

以物流服务或劳务成本作为内部转移价格是制订转移价格最简便的方法，而用完全成本、变动成本或标准成本等不同的成本概念，则会对业绩评价工作产生不同的影响。

完全成本的成本资料在一般情况下现成可用，不必为制定内部转移价格而增加任何费用。但以完全成本作为内部转移价格，会使服务或劳务出售的物流责任中心得不到任何利润，其利润都将反映在买入单位的账上。同时由于出售方的物流成本全数转移给购入单位，故对出售方降低成本缺乏动力和鞭策力。而对于买入单位来说，物流成本无论高低都会全额转来，需要承担不受其控制而又令其他责任中心造成工作效率低的责任。如完全以此为依据对各有关方面工作业绩进行评价则必然会产生一定的偏差，难以取得应有的效果。

为解决上述缺陷，可以采用某种形式的标准（预算）成本。标准（预算）成本可极大地减少低效率问题，有利于明确经济责任，正确评价各自的工作成果。但无论以实际成本还是标准（预算）成本作为内部转移价格，在短期决策上都会遇到出售方的固定成本在买入责任单位会作为变动成本处理，难以解决“目标一致性”问题。

以变动成本作为内部转移价格的主要问题是：①这种转移价格会使买入单位过分有利；②由于对物流责任中心只计算变动成本，因而不能用投资利润率和剩余收益对该中心负责人进行业绩评价，而只能用于成本中心；③如果无限制地将一个物流责任中心的变动成本转移给另一责任中心，将不利于激励成本中心经理控制成本。为此，有的企业采用“变动成本加固定数”的办法来制订内部转移价格，这种方法从本质上讲，也就是共同成本的分配问题。

综上所述，以成本作为内部转移价格是一种较为简单和不完善的方法，但对于无市场价格或无外部市场的服务和劳务，从其有利于整体决策的目的来说，仍不失为一种有效和必要的方法。

三、经过协议的市场价格

为解决直接以市场价格作为内部转移价格所存在的缺陷，也可以正常的市价为基础，由各物流责任中心的经理协调来确定一个双方都愿意接受的转移价格作为内部计价、结算的依据。该方法有效执行有一个前提条件：有关服务或劳务应有市场可交易，此市场使供需双方都可决定是否买卖这种服务或劳务，任何通过协议制订的转移价格都显示这种选择权的存在。同时，外部市场的存在可减少协商中讨价还价的余地。

经协商确定内部转移价格不可避免地要多花时间，尤其是需要协议的服务或劳务较多时，就更需花费大量的人力物力，还会出现无休止的争吵而无法取得结果，甚至伤害责任单位间的合作感情。有时责任单位领导之间难以确定转移价格，往往要由企业高层部门决定，使“自治”化为乌有，失去分权的意义，使业绩的评价也成为问题，更难起到激励作用。所以，尽管这种做法在某种程度上可满足“目标一致性”要求，但它同样会使出售方的固定成本在买入单位作为变动成本，从而限制了转移价格在进行短期决策时的作用。

尽管如此，这种方法在物流服务或劳务有非完全竞争的外部市场、供应方有闲置的经营能力及变动成本低于市场价格、各物流责任中心有自主决策权的条件下，是行之有效的。

四、双重内部转移价格

双重内部转移价格，是指对物流服务或劳务的供需双方分别采用不同的转移价格。如对物流服务或劳务的出售方按协商的市价计价，而对买入责任单位则按卖出方的变动成本计价。如此区别对待，有利于物流服务或劳务的接受方正确决策，以免因内部定价高于外部市价而向外交易，造成企业内部物流经营能力的闲置。同时，也有利于提高供货方在物流经营中发挥主动积极性。此方法可促使接受方从企业整体的角度作出正确的经营决策，适应不同方面的需要，较好地解决“目标一致性”“激励”等问题。

这种方法仅在任何单一内部转移价格均无法达到“目标一致性”及“激励”目的，物流服务或劳务有外部市场，企业物流经营能力不受限制且在变动成本低于市价的条件下行之有效并对企业有利。

五、共同成本的分配

共同成本也叫服务成本，它是由企业的服务部门（如动力部门、维修部门等）为各物流部门提供服务而发生的成本，因为这些成本使各物流部门共同受益，需由各受益部门共同承担，故称共同成本。

（一）共同成本分配的必要性

共同成本的分配，对服务部门所发生的变动成本分配给服务使用部门，学术界已达成共识，但对服务部门所发生的间接固定成本分配问题有所争议，反对者主要是从行为结果角度反对分配，主要观点有二：一是服务部门所发生的间接性固定成本对使用服务的部门来说是不可控成本，根据“可控性原则”不应由物流部门负担。二是由于间接性固定成本是各使用者的共同成本，它们对使用者来说毫无差异，而一些重要的决策是依据差别收入和成本数据作出的，如果在用于业绩评价的报告中包括了服务部门所发生的间接性固定成本，将导致经理人员作出错误决策。而支持共同成本分配的一方认为：一方面是由于服务部门作为企业的成本中心向各物流部门提供服务，属于责任单位之间提供劳务，自然要求按某一转移价格进行计价、结算。共同成本的分配，可看作是内部转移价格的一种转化形式，是一种“广义的转移价格”。另一方面，物流部门从服务部门提供的服务中受益，就应负担这些受益的成本。事实上，这些服务若由外界提供，物流部门也必须支付这些费用。共同成本的分配在管理上具有以下优点：首先，可促使使用者对服务部门的监督。把服务成本分配给使用者，将促使使用者对服务部门监督，并与服务部门共同寻求可行的方案。其次，有助于资源的有效运用和合理分配。分配服务成本，将促使使用者认真选择使用何种服务及使用多少，也激励服务部门加强对成本的控制，而共同成本的可控性问题，实际上是相对的。

（二）共同成本分配基础的选择问题

在共同成本的分配中，选择分配基础极为重要。间接成本分配的任何价值都来自于对成本分配赖以进行的各种活动的变量计算，而没有任何价值来自成本分配本身。在分配的基础上存在特定的偏差（选择的分配基础不合理），就会引起有关方面的行为，从而产生严重的影响，其结果往往会导致阻碍“目标一致性”原则的实现。

共同成本的分配作为内部转移价格的一种具体表现形式，是一个较为复杂的问题，渗透在业绩评价中的一些行为问题的考虑，使其难以作出一般性的结论。某一分配基础在某种情况下可导致所期望的行为，而在另一种情况下则可能会引出相反的结果。因此，试图找出一种适合于任何情况的最佳分配基础是不现实的。

在实际工作中，共同成本的分配基础的种类较多，这里介绍常用的两种。

1. 单一使用量比率分配实际成本

以使用部门的实际使用量和服务的实际单位成本为基础，对实际发生的共同成本进行分配，是最常用的分配方式。这一分配基础的优点是：有利于使用部门对服务部门的工作效率进行监督。但同时也存在以下不足：一是服务成本全部分配给各使用部门，实际上是将服务部门的低效率也转嫁给了使用部门，难以对服务部门的业绩进行考核，也不利于调动使用部门控制成本的积极性；二是按实际使用量分配固定成本，使某一使用部门负担的服务成本受其他使用部门的实际使用量多少的影响，易使使用部门采取不利于实现企业整体目标的不良行为。

[例8-3] 假定某企业有一个维修部门为甲、乙两个物流部门服务，本期甲、乙部门使用维修服务的小时数分别为7000小时和3000小时，维修部门当期成本为90000元。维修成本分配情况详见表8-9。

表8-9　　服务成本分配表

使用部门	维修小时	分配率	维修成本（元）
甲	7000	9	63000
乙	3000	9	27000
合计	10000		90000

现假定下一期乙部门仍用 3000 小时，而甲部门使用的维修小时数变为 3000 小时。维修部门发生的维修成本与上期相同，则维修成本的分配情况见表 8 - 10。

表 8 - 10　　服务成本分配表

使用部门	维修小时	分配率	维修成本（元）
甲	3000	15	45000
乙	3000	15	45000
合计	6000		90000

由表 8 - 10 可见，虽然乙部门所使用的维修小时数与上期相同，但它所分担的维修成本却比上期多了 18000 元。这说明，这一分配基础，会使一个部门的业绩受另一个部门使用服务量多少的影响，即部门经理可采用减少使用服务项目的办法，来将服务成本转移给其他使用部门负担。然而，一些必要劳务耗用不足，如设备延缓维修，使设备带病运转，都会损害企业的长远利益。

2. 双重比率分配预算成本

即按固定比例分配服务固定成本预算数，按使用部门实际使用量和预定分配率分配服务变动成本预算数。运用这一分配方法，应将共同成本按成本形态划分为变动成本和固定成本两部分，并编制成本费用预算，其中变动成本应编制弹性预算。共同成本的分配额通常是预算成本，而不是实际成本，实际成本与预算成本的差异保留在服务部门，以反映其工作效率的高低，并据以评价和考核其工作成果。这一分配基础的优点是：由于只分配预算成本，所以能避免将服务部门的低效率转移给使用部门，并符合可控性原则。但同时也存在以下不足：分配预算固定成本的比例带有一定的主观随意性，会使某些使用部门有可能低估其可利用服务的能量，以达到少负担固定成本的目的。为了避免将不可控的预算服务固定成本分配给使用部门，可采取由上级负担全部预算服务固定成本，只按使用部门实际使用量和预算单位变动成本分配服务变动成本的方法，使各使用部门负担的完全是可控成本，这样能更好地体现可控原则。

［例 8 - 4］ 假定上例中，维修部门的费用预算规定：月固定成本为 18000 元；月正常维修工作量为 9000 小时，变动成本为 63000 元，变动成本预定分配率为 7 元/小时。设甲、乙两个物流部门对维修服务的正常需要量分别为 5000 小时和 4000 小时，则分配固定成本的比例为 5∶4。甲、乙两个物流部门当月实际耗用维修小时数分别为：7000 小时和 4500 小时。当月维修成本分配如表 8 - 11 所示。

表 8 - 11　　服务成本分配表

项目 部门	固定成本		变动成本			合计
	固定比例	维修成本（元）	实际维修小时	预定分配率	维修成本（元）	
甲	5/9	10000	7000	7	49000	59000

续 表

部门＼项目	固定成本		变动成本			合计
	固定比例	维修成本（元）	实际维修小时	预定分配率	维修成本（元）	
乙	4/9	8000	4500	7	31500	39500
合计		18000	11500		80500	98500

第五节　物流业绩综合评价方法

在不同的时期，由于生产经营特点以及所处的社会经济环境不同，物流业绩评价与管理方法大不相同。20世纪以来，财务业绩评价被企业广泛应用，但财务指标存在重短期利益而轻长期利益、重局部利益而轻全局利益等诸多缺陷。因此，20世纪90年代以来，人们提出了将财务指标和非财务指标相结合的业绩评价方法，如层次分析法、关键业绩指标法、项目“金三角”评价法、平衡计分法、标杆法等，本节重点介绍平衡计分法。

一、层次分析法（AHP）

这是比较普遍的评价方法。利用层次分析法确定业绩指标的权重，借助供应链成本仿真模型进行物流成本与物流业绩的综合分析，这种方法比较科学，同时具有可操作性。这种方法可用来对物流信息系统业绩进行评价等。但需要指出的是，对于每项指标的权重是根据专家来评判的，不同的专家对同一指标给出不同的权重，所以从某种角度来说有一定的主观性。

二、关键业绩指标评价法（KPI）

企业关键业绩指标评价法是对组织内部流程的输入端、输出端的关键参数进行设置、取样、计算、分析，衡量流程绩效的一种目标式量化管理指标。它是把企业的战略目标分解为可操作的工作目标的工具，通过对各部门、岗位指标实施情况的考核来落实战略目标，提高企业业绩。一般可分为三个层面的指标：企业级的KPI、部门级的KPI、个人的KPI。该体系建立分三个步骤。

1. 确定企业级KPI

（1）明确企业战略和战略目标。利用SWOT分析法（优劣势分析法）对企业环境进行分析。企业目前总体上采取成长战略，通过不断开发新产品（创新服务），实现服务的相关多元化，在提升海外市场的同时，迅速扩大其在国内市场上的占有率和知名度。

（2）确定关键业绩领域。根据企业所处发展阶段和企业战略，通过访谈法和头脑风暴法，确定关键的业绩领域为：开发新产品（创新服务）、控制物流运营成本、提高市场份额、改善服务质量。

（3）设计企业级关键业绩指标。通过对企业中高层管理者的多次访谈，利用鱼骨图对企业的关键成功因素进行分析，得到企业级的关键业绩指标。

2. 确定部门级 KPI

部门级 KPI 的来源主要有两个：企业级 KPI 和部门职责。

3. 确定个人 KPI

在企业级和部门级 KPI 确定之后，各部门主管根据企业级 KPI、部门级 KPI、岗位职责和业务流程，采用与分解企业级 KPI 相同的方法，将部门关键业绩指标进一步细分，分解出个人 KPI。

KPI 可以使部门主管明确部门的主要责任，并以此为基础，明确部门人员的业绩衡量指标。因此，它可以衡量企业营销战略目标实施的效果，促使企业整体的营销战略转化为内部过程和活动。在实践中 KPI 考核法不仅是业绩管理的有效工具，更是战略管理乃至组织设计的基础。

KPI 方法的核心在于关键指标体系的建立，关键业绩指标的建立遵循一个重要的 SMART 原则（一种目标制定原则）。KPI 方法在具体指标上常常看起来令人满意，但实际上这种方法扭曲了真实的业绩。而最严重的是，KPI 在操作中还存在缺口，使有经验的管理人员知道怎样“赌一把”，或者修补指标，以令它们被外人看起来感到满意。所以，KPI 方法常与其他方法结合起来使用，比如平衡计分法就是其中的一种。

三、项目“金三角”评价法

项目“金三角”评价方法是将涉及项目的时间、成本和质量各因素进行综合分析、评价的方法。由于物流系统是由若干单项物流活动构成的，主要包括运输、库存、订单处理和客户服务等方面。将每个物流单项活动的每一次运作看作一个项目，所以运用项目“金三角”评价方法对物流单项活动进行评估，对每个项目进行评价，然后再对其综合评价，得出物流系统的评估结果。

一个项目业绩的大小与这三个要素的变动密不可分。在一个项目结果一定的条件下，所投入的时间、成本以及产生的服务质量与保证项目业绩前提下的最小时间、最小成本、最大服务质量进行比较，就会得出评价标准及评估结果。

项目评价是以企业自身完成的每一个项目结果作为标杆进行的分析评价，为物流企业的内部控制提供了最佳标准。物流系统绩效的量度主要是从服务质量、时间、成本等方面展开，然而物流系统涉及多个环节，每个环节的运作形式不尽相同，所以对逐个环节进行统计不易得出统一的标准，评价结果误差率就会增大。由于物流系统分为多个单项物流活动，可以将每个环节的每一次运作看作一个项目，并以此为对象，以项目的“金三角”评价为工具，将所有的物流系统评价指标统一起来进行分析，最后以发生指标实际平均值和最佳标准值为依据进行比较，得出物流系统业绩评估结果。第三方物流供应商可根据项目评价、物流系统评估制定相关的单项物流活动策略和物流企业发展战略，为企业物流业务的执行、控制提供规范的管理。而单项物流活动的业绩评估只关注单一物流活动中能体现绩效的关键指标，对物流企业而言，从物流整体角度来衡量运作业绩才能做好物流管理。

四、标杆瞄准评价法或定基评价法

标杆瞄准评价法或定基评价法是国外20世纪80年代发展起来的一种新型经营管理方法，是使一个组织不断学习、改进、维持企业竞争力的重要手段。标杆瞄准评价法常用于竞争对手分析中的经营业绩评价，是查看一个企业取得比另一个企业更好的业绩时所采用的流程及将彼此的业绩进行比较的方法。标杆瞄准评价法的应用主要侧重于企业运作流程层面，其主要方法是将本企业尽可能多的业绩指标与竞争对手的业绩指标进行对比分析，确定行业内物流业绩的标杆或根据本企业物流管理的实际需要确定评价基点（根据发展程度可以不断调整基点）。

五、模糊综合评判方法

模糊综合评判是对受多种因素影响的事物作出全面评价的一种多因素决策方法，在模糊的环境中，考虑了多种因素的影响，出于某种目的对某事物作出的综合决断和决策。物流业绩评价的过程中存在许多定性指标，有些指标的样本值很难精确得到，如对市场应变能力的评价、对学习发展能力的评价等，具有一定模糊性。因此，采用模糊综合评判方法是一种行之有效的方法。对于这些定性的指标常采用专家评分或者问卷调查法来评价，具有一定的主观性，对此通过对评价指标赋予相应的权数进行综合评价，这样得到的评价结果更接近现实、更加合理。

模糊综合评判方法是用单因素隶属函数来表示某个因素对评判对象的影响，综合评价法是对反映企业财务能力的指标进行量化处理和赋予权重后加权计算这些指标综合指数的方法。其主要优点在于可以量化企业业绩且简单易实施，主要缺点在于选取的指标都是财务指标，仅仅反映企业财务能力。

六、数据包络分析（DEA）

DEA是由美国著名运筹学家查恩斯（A. Chames）等学者在“相对效率评价”基础上发展起来的一种系统分析方法。是在用以研究多输入、多输出的生产函数理论时，由于不需要预先估计参数，在避免主观因素和简化算法、减少误差等方面有着不可低估的优越性。在DEA方法理论体系中，最具代表性的评价模型有C^2R模型和C^2GS^2模型，前者用于评价决策单元规模效率和纯技术效率的总体有效性，而后者可用于评价决策单元的纯技术有效性。

七、平衡计分法（BSC）

（一）平衡计分法及其内容

平衡计分法是由美国哈佛大学的卡普兰（Robert S. Kaplan）教授和诺顿（David D. Norton）教授率先提出的。针对传统的以财务指标为主的业绩评价系统，平衡计分法强调非财务指标的重要性，通过对财务、客户、内部作业、创新与学习四个各有侧重又互相影响的方面的业绩评价来沟通目标、战略和企业经营活动的关系，实现短期利益与长期利益、局部利益与整体利益的均衡，如图 8-3 所示。

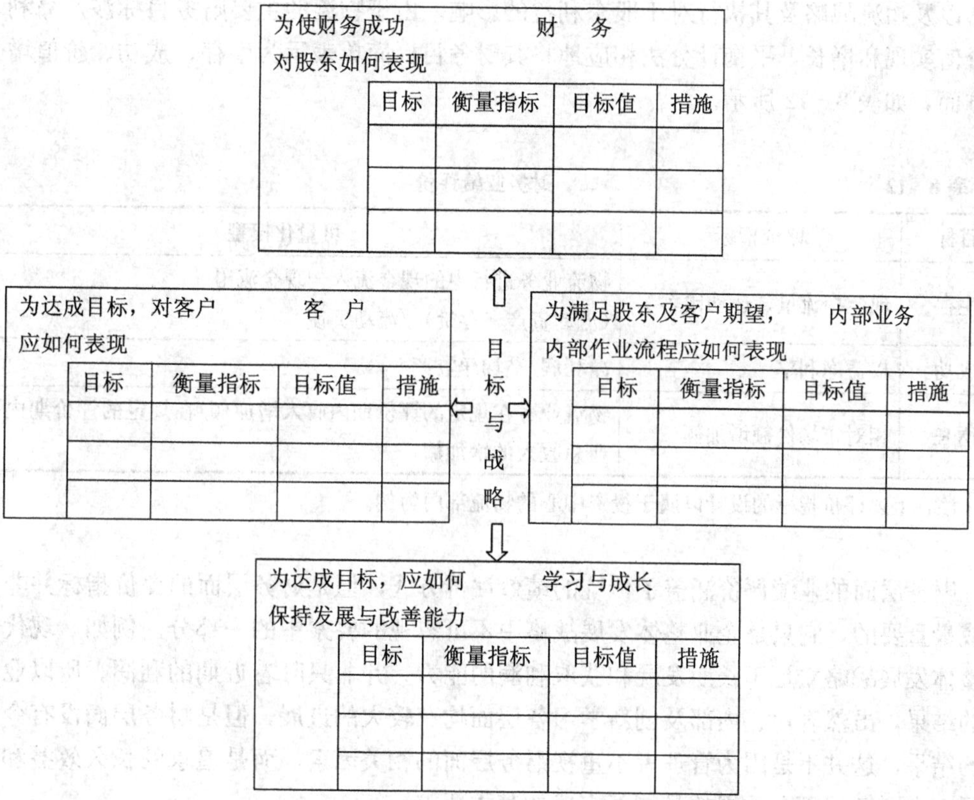

图 8-3　平衡计分法示意

平衡计分法作为全面评价公司经营业绩的一种评价系统，平衡了外部评价指标（股东和客户）和内部评价指标（内部业务、创新、成长），平衡了成果评价指标（利润、市场占有率）和动因评价指标（新业务开发投资、员工培训、信息系统更新），平衡了客观评价指标（员工流动率、客户抱怨次数）和主观评价指标（客户满意度、员工忠诚度），平衡了短期评价指标（利润）和长期评价指标（客户满意度、员工培训次数）等。因此，它是一种超越数字的动态与静态相结合的全新业绩评价系统，是 20 世纪 90 年代以来管理会计最重要的发展之一。

借鉴平衡计分法的基本原理，建立与现代企业制度相适应的物流绩效评价体系，可以从股东、经营者等角度，从物流组织效率、竞争能力、赢利能力、职工工作效率等方面，全方位、综合地评价企业物流的核心竞争力，可以反映整个企业物流的运作效率，是融财务管理、企业管理、管理工程三门应用性学科的多学科交叉的评价体系。

依照平衡计分法的框架，对物流业绩评价可以从四个方面进行：

1. 财务指标评价

平衡计分法保留有财务方面的内容，是因为财务指标对表述可计量的经济结果的已发生方案是有价值的。财务业绩指标能反映企业物流的策略、业绩对净利的提高是否有帮助，以及物流战略及其执行对于股东利益的影响。由于物流的主要财务目标涉及赢利、股东价值实现和增长，平衡计分法相应地将其财务目标简单表示为生存、成功、价值增长三个方面，如表8-12所示。

表8-12　　财务业绩评价

目标	评价指标	可量化模型
生存	现金净流量、速动比率	物流业务进行中的现金流入－现金流出 （流动资产－存货）/流动负债
成功	权益净利率	净利润/平均净资产
增长	相对市场份额增加额	物流业务在规定的评价期内收入增加额/在规定的评价期内同行业总收入的增加额

注：上述评价指标的设计以属于投资中心的物流部门为例。

财务层面的业绩评价涵盖了传统的绩效评价方式，但是财务层面的评价指标并非唯一的或最重要的，它只是企业整体发展战略中不可忽视的要素中的一部分。例如，现代物流的整体发展战略立足于长期发展和获取利润的能力，并非只盯着近期的利润。所以业绩评价的结果，虽然客户、内部及创新学习各层面均有较大的进展，但是财务层面没有令人喜悦的结果，这并不是因为管理者不重视财务层面的相关因素，而是追求的长久效益和远期发展，在财务层面上重视的是能否完成的基本要求。

2. 内部业务评价

作为企业赖以生存的一个重要资源就是内部资源，即物流企业具有的内部业务能力，包括产品特性、业务流程、软硬件资源等。企业物流的内部业务绩效来自企业的核心竞争力，即如何保持持久的市场领先地位，较高的市场占有率的关键技术与策略、营销方针等。企业应当清楚自己具有哪些优势，如高质量的产品和服务、优越的区位、资金的来源、优质的物流管理人员等。这是物流业绩评价体系中最能反映其行业特色的，需要结合物流特点和客户需求共同确定。具体评价目标和指标如表8-13所示。

表8-13　　内部业务评价

目标	评价指标	可量化模型
价格合理	单位进货价格	每单位进货量价格
可得性	存货可得性	缺货率 供应比率 订货完成率

续 表

目标	评价指标	可量化模型
作业绩效	速度、一致性、灵活性、故障与恢复	完成订发货周期速度 按时配送率 异于合同配送需求满足时间、次数 退货更换时间
可靠性	按时交货率、对配送延迟的提前通知、延期订货发生次数	按时交货次数/总业务数 配送延迟通知次数/配送延迟次数 延期订货发生次数
硬件配置	网络化（采用JIT、MRP等物流管理的客户）	使用网络化物流管理的客户数/所有客户数
软件配置	优秀人员（完成常规任务的时间、质量、专业教育程度）	雇员完成规定任务的时间 雇员完成规定任务的差错率 接受过专业物流教育的雇员数/雇员总数

3. 客户评价

企业物流经营活动的开展，不仅仅是为了获得财务上的直接收益，而且还要考虑战略资源的开发与保持。这种战略资源包括外部资源和内部资源两种。其中，外部资源即客户，为企业带来了物流服务产品的市场，这也是企业战略性成长的需求基础。而客户层面业绩的评价，就是对企业赖以生存的外部资源开发和利用的业绩进行衡量。具体来说，是指企业进行客户开发的业绩和对从客户处的获利能力的衡量。这种评价主要考虑两个方面，一是客户对物流服务满意度的评价；二是企业的经营行为对客户开发的数量和质量的评价。为使平衡计分法有效地发挥作用，把这些目标转化成具体评价指标，如表 8－14 所示。

表 8－14　客户评价

目标	评价指标	可量化模型
市场份额	市场占有率	客户数量 产品销售量
保持市场	客户保持率	保留或维持同现有客户关系的比率
拓展市场	客户获得率	新客户的数量或对新客户的销售额
客户满意	客户满意程度	客户满意率
客户获利	客户获利能力	份额最大客户的获利水平 客户平均获利水平

市场份额反映了物流单位在商品市场上所占的业务比例，市场份额可以通过客户数量、花费的金额或售出的货物量来计算，尤其是对于目标客户群来说，这个指标显示了一个企业在目标市场上的占有情况。根据目标客户所进行的业务量计算的市场份额指标在一定时期内受客户所提供的业务总量的情况，也就是说，由于客户提供给供应商较少的业务，目标客户的业务份额将会减少。企业可以针对每个客户和每个市场份额，计量他们获得多少服务。当企业想把目标客户控制在其生产范围内购买产品及服务时，这样的指标就使企业成为市场的焦点。

保持市场可以通过考察物流单位与客户的关系程度的方法来进行衡量。很明显，在目标客户群里保持或增加市场份额的理想方法是在这个范围里增加现有的客户，并以此来计算保留或维持同现有客户关系的比率。

拓展市场可以用物流单位赢得新客户及业务的比率来衡量。企业在寻求扩大业务的过程中，通常是想增加其目标范围内的客户，客户获得既可以用新客户的数量来计算，也可以通过在目标范围内对新客户的总销售额来计算。

保持市场和拓展市场指标都是结果指标，它们显示了物流活动是否能成功地满足客户的需要，因此客户满意度指标是这些结果指标中最为关键的，企业目前运行得怎样，或者退而言之，它与客户的关系怎样，都反馈在客户满意程度指标上。

客户获利能力的指标能揭示哪些客户是不获利的。例如，新赢得的客户很可能是不获利的，因为，企业为获得一个新的客户必须进行大量的促销活动，这笔活动经费应当从销售大量产品与服务的盈余中扣除。获利能力的生命周期成为决定是保留还是放弃目前不获利的基础。

4. 创新与学习的评价

虽然客户层面和内部层面已经着眼于企业发展的战略层次，但都是将评价观点放在物流活动现有的竞争能力上，而创新与学习层面则强调了企业不断创新并保持其竞争能力与未来的发展势头，因此无论是管理阶层还是基层职员都必须不断地学习，不断地推出新的物流产品和服务，并且迅速有效地占领市场。

对于业务不断地学习和创新会不断地为客户提供更多价值含量高的产品和服务，减少运营成本，提高企业物流的经营效率，扩大市场，找到新增附加值的机会，从而增加股东价值。物流创新和学习的评价目标和指标如表8-15所示。

表8-15　创新与学习的评价

目标	评价指标	可量化模型
信息系统方面	员工获得足够信息	成本信息及时传递给一线员工所用时间
员工能力管理方面	员工能力的提高，激发员工的主观能动性的创造力	员工满意率 员工保持率 员工的培训次数

续 表

目标	评价指标	可量化模型
调动员工积极性	激励与能力指标	员工建议数量 员工建议被采纳或执行的数量
业务学习创新	信息化程度、研发投入	研究开发费增长率 信息系统更新投入占销售额的比率/同业平均更新投入占销售额的比率

（二）平衡计分法的运用程序

第一，确定公司物流目标及策略。公司物流目标要简单明了，且对每一部门都有意义。

第二，成立平衡计分委员会或小组。该组织负责解释公司物流目标及策略，负责建立四类衡量指标。

第三，确定最重要的业绩衡量指标。根据不同时期公司物流的具体目标，灵活确定评价指标。

第四，公司内沟通与教育。利用刊物、电子邮件、公告栏、标语、会议等多种形式，让各层管理者知道公司物流的使命、目标、策略与评价指标。

第五，制定评价指标具体数字标准，并纳入计划、预算之中。

第六，制定与平衡计分法相配套的奖励制度。如某公司每年将奖金（或薪金的 10%）与平衡计分法相结合，其中财务指标奖金额占 50%。该公司与平衡计分法挂钩的各类指标的奖金权重如表 8-16 所示。

表 8-16 某公司平衡计分法项目权重

类别权重	评价指标	权重
财务（60%）	利润（与竞争者比较）	18.0
	投资报酬率（与竞争者比较）	18.0
	成本降低率（与计划比较）	18.0
	新市场销售成长率	3.0
	现市场销售成长率	3.0
客户（10%）	市场占有率	2.5
	客户满意度	2.5
	经销商满意度	2.5
	经销商利润	2.5

续 表

类别权重	评价指标	权重
内部业务（10%）	订货完成率	10.0
创新、学习（20%）	员工工作环境与满意度	10.0
	员工技能水平	7.0
	信息系统更新率	3.0

第七，不断采纳员工意见，修正平衡计分表并改进公司物流策略。

（三）平衡计分法的综合评价

与传统绩效评价方法相比较，平衡计分法的特点和进步之处主要体现在以下几个方面。

第一，它将企业物流的目标与战略具体化，加强了内部沟通。设计平衡计分法首先要分析企业物流目标和基本战略对于物流经营活动各方面的基本要求，并由此确定各方面工作的着眼点，使其有利于保证物流目标与战略在具体的物流活动中的实现。另外，由于从物流业绩评价体系构建的方法上加强了内部沟通，也就使各个层次的具体职员能更好地理解企业物流的目标和战略，有助于促进内部决策目标的一致性。

第二，以客户为尊，重视竞争优势的获取和保持。如前所述，客户是企业的重要资产，显然，如何确认、增加和保持这项“资产”的价值，对于竞争优势的获取和保持都是非常重要的。平衡计分法将客户的服务满足和满意程度作为单独的一个方面来加以考核，并通过内部过程、学习和创新来保证和促进这种业绩，不仅从观念上促进了企业物流内部各个层次对于客户“价值”的重视，而且提供了贯彻企业物流竞争战略的具体方式。

第三，重视非财务业绩计量，促进了结果考核和过程控制的结合。传统的业绩评价大多是财务业绩评价，即根据财务结果来评价工作业绩。这种评价利用了财务性指标所具有的结合性、可比性以及财务结果对于股东的意义，因而在业绩评价中有重要地位。但它的缺陷是显而易见的：①财务指标大多以一定期间已实现的会计收益为基础进行计算，作为考核指标，极易导致决策者的短期行为；②财务指标只是对结果的考评，而难以实现对过程的控制。平衡计分法在业绩评价体系中综合运用财务指标和非财务指标，有效地促进了结果考核和过程控制的结合，使业绩评价更具有改进意义。

第四，利用多方面考核所具有的综合性，促进了短期利益和长期利益的平衡。企业物流战略目标往往具有长期性，而财务业绩评价，特别是采用单一指标进行业绩评价时，往往使具体的经营人员容易更多地关注短期利益，不重视甚至因此损害长期利益。平衡计分法利用非财务指标与财务指标的结合，以及几个方面综合考核所具有的相互制衡作用，促进了短期利益和长期利益的平衡。

必须指出，作为一种业绩评价方法，平衡计分法并非十全十美，它的一个主要缺点是：它遵循非线性的系统思想，行为与结果之间的关系并不非常明确，因而很难在各个方面之间建立起牢固的因果关系。

本章小结

物流业绩评价是以对物流活动实施分权管理为基础，将企业整个物流过程划分为各种不同形式的责任中心，明确每个责任中心的权责，建立起一种以责任中心为主体，责、权、利相统一的机制，通过信息的积累、加工、反馈而形成的物流系统内部的一种控制系统。

物流责任中心按照职责范围不同可以分为物流成本中心、物流利润中心和物流投资中心。不同的物流责任中心，其物流业绩评价与考核的内容不同。

在物流利润中心和物流投资中心，制定合理的内部转移价格是计算各责任中心有关考核指标的基础。内部转移价格的制定方法主要有：市场价格、协商价格、双重价格和成本转移价格。另外，共同成本的合理分配在内部转移价格制定中也具有重要的意义。

平衡计分法是针对传统的以财务指标为主的业绩评价系统的局限性而产生并出现的，它强调非财务指标的重要性，通过对财务、客户、内部作业、创新与学习四个各有侧重又互相影响的方面的业绩评价来沟通目标、战略和企业经营活动的关系，实现短期利益和长期利益、局部利益与整体利益的均衡。

讨论题

在物流业绩评价中，企业的物流成本中心、物流利润中心和物流投资中心如何划分和认定？它们各自的职责范围与考核指标方法有什么不同？

思考题

1. 简述物流业绩评价的基本步骤。
2. 物流责任中心有哪些类型？如何对其业绩进行考核？
3. 什么是内部转移价格？内部转移价格在物流业绩评价中有何作用？
4. 企业制定内部转移价格时应考虑哪些因素？
5. 什么是平衡计分法？如何运用平衡计分法对企业物流业绩进行考核与评价？

案例分析

企业绩效评估问题分析

申达物流公司现有在职员工 2800 余人，下辖 5 个分公司，是集运输、仓储、配送、流通加工等于一体的一家较大规模的国有性质的第三方物流公司，该公司虽然取得了一些成绩，但在用人制度、薪酬管理、绩效管理等方面还存在一定的问题，“大饭锅”和“平均主义”依然困扰着该公司，这些问题将严重影响员工的工作积极性、降低员工对公司的满意度，从而影响组织绩效。

申达公司部分下属单位已经开始了在绩效管理方面的尝试，并制定了一些绩效考核制度，但是，这些制度本身只是针对单一方面进行考核，而且制度之间缺乏有效接口，难以进行统一。同时，制度本身的可操作性方面也存在一定问题。

具体而言，申达公司在绩效管理方面存在的主要问题如下：

1. 绩效管理理念存在偏差

申达公司之前制定的考核细则理念存在一定的偏差，导致很多员工认为绩效考核无非是找出员工的错误加以惩罚，就是挑毛病，员工对此非常反感，不理解也不接纳绩效管理，最终导致绩效考核不了了之。可见，这种绩效管理方式将焦点集中在容易犯错的员工，管理者大部分时间花在治病救人上，而忽视了绩效优秀的员工，影响员工士气，最终不能达到提高公司绩效的目的。

2. 绩效指标与战略目标脱节

绩效指标是绩效管理体系的重要组成部分，是绩效评估的前提和基础。通过绩效指标可以引导组织和员工的行为，以什么样的指标去考核员工就会带来什么样的行为。通过设定合理、科学的绩效指标，可以有效衡量组织和个体的绩效水平。申达公司在之前制定绩效指标时经常出现两个问题：组织层面的绩效评估指标和组织战略脱节，个体层面的绩效评估指标和岗位的战略职责脱节。比如，在一些绩效评估方案中，罗列了需要许多非关键绩效指标，如出勤情况、廉政建设情况等。

3. 绩效管理过程不完整

绩效管理的精髓是持续性改进。如果在实施绩效管理时，把绩效评估看成是绩效管理的全部，就会导致政府部门过分关注对结果的考核和衡量，而忽略促使结果达成的重要因素，忽略绩效改进，进而忽略产生高绩效的原动力。申达公司之前的绩效管理主要关注绩效评估这一环节，主要对错误进行惩罚，希望通过惩罚强化标准，从而达到希望的绩效。但是，由于主管人员与员工之间缺乏指标标准的沟通，员工不知道该达到什么样的水平；由于缺乏对过程的辅导和及时反馈，员工对自己绩效状况处于被动状态，无法及时发现问题并纠错；由于缺少必要的绩效反馈，员工对绩效考评结果的认可程度大大降低；由于缺少对问题的分析，员工不知道业绩不佳的原因，不能很好地加以总结并提出改进措施，不利于形成持续改善的机制。

4. 绩效评估结果的应用单一

绩效评估结果作为组织行为和员工行为是否符合组织战略的预警器，应该被“建设性”地使用。例如，通过绩效评估结果找出绩效改进的问题点；同组织的其他人力资源管理相关政策相结合，比如，根据员工的绩效评估结果制订员工的个性化能力提升方案等。申达公司之前进行绩效评估最主要目的是用于做薪酬方面的决策，即主要作为奖金发放的依据。虽然奖金可能激励员工新一周期提升绩效，但是员工业绩不佳的原因可能是多方面的，比如技能不足、知识欠缺，单靠奖金激励难以实现绩效的提升。

5. 绩效评估重结果，轻过程

申达公司对绩效评估的结果给予了高度的重视，投入了很大精力进行绩效结果的评估。绩效结果无疑是重要的，因为“如果服务工作没有取得理想的结果，那么完整的执行程序只是浪费时间和金钱而已”。但是，绩效达成的过程同样重要，在绩效指标的设计上，过程指标属于前置指标，而结果指标属于滞后指标。由于过程是结果的“因”，因此，“好的过程”将有助于产生“好的结果”。

案例思考：申达公司应该采取哪些措施来改进绩效？

资料来源：黄福华．物流绩效管理［M］．北京：中国物资出版社，2009.

第九章　作业成本法在物流成本管理中的应用

学习目的

作业成本法是企业有效地确定和控制物流成本的一种方法。通过本章的学习，了解物流作业成本法对传统物流成本计算方法的改善；熟悉在作业成本法下物流成本计算的基本思路和基本步骤；掌握作业成本法的基本原理与方法在企业物流成本管理中的各种灵活运用；掌握物流作业成本动因的选择；了解时间驱动作业成本法与传统作业成本法相比在哪些方面有所改进和发展；熟悉在时间驱动作业成本法下物流成本计算的基本原理和步骤；掌握时间驱动作业成本法在物流成本计算中的应用。

第一节　作业成本法概述

一、作业成本法产生的时代背景

作业成本法的产生，最早可以追溯到20世纪杰出的会计大师——美国人埃里克·科勒（Eric Kohler）教授。科勒教授在1952年编著的《会计师词典》中，首次提出了作业、作业账户、作业会计等概念。

1971年，乔治·斯托布斯（George Staubus）教授在《作业成本计算和投入产出会计》（*Activity Costing and Input－Output Accounting*）中对“作业”“成本”“作业会计”“作业投入产出系统”等概念作了全面系统的讨论。这是理论上研究作业会计的第一部宝贵著作，但是当时作业成本法却未能在理论界和实业界引起足够的重视。

20世纪80年代后期，随着MRP、CAD、CAM、MIS的广泛应用，以及MRPⅡ、FMS和CIMS的兴起，使得美国实业界普遍感到产品成本信息与现实脱节，成本扭曲普遍存在，且扭曲程度令人吃惊，这些问题严重影响到公司的赢利能力和战略决策。美国芝加哥大学的青年学者罗宾·库伯（Robin Cooper）和哈佛大学教授罗伯特·S. 卡普兰（Robert S. Kaplan）注意到这种情况，在对美国公司调查研究之后，发展了斯托布斯的思想，提出了以作业为基础的成本计算（Activity Based Costing，ABC 法），又称作业成本计算（1988 年）。

自 20 世纪 80 年代末作业成本法提出后，会计理论界对作业成本法的研究热情持续高涨，实务界对作业成本法的应用也是稳步推进。作业成本法的应用已由最初的美国、加拿大、英国，迅速地向澳洲、美洲以及亚洲国家扩展。在行业领域方面，也由最初的制造行业扩展到商业批发、零售业、金融、保险机构、医疗卫生等公用品部门，以及会计师事务所、咨询类社会中介机构物流产业。

当前，在西方物流发达国家，作业成本法被认为是确定和控制物流费用的一种最有前途的方法。

二、作业成本法的基本思想

作业成本法是建立在“作业消耗资源，产品消耗作业”这两个前提之上的。根据这样的前提，作业成本法的基本思想可以概括为：依据不同成本动因分别设置成本库，再分别以各种产品所耗费的作业量分摊其在该成本库中的作业成本，然后，分别汇总各种产品的作业总成本，计算各种产品的总成本和单位成本。由此可见，作业成本计算首先将企业所消耗的资源通过资源动因分配到作业，形成作业的成本，然后再将作业的成本通过作业成本动因分配到成本对象，形成成本对象的成本。通过这一过程，作业成本计算改进了传统的成本分配方法采用单一成本分配基础（如直接人工小时、机器小时等）的弱点，力图找到资源消耗与成本对象之间的因果关系，从而得到更加精确的产品成本。

三、作业成本法在物流企业应用的适用性

罗伯特·卡普兰教授认为：“服务型企业是作业成本法最理想的适用者。”而第三方物流企业就是最典型的服务型企业之一。

第一，在物流企业的成本结构中，可直接追溯到服务或客户的直接材料成本几乎没有，大多数成本属于间接成本。而作业成本法以作业成本动因对间接成本进行分配，大大提高了物流企业成本核算的相关性和准确性，很好地满足了物流企业加强成本分析和控制的要求。这也是许多西方物流企业采用作业成本法的最初动因。

第二，物流企业的个性化服务要求高。物流企业提供的是无形的服务，每个客户所要求的服务都是不一样的。作业成本法在产品（服务）品种多，工艺多变，经常调整生产作业的情况下尤为适用。对于物流企业，应用作业成本法，不仅可以按客户、按地区或按运输路线进行成本计算，提供详细的成本信息，满足个性化服务管理的要求；而且可以辅助服务定价与客户营利性分析等。

第三，物流服务过程的可分解性。物流服务过程虽然复杂，但都可以分解为一系列单独的活动（作业），比如可以把仓储分解为装卸、搬运、验收、加工、补货等，这为物流企业应用作业成本法提供了基础。

第四，优化企业价值链。物流企业应用作业成本法，不仅可以提供准确详细的成本数据，而且可以利用作业成本计算提供的成本数据对物流的各个环节进行作业分析，通过业

务流程再造，消除不增值作业，改进增值作业，优化企业价值链。

第五，提高企业管理水平。物流企业应用作业成本法，不仅能够准确地掌握物流服务的成本，进而辅助产品定价、客户营利性分析从而有效区分市场，寻找最有利的客户群等，而且可以加强对各部门的考核与业绩评价，分析企业资源的利用情况，优化企业资源配置。因此，作业成本法的应用，将为物流企业的管理与决策提供科学依据，提高物流企业的管理水平。

第二节　作业成本法在物流成本计算中的应用

物流作业成本计算是以作业成本法为指导，将物流间接成本和辅助资源更准确地分配到物流作业、运作过程、产品、服务及顾客中的一种成本计算方法。一般来说，物流作业成本计算需要经过以下几个阶段：分析和确定资源，建立资源库；分析和确定作业，建立作业成本库；确定资源动因，分配资源耗费至作业成本库；确定成本动因，分配作业成本至成本对象。

一、物流作业成本计算

（一）分析和确定资源

资源指支持作业的成本、费用来源。它是一定期间内为了生产产品或提供服务而发生的各类成本、费用项目，或者是作业执行过程中所需要花费的代价。通常，在企业财务部门编制的预算中可以比较清楚地得到各种资源项目。例如，发出订货单是采购部门的一项作业，那么相应办公场地的折旧、采购人员的工资和附加费、电话费、办公费等都是订货作业的资源费用。但一般说来，资源可以分为货币资源、材料资源、人力资源、动力资源以及厂房设备资源等。

企业各项资源被确认后，要为每类资源设立资源库，并将一定会计期间的资源耗费归集到各相应的资源库中。资源库设置时，有时需要把一些账目或预算科目结合组成一个资源库，有时需要把一些被不同作业消耗的账目或预算科目分解开来。

（二）分析和确定作业

作业是企业为了某一特定的目的而进行的资源耗费活动，是企业划分控制和管理的单元，是连接资源和成本对象的桥梁。企业经营过程中的每个环节或每道工序都可以视为一项作业，企业的经营过程就是由若干项作业构成的。作业有三个基本特征：①作业是投入产出因果联动的实体。从微观层面看企业经营过程，无论是销货收款，还是内部工序间交接、人操作机器，或者收发人员登记文件，无一不是资源投入和效果产出的实实在在的过程；②作业贯穿于公司经营的全过程，构成包容企业内部和连接企业外部的作业链；③作业是可量化的基准。作业是计算成本过程中的一个元素，必须具有可量化性，同时又是计算成本的客观依据。

物流作业是一个组织活动对物质资料实体的物理性移动，包括场所位置的转移和时间的占有的实际操作过程。物流作业包括运输作业、储存与保管作业、包装作业、装卸搬运作业、流通加工作业、信息处理等。由这些作业构成物流整体作业，从而实现物流功能。

物流作业的划分不一定与企业的传统职能部门相一致。有时，作业是跨部门的，而有时一个部门则能完成好几项不同作业。作业的划分应当粗细得当，划分过细，就会使作业总数过多，由此必然导致成本计算工作量太大，同时企业为此所付出的代价势必过高。反之，如果作业划分得过粗，一个作业中含有多种不相关业务，必然会使产品成本计算结果的准确性大大降低。因此，作业的确定应遵循成本效益原则。经验表明：①一般在每个传统的组织单位或部门中都应有 2～10 个功能明确的作业。有时，一个小的部门可能只有一个作业。有时，一个作业跨越好几个部门。在一个典型的部门中如果有 10 个以上的作业，这时可能就需要将一些作业合并。相反，如果一个中型或大型部门只定义了一个作业，这时就应分解它。②不同的人执行的作业不能被合并。③一个作业一般不超过 5～15 个密切关联的业务。④如果一个作业只有一项业务，则说明作业划分过细。⑤如果一个作业含有不相关的业务，则应把它分解出去。

与传统的成本系统采用简单的数量成本动因不同，由于作业成本系统采用多个成本动因来分析企业的成本，而且它们可能与产量没有直接关系，因此作业成本系统需要对作业进行层次的划分。对此，各国学者提供了一些划分方法供实务界采纳，如杰佛·米勒和汤姆·沃尔曼把作业分为逻辑性作业、平衡性作业、质量作业和变化作业四个层次；罗宾·库珀则把作业分为单位作业、批别作业、产品作业、过程作业四类。这些分类理论性较强，但缺乏实务操作性。确认作业层次的理论依据是作业特性，实务依据是作业贡献于产品的方式和原因即成本动因，据此，可以把作业分为以下三大类别：

（1）不增值作业。不增值作业是指那些不直接对企业创造价值行为作出贡献的作业，属于企业希望消除而且能够消除的作业。

（2）专属作业。专属作业是指为某种特定产品或劳务提供专门服务的作业。专属作业资源耗费价值应直接由该特定的产品或劳务负担。

（3）共同消耗作业。共同消耗作业是指同时为多种产品或劳务提供服务的作业。共同消耗作业按其为产品或劳务服务的方式不同又可分为：①数量动因作业。即使每种产品或劳务的每个单位都均衡受益的作业。如包装作业，产品完工后，每件产品都需要包装，且耗费的资源相同，使每件产品都得到了均衡的受益。②批别动因作业。即服务于每批产品或劳务并使每一批产品或劳务都均衡受益的作业。如分批获取订单的订单作业，分批运送原材料或产品的搬运作业等。③工时动因作业。即资源耗费与工时成比例变动的作业，每种产品按其所耗工时吸纳作业成本。如机加工作业等。④价值管理作业。即指那些负责综合管理工作的部门作业。如作业中心总部作为一项作业就是价值管理作业。

通过对作业层次的揭示，作业成本系统能够指出不同层次作业的动因（不同层次的作业的成本习性不同），因而它较准确地描述了成本发生的因果关系。区分不同层次的作业可以帮助管理人员确定各个作业的成本动因以衡量各种产品或劳务所消耗的作业，它还可以帮助管理人员了解作业产生的根本原因，从而改善作业绩效。

（三）确定资源动因，分配资源耗费至作业成本库

作业确认后，要为每一项作业设立一个作业成本库，然后以资源动因为标准将各项资源耗费分配至各作业成本库。所谓资源动因是指资源被各项作业消耗的方式和原因，它反映了作业对资源的消耗情况，因而是把资源库价值分解到各作业成本库的依据。

确立资源动因的原则是：第一，某项资源耗费能直观地确定为某一特定产品或劳务所消耗，则直接计入该特定产品或劳务的成本中，此时资源动因也是成本动因，该动因可以认为是“终结耗费”，材料费往往适用于该原则；第二，如果某项资源耗费可以从发生领域区划为某项作业所耗，则可以直接计入该作业成本库，此时资源动因可以认为是“作业专属耗费”，各作业中心发生的办公费适用这一原则；第三，如果某项资源耗费从最初消耗上呈混合耗费形态，则需要选择合适的量化依据将资源分解并分配到各项作业，这个量化依据就是资源动因。

（四）确定成本动因，分配作业成本至成本对象

成本动因是指作业被各种产品或劳务消耗的方式和原因，它是作业成本库成本分配到成本对象中去的标准，也是将作业耗费与最终产出相沟通的中介。

选择成本动因时，应主要考虑以下几个原则：

（1）选定的成本动因与实际作业消耗之间的相关性。作业成本计算的核心思想是根据每种产品消耗的作业成本动因量将作业成本分配给产品，这实际上是以产品消耗成本动因的数量作为产品消耗的作业的计量标准。因此，成本分配的准确性依赖于作业的消耗与成本动因的消耗之间的关联关系，由此成本动因可分为三种类型：交易性成本动因、延续性成本动因和精确性成本动因。

交易性成本动因计量作业发生的频率，例如设备调整次数、订单数目等。当所有的产出物对作业的要求基本一致时，可以选择交易性成本动因。例如，处理一次订货，所需要的时间和精力与订货的数量无关，即可以订货次数作为成本动因。如果不同数量的产品或劳务要求的作业消耗的资源显著不同时，则应采用更为准确的计量标准，即延续性成本动因，它反映完成一次作业所需的时间。例如，加工工艺流程简单的产品每次所进行的设备调整时间较短，而加工工艺流程复杂的产品所需的设备调整时间较长，如果都以设备调整次数为成本动因的话，则可能导致作业成本计算的不实，此时以设备调整所需的时间为成本动因更为合适。但是，如果每单位时间进行设备调整耗费的人力、技术、资源等存在显著差异时，则需要采用精确性成本动因，即直接计算每次执行每项作业所耗费的资源的成本。例如，新产品刚开始生产时所进行的设备调整，可能要求单位时间里投入特殊的人力和质量测定工具，而成熟产品单位时间所需要的资源消耗量可能较少，此时，以每次调整的资源成本为成本动因则是适当的。

（2）计量成本动因的成本。物流作业成本核算系统通过使用比数量为基础的成本系统多的成本动因以得到准确性较高的成本结果。为了减少与成本动因有关的计量费用，应尽量采用数据容易获得的成本动因，这主要是通过替换掉不能直接得出作业消耗的成本动因

实现的。例如，加工小时这个成本动因可由加工次数来替换，若每次加工的时间基本相同，这个替换是可以接受的。

在以作业为基础的成本系统的设计中，用作业次数的成本动因代替作业时间的成本动因是一个很重要的方法，因为计算次数的成本动因比较容易取得。例如，订货的次数、装船的次数、检查的次数等，每进行一次作业，就可计数一次。

(3) 成本动因采用所诱致的行为。成本动因的选择应有助于激励业绩的改进。成本系统的设计可能对管理者产生有利或不利的行为影响，成本动因选择时应考虑这个因素的存在。例如，以联系的供应商数作为向供应商询价作业的成本动因，但有可能使得管理者减少询价次数，从而丧失了联系到有利的（高质量或低成本）的供应商的机会。反过来，以材料搬运次数作为存货处理作业的成本动因时，有可能促使管理者采取减少搬运次数，从而减少处理成本的行为。

(4) 三个因素的互相作用。相关程度、计量费用和行为作用三者是互相作用的。设计者的目的是设计能提供效益最大、费用最低的最优系统，因此，一个使用起来昂贵、有较低的相关联性但却能带来有利行为的成本动因，在行为作用起主要作用的情况下，是可以选择的。例如，若行为的目的是减少配送过程时间，可以选择配送过程时间作为成本动因，即使作业与配送过程时间之间存在较少的相关联性。相反，一个计量起来昂贵、能带来有害行为但却有较高相关联性的成本动因，在误差代价起主导作用的条件下，也可以被选择。

（五）计算物流作业成本

作业成本动因选定后，就可以按照同质的成本动因将相关的成本归集起来，有几个成本动因，就建立几个成本库，建立不同的成本库按多个分配标准（成本动因）分配间接费用是作业成本计算优于传统成本计算之处。

物流作业成本计算是将成本库归集的作业成本按成本动因分配到各成本计算对象上。物流作业成本的计算分配有两种方法：两阶段法和多阶段法。两阶段法较为简单，首先将明细账中的资源成本按资源动因分配到不同的作业上，而后将这些作业上归集的成本按成本动因分配到产品上。如图 9-1 所示。

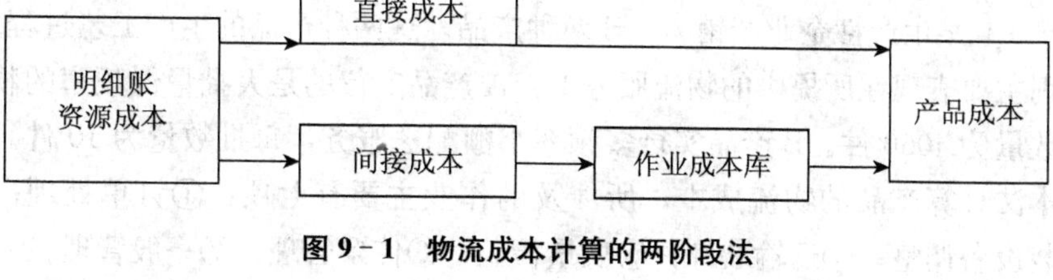

图 9-1 物流成本计算的两阶段法

多阶段法则认识到有些作业并不直接为最终产品或劳务所消耗，而是为其他或多个产品或劳务所消耗，它试图更准确地反映成本在组织里流动的实际情况，强调作业和作业，以及产品和作业之间的关系。例如搬运装卸，可能为产品的加工服务，也可能为其他作业服务，而其他作业又是为产品生产服务的。通过多阶段分配，可以归集其他作业对搬运装卸作业的消耗，再计算产品消耗的搬运装卸作业和其他作业。多阶段法如图9-2所示。

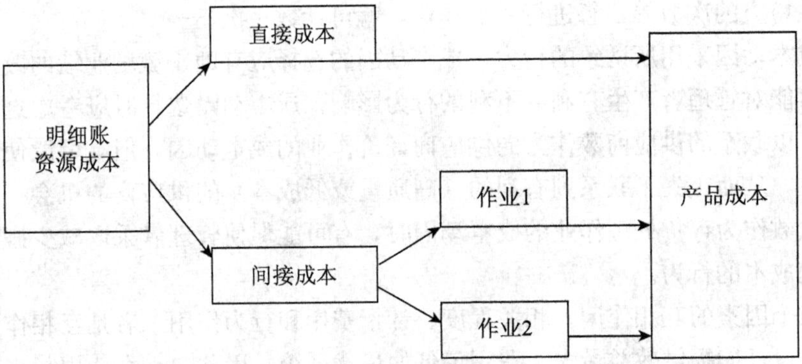

图9-2　物流成本计算的多阶段法

无论采用何种分配计算方法，各作业成本库的作业成本在成本计算对象之间分配时，都应通过确定成本动因分配率以计算各成本计算对象的物流作业成本。其分配计算公式如下：

$$\text{成本动因分配率}=\frac{\text{某作业中心发生的作业成本}}{\text{该作业中心可提供的作业量}}$$

$$\text{某成本计算对象应分配的某项作业成本}=\frac{\text{该产品实际耗用的}}{\text{该项作业的成本动因数}}\times\frac{\text{成本动因}}{\text{分配率}}$$

某成本计算对象的作业成本＝该成本计算对象分配的各项作业成本之和

需要指出的是，由于各成本计算对象实际耗用的某项作业的成本动因数之和一般小于该作业中心可提供的作业量，因此按上述方法计算出来的各产品应分配的某项作业成本之和一般都小于该作业中心发生的作业成本，二者的差额即为未耗用的资源成本。未耗用的资源成本的确定有利于分析企业资源配置的合理性，为企业优化作业链-价值链提供依据。

二、物流作业成本计算举例

［**例9-1**］某生产性企业产销A、B两种产品。这两种产品的生产工艺过程基本相同，两者的区别主要表现在所提供的物流服务上：A产品实行的是大批量低频率的物流配送服务，每批数量为4000件。B产品实行多频率小额配送服务，每批数量为10件。该企业采用作业成本法计算产品的物流成本，所涉及的作业主要有七项：①订单处理；②挑选包装；③包装设备调整；④运输装卸；⑤质量检验；⑥传票管理；⑦一般管理。

其他有关资料具体如下：

（1）本月该企业共销售A产品5批，共计20000件，B产品140批，共计1400件。

（2）订单处理作业全月有能力处理1008份订单。本月实际处理订单800份，其中A

产品订单 500 份，B 产品订单 300 份。

(3) 包装机共 4 台，全月总共可利用 640 机器小时，但不能全部用于包装，因为机器调整会消耗一定时间。包装机每包装一批新产品时，则需要调整一次。在连续包装同一批产品件数达到 1000 件时也需要进行一次调整。每台包装机调整一次需要 24 分钟。包装机如果用于包装 A 产品，每件需 1.5 分钟，如果用于包装 B 产品，每件则需 2 分钟。

(4) 运输装卸作业全月总共能够提供 840 工作小时的生产能力，其中用于 A 产品运输装卸，每批需 120 小时，B 产品运输装卸，每批则需 0.4 小时。

(5) 质量检验：A、B 两种产品的检验过程完全相同。该企业全月有能力检验 800 件产品。对于 A 产品，每批需要随机抽样 10 件进行检验。对于 B 产品，每批需要随机抽样 3 件进行检验。

(6) 该企业进行传票管理作业是采用计算机辅助设计系统来完成的。该系统全月总共能提供 840 个机时。本月用于 A 产品传票管理的机时数为 168，用于 B 产品传票管理的机时数为 420。

(7) 一般管理：本月人员及设施等利用程度为 75%。

(8) A 产品每件消耗直接材料 1.5 元，B 产品每件消耗直接材料 1.8 元。

采用作业成本计算法计算上述两种产品物流成本的基本步骤如下：

1. 确认和计量企业本月所提供的各类资源价值，将资源耗费价值归集到各资源库中

本月该厂所提供的各类资源价值情况如表 9-1 所示。

表 9-1　　企业所提供的各类资源价值　　单位：元

资源项目	人员薪酬	电　力	折　旧	办公费
资源价值	23400	4800	24400	8500

2. 确认各种主要作业，建立作业成本库

主要作业有：订单处理、挑选包装、包装设备调整、运输装卸、质量检验、传票管理、一般管理共七项作业。为每项作业分别设立作业成本库，用于归集各项作业实际消耗的资源。对于包装设备调整作业和挑选包装作业，首先将两者合并一起计算各项资源耗用量，然后再按机器调整所耗用的机器小时数与可用于包装产品的机器小时数之间的比例进行分配。

3. 确认各项资源动因，将各资源库中所汇集的资源价值分配到各作业成本库中

(1) 工作人员薪酬的分配。薪酬费用消耗的动因在于各项作业“运用职工”，因此，应根据完成各项作业的职工人数和工资标准对工资费用进行分配。分配结果如表 9-2 所示。

表9-2 薪酬资源的分配

资源＼作业	订单处理	包装及设备调整	运输装卸	质量检验	传票管理	一般管理	合计
职工人数（人）	2	4	5	4	4	3	
每人月薪酬额（元）	800	1200	1000	1250	1000	1000	
各项作业月薪酬（元）	1600	4800	5000	5000	4000	3000	23400

（2）电力资源价值的分配。电力资源消耗的原因在于“用电”，其数量多少可以由用电度数来衡量。已知每度电的价格为0.5元。具体分配结果如表9-3所示。

表9-3 电力资源的分配

资源＼作业	订单处理	包装及设备调整	运输装卸	质量检验	传票管理	一般管理	合计
用电度数	400	3200	2500	2800	360	340	9600
金额（元）	400	1600	1250	1400	180	170	4800

（3）折旧费与办公费的分配。折旧费用发生的原因在于各项作业运用了有关的固定资产。因此，可根据各项作业固定资产运用情况来分配折旧费用。这种运用通常具有“专属性”，即特定固定资产由特定作业所运用。各项办公费也具有“专属性”，其分配方法与折旧费的分配大体相同。有关分配结果列于表9-4。

表9-4 固定资产折旧费及办公费的分配 单位：元

资源＼作业	订单处理	包装及设备调整	运输装卸	质量检验	传票管理	一般管理	合计
折旧	2500	5600	4000	7700	2400	2200	24000
办公费	1200	1400	600	1900	1600	1800	8500

为了将包装机调整与包装两项作业所耗用资源价值分开，需要计算包装机调整所消耗的机器小时数。包装机调整次数：A产品需要20次，B产品需要140次，总调整次数为160次，需要消耗机器小时数共计160×24/60＝64（小时），占包装机总机器小时数的10%。包装机可用于包装的机器小时数为640－64＝576（小时），占包装机总机器小时数的90%。将上述“包装及设备调整”栏目中的数字乘以10%即得包装设备调整所消耗的资源价值量，其余90%即为包装作业所消耗的资源价值量。将上述有关结果汇总，即得表9-5。

表 9-5　　资源向各作业间的分配　　单位：元

资源 \ 作业	订单处理	包装调整	包装	运输装卸	质量检验	传票管理	一般管理
薪酬	1600	480	4320	5000	5000	4000	3000
电力	200	160	1440	1250	1400	180	170
固定资产折旧	2500	560	5040	4000	7700	2400	2200
办公费	1200	140	1260	600	1900	1600	1800

4. 确定各项作业的成本动因

有关结果如表 9-6 所示。

表 9-6　　各项作业成本动因

作　业	作业成本动因
订单处理	订单处理份数
包装调整	包装调整次数
包装	开动机器小时数
运输装卸	工作小时数
质量检验	检验件数
传票管理	计算机时数

对于“一般管理”这项作业，其成本动因比较复杂，因此在计算 A、B 两种产品消耗该项资源成本时，予以另行处理。

5. 计算有关作业成本动因分配率

计算结果如表 9-7 所示。

表 9-7　　作业成本动因分配率的计算过程

作业	订单处理	包装调整	包装	运输装卸	质量检验	传票管理
作业成本（元）	5500	1340	12060	10850	16000	8180
提供的作业量	1008	160	576	840	800	840
作业动因分配率	5.46	8.38	20.94	12.92	20.00	9.74

6. 计算 A、B 两种产品实际消耗的资源价值

本月运输装卸作业实际消耗工作小时为 656，其中，运输装卸 A 产品消耗 5×120=600（工作小时），运输装卸 B 产品消耗 140×0.4=56（工作小时）。

本月包装机实际消耗机器小时数为 546.67，其中，包装 A 产品消耗 20000×1.5/60=

500（机器小时），包装 B 产品消耗 1400×2/60＝46.67（机器小时）。本月检验产品总数 470 件，其中对 A 产品抽样 5×10＝50（件），对 B 产品抽样 140×3＝420（件）。

根据上述有关结果即可求出 A、B 两种产品实际消耗的资源价值。计算结果如表 9－8 所示。

表 9－8　**A、B 两种产品实际消耗的资源价值**

作业	作业分配率	实际耗用作业成本动因数			实际耗用资源（元）	
		A 产品	B 产品	合计	A 产品	B 产品
订单处理	5.46	500	300	800	2730	1638
包装调整	8.38	20	140	160	168	1173
包装	20.94	500	47	547	10470	984
运输装卸	12.92	600	56	656	7752	724
质量检验	20.00	50	420	470	1000	8400
传票管理	9.74	168	420	588	1636	4090
一般管理	0.13	23756	17009	40765	3088	2211
合计					26844	19220

注：1. 该表中数字的小数部分（除分配率外）均作了四舍五入取整数处理。

2. 一般管理作业的数据参见下面的计算过程。

A、B 两种产品所消耗的“一般管理”作业成本的计算过程如下：

A、B 两种产品实际消耗的“一般管理”作业成本之和为：7170×75％＝5377.5（元）

可按 A、B 两种产品其他各项作业所消耗的资源成本之和的比例分配，具体如下：

A 产品耗用其他各项作业成本之和为：

2730＋7752＋168＋10470＋1000＋1636＝23756（元）

B 产品耗用其他各项作业成本之和为：

1638＋724＋1173＋984＋8400＋4090＝17009（元）

“一般管理”作业成本分配率＝5377.5/（23756＋17009）＝0.13

A 产品实际消耗的一般管理作业资源成本＝23756×0.13≈3088（元）

B 产品实际消耗的一般管理作业资源成本＝17009×0.13≈2211（元）

7. 计算 A、B 两种产品的物流总成本及单位成本

A 产品直接材料＝20000×1.5＝30000（元）

B 产品直接材料＝1400×1.8＝2520（元）

A 产品物流总成本＝30000＋26844＝56844（元）

B 产品物流总成本＝2520＋19220＝21740（元）

8. 计算未耗用资源

计算过程及有关结果如表 9－9 所示。

表 9-9　　　　**未耗用资源**

作业	分配率	未耗用作业动因数	未消耗资源成本（元）
订单处理	5.46	1008－800＝208	1136
包装调整	8.38	0	0
包装	20.94	576－547＝29	607
运输装卸	12.92	840－656＝184	2377
质量检验	20.00	800－470＝330	6600
传票管理	9.74	840－588＝252	2454
一般管理			1793
合计			14967

注：一般管理作业成本的 25%，即：7170×25%＝1793（元）为未消耗资源成本。

9. 结果计算

将上述有关结果汇总，即得 A、B 两种产品物流成本计算单，如表 9-10 所示。

表 9-10　　　　**A、B 两种产品物流成本计算单**　　　　单位：元

	耗用资源价值	A产品		B产品		未耗用资源成本
		单位成本	总成本	单位成本	总成本	
直接材料	32520	1.50	30000	1.80	2520	0
订单处理	5500	0.14	2730	1.17	1638	1136
包装设备调整	1340	0.01	168	0.84	1173	0
包装	12060	0.52	10470	0.70	984	607
运输装卸	10850	0.39	7752	0.52	724	2377
质量检验	16000	0.05	1000	6.00	8400	6600
传票管理	8180	0.08	1636	2.92	4090	2454
一般管理	7170	0.15	3088	1.58	2211	1793
合　计	93620	2.84	56844	15.53	21740	14967

注：由于计算过程中采用了四舍五入，所以使得“A产品总成本”“B产品总成本”及“未耗用资源成本”三栏数字之和与“资源提供量”一栏数字不完全相等。

三、物流作业成本计算法与传统成本计算法的比较

作业成本法是一种全新的成本计算方法，与传统的完全成本法和变动成本法相比，物流作业成本计算主要有以下一些特点。

（一）对物流间接成本的分配更为合理

与传统物流成本计算方法相比，物流作业成本计算的分配基础（成本动因）发生了质

变，它不再采用单一的数量分配基准，而是采用多元分配基准；并且集财务变量与非财务变量为一体，尤其特别强调非财务变量（如订单处理次数、运输距离、质量检验次数等）。因此，物流作业成本计算法所提供的成本信息比传统成本计算法准确得多。

（二）“作业”是物流成本作业计算法的基本成本计算对象

传统成本法主要是以物品实体或物流过程和功能为成本计算对象，而作业成本法以“作业”作为最基本的成本计算对象，其他成本计算对象的成本计算均通过作业成本进行分配。正是由于作业成木计算法可以提供各项作业耗费的成本信息，因此使得管理人员开展作业管理并改善作业链成为可能。

（三）物流作业成本计算法是更广泛的完全成本法

传统的完全成本法将许多成本项目列作期间费用，采用在发生的当期“一次性扣除”，而不加以分配。在作业成本法下，对于营销、仓储、回收等领域发生的成本，只要这些成本与特定产品相关，则可通过有关作业分配至有关的产品或其他成本计算对象中，这样所提供的成本信息更有利于企业进行定价的相关决策。

（四）所有的成本均是变动的

在变动成本法下，有相当一部分成本，因其在一定的范围内不随业务量（产量或机器小时等）的变化而变化而被划分为固定成本。但是，从作业成本法的观点看，这部分成本虽然不随业务量的增加而增加，但却会随其他因素的变化而改变，这些因素包括产品销售批次、机器设备的调整、企业经营能力的增减等。作业成本法将所有的成本均视为变动的，这有利于企业分析物流成本产生的原因，进而落实控制和降低成本的方法和措施。

虽然物流作业成本计算有前述许多优点，但是该方法并非完美无缺。例如，由于企业经营活动的复杂性，导致企业需要花费大量的时间去实施作业成本系统，而且建立和维持成本较高。另外，确定作业成本动因是作业成本法实施过程中最复杂、最困难的环节。很多时候，为了达到精确度的要求，作业成本法的实施人员除了要准确地辨识成本动因，还要面对和处理大量的数据。复杂的系统和较高的实施成本，在一定程度上影响了企业对作业成本法的应用。

第三节　时间驱动作业成本法在物流成本计算中的应用

针对传统作业成本法操作的复杂性，推行实施的长期性及应用的高成本，美国哈佛大学的罗伯特·卡普兰和史蒂文·安德森（Steven R. Anderson）教授在2004年11月的《哈佛商业评论》中发表了“时间驱动作业成本法”（*Time-driven Activity-based Costing*）一文，提出了时间驱动作业成本法（TDABC），对传统作业成本法进行了改进。时间驱动作业成本法通过活动消耗的时间来驱动资源成本直接分配到成本目标（如客户、部门、产品等）。

一、时间驱动作业成本法的基本原理

时间驱动作业成本法以时间作为分配资源成本的依据，基于公司管理层对有效作业时间（有效作业时间等于理论作业时间减去必要的闲暇、停工等）和单位作业耗时的可靠估计来计算单位作业应分担的成本。即对于每一类资源，公司只需估计两个参数：一是单位时间投入的资源成本，即单位时间产能成本，该指标可以用一个部门的总费用除以管理层估计的有效作业时间得到；二是单位作业在消耗资源时所占用的时间，即单位作业消耗时间，该指标可以由管理人员凭借经验或者观察得到。两个参数相乘，就可以得到完成一个单位的某项作业的成本，即为作业成本动因率。时间驱动作业成本法的实施步骤如下：

1. 估计有效作业时间

管理人员根据经验和观察直接估计各部门在资源提供过程中的有效作业时间，而不必像传统作业成本法那样去调查员工在各项作业中如何耗费时间的。例如，管理人员可以根据经验估计有效作业时间为理想作业时间的 80%～85%，因为员工有部分时间被用来休息、交流和离开；调试、维护和修理机器设备也需要一定的时间。另外，也可以根据企业的历史水平，运用回归分析的方法确定所提供资源的有效作业时间。

2. 计算单位时间成本

有效作业时间确定后，用本部门的总费用除以有效作业时间即可得到单位时间成本，其计算公式为：

单位时间成本＝部门总费用/有效作业时间

3. 估计单位作业耗时

管理人员可以通过调查、与员工交谈、计量等方法确定完成单位作业所需要的时间，即单位作业消耗时间。

假设 j 部门中 r 个作业的单位作业消耗的时间分别为 ut_1，ut_2，…，ut_r。

由于同一作业在不同情况下所消耗的时间会产生差异，例如在订单处理作业中，新客户订单与紧急订单要比普通订单所消耗的单位时间多。所以为解决同一作业消耗时间不同的问题，引进时间等式的方法，即通过使用一个基本时间等式来确定同一作业中不同情况下的单位作业消耗时间。对于性质相同彼此有差别的作业直接在时间等式上增减一个变量或系数即可。以作业 r 为例，其基本的时间等式为：

$$ut_r=\beta_0+\beta_1x_1+\beta_2x_2+\cdots+\beta_ix_i+\cdots+\beta_px_p \quad i=1,\ 2,\ \cdots,\ p$$

其中，β_0 表示物流作业 r 的特定事件所耗费的固定时间；β_i 表示时间动因 i 的单位时间消耗；x_i 表示时间动因 i；p 表示完成 r 作业所需的时间动因的数量。当时间动因 x_i 发生时，x_i 取值为 1；当时间动因 x_i 不发生时，x_i 取值为 0。

例如，一家快递公司需要将产品进行包装后发送给客户。一项标准的业务过程仅需要 3 分钟，如果采用特别的包装还需要 5 分钟，如果是空运要再增加 1.5 分钟，那么，该快递公司包装部门的单位作业消耗时间可以用以下时间等式表示。即单位包装作业所需时间＝3 分钟＋5 分钟（需要特别处理）＋1.5 分钟（需要空运）。

假设该公司要为客户发运重要文件，需要特别包装，则包装一份文件的时间为 8 分钟；若客户加急空运，则包装一份文件时间为9.5分钟。

4. 计算成本动因率

成本动因率即为某项作业的单位作业成本，其计算公式为：

成本动因率=单位时间成本×单位作业耗时

对于企业各部门一定时期从事的物流活动而言，单位时间成本是一定的，即任何作业单位时间分配的成本相同；但各项作业的成本动因率是不相同的，因为完成各项作业的单位时间不相同。通过各项作业成本动因率与各自作业量相乘，完成间接费用对该项作业的成本分配。另外，管理人员还可以根据有效作业时间与实际作业时间的差异，分析未使用的产能，以决定是否在后期减少对未使用产能的供给以及如何减少对未使用产能的供给。

二、物流时间驱动作业成本计算举例

利用时间驱动作业成本法对物流成本进行核算，主要通过以下步骤实施：第一，确定物流作业涉及的资源库。一项物流作业可能会涉及许多部门，如采购部门、仓储部门、配送部门、销售部门等，每个物流作业涉及的部门都可以作为一个资源库。第二，估计每个资源库成本。第三，估计每个资源库所能提供的实际产能（一般按理论产能的80%～85%来计算）。第四，计算每个资源库的单位时间产能成本。第五，基于不同时间动因，确定每个特定物流作业的单位耗时（即单位作业消耗时间）。第六，计算各作业的成本动因率。第七，分摊各物流作业成本。

[例9-2] 某公司配送中心为不同客户配送甲、乙两种产品，完成每个物流业务都需要经过订单处理、进货、包装、拣货和发货五个作业，该配送中心共有员工28人。

201×年11月该配送中心发生的包括设备折旧、办公、工作人员薪酬及相关消耗等总费用共计85600元，费用发生明细如表9-11所示。

表9-11　　配送中心201×年11月费用明细表　　单位：元

费用项目	人员薪酬	折旧费	办公费	水电费	维修费	合计
金额	54000	12300	4900	9300	5100	85600

该配送中心在201×年11月完成的实际工作任务是2800个订单、1500次进货、2520次包装、3230次拣货和3200次发货。其中为甲产品完成的物流作业量是普通订单900个、特殊订单270个、紧急订单180个、既是特殊订单又是紧急订单的150个；普通进货700次、特殊进货30次；普通包装980次、特殊包装230次、航空运输包装80次、既是特殊包装又是航空运输包装的70次；普通拣货1330次、特殊拣货600次；普通发货1300次、特殊发货550次。涉及乙产品的物流作业量是普通订单900个、新客户订单250个、紧急订单120个、既是新客户订单又是紧急订单的30个；普通进货600次、特殊进货170次；普通包装820次、特殊包装270次、航空运输包装60次、既是

特殊包装又是航空运输包装的 10 次；普通拣货 900 次、特殊拣货 400 次；普通发货 1100 次、特殊发货 250 次。

假设该配送中心每位员工每天工作 8 小时，每月工作 22 天，则理论上总的产能供应为 295680（28×8×22×60）分钟，依据经验估计，实际产能按理论供应的 85%计算，配送中心的实际产能为 251328（295680×85%）分钟，则单位时间产能成本为 0.34（85600/251328）元/分钟，甲、乙产品的各项物流作业时间等式如表 9－12 所示。

表 9－12　　各项物流作业的时间等式

产品种类	物流作业	单位作业消耗时间（分钟/作业单位）
甲产品	订单处理	$9+3X_1+2X_2$
	进货	$45+8X_1$
	包装	$4+3X_1+3X_2$
	拣货	$10+5X_1$
	发货	$28+8X_1$
乙产品	订单处理	$8+6X_1+5X_2$
	进货	$28+8X_1$
	包装	$7+3X_1+2X_2$
	拣货	$9+6X_1$
	发货	$30+5X_1$

注：1. 每种物流作业的单位作业消耗时间是时间等式所有项之和。

2. 在订单处理中，X_1、X_2 是虚拟变量，如是特殊订单，X_1 取 1，否则取 0；如是紧急订单，X_2 取 1，否则取 0。

3. 进货、拣货和发货中的 X_1 是虚拟变量，如进货需要特殊处理取 1，否则取 0；拣货和发货同样处理。

4. 在包装中，X_1、X_2 是虚拟变量，当需要特殊包装时，X_1 取 1，否则取 0；如果采用航空运输，X_2 取 1，否则取 0。

根据作业时间等式，可以得出每种产品的各项作业所分摊的成本。以甲产品的订单处理作业为例，其计算过程如表 9－13 所示。

表 9－13　　甲产品订单处理作业的成本计算过程

作业类型	单位时间产能成本（元/分钟）(1)	单位作业消耗时间（分钟/个）(2)	成本动因率（元/个）(3)	作业数量（个）(4)	分摊成本（元）(5)	耗费时间（分钟）(6)
普通订单	0.34	9	3.06	900	2754.0	8100
新客户订单	0.34	12	4.08	270	1101.6	3240

续 表

作业类型	单位时间产能成本（元/分钟）(1)	单位作业消耗时间（分钟/个）(2)	成本动因率（元/个）(3)	作业数量（个）(4)	分摊成本（元）(5)	耗费时间（分钟）(6)
紧急订单	0.34	11	3.74	180	673.2	1980
新客户订单兼紧急订单	0.34	14	4.76	150	714	2100
总计	—	—	—	1500	5242.8	15420

注：(3) ＝ (1) × (2)，(5) ＝ (3) × (4)，(6) ＝ (2) × (4)。

同理可以得出其他各项成本。如表9－14、表9－15、表9－16、表9－17、表9－18、表9－19、表9－20、表9－21、表9－22所示。

表9－14　　甲产品进货作业的成本计算过程

作业类型	单位时间产能成本（元/分钟）(1)	单位作业消耗时间（分钟/个）(2)	成本动因率（元/个）(3)	作业数量（个）(4)	分摊成本（元）(5)	耗费时间（分钟）(6)
普通进货	0.34	45	15.3	700	10710	31500
特殊处理	0.34	53	18.02	30	540.6	1590
总计	—	—	—	730	11250.6	33090

表9－15　　甲产品包装作业的成本计算过程

作业类型	单位时间产能成本（元/分钟）(1)	单位作业消耗时间（分钟/个）(2)	成本动因率（元/个）(3)	作业数量（个）(4)	分摊成本（元）(5)	耗费时间（分钟）(6)
普通包装	0.34	4	1.36	980	1332.8	3920
特殊包装	0.34	7	2.38	230	547.4	1610
航空运输	0.34	7	2.38	80	190.4	560
特殊包装兼航空运输	0.34	18	6.12	70	428.4	1260
总计	—	—	—	1360	2499.0	7350

表 9－16　　甲产品拣货作业的成本计算过程

作业类型	单位时间产能成本（元/分钟）(1)	单位作业消耗时间（分钟/个）(2)	成本动因率（元/个）(3)	作业数量（个）(4)	分摊成本（元）(5)	耗费时间（分钟）(6)
普通拣货	0.34	10	3.4	1330	4522	13300
特殊处理	0.34	15	5.1	600	3060	9000
总计	—	—	—	1930	7582	22300

表 9－17　　甲产品发货作业的成本计算过程

作业类型	单位时间产能成本（元/分钟）(1)	单位作业消耗时间（分钟/个）(2)	成本动因率（元/个）(3)	作业数量（个）(4)	分摊成本（元）(5)	耗费时间（分钟）(6)
普通发货	0.34	28	9.52	1300	12376	36400
特殊处理	0.34	36	12.24	550	6732	19800
总计	—	—	—	1850	19108	56200

表 9－18　　乙产品订单处理作业的成本计算过程

作业类型	单位时间产能成本（元/分钟）(1)	单位作业消耗时间（分钟/个）(2)	成本动因率（元/个）(3)	作业数量（个）(4)	分摊成本（元）(5)	耗费时间（分钟）(6)
普通订单	0.34	8	2.72	900	2448.0	7200
新客户订单	0.34	14	4.76	250	1190.0	3500
紧急订单	0.34	13	4.42	120	530.4	1560
新客户订单兼紧急订单	0.34	19	6.46	30	193.8	570
总计	—	—	—	1300	4362.2	12830

表 9－19　　乙产品进货作业的成本计算过程

作业类型	单位时间产能成本（元/分钟）(1)	单位作业消耗时间（分钟/个）(2)	成本动因率（元/个）(3)	作业数量（个）(4)	分摊成本（元）(5)	耗费时间（分钟）(6)
普通进货	0.34	28	9.52	600	5712.0	16800
特殊处理	0.34	36	12.24	170	2080.8	6120
总计	—	—	—	770	7792.8	22920

表 9-20　　乙产品包装作业的成本计算过程

作业类型	单位时间产能成本（元/分钟）(1)	单位作业消耗时间（分钟/个）(2)	成本动因率（元/个）(3)	作业数量（个）(4)	分摊成本（元）(5)	耗费时间（分钟）(6)
普通包装	0.34	7	2.38	820	1951.6	5740
特殊包装	0.34	10	3.40	270	918.0	2700
航空运输	0.34	9	3.06	60	183.6	540
特殊包装兼航空运输	0.34	12	4.08	10	40.8	120
总计	—	—	—	1160	3094	9100

表 9-21　　乙产品拣货作业的成本计算过程

作业类型	单位时间产能成本（元/分钟）(1)	单位作业消耗时间（分钟/个）(2)	成本动因率（元/个）(3)	作业数量（个）(4)	分摊成本（元）(5)	耗费时间（分钟）(6)
普通拣货	0.34	9	3.06	900	2754	8100
特殊处理	0.34	15	5.10	400	2040	6000
总计	—	—	—	1300	4794	14100

表 9-22　　乙产品发货作业的成本计算过程

作业类型	单位时间产能成本（元/分钟）(1)	单位作业消耗时间（分钟/个）(2)	成本动因率（元/个）(3)	作业数量（个）(4)	分摊成本（元）(5)	耗费时间（分钟）(6)
普通发货	0.34	30	10.2	1100	11220	33000
特殊处理	0.34	35	11.9	250	2975	8750
总计	—	—	—	1350	14195	41750

最终的核算结果如表 9-23 所示。

表 9-23　　甲、乙产品物流成本计算过程

	甲产品			乙产品			总成本（元）
	单位时间产能成本（元/分钟）	消耗时间（分钟）	分摊成本（元）	单位时间产能成本（元/分钟）	消耗时间（分钟）	分摊成本（元）	
订单处理	0.34	15420	5242.8	0.34	12830	4362.2	9605

续　表

	甲产品			乙产品			总成本（元）
	单位时间产能成本（元/分钟）	消耗时间（分钟）	分摊成本（元）	单位时间产能成本（元/分钟）	消耗时间（分钟）	分摊成本（元）	
进货	0.34	33090	11250.6	0.34	22920	7792.8	19043.4
包装	0.34	7350	2499	0.34	9100	3094	5593
拣货	0.34	22300	7582	0.34	14100	4794	12376
发货	0.34	56200	19108	0.34	41750	14195	33303
总使用成本（元）	—	—	45682.4	—	—	34238	79920.4
总使用产能（分钟）	—	134360	—	—	100700	—	—
总提供产能或成本	251328（分钟）						85600（元）
未使用产能或成本	16268（分钟）						5679.6（元）

从表 9－23 可以看出，此公司配送中心有 16268 分钟的资源能力未被有效利用，从而导致 5679.6 元的成本浪费，客观地反映出公司物流作业的成本发生于资源利用情况。对于未被有效利用的产能，公司可以考虑今后缩减某类物流作业产能或选择目前储备产能以谋求企业未来的发展；当然，如果预计产能超过现有闲置产能，也可以提示公司哪些作业环节出现产能不足，有多少不足，指导公司未来物流经营规划。

三、时间驱动作业成本法对传统作业成本法的改进

通过对传统的作业成本法和时间驱动作业成本法实施的比较，能够发现，相对于传统的作业成本法而言，时间驱动作业成本法的改进主要体现在以下几个方面：

1. 更易于公司管理层的操作和实施

传统作业成本法基于对员工和作业的调查，在实施时需要开展大范围的工作，对于公司管理层来说是一项难题。时间驱动作业成本法以经验丰富的管理人员的合理推测为基础，管理人员熟悉运营的流程和环节，能够相对迅速准确地估算出完成任意环节所需的具体时间，不需要消耗大量的人力物力对员工进行全面的调查，更符合成本效益原则。还可以受益于时间驱动作业成本法下时间等式的灵活性和适应性，管理人员能够通过目前许多公司的 ERP 系统中已经存储的相关数据信息（包括订单、包装、配送方式以及其他一些相关信息），迅速地计算出完成任何作业所需的具体时间数，从而简化了整个财务核算系统并提高了效率，便于时间驱动作业成本法在企业中的推广使用。

2. 成本动因率的确定方法更加科学

传统作业成本法下成本动因率的计算是建立在资源满负荷使用这一基础上的，但事实上资源实际提供量并未完全用于生产。时间驱动作业成本法考虑到这一实际情况，通过经验丰富的经理直接推测出资源实际提供量及各种作业的单位作业时间，使计算出的成本动因率更加符合实际。

3. 更能满足复杂的运营环境

在传统作业成本法中，当某一操作流程由于某种原因发生变化时，管理人员需要将这种流程上的变化作为一种特殊的作业来处理，也就是说由于这种变化，作业成本系统不得不增加或更改相关作业的数据信息。而在时间驱动作业成本分析中，嵌入了计算时间的等式来解决复杂运营所带来的问题，流程的变化通过时间等式中项数的增减转化为处理时间的差异，从而使得流程变化引起的作业成本系统维护与更新变得更为简单易行。

4. 更加清楚地反映资源的有效利用率

传统作业成本法虽然能提供未来成本控制的有关途径，但却不能揭示出低效流程、非盈利产品及剩余资源能力等实质性问题。而在时间驱动作业成本系统中，管理人员能够很清楚地了解到资源使用量、资源提供量及资源未使用量的数据，知晓实际的资源利用率与理想的资源利用率到底有多大的差距，从而为提高流程效率提供宝贵的信息资料。

5. 模型更新更加便捷和及时

传统的作业成本系统在建成后很难进行更新（这需要反复向员工调查和了解一些数据信息，因而成本高昂）。作业成本法以时间为基础，每季度或每年对模型进行一次更新，每次更新都要对员工进行重新调查，更新成本较大，容易造成更新不及时。时间驱动作业成本法以事件为基础，使得模型的更新变得更加方便和快捷：如果增加新作业，只需预测出新增作业的单位作业时间，如果资源价格发生变化只需更新单位资源能力的成本，如果由于业务流程重组或再造及引进新技术等引起作业效率发生变化，只需更新单位作业时间。

第四节　灵活运用作业成本法计算物流成本案例分析

物流作业成本计算为企业改善物流成本管理、提高盈利能力和竞争能力提供了重要手段。作业成本法在实际运用过程中具有较大的灵活性，对于一个特定的企业而言，在物流成本管理开展过程中作业成本法如何运用才属于合理，这主要取决于企业运用成本信息的目的。

一、物流作业成本法运用的灵活性

在前面的论述过程中不难发现，物流作业的划分、成本动因的选取都具有一定的灵活性。此外，物流作业成本法在运用过程中还有一些与物流成本管理其他职能相结合的灵活性。

（一）期间费用范围的确定

在运用作业成本法时，期间费用范围的确定应视具体情况而定。如果企业提供物流成本信息的目的在于从长远的角度寻求物流成本的持续改善，那么，在计算物流成本时，就应只把有意义的资源耗费价值计入成本计算对象，而将无益于产品或劳务形成的资源耗费价值计入期间费用。例如，只将增值作业耗费价值计入物流成本，而非增值作业耗费价值计入期间费用。或者，只将实际消耗的经营能力成本计入物流成本，而将空闲的经营能力成本计入期间费用。反之，如果提供成本信息的主要目的在于满足短期决策，那么，可以不必采取上述做法。另外，当某项费用不能按明确的因果关系分配至有关的成本计算对象（如作业、产品或劳务）时，该项费用即可以计入期间成本，也可以选择某种分配标准，将其分配至有关的成本计算对象。究竟如何界定期间费用的范围，取决于管理人员的主观判断及成本信息的主要用途。

（二）成本计算对象的选取

为了满足管理决策的不同需要，可以选择不同的成本计算对象计算成本。表 9 - 24 对于不同决策目的给出了相应的成本计算对象。

表 9 - 24　　成本计算对象的选取

目的	成本计算对象	成本计算对象示例
确定价值较高的资源	资源	动力资源
确定成本较高的作业	作业	包装作业
确定不盈利的物流服务	物流服务方式	多频率小额物流
确定对其销售不能盈利的客户	客户	甲公司
确定成本较高的经营过程和作业	经营过程	挑选过程
确定不盈利或成本较高的营销渠道	营销渠道	户外广告
确定不盈利或成本较高的销售渠道	销售渠道	乙经销店

（三）各种物流成本管理职能的相互结合

如前所述，采用作业成本法进行企业物流成本的计算，其最终目的不是为了计算出企业物流作业成本，而是根据物流作业成本计算的结果和作业成本法的基本思路进行企业物流成本管理，包括物流成本预算、物流成本控制等工作，在运作时均可利用作业成本法的基本思想，更好地实现企业物流成本管理的目的。

总之，作业成本法在物流成本管理中的运用能否起到应有的作用，在很大程度上取决于我们对其如何利用。如果运用不当，就难以发挥其应有的作用。

二、以作业成本为基础的客户获利能力案例分析

掌握物流作业成本法的基本原理后，我们可以将其灵活运用，以便获得不同类型的物流成本信息，进而改善物流经营管理。下面以分析企业向特定客户销售的获利能力分析为例，说明作业成本法在改善企业物流管理方面的作用。

在作业成本法下，以客户作为成本计算对象进行物流成本计算，能分析企业向特定客户销售的获利能力。企业通常用毛利来衡量一笔交易的获利性高低，但实际上许多毛利较高的交易涉及大量不因销售量而变的费用，如货款管理、售后服务和送货等费用，从而使净毛利水平大大降低。为了确定对其销售不能赢利的客户，可以选定有关的客户作为成本计算对象，利用作业成本法计算相应成本，该类成本我们称为“客户成本”。客户成本不仅包括各经营环节所发生的物流成本，还包括生产环节所发生的生产成本。客户成本计算完毕后，再将所有与客户相关的收入和成本进行比较，这种分析能使管理人员了解各客户对企业盈利水平的影响，有助于企业选择合适的客户类型。

市场竞争的日益激烈迫使企业改变经营战略，由原来以产品生产为核心转向以市场为核心，这就要求企业以满足客户的需求为导向，一切战略都必须围绕着客户展开。通常，企业利润中有相当大的比例来源于少数客户。例如，75%的利润来源于30%的客户，而对另外70%的客户销售所获得的利润只占企业利润的25%。企业向一特定客户销售产品或提供劳务时会发生很多与该客户相联系的物流成本，如现金折扣、数量折扣、包装费、运输费等。传统成本计算法不将每个客户作为成本计算对象来计算与其相关的成本，也不对特定客户销售的获利情况进行分析，运用作业成本法便可以克服这种缺陷。

下述案例说明了如何运用作业成本法计算企业向某些特定客户销售的获利能力。

[例9-3] 某企业一季度向甲、乙、丙三个客户销售，有关资料如表9-25所示。

表9-25　　甲、乙、丙三个客户的有关资料

客户名称	甲客户	乙客户	丙客户
购买产品名称	A产品	B产品	C产品
销售额（元）	220000	280000	160000
订单数（份）	25	120	70
购买数量（件）	500	800	750
购买产品总体积（立方米）	50	60	40
送货次数（次）	28	50	70
每次送货距离（千米）	10	20	15
平均未收回货款（元）	100000	200000	32000

其他有关资料如下：

（1）该企业销售毛利（即销售额一商品销售成本）为25%。

（2）数量折扣条件：如果每月购买额超过8万元，则有2%的折扣。只有乙客户有资格取得数量折扣。

（3）现金折扣条件：10天之内付款，折扣率为3%，30天之内付款，折扣率为1%；本季度甲、乙、丙客户所获得的现金折扣分别为5000元、2000元和8500元。如客户放弃现金折扣，则应在45天之内付款。

（4）销售佣金按销售额的5%支付。

（5）每次送货费用：每千米5元。

（6）该企业资金的机会成本为20%。

（7）各项与客户相关作业的成本资料如表9-26所示。

表9-26　　与客户相关作业的成本资料

作业	成本动因	成本动因分配率
订单处理	订单数量	15元/份
包装	产品购买件数	1.5元/件
发货	产品购买件数	0.8元/件
仓储	占用体积（立方米）	3.2元/立方米
货款管理	订单数量	20元/份

根据上述资料，利用作业成本法即可求出上述三类客户成本及企业向其销售所取得的净毛利与净毛利率。有关计算过程及结果如表9-27所示。

表9-27　　客户净毛利及净毛利率的计算

	甲客户		乙客户		丙客户	
	金额（元）	%	金额（元）	%	金额（元）	%
销售额	220000	100	280000	100	160000	100
减：商品销售成本	165000	75	210000	75	120000	75
销售毛利	55000	25	70000	25	40000	25
减：客户直接成本						
销售佣金	11000	5.0	14000	5.0	8000	5.0
运费	1400	0.6	5000	1.8	5250	3.3
占用资金成本	5000	2.3	10000	3.6	1600	1.0
现金折扣	5000	2.3	2000	0.7	8500	5.3
数量折扣	0	0	5600	2.0	0	0

续　表

	甲客户		乙客户		丙客户	
	金额（元）	%	金额（元）	%	金额（元）	%
减：作业成本耗用						
订单处理	375	0.2	1800	0.6	1050	0.7
包装	750	0.3	1200	0.4	1125	0.7
发货	400	0.2	640	0.2	600	0.4
仓储	160	0.1	192	0.1	128	0.1
货款管理	500	0.2	2400	0.9	1400	0.9
客户成本合计	24585	11.2	42832	15.3	27653	17.4
客户净毛利及净毛利率	30415	13.8	27168	9.7	12347	7.6

注：商品成本按作业成本法确定。

通过对上述类型的计算结果进行分析发现，企业可以获得许多有用的信息．例如，最大的客户（即购买量最多的客户）通常会在许多方面提出较高的要求，如折扣率、赊账期、送货等，虽然其净毛利较高，但往往不会有最高的净毛利率。对于较小的客户而言，由于其购买批量较少，所以相应净毛利率往往较低，有时甚至为负数。它表明，企业向这类小客户销售不但不能获得利润，反而会发生亏损。传统的成本系统无法准确提供企业向每个客户销售获利情况的准确资料，因此，不少企业往往并没有意识到对某些客户的销售是得不偿失的。

如果能对每个客户及时提供上述信息，企业就可以实行“客户结构管理”，将有关资料进行分类汇总，得到类似如表 9－28 所示的客户结构信息。以 A 类客户为例，上述矩阵的含义是：A 类客户的每个客户产生的销售额都在 10 万元以上，且客户净毛利率都在 20%以上。该类包含 3 个客户，占客户比例的 1.5%；该类客户平均净毛利率为 22.3%，平均每个客户的净毛利为 2.25 万元。

利用上述有关信息，管理人员可以改善客户结构，使得处于矩阵右下角类型的客户向矩阵左上方转变。例如，某个客户的包装费过高，企业可以通过改变包装（如对零售商采取大批量简单包装）来降低客户成本。或者，对于个别小客户，如果进一步分析结果表明该客户不存在大幅度增加购买力的潜力，而该客户的净毛利较低，或为负值，则应坚决改变对这类客户的销售条件（如限制过低的购买批量）而不惜失去该客户。

上述分析方法同样适用于分析企业在某类市场销售的获利能力。其中，市场的分类可以按地区（如北方市场和南方市场）、消费者类型（如成人市场与儿童市场）等标准划分。

表 9-28 客户结构

销售额 客户净毛利率	10万元以上		1万～10万元		1万元以下	
20%以上	A	3（1.5%）	B	25（12.5%）	C	20（10%）
		22.3%		21.8%		23.1%
		2.25万元		1.20万元		0.24万元
10%～20%	D	10（5%）	E	55（27.5%）	F	28（14%）
		15.6%		15.7%		16.4%
		2.02万元		0.91万元		0.13万元
10%以下	G	17（8.5%）	H	10（5%）	I	32（16%）
		7.8%		8.2%		4.1%
		1.12万元		0.55万元		0.04万元

三、以作业成本为基础的物流成本预算管理的案例分析

在企业物流成本管理中，物流成本计算与物流成本预算二者之间相辅相成、相互联系。物流成本计算为企业进行预算考核提供资料和依据，因此，物流成本预算的编制必须与物流成本核算的口径、方法相一致，二者相互结合运用于企业物流成本管理工作之中。

下述案例说明在企业物流成本管理中物流作业成本计算与物流成本预算的结合运用情况。

［**例 9-4**］假设 BBS 公司为第三方物流企业，在物流成本预算编制和执行中，根据历史资料以及市场分析，预计本年服务收入为 1 亿元，目标利润率为 20%。假定其主要客户有 A、B、C、D、E 五家，客户 A、B、C、D、E 重要程度权数，最近三年订单数，运输作业量上各客户占有量、仓储作业量上各客户占有量、资源调度作业量上各客户占有量、职能作业量上各客户占有量的平均数（单位为元）如表 9-29 所示。

表 9-29 BBS 公司各客户预算资料

项目	客户 A	客户 B	客户 C	客户 D	客户 E
重要程度权数	0.2	0.1	0.25	0.35	0.1
平均订单数	150	125	190	220	120
运输业务量的占有量	3000	1500	3750	6000	1800
仓储业务量的占有量	3750	2250	4500	6750	1875
资源调度作业量的占有量	37500	30000	45000	60000	27000
职能作业量的占有量	75000	60000	90000	120000	75000

假定该公司目前有订单甲与订单乙在执行，对于这两份订单而言，订单甲的直接费用为750元，订单乙的直接费用为1200元，间接费用分配如下：运输业务耗费7500元；仓储、整理费用为7500元；装卸、包装、物流信息流通加工共耗费142500元；人力资源、财务管理、技术支持、战略规划、业务管理各作业共发生165000元支出；共同发生的管理费用4950元支出。

该公司以作业成本为基础，物流成本预算编制、执行和成本计算情况如下：

1. 根据公司的特点按作业类别划分作业组织结构

该公司主要依靠物流服务来盈利，服务的多样性，各种间接费用在整个物流过程中占有很大的比重，因此明确该公司的组织结构与分工非常重要。从完成用户订单的角度切入，可将公司整体作业类别划分为服务操作类和服务职能类，并依据公司内部各组织单位的作业功能确认作业中心，从而形成了公司作业组织结构。如表9-30所示。

表9-30　　BBS公司作业组织结构表

模块	作业中心	功　能
服务操作类	运输	确定动态运输计划或方案；运输代理；与运输相关的报关、报检、报验等其他配套服务；运输车辆的营运、维护
	仓储、整理	库存控制策略建议；仓储管理；仓库维修
	装卸、包装、流通加工	集装箱的装箱、掏箱、拼箱等业务；提供装卸作业技术指导、物流配送方案的选择与规划；升降设施的维修
	物流信息	信息平台服务；物流业务信息处理系统；运输过程中信息跟踪
服务职能类	人力资源管理	招聘员工、员工培训、企业人员考核与业绩评价
	财务管理	负责企业财务核算
	技术支持	物流软件开发与维护
	战略规划	对企业的总体策划；根据环境变化对战略进行调整
	业务管理	日常订单的接受；供应商管理；咨询服务；售后服务管理
	共同费用	对上述职能类的六大部分共同消耗费用的归集，如水电费、网费、杂志订阅费、办公用品费等

2. 确定成本动因

作业成本法下，确定作业动因与资源动因是成本归集的两大重要环节。

（1）根据不同组织结构，所依据的资源动因不一样。如运输作业中心主要通过货物的重量来决定费用，随着订单的变化很大。而对于服务职能类的投入不会因为订单的变化而发生大的变化，那么可根据人员的常规薪酬这一指标来归集成本。但职能类中应剔除偶尔才会发生的业务的费用，如员工培训中从企业外部请来资深培训师等，这部分费用便无须按动因计入服务成本中。各作业的资源动因如表9-31所示。

表 9-31　　BBS 公司资源动因表

作业	资源动因	作业	资源动因
人力资源管理	人员数及职务级别	运输	重量
财务管理	人员数及职务级别	仓储、整理	存货面积
技术支持	人员数及职务级别	装卸、包装	人工工时
战略规划	人员数及职务级别	共同费用管理	日均消耗量
业务管理	人员数及职务级别		

(2) 根据资源动因，再分析作业动因，资源动因分类很细，那么将有着密切联系的作业归集在同一作业中心，同时对作业动因的分析也各有不同，如对职能作业中心，从开始接订单，职能作业中心对于订单都会有潜移默化的投入，那么这里选择订单已执行天数来分配职能部门对订单的投入较恰当。作业动因分类如表 9-32 所示。

表 9-32　　BBS 公司作业动因表

作业中心	作业动因	所涉及作业
运输作业	重量	运输业务
仓储作业	储存数量	仓储、整理
资源调度作业	订单数	包装、装卸、加工、物流信息
职能作业	订单已执行天数	人力资源、财务、技术支持、业务管理、战略规划、共同费用管理

3. 编制预算

将预算与作业成本法相结合，最大益处体现在改进作业与优化流程，从而控制成本，增强竞争力。采用从订单到作业到资源的逆向分析，将预算层层分解分配下去，督促各作业负责人分析所管辖的环节中增值作业与非增值作业，对冗余或者价值不大的环节进行整合。我们需要注意的是，随着市场环境与客户信息变化，公司预计订单数与最终实际订单数有一定的差异，而对成本产生影响，因此在成本预算管理中可允许一定范围的弹性预算。

(1) 确定预算的总目标成本。根据公司历史资料以及内部与外部条件和环境分析预计物流服务收入，确定当期的目标利润率，由此得出公司总目标成本＝预计服务收入/（1＋目标利润率）。即：

公司成本预算目标＝100000000/（1＋20%）＝83333333（元）

(2) 根据所得出的总目标成本，按照作业成本法的特点，将其分摊到各作业中心上。例如仓储作业上，公司订单多而杂，由于在业务管理作业中包含着客户信息管理，可提供占主要地位的客户的订单的成本历史资料，因此重要程度的确定并不难，以客户重要程度为权数，可获知各订单中仓储作业在单位订单中的作业量。

预计仓储作业需要量＝单位订单仓储作业量×预计订单数

＝4650×835＝3882750（元）

其中：

预计订单数以主要客户最近三年的订单数以及考虑市场环境变动浮动30份为依据可得：

预计订单数＝150＋125＋190＋220＋120＋30＝835（份）

$$单位订单仓储作业 = \sum 每个订单仓储作业量 \times 客户重要程度$$

$$= \sum(3750 \times 0.2 + 2250 \times 0.1 + 4500 \times 0.25 + 6750 \times 0.35 + 1875 \times 0.1) = 4650(元)$$

那么各作业中心负责人负责把关，保证各作业经过核算后得出的作业需要量对应的成本在总目标成本弹性范围内浮动。各作业中心预计业务量如表9-33所示。

表9-33　各作业中心预计作业量　单位：元

作业中心	预计单位订单作业量	预计作业总需要量
运输作业	3967.5	3312862.5
仓储作业	4650	3882750
资源调度作业	45450	37950750
职能作业	93000	77655000
合计	147067.5	122801362.5

4. 实际作业成本计算与预算分析

根据上述资料从作业成本法角度进行作业动因与对应资源动因分析。各作业中心资源动因分配如表9-34所示。

表9-34　资源动因分配表　单位：元

作业	资源动因	耗费资源	资源动因数量	资源动因率	分配给作业的资源
运输	运输路程	7500	10000吨公里	0.5元/吨公里	7500
仓储、整理	存货面积	7500	1000立方米	5元/立方米	7500
装卸、包装	人工工时	142500	100小时	237.5元/人	35625
物流信息	人工工时		150小时		53437.5
流通加工	人工工时		150小时		53437.5

续 表

作业	资源动因	耗费资源	资源动因数量	资源动因率	分配给作业的资源
人力资源	人员数	165000	6人	按照历史薪酬数据计算	21000
技术支持	人员数		5人		30000
战略规划	人员数		7人		48000
业务管理	人员数		13人		45000
财务管理	人员数		5人		21000
共同费用	日均消耗量	4950	100元	33天	4950

对于订单甲和订单乙，从各作业中心分配的成本如表9-35所示。

表9-35　作业动因分配表

单位：元

作业中心	作业动因	作业	订单甲		订单乙	
			作业量	分配成本	作业量	分配成本
运输作业	重量	运输业务	2000吨	3000	3000吨	4500
仓储作业	储存数量	仓储、整理	7500件	4500	5000件	3000
资源调度作业	订单数	包装、装卸、加工、物流信息	100份	57000	150份	85500
职能作业	订单已执行天数	人力资源、财务、技术支持、业务管理、战略规划、共同费用管理	20天	67980	30天	101970
合计				132480		194970

从该公司实际运营结果来看，这两份订单的作业成本如表9-36所示。

表9-36　各订单成本与预算比较表

单位：元

	订单甲	订单乙	预算
运输作业	3000	4500	3967.5
仓储作业	4500	3000	4650
资源调度作业	57000	85500	45450
职能作业	67980	101970	93000
作业中心合计	132480	194970	147067.5
直接费用	750	1200	
总成本	133230	196170	

从表 9 - 36 可看出，不同作业中心相对预算成本有差异，例如在资源调度作业中，甲乙订单均高于预算，并且乙订单超预算高达 40050 元；在仓储作业中，甲乙订单均低于预算，并且乙订单低于预算达 1650 元；在运输作业中，甲订单低于预算 967.5 元，乙订单高于预算 532.5 元，整体来看乙订单超预算高达 47902.5 元，应该引起公司关注。需要说明的是，本案例预算主要体现间接费用的归集分配，暂不考虑直接费用，且为了便于归集出订单实际运行成本，以与预算进行比较，假设仅有两份订单在执行，实际业务中多份订单可同样应用该思路得出结果。

上述案例表明，通过作业成本法下的成本预算管理，企业不仅仅从数据上看出实际与预算成本的差距，更能启发企业从作业上去思考导致成本增加或减少的原因。根据具体的作业中心和该企业业务特点可知，运输作业关键是通过设计出合理的运输路线或方式来缩短时间。随着油价上涨，控制运输过程中的油费也很重要。仓储作业主要从选择合理的仓储地点、仓储设备的投资维护、仓储人员的技能、充分利用仓储空间等入手。资源调度作业则关注装卸设施以及包装设备的折旧与保养、装卸搬运消耗的燃料等。职能作业主要以人员专业素质为主导因素，以此更高效地完成所负责的工作内容。但需要注意的是，表面看各作业中心代表着独立的作业内容，实际上却存在密切联系，单项物流成本的降低并不意味着整体成本的降低，因为可能引起其他作业中心成本的上升。如设定优越的仓储位置，虽可以降低运输成本，却会导致仓储成本的增加。那么在考虑成本控制与预算的时候，应进行总成本分析，才能从整体运营上达到成本预算管理满意的效果。

第五节　作业成本法在物流管理中的运用

作业成本法虽然起源于成本计算的精确性动机，但其意义已完全超越了成本计算精确性要求这个层面，深入到企业物流活动的作业链-价值链重构，乃至物流组织机构设计问题，在企业物流管理中发挥着重要作用，从而产生了物流作业管理。

一、作业成本法的二维观念

作业成本法具有二维观念，一是“成本分配观”，可以概括为：资源→作业→成本对象。二是“过程观”，可以概括为：经营过程分析→作业→持续改善。如图 9 - 3 所示。

成本分配观提供了关于资源、作业及成本对象的信息，它是以“成本对象引起作业需求，作业需求进而引起资源需求”为基本依据，将资源首先分配至作业，再由作业分配至成本对象。过程观提供的是“何种因素引起作业以及作业完成效果如何”的信息，企业可以利用这些信息不断优化物流经营过程，从而实现持续改善。物流作业管理体现了作业成本法的过程观，其目的在于对物流作业链-价值链进行持续改善，以便企业获得竞争优势。

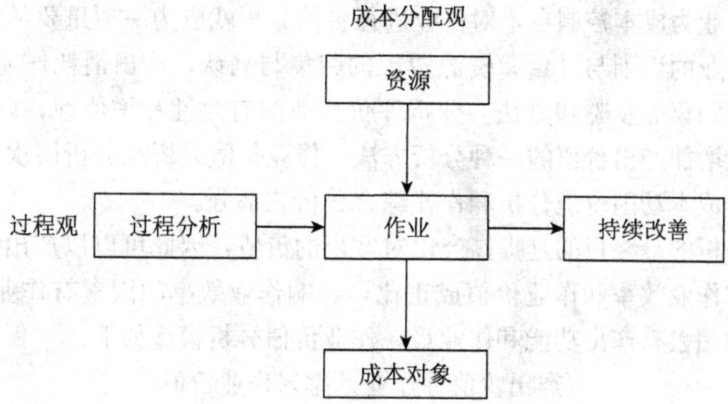

图 9-3　成本分配观和过程观

二、作业过程分析

实行作业分析的目的在于认识企业的作业过程，以便从中发现持续改善的机会和途径。作业过程分析的主要内容有：

（一）区分增值作业与非增值作业

作业按其是否具有增值性可以分为两类，一是增值作业（Value Added Activity），二是非增值作业（Non-Value Added Activity）。

增值作业的基本特点在于它能增加传递给客户的价值，企业如果消除了这类作业，就会影响客户愿意支付的价格。增值作业有两种类型：一种是给客户带来价值的作业，如包装和及时送货等；另一种是保证物流正常运转必不可少的作业，如付给物流员工工资虽不能为客户直接带来什么利益，但却是物流所必需的作业。

非增值作业是指对增加客户价值没有贡献的作业，客户不会因为企业消除这类作业而降低所愿意支付的金额。非增值作业的判断标准是：企业把该作业消除后仍能为客户提供与以前同样的服务效果。在企业物流活动开展过程中有许多非增值作业，例如：①存货的存储、分类、整理和搬运；②产品因质量问题所进行的返修、重复检测；③等待工作等。对于非增值作业来说，物流应考虑的不是如何使它们更有效率，而是如何消除这些非增值作业。

值得强调的是，我们不能根据一项作业在经营过程中是否具有可消除性来判断其是否属于非增值作业。例如，原材料搬运作业通常不能完全消除，但该作业属于非增值作业。相反，某些产品的包装这项作业具有可消除性，企业可以采用散装的方式向客户销售，但是客户往往不愿意按带有包装产品的价格购买。所以，包装作业通常属于增值作业，尽管有时它具有可消除性。

（二）作业价值分析

由于物流效益不仅是增值作业和非增值作业的函数，而且是高效作业和低效作业的函数。因此，以作业为成本控制点，对作业进行价值分析就成为一项重要的工作。作业价值分析是通过对作业的识别与计量，资源费用的归集与确认，产出消耗作业的确认与计量，产出成本费用的归集等步骤和方法，分析评价作业的有效性和增值性，以提高作业效率、减少资源消耗、增加产出价值的一种分析方法。作业价值分析从分析层次上可以分为资源动因价值分析、成本动因价值分析和作业综合分析三部分。

作业价值分析的最终目的是提高产出对客户的价值，因此可以以产出价值为标的。产出价值的大小与作业效率和作业价值成正比，影响作业效率的因素有作业量和资源消耗，影响作业价值的因素有产出功能和作业量，作业价值分析模型如下：

产出价值=作业效率×作业价值

其中，　　作业效率=作业量/资源费用

作业价值=产出功能/作业量

由模型可知：一定的作业量，消耗的资源费用越少，作业效率越高，产出价值越大；资源费用一定，完成的作业量越多，作业效率越高，产出价值越大；完成一定的产出功能，消耗的作业量越少，作业价值越大，产出价值越大；一定的作业量，提供的产出功能越强，作业价值越大，产出价值越大。

1. 资源动因价值分析

资源动因价值分析是通过对作业的识别、计量，作业消耗资源费用的确认与归集，分析评价各项作业有效性的方法。资源动因价值分析的程序是：①调查物流活动从采购、入库、储存、挑选整理、包装、检验、运输到客户的全过程；②在熟悉物流流程的基础上识别、计量作业，并将作业适当合并或分解，建立作业中心；③归集资源费用到各相应的作业；④分析作业消耗资源的情况，确定作业的有效性。

由于作业成本库是根据资源动因一项一项分配汇集而成的，所以对资源动因进行分析首先可以揭示作业成本的资源项目，即作业成本要素；再通过作业成本要素和作业相应关系的分析，揭示哪些资源是必需的，哪些可以减少，哪些需要重新配置，最终确定如何降低作业消耗资源的数量，进一步降低作业成本，提高作业效率。资源动因价值分析的过程正是判断作业消耗资源必要性、合理性的过程，即评价作业有效性的过程。

2. 成本动因价值分析

成本动因价值分析是通过产出对作业消耗的确认、计量，作业成本库费用的分配与产出成本的归集，分析评价各项作业增值性的方法。成本动因价值分析的程序是：①从构成作业成本库的各项作业中，选择代表作业，计量成本动因分配率；②确认并计量各产出消耗的代表作业；③计算、归集各产出的作业成本；④分析各作业对产出的贡献，确认作业的增值性。成本动因价值分析重在揭示哪些作业是必需的，哪些作业是多余的，应该减少，最终确定如何减少产出消耗作业的数量，从总体上降低作业成本和物流成本。利用成本动因价值分析的结果可以判断产出消耗作业的情况，可以评价作业的价值。确定是否为增值作业时，结合成本动因价值分析对每项作业开展细微的分析。增值作业必须同时满足以下条件：①该作业的功能是明确的；②该作业能为最终产品或劳务提供价值；③该作业在企业整个物流作业链中不能去掉、合并或被代替。如果有一个条件不符合，该作业就是不增值作业。

3. 作业的综合分析

在进行了资源动因价值分析和成本动因价值分析后，还应分析各项作业之间的联系，这就是作业的综合分析。物流的各种作业相互联系，形成作业链。作业链上的各个作业好比是链环，作业之间的联系好比是链结。无“环”就无法形成“结”，无“结”也形不成链。所以不但要分析链上的各个作业，还要分析各作业之间的联系。即使链上的每个环都是增值高效作业，也可能由于“结”的问题，影响整个作业链的效率和价值。理想的作业链应是作业与作业之间环环相连，无开断和重叠，作业之间的等待、延误应最小。

进行了作业价值分析，明确了作业的价值和效率，才能寻求改进机会。通过作业价值分析可以用以下几种方式降低成本：①减少作业所需要的时间和资源，改善增值作业的效率或在短期内改进不增值作业，直至消除；②消除不增值作业（包括不增值高效作业和不增值低效作业）；③当其他条件相同时，选择成本最低的作业；④利用资源集成原理，尽量实现资源共享与作业共享；⑤利用作业成本计算提供的信息，编制资源使用计划，重新配置未使用资源。

（三）作业执行效果分析

分析作业执行效果目的在于对作业的执行过程实施控制，以寻求降低作业成本的机会。作业效果的优劣，可以从以下三个方面加以衡量：①作业成本的高低；②完成作业的必要时间；③工作质量的好坏。以订货作业为例，可以考虑：①一次订货的平均成本；②一次订货需耗用的时间；③一个月内发生的订货过失次数等。

三、经营过程改善

物流作业管理的目的之一在于企业物流经营过程的持续改善。作业分析为实现这一目的提供了必要的信息，利用这些信息，企业可以从以下几个方面着手进行物流经营过程的持续改善。

（一）重构作业链

重构作业链是一项较为复杂的过程改善措施，大致包含以下内容：

1. 尽量消除非增值作业

消除非增值作业是改善物流经营过程的最重要的环节。企业应对所有不必要的作业予以消除，对于那些无法彻底消除的非增值作业，应最大限度地降低其成本及所消耗的时间。

（1）储存。储存仅增加存货成本，并不增加客户价值，减少储存可以采用适时生产管理模式。

（2）移动。在企业内部移动零部件、原材料、在制品，同样也不会增加客户价值，因此需要合理进行厂内布局、车间布局以减少移动作业。

（3）等待。等待作业不增加客户价值，因此可以通过加强部门间协作以降低等待时间。

(4) 原材料入库检验。原材料检验仍属于非增值作业，完全取消不会对物流或客户的收益造成影响，客户并不要求企业去检验进货，他们只关心产品的质量如何。因此，企业如联系到能承诺提供高质量材料的供应商，该项作业也可消除或减少。

(5) 产品质量检验。检验产品质量的作业，只是消极的预防措施，它不会增加客户的价值，因此可以说“质量是制造出来的，不是因检验而生的”。通过实行全面质量管理制度，可以有效降低质量检验作业和成本。

2. 合并被划分过细的相关作业

对于那些被划分得过细的，却又关系密切、属性基本相同的作业应予以合并，以便减少成本动因的数目，降低系统的复杂性和实行成本，提高作业过程的总体效率。例如，可将“出库计划”“出库管理”“出库调度”等作业合并为“出库协调”作业。不同作业是否有必要进行合并应视拟合并的各项作业的复杂程度、相互之间的相关程度，以及能否适应管理的要求。

3. 作业分解

如果某个作业包含了不同类的业务，而这些业务中的每一项又具有一定的复杂性，那么，就应将该作业按业务的性质进行拆分，以便能提高作业效率。例如，“材料采购作业”中包含了“购货”“验货”和“收货”三种不同性质的业务，因此可以按上述三种不同业务类型，相应分解为三项不同的作业。

4. 改善作业流程

作业流程的改进原则上应使整个作业过程时间最短，并且成本最低。例如，通过改变作业地点布局来缩短在产品间的传递距离，从而实现降低整个作业的时间消耗。通过增设“材料处理”作业，使得一系列加工作业效率大大提高，同时次品率又可大幅度减少，废品损失成本大幅度降低。

（二）合理配置资源

在企业物流活动开展过程中，资源总体利用效果未能最优化的原因在于不同作业的产出水平相差较大，致使个别作业利用率接近饱和，而其余作业利用率却与达到饱和状态相距甚远，由此造成人员空闲、机器设备闲置等资源浪费现象。企业只有首先明确各项作业利用率，才能从根本上改善资源总体利用效果。利用作业成本法，企业易于获得作业利用率的有关信息，进而找出“饱和”作业和“过剩”作业。例如，利用本章［例9-1］中的信息，很容易计算出各项作业的资源利用率。有关结果如表9-37所示。

表9-37　资源利用率的计算

作　业	分配率	未耗用作业动因数	作业利用率
订单处理	5.46	1008−800=208	800/1008=79.37%
包装	20.94	576−547=29	547/576=94.97%

续 表

作 业	分配率	未耗用作业动因数	作业利用率
运输装卸	12.92	840－656＝184	656/840＝78.10％
质量检验	20.00	800－470＝330	470/800＝58.75％
传票管理	0.97	840－588＝252	252/840＝70％
一般管理	—	—	75％

通过对表 9－37 的分析，可以发现“包装”作业的资源利用率接近饱和状态，而其他作业则存在明显的闲置，特别是“质量检验”作业，有近一半能力未能利用。这表明，“包装”作业是“饱和”作业，而“质量检验”作业是“过剩”作业。包装作业成为充分利用整个经营能力的“瓶颈”，可以从以下几个方面着手解决：①改进物流服务方式，降低物流活动中需要消耗的包装作业；②提高包装效率；③增加包装设备。

（三）优化作业

优化作业的目的在于降低作业单位产出成本，缩短作业时间和提高作业质量。实行作业优化可按以下步骤进行：

1. 选择优化潜力较大的作业

企业物流的经营过程包含许多作业，在对物流作业进行优化时，应重点选择那些潜力较大的作业实施优化。属于这类作业的主要有：①无法彻底消除的非增值作业；②成本较高的增值作业；③作业时间较长的增值作业；④对其他作业影响较大的作业。

2. 缩短作业周期，降低作业成本

作业周期的缩短有利于增加客户的满意度，同时可提高作业产出能力，有利于降低作业成本。缩短作业周期的途径主要有：①提高作业人员的熟练程度；②改善作业方式；③优化作业安排；④与其他相关作业相协调；⑤进行技术设备更新。

3. 提高作业质量水平

作业质量水平的提高有利于增加客户价值，同时也有利于降低物流成本。为此，企业可以从以下几方面着手：①以人为本，树立质量第一的企业文化理念；②提高作业人员的业务水平；③加强设备维护；④进行设备更新。

四、物流作业管理案例分析

本案例中的销售型物流企业是指向上游供应商买断商品，再转售给下游零售门市商店的企业，属于商品批发型流通企业性质。在这种类型企业中，物流的合理组织非常重要，是企业取得竞争优势的重要手段，而物流成本在其整个企业经营成本中也占有非常大的比重，因此有效的物流成本管理对于企业来说是十分重要的。

该销售型物流公司的仓库布置如图 9－4 所示。

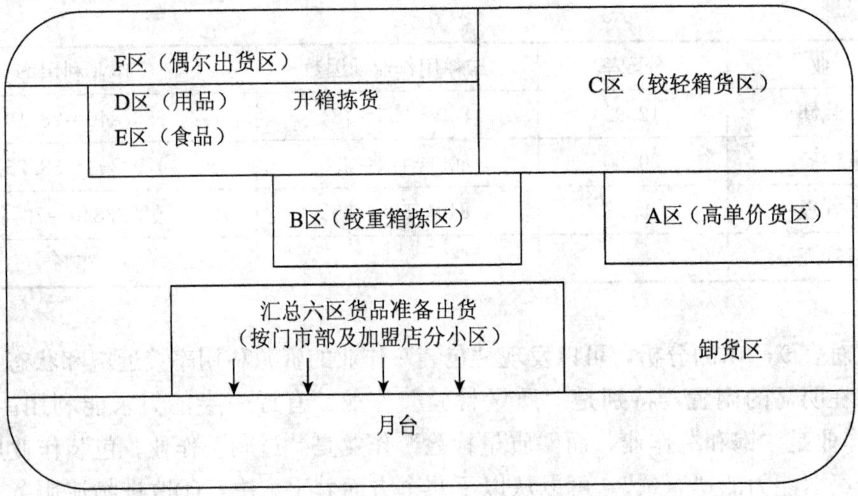

图9-4　该销售型物流公司仓储平面布置

该物流公司在作业成本制度的实施上主要从以下几个方面展开。

（一）作业的确定

根据实际了解该公司物流作业流程，以及分析各种相关资料，可归纳出下述作业来涵盖该公司的整个物流处理程序，如表9-38所示。

表9-38　　该销售型物流企业的作业划分

作业序号	作　业	累计成本	成本动因
1	采购处理	采购人员成本、采购处理成本、采购设备的折旧及维护	采购次数（笔数）
2	进货验收	进货验收人员成本、验收设备的折旧及维护	验收托盘数（ABCDE区）
3	进货入库作业	进货人员成本、叉车设备折旧	托盘数（ABCDE）
4	仓储作业（ABCDE区）	仓库管理人员成本、储存仓库的租金、折旧费用、维护费用、财产税、杂项费用（包括拣货储存区的空间费用）	所占空间、体积
5	人工补货（DE区）	开箱人员成本、搬运人员成本、设备	补货箱数（DE区）
6	叉车补货（BC区）	叉车驾驶员成本、叉车折旧、维修费用、托盘成本	补货托盘数（BC区）
7	EOS作业	接受订单人员成本、订单处理成本	一般订单数
8	BC区拣货准备	拣货人员等待成本、拣货设备折旧及其维护	订单数

续　表

作业序号	作　业	累计成本	成本动因
9	BC 区拣货作业	拣货人员成本	箱数
10	DE 区拣货准备	拣货准备成本、拣货设备折旧及维护、人员等待成本	订单数
11	DE 区拣货作业	拣货人员成本	包数
12	A 区拣货	拣货人员成本、拣货准备成本	拣货次数
13	出货作业	车辆调配、油料、车辆维修折旧、司机成本	拣货次数
14	营销管理作业	人员成本、文具用品费用、电脑设备、通信费用、教育培训费用	营业金额

（二）成本对象的选择

在作业成本制度的实施中，成本对象的选择可以随着分析目的的不同而有所不同。如果分析目的是探讨每一个便利店的成本水平，则成本目标一定是各个便利店；如果这里设定研究的是每一种商品的物流成本，则成本目标就定义为商品。从理论上讲，我们可以把该公司所经销的所有商品都定义为成本对象，但由于该公司经销的商品种类多，这样做不太符合实际，除非我们在分摊作业成本时不按照“实际”成本动因使用量，而是利用“标准”成本动因量，否则，仅收集每种商品的成本动因使用量便是一大问题。即使使用“标准”成本动因量进行成本分摊，我们也仍需要知道每一种商品的“实际”使用量，以便事后的评估考核使用，因此，商品有必要进行一定的合并。

虽然该公司经销的商品种类繁多，但其流程仍大致按不同区位的商品而有所不同，因此可以把商品分成 A、B、C、D、E、F 六大类，而 F 区中商品因属于非经常性销售项目，因此建议将其排除，所以在分析中真正涵盖的商品只有五大类。因此，最终用来计算成本分摊的商品被分为 A、B、C、D、E 五大类。从而得到该公司作业成本制度下的成本分摊二阶段模式，如图 9－5 所示。

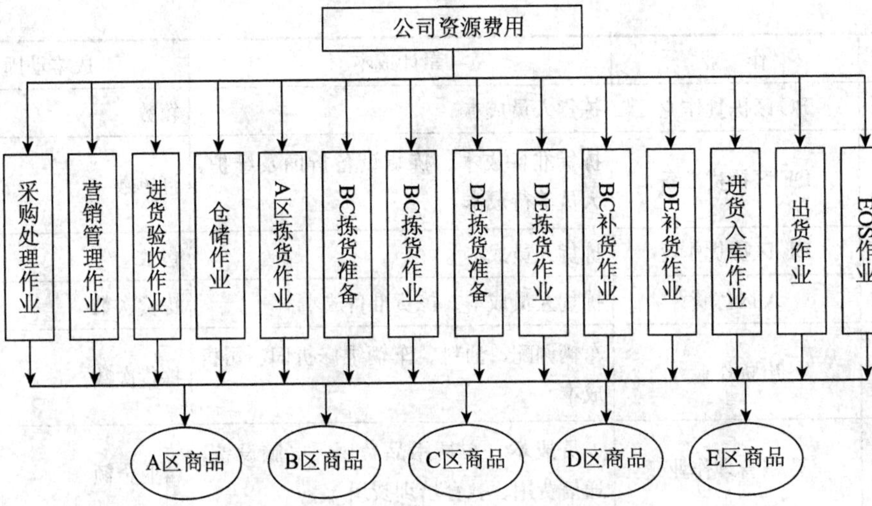

图 9－5　公司作业成本二阶段模式

（三）作业成本分析

由于人工成本以及折旧费等都是按月计算的，因此，公司每月都要根据图 9－5 中的作业，累计计算各项作业的成本，再按照各成本对象的成本动因消耗量，将作业成本分摊到各区域的商品中。

1. 采购处理作业

采购处理是公司对外的采购作业，由于每个区域商品的采购频率不同，所以在分摊采购成本上也应该有所区别。根据实地研究观察，采购处理作业的成本动因选择为每个区域的“订单笔数”。每种产品采购一次，不管其每次的订货量或订货金额为多少都视为一笔。采购处理作业的成本主要是人事成本和订单服务费用。月末采购处理作业的成本分摊系数计算公式为：

$$\text{每笔采购处理作业成本}=\frac{\text{采购处理成本总额（人事成本＋折旧费＋订单服务费＋耗材）}}{\text{（A 区＋B 区＋C 区＋D 区＋E 区）订单总笔数}}$$

2. 验收作业

该作业为对外采购商品入库前的检验工作，由于每一个区域的商品采购量不同，采购量越大则验收成本越高，因此，应按照采购量的多少作为验收成本分摊的动因，而托盘数的多少反映了采购量的多少，因此以托盘数作为验收入库作业的成本动因。月末验收作业成本分摊系数的计算公式为：

$$\text{每托盘货物验收作业成本}=\frac{\text{验收成本总额（人事成本＋折旧费＋耗材）}}{\text{（A 区＋B 区＋C 区＋D 区＋E 区）托盘数}}$$

3. 进货入库作业

该作业是指将对外采购商品搬入仓库的作业，入库成本当然也与采购量成正比，从而也可以以托盘数作为进货入库作业的成本动因。计算公式与上面类似。

4. 仓储作业

由于仓库作业人员都承担着入库、补货等作业，因此，这里的仓储作业成本主要是仓库的租金（包括仓储设施的折旧）。由于每个区域的面积已经事先固定，除非仓库布置重新改变，否则很少变动。因此，仓储作业的相对成本动因为每个商品区域所分配的库存面积。仓储作业成本的期末分配系数的计算公式为：

$$\text{单位面积仓储作业成本}=\frac{\text{仓储作业成本总额（人事成本＋折旧费＋耗材）}}{\text{（A区＋B区＋C区＋D区＋E区）总面积}}$$

5. 补货作业

该作业是指将商品由仓库搬运至拣货等待区，以有利于拣货的进行。由于B、C区的商品属于重型商品，因此补货需要用叉车，而D、E区的商品属于轻型商品，补货作业由人工完成，因此在成本结构上存在着很大的差异，尤其在机器的折旧与维护成本上，B、C区的补货作业成本要高出D、E区很多。由于B、C区的补货大多以叉车将整托盘商品搬运至拣货区，因此其对应的成本动因为“托盘数”；而D、E区的补货作业则为人工搬运，因此，可以用“补货搬运箱数”作为D、E区补货作业的成本动因。

6. 拣货准备以及拣货作业

A区商品的拣货作业比较简单，一般而言是由卡车司机在出货时按照拣货单直接到A区仓库领取，而B、C区以及D、E区所涉及的作业就比较麻烦，B、C区内的商品有轻有重，D、E区内的商品种类多样化，因此在作业划分时有必要将拣货作业区分成两段，前段称为拣货准备作业，后段称为真正的拣货作业。

就“拣货作业”而言，每个区域商品的成本动因都是“拣货次数”。但是每区使用的销售单位有所不同，A区商品销售按“条”计，B、C区商品销售按“箱”计，而D、E区商品销售则按“包”计。此外，每个区域的拣货作业成本的构成也不同，A区以人事成本为主；B、C区除人事成本外，则需要计算拣货搬运设备的折旧和维修成本；而D、E区除人事成本外，也要包括传送带的折旧和维修费用。

B、C区和D、E区的商品需要经过“拣货准备”作业，此项作业是拣货作业的规划设计以及拣货单的准备工作，以使得拣货作业更加具有效率。拣货准备作业成本以人事成本为主，其成本动因为“订单张数”，也就是假设每一张订单所耗用的拣货准备成本不会因订单内容或订购数量而影响其准备成本。

7. 出货作业

出货作业包括拉货上车、运输、卸货以及车辆维修与指派等作业。从理论上讲，该作业应该进行更进一步的细化，但由于该公司在该作业的成本资料追踪与归集上有困难，因此只好将这些作业合并为一项出货作业。出货作业的成本主要包括司机的成本以及外包车辆的费用、内部车辆的维修费、折旧费、保险和油料费等。出货作业的成本与运输量有关，由于等待出货的商品均放置在托盘上，因此合理的出货作业成本动因应选择为“出货托盘数”。

8. 营销管理作业

这是指行政管理部门的支持性作业，由于管理成本必须分摊到三个物流中心，而这里只讨论一个物流中心，因此，这里只需摊提部分的营销管理成本。营销管理费用的分摊以“销货金额”作为成本动因，其理由是营销管理成本往往是按照销售额的固定百分比提取的，随着公司业务量和销售金额的提高，公司的营销管理费用也会随之提高。

9. EOS订单处理

EOS是为处理各便利店向公司订购的作业，其作业成本包括人事成本、EOS机器的折旧与维护费用。随着商品订货项目的增加，EOS的成本也会随之增加，因此，EOS订单处理作业成本以“订单笔数”作为成本动因。

划分了作业，明确了每项作业消耗的资源成本并进行日常的统计工作，再按照前面所示的二阶段成本分摊模型，就可以按照既定的成本对象来进行公司作业成本的计算，并在此基础上开展相应的作业价值分析以及客户的获利能力分析。

五、物流作业管理对企业管理的重大开拓

虽然企业物流活动本身就是一系列作业的集合体，作业管理贯穿于企业物流管理过程的各个环节，但是，作业管理必须突出重点，不能平均使用力量，应该把重点放在物流系统设计、适时生产系统和全面质量管理等基本环节上。

（一）物流系统设计

物流系统是一种适当地将市场需要的库存分配到各物流点的系统，包括库存配置和货物移动。物流系统设计是构建企业内部作业链的首要环节，在相当大的程度上决定了后续作业。物流系统设计对物流功能的实现、物流服务方式的确定、物流作业的流程和物流成本乃至企业整体作业链-价值链都具有关键性的影响。据估计，物流作业成本有60%～80%在物流系统设计阶段就已经确定了。物流系统一旦投入运转，降低成本的潜力就不大了。成本虽然发生于物流活动过程，但是其根源却在物流系统的设计。对于物流成本管理而言，影响物流系统设计的早期因素正是赢得真正竞争优势的地方。因此，在物流系统设计阶段，必须认真考虑物流系统设计方案对物流成本乃至物流整体作业链-价值链的影响。

物流系统设计是企业物流活动最重要的作业动因和成本动因。物流成本是由物流作业引起的，不同物流系统设计方案所需的作业不同，各种作业的耗费也不同。要降低物流成本，就必须从物流系统设计开始，应用价值工程和作业成本计算所提供的信息，根据客户的要求，进行作业分析，修订物流系统设计，使物流系统在保证满足客户服务要求的前提下，尽量选用成本较低的作业，消除一切不必要的作业，降低作业耗费，把物流系统设计深入到作业与价值的平衡上，优化企业物流的作业链-价值链。

（二）适时生产系统

物流系统设计，只是解决了如何组织物流活动问题，如何把物流系统设计变为现实，还要解决如何组织生产经营问题。在物流系统设计阶段尽量消除一切不必要的作业，只是一个开端，要把它落到实处，还需要保持企业整体生产经营过程的各个环节相互协调，环环相扣，准确无误地运转，真正消除一切不必要的作业，这就要求企业建立适时生产系统。

适时生产系统（Just-in-time Production System）是最近20年来高新技术广泛应用于生产领域，在生产高度电脑化、自动化的基础上形成的新的生产管理系统，其目标就是消除一切不必要的作业。例如，与存货有关的储存、维护、归类、整理等作业，因存货质量问题、供产销各阶段的停工待料或脱销等问题而引起的作业就是不必要的作业。适时生产系统要求企业在供产销的各个环节尽量实现“零存货”（Zero Inventory）。也就是说，在供应阶段，企业所需要的原材料、外购件能保质保量“适时”供生产使用；在生产阶段，各个生产环节密切配合，协调一致，前一道工序按后一道工序的要求“适时”地、保质保量地提供半成品；在销售阶段，按客户的要求，保质保量，“适时”地将产品送到客户手中。总之，通过适时生产系统，力求消除一切不必要的作业，从而达到优化企业物流作业链-价值链的目的。

适时生产系统的运用，对企业生产现场控制系统提出了变革的要求。在传统的企业管理下，企业是采用由前往后的“推进式”（Push Through）生产现场控制系统。整个生产过程从供应阶段开始，由原材料仓库依次向各生产工序供应原材料，通过加工形成在产品、半成品，继续转入下一道生产工序，由它们继续进行加工，如此由前往后顺序推移，直至最终完成全部生产工序，形成可以对外销售的产品，转入成品仓库等待销售。在这种生产现场控制系统下，前面生产工序居于主导地位，后续生产工序只能被动地接受前面生产工序转移而来的加工对象，并对之进一步加工。“推进式”生产现场控制系统，在企业生产经营的各个环节存在大量的存货。在这种生产现场控制系统下，各个环节存在适量的存货是必要的。只能在这个前提下，研究和确定最佳存货置存量。众所周知的经济订货批量（EOQ模型）就是传统企业管理思维的产物。

在作业管理下，企业采用由后往前的“拉动式”（Pull Through）生产现场控制系统。整个生产过程以市场需求为导向，从销售阶段开始，以最终满足客户需求为起点，根据客户订货所提出的产品数量、质量和交货时间等特定要求作为组织生产的依据，由后往前逐步推移，全面安排生产活动。这样，前一道生产工序只能严格按照后续生产工序所要求的在产品、半成品的数量、质量和交货时间组织生产，前一道生产工序生产什么、生产多少、质量要求如何以及交货时间，只能根据后续生产工序提出的具体要求来进行。与传统的企业管理思维相比，前后生产工序的主、客位置颠倒过来，后续生产工序处于主动地位，而前一道生产工序则处于被动地位。这样，由于整个生产系统按照适时生产系统进行，企业在各个生产经营环节实现了“零存货”。在这里，存货掩盖了企业管理中实际存在的问题，存货是浪费资源之祸首，应该尽量消除存货的存在。可见，在作业管理下，经济订货批量计算公式应用的基础和条件已不复存在。总之，在传统企业管理下，生产是按照“供应阶段→生产阶段→销售阶段”模式进行的，而在作业管理下，生产则是按照“销售阶段→生产阶段→供应阶段”模式进行的。

（三）全面质量管理

全面质量管理（Total Quality Control）是为了达到使客户完全满意而能在最经济的水平上进行生产、提供服务之目的，相应地使企业各部门在质量开发、质量保持及质量改善上所作的努力而形成的卓有成效的体系。它包括了关注客户的满意程度，员工的参与度和持续的质量改进。通过其实施，对产品从设计、生产到使用的全过程都加强了质量控制，参与人员由专业的质检人员扩大到了生产工人。

全面质量管理也是一种观念，它要求消除不能增加产品价值的一切浪费、缺陷和作业。全面质量管理强调客户满意，并把管理重点放在满足客户需求上。企业实行作业管理，必须把全面质量管理贯穿其中。这是因为，适时生产系统要求供、产、销各环节实现零库存，这就要求生产经营各环节相互协调，运行流畅，保证高质量。这就不能按传统质量管理那样对产品的质量采用随机抽样的办法，质量管理的重点放在事后进行检验和修复，而应当实施全面质量管理，确保原料、在产品和产成品的零缺陷。否则，某一环节的缺陷将会造成生产混乱，并引起连锁反应，导致大量的非增值作业的出现，使适时生产系统崩溃，其损失是无法估量的。为了避免这种情况的出现，必须辅之以“全面质量管理”，从供应商的选择开始，到产品的设计、生产流程的确定、产品的生产、销售，各个阶段都要严格把好质量关，使之达到“零缺陷”（Zero Defects），从而消除因质量问题而引起的一切不必要作业，优化企业的作业链-价值链。

总之，物流系统的设计是企业物流活动最重要的成本动因，适时生产系统是没有任何浪费地执行各种作业，而全面质量管理则是没有任何缺陷地执行各种作业。物流系统设计、适时生产系统和全面质量管理，三位一体，缺一不可。它们三者只有同步进行，相互配合，才能相得益彰，优化企业物流的作业链-价值链。因此，物流作业管理必须把重点放在物流系统设计、适时生产系统和全面质量管理等基本环节上。

（四）物流经营周期时间

物流经营周期时间是衡量整个企业物流作业链效率的重要依据。当今社会，时间就是生命，时间就是财富，时间就是市场份额。因此，时间已经成为一个重要的竞争因素。企业从物流系统设计直至产品最终交给客户整个过程就是物流经营周期时间。企业以市场需求为导向，缩短物流经营周期时间，就可以增加物流服务数量或降低物流成本或者二者兼而有之，从而提高企业的获利能力和竞争能力。当物流经营周期时间分解成各个不同的时间段时，它便转化为与各种产品、客户订单或者批产品相联系的易于管理的各个过程。这些过程由一系列消耗诸如工资、薪金、津贴、工具、存货、折旧等资源的各种作业组成。因此，缩短物流经营周期时间，优化作业链，企业可以在不增加物流经营能力和保证及时交货的情况下，提高物流服务的竞争优势。物流经营周期时间如图9-6所示。

根据图9-6，我们可以看到：时间是最基本的经济资源，它是度量企业物流作业链效率的一把尺子，有助于理解物流经营周期时间内所耗费的资源是否增加了价值以及在多大程度上增加了价值。虽然物流经营周期时间包括准备时间、包装时间、流通加工时间、检验时间、运输时间、等待时间和储存时间，但是，并不是所有的时间都可以增加客户的价值，只有包装时间和流通加工时间可以增加价值。由此，作业管理下的“增值作业和非增值作业”可以表述为下面的等价形式：整个物流经营周期时间可以分为增加价值的时间和不增加价值的时间。作业管理的目的就是要使不增加价值的时间为零。由此我们不难看

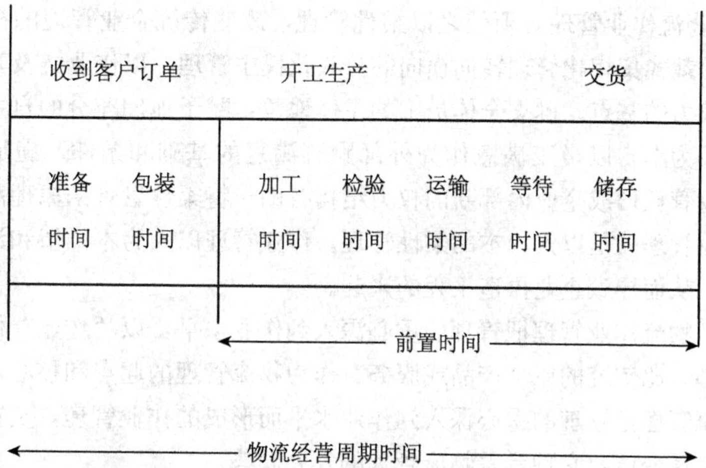

图 9-6　物流经营周期时间

出，一项作业是增加价值的作业，该项作业一定是在增加价值的时间内进行的。如此，一切作业耗费的资源大多数可以转化为用时间来表述。例如，前述的工资实际上就是企业为了取得职工劳动时间而支付给工人的劳动报酬。如果特定的非增值作业消除了，缩短了物流经营周期时间，实质上，就等于改善了服务，提高了质量，即对客户反应的时间改善了，而在产品质量上又能完全符合客户的要求。如果高质量的服务和优质的产品得到客户的首肯，客户自然愿意为企业的产品或服务支付较高的价格。自然，企业也因此从客户手中得到更多的利润。因此，作为适时生产系统的延伸，物流经营周期时间是衡量整个企业物流作业链效率的重要依据，如何对之进行科学管理显得日益重要。

（五）以人为本的柔性管理

企业物流管理既是科学又是艺术，柔性管理（Flexible Management）体现了企业物流管理的艺术层面。柔性管理是在尊重人格独立和个人尊严的前提下，在提高全体员工对企业的向心力、凝聚力与归属感的基础上，所实行的分权化民主管理。其最大特点在于它主要不是依靠外力而是依靠从内心深处激发每个员工的内在潜力、主动性和创造精神，使他们心情舒畅、不遗余力地为企业不断开拓进取，创造出优异业绩而努力。因此，从本质上说，柔性管理是一种以人为本的管理，也可称为“人性化管理”。

如前所述，物流作业管理的目标是从为客户提供满意的产品和服务而获得更多的利润。企业要使客户（外部顾客）满意，首先要以员工（内部顾客）满意作为基础和条件。只有员工（内部顾客）满意，才能达到持续改善之理想境界，消除一切不增值的作业，从而优化企业物流的作业链-价值链。在作业管理下，企业物流管理的重点从过去强调对员工行为的控制转移到让员工知情并授予他们自我解决问题和持续改善作业链-价值链，由此导致企业物流管理从过去的命令-控制观念转向知情-改善观念。对此，传统的“以规章制度为本”的刚性管理难以胜任。

为了充分发挥企业每个员工的自主性和开拓、创新精神，优化企业物流乃至整体的作业链-价值链，物流作业管理必须辅之以柔性管理，改变传统企业管理的权力结构，从原来纵向的专制独裁式集权化管理转向横向的分权化民主管理，以作业链及其背后的“员工链”作为管理权力的基点，确立全体员工的主体地位，赋予他们充分的自主权、知情权和发言权，即以人为本，以员工满意作为外部顾客满意的基础和条件，满足外部顾客的意愿。因此，作业管理形成企业内部新的权力结构有助于将柔性管理的原理落到实处。从某个层面看，作业管理就是以人为本的柔性管理。作业管理以人为本推衍和设计企业组织框架和运转机制，从而导致企业再造工程的兴起。

综上所述，物流作业管理把管理的重心深入到作业水平，以“作业”作为企业物流管理的起点和核心，比传统的以“产品或服务”作为物流管理的起点和核心，在层次上大大地深化了。物流管理把管理的重心深入到作业水平而形成的作业管理，是在物流管理上的一个重大的革命性变革，它预示着物流管理的发展趋势。

本章小结

物流作业成本法的发展大致可分为两个阶段，一是传统作业成本计算法，二是时间驱动作业成本法。作业成本计算法能够克服传统成本计算法的许多缺点，它的运用能为企业提供许多战略管理所需要的成本信息。而时间驱动作业成本法在成本分摊方式上对传统作业成本法做了进一步的改进。

物流作业成本法的基本原理可以概括为“产品消耗作业，作业消耗资源”，主要成本计算步骤为：确认资源及作业；根据资源动因，将各项资源耗费计入各项作业成本库；根据成本动因，将作业成本分配至各有关产品。

时间驱动作业成本法的基本实施步骤是：估计有效作业时间、计算单位时间成本、估计单位作业耗时、计算单位作业成本（成本动因率）。时间驱动作业成本法计算程序简单，通过直接估计单位作业耗时将资源成本动因和作业成本动因融合在一起。同时，这种方法还可以计算出因未充分利用有效工时而造成的不增值成本。

作业成本法在物流管理中的重要应用就是实行物流作业管理，通过围绕作业成本的分析，管理人员可以改善企业物流活动的作业链，从而有效地降低物流成本。

讨论题

你认为与传统成本法相比较，作业成本法在哪些方面是创新和发展？为什么说企业物流成本的计算更适合采用作业成本法？

思考题

1. 随着当代高新科学技术和社会经济环境的重大变化，企业生产经营的内外部环境和条件发生了哪些重大变化？这些变化对企业成本计算方法产生了哪些影响？

2. 与传统成本计算方法相比较，作业成本法的优点是什么？
3. 在作业成本法下，企业物流成本的计算是怎样进行的？
4. 作业有哪些种类？物流作业的确定要考虑哪些因素？
5. 与传统作业成本法相比，时间驱动作业成本法在哪些方面有所改进和发展？
6. 作业成本法的基本原理与方法可以运用于物流成本管理工作的哪些方面？
7. 如何理解从作业成本计算发展到作业管理是历史的必然？

案例分析

第三方物流企业时间驱动作业成本法下物流成本核算体系

通达物流公司是一家第三方物流企业，提供干线运输、货物仓储、区域配送等服务。公司拥有员工29人，货车8辆，叉车等装卸设备共2部，1000平方米的仓库2个。通达物流公司拥有高素质的专业队伍，迅捷的信息网络和完善的管理制度，公司运力资源充足，并在以往长期的工作中积累了一套完整的运作模式，实现了为客户提供高效、周到的一体化服务。通达物流公司完成了A、B两家客户委托的物流服务。A客户企业是一家外地食品加工厂，其物流合同中规定产品生产完工后由食品厂运至公司仓库，由后者提供仓储服务并为辖区内超市和便利店配送产品。B客户企业是一家健身器材厂，其物流合同中规定器材生产完工后由器材厂运送至公司仓库，由后者提供仓储服务并向辖区内专卖店完成配送。通达物流公司管理层迫切希望采用一种先进科学的成本核算方法对物流成本进行管理，以达到明确掌握每一个物流服务合同的物流服务成本，为客户运输方式选择决策依据的目的。公司决定引入时间驱动作业成本法核算物流合同成本。其核算步骤如下：

1. 确定作业涉及的资源成本库

通达物流公司在履行物流合同时涉及三个物流部门，即订单处理部门、仓储部门、运输部门。这三个物流部门在完成甲、乙合同时执行的作业分别为解答客户询问、处理客户订单；入库验收、卸货堆货、发货准备、运输等。

2. 确定部门资源库的成本

根据通达物流公司201×年11月发生的业务，其资源费用金额是从公司财务系统中提取的。财务系统的明细账归集订单处理部门、仓储部门与运输部门发生的费用，依次为26868.4元、71114.6元和304760元（由于公司提供的物流服务是无形的，其直接材料很少，而以合同作为成本计算对象时，可直接追溯到客户的人工费用也很少。所以在本例中，假设直接材料和直接人工费用为零）。

3. 估计各个资源库实际提供资源的能力

通达物流公司管理人员凭经验估计订单处理部门实际产能占理论产能为80%；仓储部门的实际产能占理论产能为80%；运输部门的实际产能占理论产能为85%。根据通达物流公司的实际情况可知：订单处理部门拥有6名员工，仓储部门拥有8名员工，运输部门拥有10名员工。同时假设员工每天工作8小时，每月工作22天。

订单处理部门：6×22×8×60×80%=50688（分钟）

仓储部门：8×22×8×60×80%=67584（分钟）

运输部门：10×22×8×60×85%=89760（分钟）

4. 计算每个资源库的单位时间产能成本

各部门的单位时间产能成本由各部门所耗资源总成本除以实际产能即可得到。因此，各部门的单位时间产能成本计算如下：

订单处理部门：26868.4/50688=0.53（元/分钟）

仓储部门：71114.6/67584=1.05（元/分钟）

运输部门：304760/89760=3.40（元/分钟）

5. 估算物流作业耗时（计算各成本对象耗用的时间）

通达物流公司在履行物流合同时涉及三个物流部门，即订单处理部门、仓储部门、运输部门。经调查，本月通达物流公司订单处理部门解答客户询问 410 次和处理客户订单 2100 个。涉及甲合同的客户询问 190 次，其中解答电话询问 135 次、解答网络询问 55 次；涉及甲合同的客户订单为 1000 个，其中普通订单 855 个、新客户订单 35 个、加急订单 110 个。涉及乙合同的客户询问 220 次，其中解答电话询问 160 次、解答网络询问 60 次；涉及乙合同的订单为 1100 个，其中普通订单 810 次、新客户订单 40 次、加急订单 150 次。经查看入库验收单可知，甲合同货物的入库验收次数为 80 次，乙合同货物的入库验收次数为 100 次，甲、乙合同每次送货的数量都为 60 箱。其中，甲合同 80 次入库验收作业中，发生 10 次退货；乙合同 100 次入库验收作业中，发生 12 次退货。根据已知条件，甲合同货物的卸货堆货作业次数为 80 次，乙合同货物的卸货堆货作业次数为 100 次。经调查可知，甲合同发生发货准备作业 100 次，乙合同发生发货准备作业 125 次。公司规定，每次发送 48 箱的货物，每次叉车单位满载货物为 4 箱。

这三个物流部门在完成甲、乙合同时执行的作业项目及时间等式见表 9－39。

表 9－39　通达物流作业项目、时间动因及时间等式

作业	子作业	时间动因	时间等式
解答客户询问	解答电话询问	客户询问次数	$12+15X_1$
	解答网络询问	是否是网络询问	
处理客户订单	录入订单基本信息	录入订单次数	$9+5X_1+8X_2$
	建立客户档案	是否是新客户	
	准备加急订单	是否是加急订单	
入库验收	录入货物基本信息	送货次数	甲合同：$5+1.2X_1+15X_2+1$ 乙合同：$5+X_1+12X_2+1$
	货物检查	每次送货的产品数量	
	返还退货	是否有退货	
	验收签字	送货次数	

续　表

作业	子作业	时间动因	时间等式
卸货堆垛	等待卸货	送货次数	甲合同：67 乙合同：48
	卸货存放	每次送货的产品数量	
发货准备	打印发货单	发货准备次数	甲合同：$1+2+0.5X_1+8X_2+0.7X_3+2$ 乙合同：$1+2+0.2X_1+8X_2+0.4X_3+2$
	叉车驶进发货区	发货准备次数	
	货物放至叉车	每次发货的产品数量	
	运至货车	每次发货叉车往返次数	
	从叉车搬至货车	每次发货的产品数量	
	审核签字	发货准备次数	
运输	运输	运输次数	甲合同：27000　乙合同：41000

注：1. 在解答客户询问作业中，X_1 表示是否为网络询问，当解答网络询问时 $X_1=1$，否则 $X_1=0$。

2. 在处理客户订单作业中，X_1 表示是否为新客户，当客户为新客户时 $X_1=1$，否则 $X_1=0$；X_2 表示是否为加急订单，当订单为加急订单时 $X_2=1$，否则 $X_2=0$。

3. 在入库验收作业中，X_1 表示货物箱数；X_2 表示是否有退货，如果有退货，$X_2=1$，否则 $X_2=0$。

4. 卸货堆垛作业中的时间为每次卸货堆垛所需要花费的时间。

5. 在发货准备作业中，X_1 表示每次发货的产品箱数，X_2 表示叉车将单位满载的货物运至货车并返回的次数。

6. 运输作业中的时间为完成甲、乙合同的总用时。

根据已有信息及时间等式，分别得到各作业耗时。见表 9-40。

表 9-40　　完成甲、乙合同的各项作业所耗费的时间　　单位：分钟

	甲合同	乙合同	总计
解答客户询问	3105	3540	6645
处理客户订单	10055	11300	21350
验收入库	6390	6744	13134
卸货堆垛	5360	4800	10160
发货准备	15860	16225	32085
运输	27000	41000	68000

6. 分摊各个资源库的成本

根据作业时间等式，可以得出甲、乙合同的各项作业所分摊的成本。这里以甲合同的处理客户订单作业为例，其计算过程如表 9-41 所示。

表 9-41　　甲合同订单处理作业的成本计算过程

作业类型	单位时间产能成本（元/分钟）(1)	单位作业消耗时间（分钟/个）(2)	成本动因率（元/个）(3)	作业数量（个）(4)	分摊成本（元）(5)	耗费时间（分钟）(6)
普通订单	0.53	9	4.77	855	4078.35	7695
新客户订单	0.53	14	7.42	35	259.7	490
加急订单	0.53	17	9.01	110	991.1	1870
总计	—	—	—	1000	5329.15	10055

注：(3) ＝ (1) × (2)；(5) ＝ (3) × (4)；(6) ＝ (2) × (4)。

将解决客户询问作业的成本或所耗费的时间与订单处理作业的成本或所耗费的时间相加，便可得到订单处理部门在处理甲合同时所耗费的成本或时间。同理可得仓储部门和运输部门在处理甲合同时所耗费的成本或时间。乙合同在各部门的成本计算过程与甲合同的计算过程相同。

7. 计算甲、乙合同物流成本及部门资源利用率

根据上述物流成本计算模型，通达物流公司甲、乙合同成本及部门资源利用率计算如表 9-42 和表 9-43 所示。

表 9-42　　时间驱动作业成本法核算甲、乙合同资源成本

部门	甲合同			乙合同			总物流成本（元）
作业	单位时间产能成本（元/分钟）	消耗时间（分钟）	分摊物流成本（元）	单位时间产能成本（元/分钟）	消耗时间（分钟）	分摊物流成本（元）	
订单处理	0.53	13160	6974.8	0.53	14840	7865.2	14840.00
仓储	1.05	27610	28990.5	1.05	27769	29157.45	58147.95
运输	3.40	27000	91800.0	3.40	41000	139400.00	231200.00
总使用的成本（元）			127765.3			176422.65	304187.95
总使用的产能（分钟）		67770			83609		
提供的产能成本	208032（分钟）						402743.00
未使用的产能成本	56653（分钟）						98555.05

表 9－43　　资源利用率

部门作业	消耗资源总量（元）	提供资源总量（元）	未利用资源总量（元）	资源利用率（%）
订单处理	14840.00	26868.4	12028.4	55.23
仓储	58147.95	71114.6	12966.65	81.77
运输	231200.00	304760.0	73560.00	75.86
合计	304187.95	402743.0	98555.05	75.50

8. 案例分析

上表列示，当月通达公司可以提供产能为 208032 分钟，实际利用产能为 151379 分钟，利用率为 75.5%，说明还存在 56653 分钟未利用产能。当月公司实际分摊的总成本为 304187.95，其中甲合同成本为 127765.3 元，乙合同成本为 176422.65 元，比总耗费成本少了 98555.05 元，分别表示当月通达公司未消耗物流成本 98555.05 元，未使用物流产能 56653 分钟。对于这部分价值 98555.05 元的剩余产能，企业可以考虑今后缩减某类物流作业产能 56653 分钟或选择目前储备产能以谋求企业未来的发展。当然，如果预计产能超过现有闲置产能，也可以提示企业哪些作业环节出现产能不足，有多少不足，指导企业未来物流经营规划。

同理，也可以了解订单处理、仓储、运输各个部门实际分摊成本，比耗费成本减少数额以及资源利用情况，从而明确各部门管理人员的责任，有利于进行订单处理、仓储、运输各个部门物流绩效的考评。

第十章　供应链物流成本管理

学习目的

供应链物流成本管理是从供应链整体的角度出发，对供应链上不同环节的节点企业的物流成本和收益信息进行核算，得到比单个企业更加详细的物流成本信息，从供应链各节点企业相互协调的角度，探讨降低供应链总成本的理论与方法。通过本章的学习，了解供应链物流功能成本和物流交易成本的核算方法，以及供应链中隐性物流成本的分析方法；掌握面向上游供应商和面向下游客户的物流成本管理方法。

第一节　供应链物流成本概述

一、供应链物流成本的相关概念

进入20世纪90年代以来，很多的企业放弃了传统的“纵向一体化”管理模式，将非核心业务外包出去，通过企业之间的资源共享、优势互补，以实现对不断变化的市场需求的快速响应。这种新的管理模式被称为“横向一体化”的供应链管理模式。可以这样说，21世纪企业与企业之间的竞争逐渐演化成供应链与供应链之间的竞争。目前对供应链的定义有很多，我国2006年修订的国家标准《物流术语》（GB/T 18354—2006）的定义是：生产及流通过程中，涉及将产品或服务提供给最终用户所形成的网络结构。在我国比较成熟的定义是马士华教授给出的：“供应链是围绕核心企业，通过对信息流、物流、资金流的控制，从采购原材料开始，制成中间产品以及最终产品，最后由销售网络把产品送到消费者手中的将供应商、制造商、分销商、零售商，直到最终用户连成一个整体的功能网链结构。”

供应链是由供应商、制造商、经销商，再加上仓库、配送中心和各种分销商等构成的物流网络。同一个企业可能构成这个网络的不同组成节点，但更多情况下是由不同的企业构成这个网络中的不同节点。在供应链中存在四个流：商流、物流、信息流、资金流。其中供应链的上下游企业之间通过沟通谈判确定商品的数量、价格、款式以及交货的时间、地点、运输方式等，最终签订合同，这个过程就是商流的活动过程。物流从上游向下游流动，资金流从下游向上游流动而信息流则是双向的。这四种流贯穿了供应链上各个企业的始终。

供应链管理涉及多个企业之间的相互协作，这些企业在地理位置上是分散的，有些甚至分布于全球。对于很多大型的跨国企业来说，他们越来越采用“虚拟经营”的全球制造战略，将低端的制造、装配等业务外包给位于低劳动力成本国家的专业制造商，而将自身精力集中在研发、品牌、服务等高附加值的业务上。因此，供应链管理不仅需要跨企业运作，有时还需要跨区域、跨国界，于是供应链环境下的物流成本管理就变得更加困难。

在分析供应链环境下的物流成本之前，我们首先要界定清楚供应链成本、供应链成本管理、供应链物流成本几个容易混淆的概念。

供应链成本是指从原材料投入开始到最终产品送达消费者的整个过程中发生或应发生的价值耗费，它是为实现整个供应链的利益而投入的资源价值。供应链成本不仅包括企业的内部成本，还包括企业之间由物流、信息流、资金流所引起的交易成本以及供应链协同过程中产生的机会成本和整合成本的总和。供应链成本包括企业在采购、生产、销售过程中为支撑供应链运转所发生的物料成本、劳动成本、运输成本、设备成本和其他变动成本。

供应链成本管理可以说是以成本为手段的供应链管理方法，也是有效管理供应链的一种新思路。供应链成本管理是一种跨企业的成本管理，其视野超越了企业内部，而是将成本的含义延伸到了整个供应链上企业的作业成本和企业之间的交易成本，其目标是优化、降低整个供应链上的总成本。

供应链物流成本就是指在整个供应链的运作过程中特定企业直接和间接的与物流作业有关的经济消耗或支出，包括运输成本、仓储成本、流通加工成本、装卸搬运成本、信息成本、资金占用成本、保险成本以及所有的物流活动和物流管理活动过程中发生的人力、物力、财力成本等的总和。供应链物流管理作为一种共生型物流管理模式，不再孤立地优化自身的物流活动，它强调供应链成员组织通过协作共同使得供应链物流的整体效率得到提高。

二、供应链物流成本管理的理论基础

（一）委托代理理论

委托代理理论是制度经济学契约理论的主要内容之一，建立在信息不对称博弈论基础上。信息不对称指的是代理人拥有信息，但委托人不拥有该信息的一种博弈状态。信息的不对称性可从以下两个角度进行划分：一是信息发生时间的不对称；二是信息内容的不对称。从信息发生的时间看，不对称性可能发生在委托人和代理人签约之前，也可能发生在委托人和代理人签约之后，分别称为事前信息不对称和事后信息不对称。研究事前信息不对称博弈的模型称为逆向选择模型，研究事后信息不对称博弈的模型称为道德风险模型。从信息的内容看，不对称信息可能是指代理人的行为，研究此类问题的模型我们称为隐藏行为模型；也可能是指代理人隐藏的知识，研究此类问题的模型我们称之为隐藏知识模型。

供应链是若干节点企业为了某一共同的目标而形成一个利益共同体，但由于每个节点企业都是具有独立利益的经济主体，并且供应链中每个节点企业所扮演的角色不同，获取信息的能力也不同，因此供应链节点企业间存在着信息不对称。供应链节点企业之间存在着委托代理关系，例如制造商在选择供应商时，只能掌握供应商的报价，但是对供应商所提供产品的质量、供货的可靠性、及时性等都不可能全面了解，而供应商知道这些信息，因此他们中间存在着逆向选择问题。供应链中也存在着道德风险问题，比如引起牛鞭效应的其中一个原因是短缺博弈行为，指的就是在供应短缺时购买商故意夸大订货量、试图获得更多产品配额的现象。委托代理关系的存在会使供应链产生额外的物流成本，供应链中的成员企业可以通过订立相应的契约合同、设计相应的激励机制以减少委托代理问题，但这种关系不可能完全消除。

（二）交易成本理论

交易成本理论是用比较制度分析方法研究经济组织制度的理论。它是诺贝尔经济学奖得主、英国经济学家罗纳德·哈里·科斯1937年在其重要论文“论企业的性质”中提出来的。他认为，交易成本是指交易过程中发生的成本，包括两项：一是获取市场信息的费用；二是谈判和履约的费用。它的基本思路是：围绕交易费用节约这一中心，把交易作为分析单位，找出区分不同交易的特征因素，然后分析什么样的交易应该用什么样的体制组织来协调。

供应链上下游节点企业之间是一种交易关系，因此交易成本理论可以应用于供应链成本管理中。供应链管理与传统的企业管理之间的一个很重要区别就是供应链管理强调企业与企业之间的长期合作关系，随着供应链成员企业间合作的深入，供应链成员企业之间交易不断进行和重复，促进供应链成员企业相互之间的了解，交易成本也会随之降低。供应链管理强调节点企业之间信息流的畅通性，企业之间会增加信息技术的投入，从而增加了交易的便利性，降低了交易成本；由于供应链之间是长期的合作关系，因此信息技术的投入可以通过不断的交易成本的节约获得回报。供应链管理强调成员企业之间的相互信任，有助于降低谈判和监督成本，从而带来交易成本的节约。

（三）战略成本管理理论

战略成本管理起源于1988年美国会计学家罗宾斯和巴莱特提出的战略成本会计，但并未引起人们的重视，直到1993年美国管理会计学家桑克出版了《战略成本管理》一书，该书系统地论述了战略成本管理的概念和方法，至此战略成本管理才开始引起人们的关注。战略成本管理是传统成本管理对竞争环境变化所做出的一种适应性变革，是指从战略的高度对企业的成本行为及成本结构进行分析，并为企业管理决策服务，帮助企业形成竞争优势。战略成本管理是成本管理与战略管理有机结合的产物，其实质就是将成本管理置身于战略管理的高度，在成本管理中强化战略意识、执行战略思维。

战略成本管理是供应链成本管理的理论基础，战略成本管理包括价值链分析、成本动因分析和战略定位分析。其中，价值链分析就是把企业置身于行业价值链中，从战略高度进行分析，探讨利用上、下游价值链进一步降低成本，调整企业在行业价值链中的位置及范围，以取得成本优势。这种价值链分析方法可以用到供应链成本管理中，供应链成本管理本身就是一种跨组织的成本管理，供应链成本管理不仅关注上游供应商，而且也关注下游经销商和顾客。因此，供应链成本管理是站在战略成本管理的高度，实现供应链整体价值的最大化和整体成本的最小化。

（四）目标成本管理理论

目标成本管理又称为“目标成本法”，就是在企业预算的基础上，根据企业的经营目标，进行成本预测、成本决策、测定目标成本，然后对目标成本进行分解、控制分析、考核、评价的一系列成本管理工作。目标成本法与传统的成本加成法之间的差别，主要体现在目标成本法是以系统理论为基础的，而传统的成本加成法忽视了组织与其所处环境之间的相互作用，较少考虑影响系统运作的因素。目标成本管理强调组织适应环境的重要性，更多地考虑影响系统运作的互动关系，在实际结果发生之前便采取预防措施，并且随着时间的推移不断提高标准。此外，目标成本法以顾客满意为导向，克服了传统成本管理方法不考虑顾客需求和市场反应、单纯从企业内部出发控制成本的缺陷。

在供应链环境下，目标成本在核心企业的主导下进行分解，分解到上下游企业，这种分解方法能够将目标成本落实到供应链各成员企业，从而使成本控制真正贯穿于整条供应链。运用供应链战略合作伙伴选择的思想，对供应链各节点企业进行全面深入分析，从成本优化的角度确定符合目标成本约束的最优成员企业组合，实现以供应链战略合作伙伴关系为基础的目标成本控制。在供应链中推行目标成本管理，有利于增强供应链全体成员企业的成本意识，有利于把握供应链物流运作投入产出的全局，有利于从机制上保证物流成本在整个供应链过程中受控，从而提高整条供应链的市场竞争能力。

第二节 供应链物流成本核算

一、供应链物流功能成本核算

供应链物流功能成本是指为实现供应链管理活动所实现的物流功能而产生的成本之和。众所周知，物流有运输、仓储、装卸搬运、包装、流通加工、配送、信息处理七大功能，在供应链中要实现这些功能同样会产生相应的成本。供应链环境下物流功能成本有一个很重要的特点，那就是企业可能会选择将物流功能外包，从而使第三方物流企业成为供应商和购货商之外的供应链中重要的一环。物流外包可以分为外部外包和内部外包两种形式。外部外包是指与物流提供商之间建立起长期的合作伙伴关系，将物流功能业务交由物流提供商来完成。内部外包是指集团公司拥有自己的独立的物流子公司，集团公司将物流功能业务交由独立物流子公司完成。企业是采取自营物流还是外包物流，是企业战略决策的一个很重要的方面。一般来说，自营还是外包的决策可以从以下几个方面来考察：①物流是否为企业的核心能力。当企业的物流管理不构成企业的核心能力，且企业的物流资源与能力难以满足企业自身的需要与顾客需求时，企业就应当实施物流外包，将物流交给第三方物流企业去运作。例如，对于海尔集团来说，物流一直都是其核心能力，所以不会将物流外包给第三方去做，而是选择由自己的独立物流子公司来完成；相反，海尔物流甚至会为一些大型企业提供第三方物流服务。②物流在企业中的战略重要性。一般来说，物流在企业的战略重要性水平越高，越趋向于采用内部运作，否则就应当考虑将物流外包给第三方物流企业去运作。例如，一般的连锁经营企业，如沃尔玛、家乐福、华联、联华等大型超市，物流在企业中就具有重要的战略地位，所以会选择自营物流而不会将物流外包出去。③物流资产的专用性程度高低。当物流资产的专用性程度很高且交易量大时，物流应由自己运作，否则就应交由第三方物流企业去运作。例如，危险品物流的专业化程度比较高，它需要根据货物的物理和化学性质，满足特殊的运输和储存条件；因此危险品物流是自营还是外包就需要看企业自身的交易量是否大，因为交易量大会带来规模效应，物流可以采用自营的方式，既可靠又节约成本，相反就需要将其外包出去。

自营物流下，物流功能成本的核算主要是企业自身物流的相关支出，而物流外包下，物流成本的核算主要是企业支付给第三方物流企业的相关费用。表10-1显示了自营物流和物流外包下，物流功能成本核算的会计科目设置。

（一）供应链物流功能成本核算会计科目设置

表10-1显示了自营物流和物流外包下，物流功能成本核算的会计科目设置。

表10-1　　供应链物流功能成本核算会计科目设置表

一级科目	二级科目	三级科目或费用项目	备注
自营物流成本	仓储成本	折旧费、人工费、管理费、维护费、保险费、税金等	供应商的原材料库存费、生产企业的半成品、产成品库存费等
	运输成本	卡车运输费、其他运输费、设备运输费、其他运输相关费用	原材料从供应商到生产商的运输费；产成品从生产商到销售商的运输费；退货产品的运输费
	包装成本	人工费、包装材料费以及机器折旧费等其他相关费用	供应链各节点企业自营包装业务的支出
	装卸搬运成本	人工费、资产折旧费、维修费、能源消耗费以及其他相关费用	供应链各环节中物品的装卸搬运费
	流通加工成本	人工费、资产折旧费、维修费、送货费、能源消耗费以及其他相关费用	产成品进入消费领域后的流通加工，不包括生产加工；配送中心的分拣等费用；产品从配送中心到零售店、顾客手中的送货费
	信息处理成本	管理信息系统的安装、维护费、资产折旧费	企业内部为处理物流信息所支付的费用，企业间的信息处理费不在此列，而在交易成本中

续 表

一级科目	二级科目	三级科目或费用项目	备注
委托物流成本	仓储成本	企业对外支付的仓储费	
	运输成本	企业对外支付的运输费	
	包装成本	企业对外支付的包装费	
	装卸搬运成本	企业对外支付的装卸搬运费	
	流通加工成本	企业对外支付的流通加工费	
	信息处理成本	企业对外支付的信息处理费	

（二）基于时间驱动作业成本法下供应链自营物流功能成本核算体系

鉴于供应链自营物流的特点及适应性，提出采用时间驱动作业成本法对自营物流功能成本核算的构思。

1. 基于时间驱动作业成本法的会计核算科目

设置“自营物流作业成本”为一级科目，按作业设二级科目，按子作业设三级科目。

2. 基于时间驱动作业成本法的核算

（1）确定作业涉及的资源成本库（部门），如采购部门、仓储部门、销售部门、配送部门等，资源库可以指的是作业涉及的每个部门。

（2）确定各个部门的成本。假定供应链各个节点企业内部划分，假设企业共有 n 个部门，每个部门的总成本分别为 C_1，C_2，…，C_j，…，C_n。其中，C_j 表示资源库（部门）j 的间接总成本，包括工作人员薪酬、固定资产折旧费、水电费等。

（3）估计各个部门实际提供资源的能力。假设每个部门提供的产能分别为 T_1，T_2，…，T_j，…，T_n。其中，T_j 表示部门 j 的产能。部门 j 的产能主要是指部门 j 有效的人工工时或机器工时，通常可以用理论工时乘以一个合理的比率（由经理人估测出的有效产能对理论产能的百分比）。例如，人工有效工时等价于理论工时乘以比较低的比率，如80%，即允许员工有20%的时间用于休息、闲暇。机器有效工时等价于理论工时乘以比较高的比率，如85%，主要是由于维护、修理等造成的影响。

假定部门 j 共有 N 名工人，每人每天工作时间为 X 小时，每月工作 Y 天，理论工作时间的80%为有效工作时间，则有效工作时间 T_j 为：

$T_j=N\times X\times Y\times 60\times 80\%$（分钟）

（4）计算每个部门的单位时间产能成本。令部门 j 的单位时间产能成本为 H_j，则：

$$H_j=\frac{C_j}{T_j}$$

（5）分析不同的时间动因后，确定每个特定物流作业所消耗的时间。假设 j 部门有 k 个作业，每个作业消耗的时间分别为 ut_1，ut_2，…，ut_r…，ut_k。其中，ut_r 为部门 j 中作业 r 所耗的单位时间，即完成单位作业实际需要的时间，主要是通过向经验丰富的企业员工询问或现场实地观察得到。

另外，作业 r 可以根据特定时间进行划分，需要特别注意的一点是，时间驱动作业成本法引入时间方程，这样就能够精确地计算出每项作业不同情况下的具体时间，因而很好地解决了作业成本法所无法解决的运营过程中的复杂性问题。对于物流作业 r 的特定时间的耗时时间方程表示为：

$$ut_r=\beta_0+\beta_1 x_1+\beta_2 x_2+\cdots+\beta_i x_i+\cdots+\beta_p x_p \qquad i=1，2，\cdots，p$$

其中，当时间动因 x_i 发生时，x_i 取值为1；当时间动因 x_i 不发生时，x_i 取值为0。β_0 表示物流作业 r 的特定事件所耗费的固定时间；β_i 表示时间动因 i 的耗时；x_i 表示时间动因 i；p 表示完成 r 作业所需的时间动因的数量。

（6）分摊各个作业的成本。作业 r 的单位成本为：

$$uc_r=H_j ut_r$$

假设 j 部门中 k 个作业的实际作业量分别为 I_1，I_2，…，I_r，…，I_k。则作业 r 应分摊的成本即为 $uc_r I_r$，作业 r 所耗费的时间为 $ut_r I_r$。

（7）求出总提供成本与总提供产能。k 个作业应分摊的成本加总即可得到部门 j 的总提供成本：

$$C'_j=\sum_{r=1}^{k}uc_r I_r=\sum_{r=1}^{k}H_j ut_r I_r$$

k 个作业所耗费的时间加总即可得到部门 j 的总提供产能：

$$T'_j=\sum_{r=1}^{k}ut_r I_r$$

（8）求出未使用成本与剩余闲置能力。因为总提供成本为 C_j，总使用成本为 C'_j，所以部门 j 的未使用成本为：

$$C_{未}=C_j-C'_j$$

总提供的产能为 T_j，总使用的产能为 T'_j，所以 j 部门的剩余闲置能力为：

$$T_{闲}=T_j-T'_j$$

二、供应链物流交易成本核算

供应链物流交易成本是指在供应链整个流程的各个环节中，上下游企业之间为了使商品的物流活动顺利实施，在物流活动实施之前和物流活动实施之后形成的，促使双方协议达成和维护的一系列成本之和。因此，供应链物流交易成本包括与供应商达成物流交易所形成的成本，物流交易过程中所形成的成本，以及与下游客户达成物流交易所形成的成本，分别为采购与供应商管理成本、订单处理和信息成本、客户服务成本。

（一）采购与供应商管理成本

传统的采购管理并不注重与供应商之间的关系管理，因为供应商管理的相关费用就计入了采购成本当中。而采购成本又分为对外订货的固定费用和货物的成本费用。很显然，货物的成本费用，指生产或购买物料所支付的费用，该费用往往和货物的数量正相关，而货物的单位成本费用是该货物供应商给出的销售价格。若企业为生产型企业，采购的是原材料，则该费用就计入了企业生产成本的直接材料费。若企业为销售型企业，采购的是商品，则该费用就是商品货款总额，计入了企业的营业成本。对外订货的固定成本，是指发生在每次采购或订货中的全部费用，与订购次数有关，但与订购产品的数量无关，包括寻找合适产品、跟踪订货、验收入库以及必要的交通、通信等各种费用。

在供应链管理思想的指导下，企业的采购策略发生了变化，此时的采购成本虽然也包括了对外订货的固定费用和货物的成本费用，并且计算方式也一样，但由于供应链管理更强调企业之间的协作，在进行采购成本核算时，必须考虑供应链合作伙伴之间的关系。因此，我们将供应商管理成本单独列出来分析。供应商管理成本是指为了维护与供应商的关系所支付的相关成本。如果企业与供应商建立起了良好的合作伙伴关系，虽然供应商管理成本有所增加，但是会降低供应链中的双重边际效应，供应商会给予一定的价格优惠，采购成本中货物的成本费用会降低；同时，双方加强了信任，就可以减少跟踪订货、验收入库等采购成本中对外订货的固定费用。

在与供应商建立的长期合作关系中，有不同层次的关系，从基本的快速响应策略、连续补货策略到更高级的供应商管理库存（Vendor Managed Inventory，VMI）策略、联合库存管理（Joint Managed Inventory，JMI）策略，每一层关系中都需要有与供应商关系维护的成本。例如，供应商和采购商要一起协商，确定订单处理的业务流程、库存控制的有关参数（如订货点、最高库存水平、库存检查周期、长期价格折扣等），以及库存信息的传递方式（如 EDI、POS 系统、Internet 等）。此外，供需双方之间还需要相互沟通，建立利益的分配和激励机制，有时候还需要对供应商进行培训等，这些都会产生成本。

（二）订单处理和信息成本

从顾客开始下订单到顾客收到商品为止的这个过程就是订单处理，订单处理费用包括这一过程中的采购单、收货单、验货单、发票等所有单据处理活动产生的费用，以及和订单处理相关活动所产生的费用。订单处理成本通常和信息成本是不可分割的，因为现在的订单处理信息化程度越来越高，虽然也有手工环节，但无纸化操作所占的比重越来越大。这里所指的信息成本包括系统维护、软件折旧、订单处理的人工费、材料费等，但它是和交易双方订单处理相关的信息方面的成本，不包括单个企业进行物流信息处理的成本。

订单处理和信息成本既包括固定成本，又包括随订单数量而变化的变动成本。其中，固定成本所占的比重较大，包括系统维护和软件折旧；而变动成本是由相关信息交流成本、发行与结算订单的成本、相关处理成本所构成。必须把可变成本和固定成本联系起来分析衡量各种订单处理方法的成本。对于订单处理和信息成本的核算方法，可以用订单处理部门总成本在前两年内的变动部分（调整通货膨胀）除以订单处理数量的变动值来估计。

另外一种也应划为订单处理成本的是交易双方由于某种原因导致的合同撤销、纠纷等费用，主要包括诉讼费、律师费、违约金、合同变更损失等。

（三）客户服务成本

客户服务成本是指销售过程中，为了满足客户需求，伴随着物流过程而发生的一系列成本。物流客户服务发生在交易前、交易中、交易后的整个过程，是非常复杂的，因此物流客户服务成本也产生于这整个过程中。而由此产生的交易成本项目主要有交易前服务成本、交易中服务成本和交易后服务成本。

(1) 交易前服务成本：在向客户介绍产品，发布宣传册，邮寄说明资料、图片，巡回讲座，销售推广，顾客访问等过程中产生的工资、佣金、印刷、通信、人工、邮寄等成本费用，以及售前将产品的样品从仓库运送到零售店或其他仓库而发生的成本构成，节点企业在销售前向顾客提供的服务成本。

(2) 交易中服务成本：主要包括两个方面，一是直接服务成本，二是间接服务成本。直接服务成本主要指销售人员在向顾客提供导购、演示、讲解服务时所发生的员工薪酬、损耗费等，其中损耗费是指销售人员因向客户提供的各种辅助工具从而方便其购买而发生的费用，如免费试用台、包装袋等。间接服务成本主要指企业为吸引流动资金不足的客户购买产品而提供赊款、分期付款等服务，从而产生的资金成本，以及所带来的相应的风险成本。

(3) 交易后服务成本：主要包括两个方面，一是售后保障业务成本，二是产品退换货处理成本。售后保障业务成本是企业向客户提供的免费安装、保证期内维护、维修而发生的费用。产品退换货处理成本是指因产品质量问题而发生的换货、退货、重新提供服务所引起的商品损耗成本与人工成本，也包括企业因向客户承诺未兑现而发生的信誉损失成本。

供应链物流交易成本是基于企业与企业的跨组织管理而从管理会计角度提出的成本概念，它与传统的财务会计核算体系不兼容。供应链物流交易成本既包括传统财务会计中的一部分销售费用或采购费用，也包括一部分管理费用，还包括一部分财务费用、材料采购、在途物资、其他业务成本与营业外支出等。我国现行会计准则一般将采购业务中发生的物流交易成本归入管理费用，而将商品销售业务中发生的物流交易成本归入销售费用，所以物流交易成本的核算要在企业财务会计核算的基础上，通过对相关会计科目的明细分类账及其会计凭证中的摘要进行分析，将相应的项目划归到供应链物流交易成本项目中。根据分析，我们将企业财务会计科目及相关明细科目或费用项目与供应链物流交易成本项目之间的对应关系描述为表 10-2 所示。

表 10-2　企业财务会计科目与供应链物流交易成本项目对照表

企业财务会计科目			财务会计明细科目或费用项目	交易成本项目
	管理费用		寻找合适产品与合适供应商所发生的交通、通信等各种费用	信息搜寻费
	管理费用	营业外支出	价格折扣、收益返还、实物奖励等	供应商激励成本
	管理费用	营业外支出	供应商培训、交流费	供应商管理成本

续 表

企业财务会计科目			财务会计明细科目或费用项目	交易成本项目
	管理费用		监督人员薪酬、差旅费、通信费等	监督成本
	管理费用		管理信息系统设备折旧费、订单处理人员薪酬	订单处理和信息成本
	管理费用		诉讼费用、律师费等	交易变更成本
		营业外支出	违约金、合同变更损失	
销售费用			广告费、宣传费、展览费、咨询费等	交易前服务成本
销售费用			产品样本邮寄、运送费	
销售费用	管理费用		谈判人员和签约人员薪酬、业务招待费、差旅费等	交易中服务成本
销售费用	管理费用		向客户提供试用服务而产生的费用	
		营业外支出	延期付款所产生的利息损失	
	管理费用		向客户提供的免费安装、保证期内维护、维修而发生的费用	交易后服务成本
	管理费用		因产品质量问题而发生的换货、退货等所引起的商品损耗费与人员薪酬	

三、供应链隐性物流成本的核算

隐性物流成本是指物流作业过程中当前产生或之后产生的没有在财务会计核算中反映的成本。隐性物流成本包含的范围很广，例如企业在运输、储存、包装、装卸搬运、流通加工等物流活动中使用自有资源而产生的机会成本，没有满足顾客的需求而导致企业信誉损失等，都可以归为隐性物流成本的范畴。企业的隐性物流成本中，对整体供应链成本影响最大的有两个：一是库存隐性成本；二是缺货成本。

（一）库存隐性成本的核算

随着市场竞争的日益加剧，产品种类越来越多，生命周期越来越短，企业对产品需求的预测变得越来越困难。为了在激烈的市场竞争中保持优势，企业往往增加产品供应的数量来避免缺货。因此，存货几乎成为企业在资产上最大的一项投资，甚至占到企业资产的20%以上。与此同时，企业为保存货物而带来的存货持有成本也居高不下，例如美国存货持有成本约占其存货价值的1/4。加强存货持有成本的核算管理直接关系到企业的资金占用水平，是企业管理中不可忽视的一部分。

存货持有成本是指为保存货物而发生的成本，包括存储、存货损失、人工费用、保险和税金以及存货占压资金的利息。在计算存货持有成本时，一般都是基于 Alford-Bangs 公式的基本原理，将其分为保险费、仓储费、税金、运输费、搬运费、存货贬值、存货占用资金的利息、存货过时费用等项目。其中，前五项都是实际要发生的成本，可以归入显性物流成本的范畴。而后三项在会计的核算中，并不被当作一项实际的成本，我们可以视之为一种机会成本，归入隐性物流成本的范畴，但这些隐性成本在物流决策中是不可小视的。各成本项目所占的比例如表 10－3 所示。

表 10－3　　存货持有各成本项目所占的比例

序号	成本项目	占存货价值比例（%）
1	保险费	0.25
2	仓储费	0.25
3	税金	0.50
4	运输费	0.50
5	搬运费	2.50
6	存货贬值	5.00
7	存货占用资金的利息	6.00
8	存货过时费用	10.00
9	合计	25.00

我们可以通过下述公式计算库存隐性物流成本：

库存隐性物流成本＝库存平均水平×（贬值率＋利息率）

其中，贬值率要考虑不同的行业和产品自身的特点：对于生命周期短、新品更新频繁、价格变动大的产品，如电子产品、时装等，其贬值率会比较高；而对于生命周期长、产品种类少、价格变动不是很大的产品，例如保质期长的日用品，其贬值率就比较低，甚至可以不计贬值。利息率则可以用当年一年期商业贷款率确定，也可以用投资者期望的报酬率作为持有存货的机会成本并依此来确定。

（二）缺货隐性成本的核算

1. 缺货成本的类型

缺货成本是指由于存货供应中断而造成的损失。缺货对企业的危害很大，原材料的缺货可能导致停工损失、企业信誉受损，产成品的缺货可能导致销售业绩下滑、客户忠诚度下降。缺货对企业造成的隐性成本一般有以下几种：

(1) 延期交货。如果客户对企业有较高的忠诚度，在企业缺货时通常愿意等待，此时，企业就会以紧急采购或加班生产的方式来满足等待顾客的需求。当然，紧急采购或加班生产的成本要大于正常采购或正常生产的成本。例如，运用飞机运送紧急物资的运输成本要高于用其他运输工具来运送的成本。这种成本在实际的会计核算中会发生，也可以说不构成隐性成本的内容，而成为一种显性的附加成本。

(2) 失去销售机会。由于市场竞争越来越激烈，同一行业往往在市场上会有好几家的企业，每个企业的产品都在市场上能找到替代品。因此，当缺货发生时，虽然有些忠诚的客户愿意等待，但忠诚度不是很高的客户往往会转向另外的供应商采购。对企业来说，缺货就意味着失去了销售机会，减少了原本可以获得的利润，此外失去销售机会还会带来其他成本。总体来说，失去销售机会带来的成本主要由以下三部分构成，一是机会成本，即原本可以获得但由于缺货而无法获得的利润，这种损失是隐性成本；二是企业信誉的损失，由于失去的销售机会是相对于忠诚度不是很高的客户来说的，那么由于缺货，可能导致这类客户在下次购买时，不会将本企业作为首选企业，由此造成的损失也是隐性成本；三是无效成本，即从事初始销售的销售人员所付出的辛苦、时间、精力上的浪费，这种成本在实际的会计核算中会发生，也可以说不构成隐性成本的内容，而成为一种显性的附加成本。

(3) 失去客户。由于缺货导致客户离开本企业而永远地转向其他供应商，企业也就失去了未来一系列收入，此时的缺货损失成本最大，由企业每年从客户身上获得的利润和该客户使用该产品的生命周期决定。另外，除了利润损失外，缺货还会造成信誉损失，这种缺货成本也是一种隐性成本，信誉很难度量，在库存成本决策中常被忽视，但是它对未来销售以及企业经营活动非常重要。

2. 缺货成本的计算

缺货成本往往用发生缺货时的期望损失来计算。为了制定科学的库存决策，保持合理的存货持有量，企业必须确定发生缺货的预期成本。由上文可知，如果发生缺货，会导致三种情况：延期交货、失去销售机会、失去客户。企业在估算缺货成本时，就应该先估算三种情况各自所占的比例，也就是三种缺货成本类型所占的比例。根据企业顾客的忠诚度分析，可以估算出具体的企业三种缺货成本类型所占的比例，然后再计算出每种缺货成本的大小，最后根据加权平均法计算出平均缺货成本。计算公式如下：

假设平均缺货成本为 C，三种缺货成本的比例分别为 K_1、K_2、K_3，各自的缺货成本分别为 C_1、C_2、C_3，则 $C=K_1\times C_1+K_2\times C_2+K_3\times C_3$。

例如，某企业如果出现产品短缺现象，将会有50%的缺货导致延期交货，延期交货成本为3000元；30%的缺货导致该产品失去销售机会，失去销售机会的成本为5000元；20%的缺货导致失去客户，失去客户的成本为10000元。则企业的平均缺货成本可如表10-4所示。

表10-4　企业的平均缺货成本计算　单位：元

缺货成本项目	缺货成本	缺货比例（%）
延期交货	3000	50
失去销售机会	5000	30

续 表

缺货成本项目	缺货成本	缺货比例（%）
失去客户	10000	20
平均一次缺货成本 C＝3000×50％＋5000×30％＋10000×20％＝5000		

由此可知，企业每次缺货的平均缺货成本为 5000 元。企业在了解了每次缺货的平均成本之后，在做库存决策时就可以更合理地选择库存策略。本例中，如果采取某项增加库存、防止缺货的策略带来的成本增加小于 5000 元，则可以采用，否则不宜采用。

第三节 供应链物流成本管理体系

一、供应链物流作业成本核算与目标成本控制的关联性

供应链物流成本管理的核心就是要将供应链中的总成本降到尽可能低的水平并保持用户可以接受的服务水平。要实现这个核心，必须综合采用供应链作业成本核算和目标成本控制。它们是成本管理体系中不可或缺的组成部分，二者之间的关系可以从以下三个方面来理解：

（1）作业成本核算是供应链物流成本控制目标得以实现的前提。供应链物流作业成本核算是指在供应链生产和服务过程中对所发生的物流费用进行归集和分配并按规定的方法计算物流成本的过程。供应链物流作业成本核算是供应链物流成本管理体系的重要组成部分，它是将供应链中各节点企业在生产经营过程中发生的物流耗费按照一定的对象进行分配和归集，以计算总物流成本和单位物流成本。成本核算的正确与否，直接影响供应链的物流成本预测、计划、分析、考核和改进等控制工作，同时也对供应链各节点企业的物流成本决策和经营决策的正确与否产生重大影响。供应链物流成本核算的过程，是对供应链各节点企业生产经营过程中各种物流耗费如实反映的过程，也是为了更好地实施物流成本管理，进行物流成本信息反馈的过程。因此，供应链物流作业成本核算对供应链物流成本计划的实施、物流成本水平的控制和目标成本的实现起着至关重要的作用。

（2）目标成本控制保证了供应链物流作业成本核算的顺利进行。供应链目标成本控制是指运用各种方法预定物流成本限额，与实际物流成本比较，衡量物流活动的绩效，纠正不利差异，以提高工作效率，实现物流成本目标。供应链目标成本控制体系也是供应链物流成本管理体系的一部分，致力于在满足顾客需求的前提下将供应链物流总成本控制在一定的范围内。要实现供应链物流成本控制目标，就必须对物流成本核算全过程进行监督制约，在物流成本核算中找到物流成本降低的突破点。供应链物流作业成本核算的实现有赖于目标成本控制的有效执行，严格的物流成本控制能保证物流作业成本核算所获得的物流成本数据资料来源的真实可靠，能够保证物流成本核算程序的正确实施。

（3）供应链物流作业成本核算与目标成本控制两者之间是相辅相成的。通过供应链物流成本核算，可以检查、监督和考核物流成本预算和物流成本计划的执行情况，反映物流成本水平，对物流成本控制的绩效以及物流成本管理水平进行检查和测量，评价物流成本管理体系的有效性，研究在供应链的哪个环节可以降低物流成本，并进行持续改进。开展物流成本控制活动的目的就是防止资源的浪费，使物流成本降到尽可能低的水平，并保持已降低的物流成本水平。由于供应链中的物流成本涉及多个企业，用传统的成本控制方法是很难做到对全过程进行控制的，而运用目标成本控制方法，可以将供应链的目标成本进行分解，将物流成本分摊到各个节点企业中。因此，二者的最终目的都是相同的，只有在物流成本核算和物流成本控制的共同作用下才能实现供应链的总目标。

下图中上面的虚框是物流作业成本管理过程，包括物流作业成本计算、物流作业成本控制、物流作业成本分析与考核和物流作业流程的改善等。下面的虚框是供应链目标成本管理过程，包括目标成本预测、制订目标成本计划并对目标成本指标进行分解落实。而目标成本的驱动正是客户的价值，目标成本的分解包括供应链上游成本、核心企业内部成本和供应链下游成本。

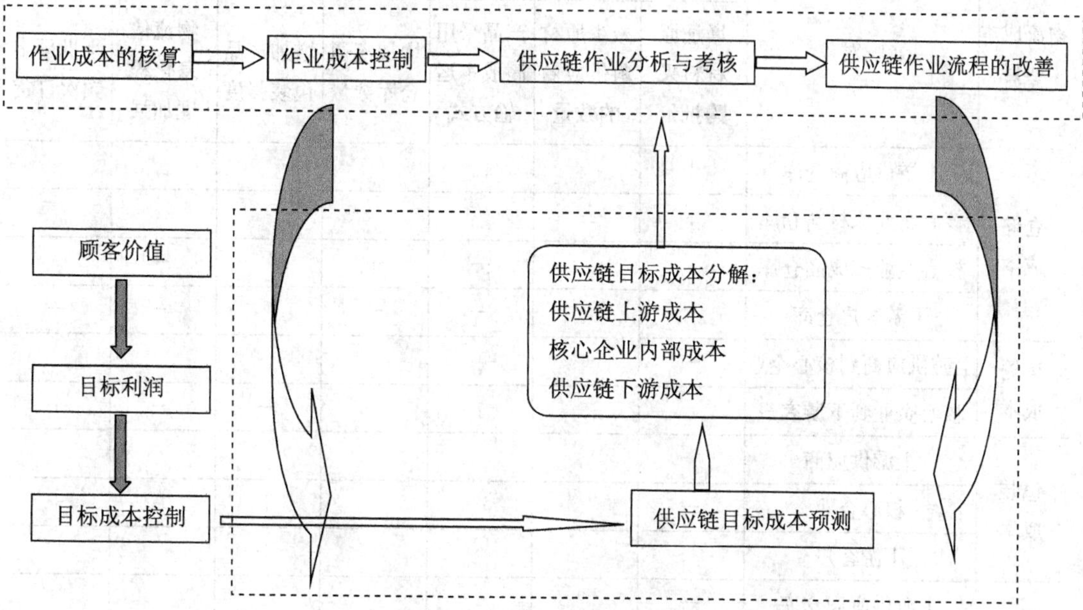

基于作业成本核算的供应链成本控制体系流程

二、供应链物流总成本管理

莱维斯（Lewis）等在《物流中航空运输的角色》一文中指出，航空货运尽管运费比较高，但是由于它能直接向顾客进行商品配送，因而节约了货物的在库维持费和仓库管理费，因此，应当从物流总成本上来评价运输手段的优缺点。Lewis 等人的研究第一次在物流管理中导入了整体成本的分析概念，深化了物流活动分析的内容。他们认为，物流总成本包括实现物流功能的全部开支，物流总成本最优就是运输成本、存货成本及订单处理成本之和最小的组合。

采用不同的供应链成本管理方案将对供应链物流总成本产生不同的影响，可能导致供应链某环节中物流成本的增加，同时导致另一环节中物流成本的减少。管理者可以用表10－4中的形式对比分析多种备选的供应链管理方案对物流成本的影响，对不同物流成本具有增减反向作用影响的供应链管理决策是物流总成本分析的重点，供应链管理决策就是权衡物流总成本的增减与物流服务质量的增减是否匹配。如原先的运输服务不能满足核心企业对零部件供应的时间要求时，可以采用更快的运输方式来供应零部件，这可能导致上游供应商至核心企业间运输成本的增加，相应的订单成本也会上升，但两者的仓储和库存维持成本都将下降，并且保持了生产的稳定性，提高了核心企业对下游客户的服务质量，所以最终的物流成本决策应对比采用新供应链方案带来的物流总成本增加与提高物流服务质量所带来的效益的增加量。不同供应链管理方案对物流总成本可能产生的影响如表10－5所示。

表10－5　　　　不同供应链管理方案对物流成本的影响

物流成本项目	影响对象	供应链管理方案						
		增加原材料采购批量	减少原材料供应商的数量	产品采用高成本运输方式	增加流通仓库数量	增加产品包装强度	物流信息化程度加强	小批量多频次订货
仓储成本	上游供应商仓库	＋						
	核心企业原材料仓库	＋	－					
	核心企业产成品仓库			－	＋		－	－
	下游客户仓库			－	－		－	－
运输成本	上游供应商到核心企业	－	－			－		
	核心企业到下游客户			＋	－	－	－	＋
包装成本	上游供应商	－						
	核心企业	－		－		＋		＋
	下游客户					＋		
装卸搬运成本	上游供应商仓库	－						
	核心企业原材料仓库	－						
	核心企业产成品仓库				＋	－		＋
	下游客户仓库				＋	－		＋
订单处理成本	上游供应商	－	－					
	核心企业	－	－	＋			＋	＋
	下游客户			＋			＋	－

续 表

物流成本项目	影响对象	供应链管理方案						
		增加原材料采购批量	减少原材料供应商的数量	产品采用高成本运输方式	增加流通仓库数量	增加产品包装强度	物流信息化程度加强	小批量多频次订货
缺货成本	上游供应商							
	核心企业	—	+	—			—	—
	下游客户				—		—	—

注：表中+表示成本增加，—表示成本减少。

三、面向供应商的供应链物流成本管理

（一）减少供应商的数量

据统计，美国企业的供应商数量是日本企业的供应商数量的 2 倍。一份关于美国汽车行业的调查研究表明，在 1983—1988 年的 6 年时间里，美国汽车制造商的供应商数目下降幅度达到 25%。很显然，供应商数量的减少可以降低物流交易成本。通常情况下，物流交易成本与供应商的数量呈正相关关系，用一个方程式表示如下：

$$C=F+k\ (Q/n)$$

式中，

C——物流交易总成本；

F——物流交易固定成本；

k——物流交易变动成本系数；

Q——企业某种原材料或产品的采购总量；

n——供应商的数目。也就是说，如果企业有条件地精选少数优质供应商，减少供应商的数量，便可以降低物流交易成本。

正如表 10 - 5 所示，减少供应商的数量也会导致缺货成本的增加，这是因为当企业只有少数几个供应商时，一旦发生供应中断，会给企业带来缺货风险。一般来说，缺货成本随供应商数量的增加而减少。因此，企业在进行供应商数量决策时，应该权衡交易成本和缺货成本，选择使企业总物流成本最小的供应商数量。

（二）基于 TCO 的供应商评价方法

库珀（Cooper）和开普兰（Kaplan）提出了所有权总成本（Total Cost of Ownership，TCO）的概念，认为所有权总成本是获得物料所需要的全部成本，包括净购买价格及与购买相关的其他作业成本，如订购物料、接收物料、检验物料、退货、搬运物料、存储物料、废弃物料，以及相应的产品设计、决定物料规格、生产延迟和支付物料货款等。分析

所有权总成本有助于了解企业与供应商之间的相互关系，引导和建立供应商选择和优化机制，有利于与供应商建立长期的合作伙伴关系。

Cooper 和 Kaplan 运用成本层概念将所有作业分为单位、批别、产品和维持性作业，宿晓和林宏伟也类似地将供应商所有权总成本划分为单位级成本、批量级成本、产品级成本和供应商级成本。

（1）单位级成本（Unit Level Cost）：随着物料的采购量变化而变动的成本，主要指外购物料的购买成本、物料储存成本、由于外购物料缺陷引起的生产中断成本等。

（2）批量级成本（Batch Level Cost）：与物料的采购批次呈正相关，包括与订货、接收、检验、移送和支付货款相关的成本，也称为订单级成本（Order Level Cost）。

（3）产品级成本（Product Level Cost）：取决于产品的范围及复杂程度，包括单种物料和部件，设计和维持规格的成本等。

（4）供应商级成本（Supplier Level Cost）：即与特定供应商相关而与订购的物料数量和种类无关的成本。这些成本包括进行供应商关系管理的人员的工资；供应商与采购企业间就企业的产品计划、交货要求和生产计划而正在进行的谈判所发生的费用；进行供应资信调查、业绩评价、关系协调等所发生的费用。这是从供应商的视角划分的一个新的成本类别。

按照购买行为发生的时间顺序（或者处于采购价值链上的位置），可以将所有权总成本分为四个阶段的成本，即采购阶段成本、物流阶段成本、物料使用阶段成本、后期处置阶段成本。

对所有权成本进行两个维度的划分之后，构成 TCO 矩阵，如表 10－6 所示。这种新的产品所有权总成本分析矩阵给管理者提供了一个系统地定义和分类企业与供应商发生联系的各种成本的工具，使他们能够对供应商选择和评价做出理性的判断。

表 10－6　所有权总成本的矩阵分析

成本项目	采购阶段	物流阶段	物料使用阶段	后期处置阶段
单位级成本（权重%）	供应商 1 供应商 2 供应商 3	供应商 1 供应商 2 供应商 3	供应商 1 供应商 2 供应商 3	供应商 1 供应商 2 供应商 3
批量级成本（权重%）	供应商 1 供应商 2 供应商 3	供应商 1 供应商 2 供应商 3	供应商 1 供应商 2 供应商 3	供应商 1 供应商 2 供应商 3
产品级成本（权重%）	供应商 1 供应商 2 供应商 3	供应商 1 供应商 2 供应商 3	供应商 1 供应商 2 供应商 3	供应商 1 供应商 2 供应商 3
供应商级成本（权重%）	供应商 1 供应商 2 供应商 3	供应商 1 供应商 2 供应商 3	供应商 1 供应商 2 供应商 3	供应商 1 供应商 2 供应商 3

（三）与供应商建立战略合作关系

从物流管理的过程来看，由于企业和供应商的信息不对称，使交易成本不可避免，这种信息不对称的一个典型表现就是供需双方采用了各自为政的库存策略。目前，大多数企业进行库存管理主要致力于节约自身的库存成本，以订货成本和存储成本为起点，确定订货规模和经济订货批量。这种传统的库存管理模式对于单一企业的库存来说有一定的适用性，但是从供应链全局来看，就有很大的局限性，原因如下：一方面，企业不能确定供应商交货是否及时、交货数量是否相符、质量是否有偏差等；另一方面，供应商不能确定制造商订单是否取消、市场需求是否发生变化等情况的出现会使得制造商和供应商不得不通过协商解决，从而增加了交易成本，并最终影响供应链的整体性能。如果企业与供应商能够建立起战略合作关系，不但可以减少为搜寻信息而付出的成本，也减少了因不确定性而造成的如供应商供货不及时、商品质量不合格而导致供求双方不断的协商，即降低了监督和执行成本。最常见的供应链合作伙伴关系有以下两种。

1. 供应商管理库存

近年来，为了降低库存成本，整合供应链资源，越来越多的企业开始尝试一种新型的供应链管理模式——供应商管理库存（Vendor Managed Inventory，VMI）。供应商管理库存，指供应商等上游企业基于其下游客户的生产经营、库存信息，对下游客户的库存进行管理与控制。具体来说，VMI 是一种以用户和供应商双方都获得最低成本为目的，在一个共同的协议下由供应商管理库存，并不断监督协议执行情况和修正协议内容，使库存管理得到持续地改进的合作性策略。这种库存管理策略打破了传统的各自为政的库存管理模式，体现了供应链的集成化管理思想。

供应商管理库存的实现主要分为三个阶段。

（1）供应商管理库存的前期准备阶段。主要体现在战略层次上包括采取哪种供应商管理库存形式，选定某一个供应商作为自己实施的合作伙伴，制定相互之间的契约关系以及供应的目标。

（2）供应商管理库存的实施阶段。它主要体现在战术层次上，包括适应供应商管理库存的组织机构的变革，买方企业和自己的合作伙伴供应商共同组建一个工作团队，设立一些新的职能部门，以及整个供应商管理库存的具体运作。

（3）供应商管理库存的评估阶段。根据双方企业实施供应商管理库存之前制定的目标，确定一些经济指标，对实施前后作一个对比，如果达到预期效果就进入全面实施阶段，如果达不到就返回到供应商管理库存实施阶段，进行改进和完善，直至通过再进入供应商管理库存的全面实施阶段。

2. 联合库存管理

联合库存管理（Jointly Managed Inventory，JMI），是一种在 VMI 的基础上发展起来的上游企业和下游企业权利责任平衡和风险共担的库存管理模式。联合库存管理强调供应链中各个节点同时参与，共同制订库存计划，使供应链过程中的每个库存管理者都从相互之间的协调性考虑，保持供应链各个节点之间的库存管理者对需求的预期保持一致，从而消除了需求变异放大现象。

联合库存管理的实施包括以下几个方面：

（1）建立供需协调管理机制

为了发挥联合库存管理的作用，供需双方应从合作的精神出发，建立供需协调管理的机制，明确各自的目标和责任，建立合作沟通的渠道，为供应链的联合库存管理提供有效的机制。建立供需协调管理机制，要从以下几个方面着手：

第一，建立共同合作目标要建立联合库存管理模式。首先供需双方必须本着互惠互利的原则，建立共同的合作目标。为此，要理解供需双方在市场目标中的共同之处和冲突点，通过协商形成共同的目标，如用户满意度、利润的共同增长和风险的减少等。

第二，建立联合库存的协调控制方法。联合库存管理中心担负着协调供需双方利益的角色，起协调控制器的作用。因此需要对库存优化的方法进行明确确定。这些内容包括库存如何在多个需求商之间调节与分配，库存的最大量和最低库存水平、安全库存的确定，需求的预测等。

第三，建立一种信息沟通的渠道或系统信息共享是供应链管理的特色之一。为了提高整个供应链的需求信息的一致性和稳定性，减少由于多重预测导致的需求信息扭曲，应增加供应链各方对需求信息获得的及时性和透明性。为此应建立一种信息沟通的渠道或系统，以保证需求信息在供应链中的畅通和准确性。要将条码技术、扫描技术、POS系统和EDI集成起来，并且要充分利用互联网的优势，在供需双方之间建立一个畅通的信息沟通桥梁和联系纽带。

第四，建立利益的分配、激励机制。要有效运行基于协调中心的库存管理，必须建立一种公平的利益分配制度，并对参与协调库存管理中心的各个企业（供应商、制造商、分销商或批发商）进行有效的激励，防止机会主义行为，增加协作性和协调性。

（2）发挥两种资源计划系统的作用

为了发挥联合库存管理的作用，在供应链库存管理中应充分利用目前比较成熟的两种资源管理系统：MRPⅡ和DRP。原材料库存协调管理中心应采用制造资源计划系统（MRPⅡ），而在产品联合库存协调管理中心则应采用物资资源配送计划（DRP）。这样在供应链系统中把两种资源计划系统很好地结合起来。

（3）建立快速响应系统

快速响应系统是在20世纪80年代末由美国服装行业发展起来的一种供应链管理策略，目的在于减少供应链中从原材料到用户过程的时间和库存，最大限度地提高供应链的运作效率。

快速响应系统在美国等西方国家的供应链管理中被认为是一种有效的管理策略，经历了三个发展阶段。第一阶段为商品条码化，通过对商品的标准化识别处理加快订单的传输速度；第二阶段是内部业务处理的自动化，采用自动补库与电子数据交换系统（EDI）提高业务自动化水平；第三阶段是采用更有效的企业间的合作，消除供应链组织之间的障碍，提高供应链的整体效率，如通过供需双方合作，确定库存水平和销售策略等。

目前在欧美等西方国家，QR系统应用已到达第三阶段，通过联合计划、预测与补货等策略进行有效的用户需求反应。美国的 Kurt Salmon 协会调查分析认为，实施快速响应系统后供应链效率大有提高：缺货大大减少，通过供应商与零售商的联合协作保证 24 小时供货；库存周转速度提高 1～2 倍；通过敏捷制造技术，企业的产品中有 20%～30%是根据用户的需求而制造的。快速响应系统需要供需双方的密切合作，因此协调库存管理中心的建立为快速响应系统发挥更大的作用创造了有利的条件。

（4）发挥第三方物流系统的作用

第三方物流系统是供应链集成的一种技术手段。TPL 也叫作物流服务提供者（Logistics Service Provider，LSP），它为用户提供各种服务，如产品运输、订单选择、库存管理等。第三方物流系统的产生是由一些大的公共仓储公司通过提供更多的附加服务演变而来，另外一种产生形式是由一些制造企业的运输和分销部门演变而来。

四、面向客户的供应链物流成本管理

面向客户的供应链物流成本管理是以客户关系管理（Customer Relationship Management，CRM）为基础的。客户关系管理是选择和管理有价值客户及其关系的一种商业策略，其核心是通过提高客户忠诚度最终提高公司的利润率。供应链中的客户关系管理包括供应链节点企业间的客户关系管理（Business to Business，B2B）、供应链上最终客户关系管理（Business to Customer，B2C）。无论何种类型的客户关系管理，都会对供应链物流成本管理产生影响。

（一）客户关系管理对物流交易成本的影响

客户关系管理对物流交易成本的影响，主要是指通过实施客户关系管理后，培养出了忠诚的顾客（可以是企业顾客，也可以是个人消费者顾客），由此带来了交易成本的降低。

1. 降低企业的搜寻成本

对于生产型企业的分销商或零售商来说，他们与其供应商保持良好的合作伙伴关系，与核心企业对他们实施良好的客户关系管理的目标是一致的，都可以降低企业的物流交易成本。对于销售型企业的最终顾客来说，通过培养忠诚顾客，可以降低企业的搜寻成本，这是因为忠诚顾客一般会主动联系企业，购买自己满意的产品和服务，从而节省了企业搜寻顾客、让顾客了解产品、向顾客做出承诺的一系列成本。此外，忠诚的顾客还会向其周边群体传播其对产品和服务的良好评价，从而产生辐射效应，带来更多潜在的顾客需求。

2. 降低企业的谈判签约成本

对于生产型企业来说，在与其分销商或零售商建立了多次交易之后，使得分销商或零售商对自己生产的产品已经有深入的了解，生产企业也对分销商或零售商的资历、业绩有更深的了解，因此生产企业与其顾客企业在谈判签约时，可以很好地消除契约的复杂性、避免契约的不确定性，降低谈判签约成本。另外，企业和忠诚的顾客企业之间通过长期合作，可以避免多次谈判签约的成本。对于销售型企业的最终顾客来说，通过培养忠诚顾客，可以降低企业与顾客之间讨价还价的成本。

3. 降低企业的履约成本

降低企业的履约成本主要是相对于供应链中的节点企业来说的，因为个人消费者与企业之间一般不涉及履约问题。供应链中的节点企业一般是优势互补、具有良好信誉的企业，尤其是当核心企业与其下游的顾客企业之间经过反复的相互选择之后，通常都是具有良好购买能力和支付能力的企业。通过实施客户关系管理，可以增加企业之间的相互信任，核心企业在与这些有着良好信誉的顾客企业进行交易的过程中，可以减少履约过程中的监督成本和控制成本，降低违约风险。

（二）供应链中实施客户关系管理的方法

如前所述，供应链中的客户关系管理包括两层含义，一种是供应链中作为供应商的节点企业与作为分销商或零售商的下游客户企业之间的关系管理；另一种是供应链中的销售企业与最终消费者之间的关系管理。这两种客户关系管理所采用的方法是不同的。

1. 供应链节点企业的客户关系管理

供应链中的物流活动不是孤立的，而是伴随着信息流和资金流的。供应链节点企业的客户关系管理，需要同时保证物流、信息流和资金流的通畅。

在物流方面，客户关系管理首先需要客户企业必须能够随时得到他们想要的产品和服务，即企业的物流必须确保在正确的时间、正确的地点、为客户提供正确数量、正确质量的产品；其次，客户企业对物流的期望还包括沟通、可信度、可靠性和快速反应能力等方面的期望；最后，客户企业还需要供应商能够提供更多的增值服务。

在信息流方面，客户企业往往希望供应商能够提供产品物流方面的信息，这样可以使客户企业能够有效预判物流在途时间、有计划地配置产品，降低产品库存，保持供应链的连续性和稳定性。

在资金流方面，客户企业往往希望供应商能够提供延期付款等融资服务，这种服务有时候可以降低整个供应链的总资金成本。例如，当客户企业的资金成本高于供应商的资金成本时，通过客户企业延期支付供应商的部分货款，给客户企业带来资金节约，而客户企业可以通过销售返点等形式，与供应商共享利益，以达到供应商和客户企业的共赢；相反，当客户企业的资金成本高于供应商的资金成本时，通过客户企业的预付款，可以给供应商带来资金节约，而供应商可以通过价格折扣的形式，与客户企业共享利益，以达到供应商和客户企业的共赢。当客户企业缺乏流动资金时，供应商可以为客户企业提供回购担保，让银行为客户企业提供贷款，从而缓解客户企业的资金约束问题。在现实中，银行已经开展了一些供应链金融业务，将供应商与客户企业的信用捆绑在一起，向客户企业提供自偿性贸易融资服务。运用供应链金融，供应链节点企业间能够更好地加强客户关系管理，实现供应链总成本的降低。

2. 最终消费者的客户关系管理

对于最终消费者的客户关系管理，关键是要树立以客户为中心的物流服务理念。这一观念强调企业要充分识别影响消费者满意度的关键因素，真正做到按照客户的需求将产品和服务有效地结合起来。因为与产品和服务相比，客户的需求最重要，培养忠诚的消费者源于企业对客户的深入研究并能清楚地掌握他们对产品和服务的真正需求。不同的客户有不同的需求，所有的市场都是由不同的分区组成的，每一个分区都有它不同的需求。因此企业需要对市场进行有效的细分，以便能够很清晰地确定产品和服务的市场分区并选定具体的目标群体。

虽然销售型的企业在最终消费者的客户关系管理中扮演着重要角色，然而有时候最终消费者的客户关系管理还需要供应链中的各个成员企业共同努力才能达到。例如，当消费者的需求具有不确定性且变化很快时，往往需要建立响应型的供应链，如果仅仅依靠销售企业增加库存，无疑会增加供应链的成本，并且容易产生牛鞭效应；当消费者需要个性化的产品时，往往需要建立拉动式的供应链，这也需要供应链各个成员企业之间通力合作，并共同降低成本。因此，只有良好的供应链管理，才能实施好对最终消费者的客户关系管理，从而降低供应链的总成本，尤其是物流交易成本。

本章小结

本章立足供应链中的核心企业，在物流成本管理研究成果的基础上，引入供应链管理思想，让企业站在整个供应链的角度来挖掘成本优化的潜力，为企业更好地管理物流成本、提高物流效益提供思路。

供应链物流成本管理的理论基础包括委托代理理论、交易成本理论、战略成本管理、目标成本管理理论等。在供应链环境下，企业可以选择自营和外包两种物流形式，这主要取决于企业的核心能力、物流在企业中的战略地位和物流资产的专用性程度。供应链环境下的物流成本，除了物流功能成本，还包括物流交易成本，它是由采购和供应商管理成本、订单处理和信息成本、客户服务成本三部分构成的。本章给出了企业财务会计科目与供应链物流交易成本会计科目之间的对应关系。主要介绍了两种供应链隐性物流成本的核算：库存隐性物流成本和缺货隐性物流成本。分析了供应链物流成本管理体系，包括供应链作业成本核算与目标成本控制之间的关系、供应链物流总成本管理、面向供应商的物流成本管理和面向客户的物流成本管理。

讨论题

在当前背景下，企业为什么要考虑供应链物流成本？实施供应链物流成本管理有哪些困难？

思考题

1. 供应链物流成本管理的基础理论有哪些？
2. 供应链作业成本核算与目标成本控制的关系是什么？
3. 供应链物流中的隐性成本有哪些？如何核算？

4. 供应链物流中的交易成本有哪些？如何核算？
5. 什么是TCO的供应商评价方法？有哪些优点？
6. 供应商管理库存与联合库存管理在物流成本管理中的区别是什么？

案例分析

供应链成本管理的典范——美国欧文斯库宁建筑材料集团

早在20世纪20年代，美国以玻璃纤维为主的建筑材料制造业蓬勃发展，但大多规模不大。直到1932年一位从事建筑材料制造的年轻研究员戴尔·克雷斯特突发奇想，如果把各行各业中的建筑材料研究人员合并在一起，专门从事建筑材料的研制、制造和营销，从规模中获取更大的效益岂不更佳？这就是今天以生产和营销玻璃纤维等建筑材料为主业的美国欧文斯库宁建筑材料集团的由来。自从1938年公司在美国中部的伊利诺伊州正式成立和初见成效以来，欧文斯库宁建筑材料集团便以独资和合资等形式，在全球6大洲30多个国家经营建筑材料生产流水线、仓库、研究所，在全球各地所拥有的总资产超过50亿美元，职工17000名。

一、压力之下的成本管理

2000年，由于面临来自全球同类产品激烈竞争和不断上升的供应链成本的巨大压力，美国欧文斯库宁建筑材料集团决定深化改革，精简公司机构，定出年内指标，大幅度降低供应链成本，把公司改造成竞争力强、效益高的跨国企业。

现代企业管理专家们指出，供应链管理的好坏和成本的高低往往牵涉到公司企业的生死存亡，因此供应链管理往往是当代企业改革的重点之一。建筑材料在市场销售过程中，供应链管理所产生的成本达到55%，在有些国家的建筑材料市场销售价格中的供应链成本甚至超过60%。由此可见，供应链成本是建筑材料市场的“瓶颈”，只要大幅度降低供应链成本，建筑材料的市场销路将更加宽广。而对于像欧文斯库宁如此庞大的跨国建筑材料制造营销集团来讲，加强供应链管理和降低供应链成本谈何容易？仅2002年，欧文斯库宁跨国集团全球销售的玻璃纤维板、输水管、涂料、防水材料等建筑用品达到总销售额49亿美元，其用途已经延伸到汽车和船舶制造的建筑材料，生产流水线遍布全球25个国家和地区，全球各地的欧文斯库宁建筑材料配送中心达到167家。在全球500强建筑材料供应商中名列前茅的欧文斯库宁跨国集团在制定2004年目标时明确提出：必须从材料输送渠道，或者说从供应链的管理中要效益，全年降低供应链成本2.5亿美元。欧文斯库宁跨国集团供应链主管兼信息部主任戴维·约翰斯在宣布这个决定的时候指出，集团高层已经把降低经营管理成本视作企业生死存亡之路。

欧文斯库宁跨国集团的高层官员认为，以降低成本为中心任务的2004年供应链管理改革的具体措施不外乎降低库存量，进一步完善零时供应质量，降低物流成本等。2004年欧文斯库宁的供应链成本节约指标是：建筑材料销售过程中发生的交通运输费从原来的占销售总额的7.3%降低到6.5%。欧文斯库宁跨国集团的产品输出大多是用汽车运输，而原材料输入大多是使用火车运输。由于不少建筑材料生产流水线分布在欧洲和亚洲等地区，因此，欧文斯库宁跨国集团还有不少建筑材料是通过远洋运输完成的。即使如此，根据集团总部的降低供应链成本的统一要求，所有的建筑材料产品和原材料的运输必须统一调度，集中配送、订购和发放。预计到 2004 年年底，欧文斯库宁跨国集团仅仅从产品和原材料的供应链中便可以节约 1.65 亿美元。

由于供应链管理的强化，富有竞争机制的供应链管理的关键作用已经获得企业各个层面的认可，促进集团全球经营管理成本的全面性的大幅度减少，集团一年实际节约成本可能接近 4 亿美元。欧文斯库宁集团属下的各家公司的总经理非常重视供应链管理，把降低物流费用看作提高竞争力的首选战略措施。供应链的设计首先着眼于降低成本，尤其是降低库存成本。

二、集成供应链战略是提高生产力的关键

欧文斯库宁跨国集团的执行官们明白，仅仅依靠制订新的物流计划，减少运输费用，处心积虑削减供应链成本，尽管搞得轰轰烈烈，结果往往收效不大。而是要采用集成供应链战略，即把预测、需求规划、原材料供应、加工制造和运输全面有机地结合起来。例如，欧文斯库宁跨国集团下属公司确实长期存在自我配套的机制，无论规模大小，都有各自一套的商务、销售、供应链管理和附带设施。日常经营管理人浮于事，机构重叠，互相推诿，各自为政，数据信息各搞一套，缺乏整体观念，成本居高不下，预测机制难以到位，规划不准，客户服务质量低下，结果是企业效率无法提高。直到 20 世纪 90 年代中叶，欧文斯库宁集团下决心取消 500 家下属公司各自的软件系统，用单一化的集团电子信息软件平台予以替代，原来企业内部各自为政的现象迅速改变。到 2000 年，欧文斯库宁决定把企业内部原来的 17 个财务管理电子信息系统全部取消，取而代之的是集团内部统一的电子商务系统。

欧文斯库宁跨国集团非常痛心地发现，被称为企业“原罪”的企业内部货运的额外成本，即所谓内部消耗，在相当长时期内拖累了公司的发展。问题的关键是企业内部的发展不平衡，有的公司的经营管理机制太差，与其他先进公司无法匹配。美国迈阿密物流网络服务中心一针见血地指出，美国的供应链管理中，有的非常先进，但是还有一些物流经营人尽管也在高喊“供应链一体化集成管理”，迄今仍然停留在设想和规划的层面，具体操作不过是储运公司的一套，连一个像样的供应链联盟也没有，也就是说还没有摸到供应链集成管理的门槛。为此，欧文斯库宁跨国集团加大投资，提高生产力较差的公司制造能力，拥有稳定、可靠和持续的企业物流，同时改善规划，加强材料管理，优化生产周期，按时交货，紧缩成本。欧文斯库宁集团的经验是，只要供应链运转正常，就不会出现库存超标或者脱销等现象，企业的经营管理成本必然下降。另外，充分利用企业内部的销售机构职工的积极性，鼓励他们经常与客户深入讨论企业的经营管理方面的业务，从而可以提高企业制订长期生产经营管理和规划的质量。

三、信息技术是供应链成本管理的平台

美国物流专家米希尔·波特不久前进一步指出，尽管发展不平衡，但是从功能性交叉梯队联合基础上发展起来并且经过 20 多年变革的供应链管理，从整体上将进入供应链上

各个环节互相联合的成熟阶段。欧文斯库宁集团的供应链管理基本概念是："如何通过供应链的集成管理和各个环节之间的密切配合找到为公司企业提供最佳物流服务的途径。"互相依赖和相互支持已经成为欧文斯库宁集团不断提高供应链集成管理的强大推动力，而供应链集成管理是通过电子信息软件等技术力量的功能，达到供应链管理所必须具备的物流活动和决策操作的高度透明。

欧文斯库宁集团的电子信息网站在整合建筑材料供应链的成本控制方面发挥了巨大的作用，他们原来的正规连锁（或称直营连锁）店耗资很大，成本高，相比之下用电子信息网络连接起来的专卖店就显得灵活得多，成本也低得多。建筑材料商品在采购上和配送等方面分为首批采购和日常采购，避免死库存的产生增加成本，同时也加强了专卖店订单的智能化管理。在配发货方面分为代销产品、配货产品和订货产品三块分而治之，做到密切吻合专卖店的要求，从约定数量、订货单管理和控制库风险各个方面保证质量。在欧文斯库宁集团建筑材料厂商直供方面，采用由厂商直接供货和结算由总部统一负责的途径，在提高了工作效率和速度的同时降低了成本费用，减少资金占用，降低供应链成本。事实证明：电子信息网站的确是欧文斯库宁集团全球建筑材料制造商获得成功的新法宝。

欧文斯库宁集团就是把电子信息技术不断更新，赶上供应链发展的步伐，通过电子信息技术与供应方、承运人、客户达到网络数据信息共享。每天产生的数据信息不断地通过交换器输送到规划预测网络网站，让企业内部各个部门、客户和托运人分享。由于信息技术的支持，作为制造商的欧文斯库宁集团的经营管理部门可以通过网站，与客户商谈订购、发货、货运、仓储和结账等事宜，承运人可以通过网站确认运价、对账。通过网络对话，欧文斯库宁集团可以随时与客户做好每一笔交易，物流服务的范围更加广阔，而向纵深发展速度最快的是欧文斯库宁集团的供应链管理。供应链的实施和超越远洋运输范畴的相关物流活动，通过电子信息技术的支持，欧文斯库宁集团把建筑材料供应链结成一张覆盖全区域乃至全球的网络。欧文斯库宁集团在引进信息技术的同时，不遗余力地简缩企业内部的供应链管理成本，这是供应链深入发展和向周边空间扩张的最有意义的举措。

资料来源：中国物流与采购网。

参考文献

[1] 邓凤祥．现代物流成本管理 [M]．北京：经济管理出版社，2003．

[2] 现代物流管理课题．物流成本管理 [M]．广州：广东经济出版社，2002．

[3] 冯耕中，李雪燕，汪应洛，等．企业物流成本计算与评价 [M]．北京：机械工业出版社，2007．

[4] 宋华．物流成本与供应链绩效管理 [M]．北京：人民邮电出版社，2007．

[5] 王华．企业物流成本控制研究 [M]．北京：北京大学出版社，2008．

[6] 黄福华．物流绩效管理 [M]．北京：中国物资出版社，2009．

[7] 冯耕中，李雪燕，汪寿阳．物流成本管理 [M]．北京：中国人民大学出版社，2011．

[8] 鲍新中，李晓非．物流成本管理：理论与实务 [M]．北京：机械工业出版社，2011．

[9] 易华，李伊松．物流成本管理 [M]．北京：机械工业出版社，2014．

[10] 宿晓，林宏伟．供应链成本核算与控制策略研究 [M]．北京：化学工业出版社，2013．

[11] 杨芳．物流成本管理 [M]．北京：清华大学出版社，2014．

[12] 马士华，林勇，陈志祥．供应链管理 [M]．北京：机械工业出版社，2000．

[13] 宋华，胡左浩．现代物流与供应链管理 [M]．北京：经济出版社，2000．

[14] 王平心．作业成本计算理论与应用研究 [M]．大连：东北财经大学出版社，2001．

[15] 罗伯特·卡普兰．估时作业成本法 [M]．上海：商务印书馆，2010．

[16] 胡怀邦，等．现代物流管理学 [M]．广州：中山大学出版社，2001．

[17] 刘志学．现代物流手册 [M]．北京：中国物资出版社，2001．

[18] 崔介何．企业物流 [M]．北京：中国物资出版社，2002．

[19] 吕炳泉，叶悉平，黎腾芳．现代生产企业物流运作管理 [M]．长沙：湖南科学技术出版社，2003．

[20] 屈冠银．电子商务物流管理 [M]．北京：机械工业出版社，2003．

[21] 王化成．全面预算管理 [M]．北京：中国人民大学出版社，2004．

[22] 何明珂．物流系统论 [M]．北京：高等教育出版社，2006．

[23] 崔介何．企业物流 [M]．北京：北京大学出版社，2008．

[24] 菊池康也．物流管理 [M]．丁立言，译．北京：清华大学出版社，1999．

[25] 汤浅和夫．物流管理［M］．张鸿，译．上海：文汇出版社，2002.

[26] 道格拉斯·兰伯特，等．物流管理［M］．张文杰，叶龙，等，译．北京：电子工业出版社，2003.

[27] 弗雷德里克·希利尔．数据、模型与决策［M］．北京：中国财政经济出版社，2009.

[28] 唐纳德·J. 鲍尔索克斯．供应链物流管理［M］．马士华，等，译．北京：机械工业出版社，2010.

[29] 陈小龙，朱文贵，张显东．ABC成本法在企业物流成本核算和管理中的应用［J］．物流技术，2002（6）．

[30] 王鹏姬，陈柳钦．平衡计分卡法在物流企业绩效评价中的应用［J］．国际商业技术，2003（4）．

[31] 傅桂林，袁水林．价值工程在物流目标成本控制中的应用［J］．中国市场，2004（4）．

[32] 闵亨锋．基于时间驱动作业成本法下的物流成本核算［J］．物流科技，2007（6）．

[33] 杨平头，刘志学．基于时间驱动的作业成本法的企业物流成本核算［J］．当代经济，2008（12）．

[34] 傅桂林，袁水林．我国物流成本预算管理体系构建研究［J］．商业研究，2010（4）．

[35] 刘海潮，王磊．第三方物流企业TDABC物流成本核算［J］．管理案例研究与评估，2012（5）．

[36] 马旷怡．基于供应链的企业物流成本管理研究［D］．西安：长安大学，2010.

[37] 刘忠敏．时间驱动作业成本法在盛达物流公司的应用［D］．长沙：湖南大学，2013.

[38] 全国物流标准化技术委员会．企业物流成本构成与计算：GB/T 20523—2006［S］．北京：中国标准出版社，2007.

[39] 全国物流标准化技术委员会．社会物流统计指标体系：GB/T 24361—2009［S］．北京：中国标准出版社，2009.

[40] 全国物流标准化技术委员会．物流术语：GB/T 18354—2006［S］．北京：中国标准出版社，2007.